Brigitte Aulenbacher · Michael Meuser · Birgit Riegraf

Soziologische Geschlechterforschung

Studienskripten zur Soziologie

Herausgeber:
Prof. Dr. Heinz Sahner,
Dr. Michael Bayer und
Prof. Dr. Reinhold Sackmann
begründet von Prof. Dr. Erwin K. Scheuch †

Die Bände „Studienskripten zur Soziologie" sind als in sich abgeschlossene Bausteine für das Bachelor- und Masterstudium konzipiert. Sie umfassen sowohl Bände zu den Methoden der empirischen Sozialforschung, Darstellung der Grundlagen der Soziologie als auch Arbeiten zu so genannten Bindestrich-Soziologien, in denen verschiedene theoretische Ansätze, die Entwicklung eines Themas und wichtige empirische Studien und Ergebnisse dargestellt und diskutiert werden. Diese Studienskripten sind in erster Linie für Anfangssemester gedacht, sollen aber auch dem Examenskandidaten und dem Praktiker eine rasch zugängliche Informationsquelle sein.

Brigitte Aulenbacher
Michael Meuser · Birgit Riegraf

Soziologische Geschlechter-forschung

Eine Einführung

VS VERLAG

Bibliografische Information der Deutschen Nationalbibliothek
Die Deutsche Nationalbibliothek verzeichnet diese Publikation in der
Deutschen Nationalbibliografie; detaillierte bibliografische Daten sind im Internet über
<http://dnb.d-nb.de> abrufbar.

1. Auflage 2010

Alle Rechte vorbehalten
© VS Verlag für Sozialwissenschaften | Springer Fachmedien Wiesbaden GmbH 2010

Lektorat: Frank Engelhardt

VS Verlag für Sozialwissenschaften ist eine Marke von Springer Fachmedien.
Springer Fachmedien ist Teil der Fachverlagsgruppe Springer Science+Business Media.
www.vs-verlag.de

Umschlaggestaltung: KünkelLopka Medienentwicklung, Heidelberg
Druck und buchbinderische Verarbeitung: MercedesDruck, Berlin
Gedruckt auf säurefreiem und chlorfrei gebleichtem Papier.
Printed in Germany

ISBN 978-3-531-15584-5

Inhalt

1. Einleitung

Geschlechterforschung wird inzwischen international, in zahlreichen wissenschaftlichen Disziplinen und interdisziplinär betrieben. Die Geschlechterforschung institutionalisierte sich im deutschsprachigen Raum mit der neuen Frauenbewegung Ende der 1960er Jahre und sie zeichnet sich durch recht lebendige, konstruktive und aufregende Debatten über die Kategorie „Geschlecht" aus, die in einer kurzen Zeitspanne zu einer bemerkenswerten Produktivität führten. Die Ausdifferenzierung der theoretischen und methodischen Ansätze des relativ jungen universitären Forschungsbereiches fand in einer solch enormen Geschwindigkeit statt, dass er inzwischen eine nahezu unüberschaubare Anzahl empirischer Untersuchungen, vielfältiger Diskussionslinien und teilweise recht gegenläufiger theoretischer Ansätze zur Kategorie „Geschlecht" aufweisen kann. Auch die soziologische Geschlechterforschung erreichte in nur wenigen Jahren diese bemerkenswerte empirische und theoretische Breite und Tiefe. Diese erfreuliche Entwicklung stellte uns als Autorinnen und Autor dieses Bandes allerdings vor ein kaum zu bewältigendes Problem: Angesichts des begrenzten Umfangs eines Einführungsbuches in die soziologische Geschlechterforschung konnten wir nicht allen Ansätzen, Diskussionslinien und Weichenstellungen gleichermaßen gerecht werden. Betraut mit der Aufgabe, für die Lehrbuchreihe Studienskripten eine Einführung in die soziologische Geschlechterforschung zu schreiben, galt es die schwierige Aufgabe zu bewältigen, zwischen den unterschiedlichen Forschungsansätzen und Forschungsrichtungen eine Auswahl treffen zu müssen, womit auch immer und unvermeidbar Auslassungen einhergehen, und zugleich den Leserinnen und Lesern einen breiten Überblick und eine grundlegende Orientierung in den Diskussionen zur Kategorie „Geschlecht" zu bieten.

Wir entschieden uns dafür, in die wesentlichen Traditionen und Traditionsbrüche, in die zentralen Diskussionslinien und Weichenstellungen der Geschlechterforschung einzuführen, um der Leserin und dem Leser einen Überblick über die vielschichtigen Diskussionen der Geschlechterforschung zu bieten. Die Auswahl fand im Rahmen eines gemeinsamen Diskussionsprozesses statt und ist damit auch von den theoretischen Perspektiven, den Erfahrungen und den Kompetenzen der Autorinnen und des Autors im Feld der Geschlechterforschung geprägt. Die ausgewählten Ansätze, Gegenstandsbereiche und Diskussionslinien werden im Rahmen einer zeit- und wissenschaftsgeschichtlich orientierten Einführung vorgestellt, die der Geschlechterforschung von ihren Anfängen bis heute folgt. Der Vielzahl empirischer Studien, denen die Geschlechterforschung wertvolle Einblicke in ganz unterschiedliche Felder des gesellschaftlichen Lebens verdankt, werden wir nur bedingt gerecht und vielleicht am ehesten noch dann, wenn das Buch die Neugierde der Leserinnen und Leser weckt und dazu anregt, eigenständig weiter zu recherchieren. Auch konnten in diesem Einführungsband nicht alle Gegenstandsbereiche der Geschlechterforschung in den Blick genommen werden. Wir beschränkten uns auf wenige Bereiche, die immer wieder wichtige Bezugspunkte in den Diskussionen der Geschlechterforschung bilden, ohne damit jedoch anderen Untersuchungsfeldern ihre Bedeutung absprechen zu wollen. Trotz aller notwendigen Einschränkungen sind wir davon überzeugt, dass wir eine weit gefasste und fundierte Einführung in die Geschlechterforschung vorlegen, die einen gehaltvollen Überblick und eine interessante Orientierung in diesem wachsenden Forschungsfeld bietet und die hoffentlich dazu anregt, sich weiter und eingehender mit diesem spannenden und lebendigen Forschungsstrang zu befassen.

Das Buch untergliedert sich in drei Schwerpunkte. Der erste Schwerpunkt führt unter dem Titel *Entwicklungen der soziologischen Geschlechterforschung* zum einen in ihre Entstehungszusammenhänge, zum anderen in ihre übergreifenden Thematiken ein. Im auf die Einleitung folgenden zweiten Kapitel wird der Frage nachgegangen, wie sich die Perspektive auf die Kategorie Geschlecht im Zuge der Ausdifferenzierung der wissenschaftlichen Diskussionen verändert hat. Was ist eigentlich das Forschungsprogramm der Geschlechterforschung? Wie hat sich der Blick auf den Gegenstand im Laufe der Jahre verändert und welche Auswirkungen auf das Selbstverständnis hatten die Veränderungen? Solche Fragen standen bei der Gründung der Geschlechterforschung mit auf der Tagesordnung und sind seither vielfältig bearbeitet worden. In die in diesem Zusammenhang entstandenen und seither immer weiter ausdifferenzierten Gesellschaftsanalysen der Geschlechterforschung führt das dritte Kapitel ein. Es stellt verschiedene Ansätze vor und zeigt, wie sie an soziologische Denktraditionen anschließen, teilweise aber auch mit ihnen brechen oder über sie hinausweisen, um dem Zusammenhang von Geschlecht und Gesellschaft auf die Spur zu kommen. Im vierten Kapitel zur Herstellung von Geschlecht werden Ansätze vorgestellt, die danach fragen, wie das Alltagswissen der Gesellschaftsmitglieder über

Geschlecht strukturiert ist. Zu diesen Alltagsannahmen, die auch unreflektiert in soziologische Konzeptionen und Untersuchungen einfließen, gehört, dass die sozialen Unterschiede von Männern und Frauen einen ,natürlichen' Grund haben. Solche Annahmen werden grundlegend verworfen und stattdessen wird gefragt, wie Geschlechterdifferenzen gesellschaftlich und kulturell hergestellt werden. Das fünfte Kapitel rekapituliert schließlich die methodologischen Diskussionen der Geschlechterforschung. Diese drehen sich um die Frage, ob die Geschlechterforschung eine spezifische Methodologie benötigt, die sich von den üblichen Standards empirischer Forschung unterscheidet. Anhand der Entwicklung dieser Diskussionen lässt sich verfolgen, wie die Institutionalisierung der Geschlechterforschung im Wissenschaftssystem vonstatten ging.

Im zweiten Schwerpunkt des Lehrbuches mit dem Titel *Ausgewählte Gegenstandsbereiche der Geschlechterforschung* befassen wir uns ebenfalls mit Themen, die von Beginn an präsent waren. Im sechsten Kapitel wird ein Thema aufgenommen, das in der Gründungsphase der Frauenforschung einen zentralen Stellenwert hatte: die Frage, ob und in welcher Hinsicht das Geschlechterverhältnis strukturell von Gewalt geprägt ist, die Männer gegen Frauen ausüben. Ausgehend von diesen Anfängen zeichnet der Beitrag nach, wie die Forschung zum Verhältnis von Geschlecht und Gewalt zu einem differenzierten Blick gefunden hat, der Gewalt unter Männern und Gewalt von Frauen ebenfalls in einem geschlechtertheoretischen Rahmen betrachtet. Gegenstand des siebten Kapitels sind kulturelle Diskurse und soziosomatische Praxen der Geschlechterdifferenz. Der Körper ist erst in jüngster Zeit als ein soziologischer Gegenstand erkannt worden. Daran haben der feministische Körperdiskurs und der Ansatz der sozialen Konstruktion von Geschlecht einen entscheidenden Anteil. Die Geschlechterforschung fragt danach, wie die Geschlechterordnung in die Körper von Frauen und Männern eingeschrieben wird und auf diese Weise als etwas Natürliches erscheint. „Arbeit" ist zwar ein traditionsreiches und sehr bedeutendes Thema in der Soziologie, aber nicht zuletzt die von Frauen verrichtete Arbeit hat dabei wenig Aufmerksamkeit erfahren. In Kritik an dieser Ausblendung hat die Geschlechterforschung eine ganz eigene, ganzheitliche Perspektive auf Arbeit entwickelt. Darin werden alle gesellschaftlich bedeutsamen Arbeitsformen in den Blick genommen und im Zusammenhang mit der Arbeitsteilung zwischen den Geschlechtern betrachtet. Wie dies geschieht, zeigt das achte Kapitel. Der alltägliche Blick in Organisationen genügt, um festzustellen, dass Frauen in den Spitzenpositionen, sei es in der Wirtschaft, sei es in der Verwaltung, nicht in gleichem Ausmaß vertreten sind wie Männer. Wie kommt es zu solchen und weiteren Ungleichheiten? In die Erklärungen, die die Geschlechterforschung hier anzubieten hat, führt das neunte Kapitel ein, indem es verschiedene Perspektiven auf die Verfasstheit von Organisationen und die Gleich- und Ungleichstellung der Geschlechter darin ausleuchtet. Ein wesentlicher Forschungsstrang in der Geschlechterforschung beschäftigt sich mit den Geschlechterkonstruktionen in Politikkonzeptionen, mit den geschlechtsspezifischen Grundlagen des politischen Feldes, mit dem geschlechtsspezifischen Logiken im politischen Prozess und mit den unterschiedlichen politischen Handlungsfeldern des Staates. Dabei ging es nicht nur darum, die geschlechtlichen Grundlagen auszuloten, sondern Konzeptionen des Politischen vorzulegen, die nicht nur die männlichen Interessen und Lebenswelten widerspiegeln. Zwei Themen stehen in diesen Diskussionen im Zentrum: Die Grenzziehung zwischen Privatheit und Öffentlichkeit und die damit einhergehenden mehr oder weniger unreflektierten geschlechtsspezifischen Zuweisungen. Und die Frage danach, inwiefern der Staat ein Koalitionspartner bei der Herstellung der Geschlechtergerechtigkeit sein kann. Diesen Debatten widmet sich das zehnte Kapitel.

Der dritte Schwerpunkt des Buches bewegt sich unter dem Titel *Stand der Forschung und Perspektiven* zusammen mit der Geschlechterforschung über ihre Grenzen hinaus. Sowohl in politischer als auch in theoretischer und empirischer Hinsicht sind neben geschlechtsbezogenen weitere soziale Differenzen und Ungleichheiten zu einem zentralen Thema der Geschlechterforschung geworden. Das elfte Kapitel beschäftigt sich mit dem nie ganz einfachen Verhältnis zwischen Gleichstellungspolitik und Geschlechterforschung. In den Anfangsjahren eng verbunden mit den Themen und dem emanzipatorischen Anspruch der Frauenbewegung differenzierten sich die theoretischen Ansätze mit der Institutionalisierung der Geschlechterforschung rasch auf einem hohen Niveau aus und der wissenschaftliche Dialog wird inzwischen auf einer solch theoretisch anspruchsvollen Ebene geführt, dass seine politische Relevanz nicht mehr unmittelbar einsichtig ist. Aber auch die Frauenbewegung hat sich weiterentwickelt. Wie lassen sich die Entwicklung, das Verhältnis und der Dialog zwischen Geschlechterforschung, Bewegung und institutionalisierter Politik beschreiben? Wo sind Brüche, aber auch erneute Annäherungen erkennbar? Im zwölften Kapitel geht es um das Thema Intersektionalität, die Überkreuzung verschiedener sozialer Differenzen und Ungleichheiten, insbesondere nach gender, race, class. Rekonstruiert wird die Geschichte dieses Gedankens von seinen Anfängen in den USA der 1960 Jahre bis zu seiner gegenwärtigen Aufnahme im europäischen und deutschsprachigen Kontext. Dies wird verbunden mit einem Blick auf weitere Diskussionen in der Geschlechter- und Ungleichheitsforschung, die ein verfrühtes Ende gefunden hatten, aber bis heute nach- und in die Diskussion um Intersektionalität hineinwirken. Gezeigt wird, wie heute eine thematische und programmatische Weiterentwicklung der Geschlechterforschung vollzogen wird, die die gesellschaftliche Entwicklung im Kontext der Herausbildung und Wirkung komplexer sozialer Ungleichheiten analysiert und die Soziologie zu einer selbstkritischen Reflexion auf ihre Kategorien und Perspektiven anhält.

Zwar bildet das Lehrbuch durch seine Akzentsetzung eine Einführung in die *soziologische* Geschlechterforschung. Indem es sich aber an ‚großen' Themen dieser Forschungsströmung orientiert, werden Gegenstandsbereiche aufgegriffen, die auch in benachbarten Disziplinen verhandelt werden, wenngleich mit anderen Schwerpunkten und Fragestellungen. Auch hat sich die Geschlechterforschung immer wieder gegen die „Disziplinierung" ihres Wissens gewandt, um ihre Innovationsfähigkeit zu behalten. Insofern mag dieses Buch nicht ausschließlich für Leserinnen und Leser aus der Soziologie, sondern auch aus den Erziehungs-, Politik- und Kulturwissenschaften interessant sein – als Einblick darin, wie Soziologinnen und Soziologen die Entwicklung der Geschlechterforschung sehen und wie sie Geschlechterforschung betreiben. Von unserer Seite jedenfalls ist das Buch als Einladung an alle Interessierten gedacht, die sich damit auseinandersetzen wollen.

Die Fertigstellung dieses Buches wäre nicht möglich gewesen ohne die tatkräftige Unterstützung, die Julia Gruhlich, Nicole Kirchhoff, Heidemarie Schütz und Andrea Sternberg bei den redaktionellen Arbeiten und der Erstellung des Typoskripts geleistet haben. Hierfür sind wir ihnen sehr dankbar.

I. Entwicklungen der soziologischen Geschlechterforschung

2. Soziologische Geschlechterforschung: Umrisse eines Forschungsprogramms

Birgit Riegraf

2.1 Einleitung

Die Forschungen zur Kategorie „Geschlecht" zeichnen sich von Beginn an durch zwei zentrale Merkmale aus (vgl. Casale/Rendtorff 2008; Althoff/Bereswill/Riegraf 2001; Hark 2005; Bührmann/Diezinger/Metz-Göckel 2000; Brück u.a. 1992): Zum einen geht es darum, die Entstehung und Bedeutung von Geschlechterverhältnissen in Gesellschaft und Wissenschaft aufzudecken und ihre Relevanz wissenschaftlich beschreibbar und erklärbar zu machen. Herausgearbeitet werden sollte die Bedeutung „von Geschlechterdiskursen und Geschlechterverhältnissen im Konstitutionsprozess der modernen Gesellschaft" (Becker-Schmidt/Knapp 2000: 9). Damit war auch die immense Aufgabe verbunden, das dominante wissenschaftliche Wissen auf seinen Geschlechterbias hin zu überprüfen und diesen zu korrigieren. Schließlich mussten erst einmal „Breschen in die Konstruktionen männlicher Weltanschauung" (ebd.: 14) geschlagen werden, um sich den Freiraum für eigenständige wissenschaftliche Argumentationen, Perspektiven und Konzeptionen zu schaffen. Erkenntnis- und Wissenschaftskritik wurden zu einem zentralen Arbeitsschwerpunkt in dem sich etablierenden Wissenschaftsfeld. Zum anderen problematisierte die Geschlechterforschung wie kaum ein anderer Wissenschaftszweig die eigenen Erkenntniskategorien in (selbst) reflexiven Denkbewegungen immer wieder neu. Die konsequente Auseinandersetzung mit den wissenschaftlichen Prämissen blieb institutionell nicht ohne Folgen: Umbenennungen, wie die von der „Frauenforschung" zur „Frauen- und Geschlechterforschung" oder einfach nur „Geschlechterforschung", „Genderforschung" oder „Gender Studies" sind Ausdruck dieses permanenten Selbstverständigungsprozesses „über den Fokus und die Perspektiven der eigenen Forschungsarbeiten" (Casale/Rendtorff 2008: 10). Mit einer historisch-chronologischen Perspektive im Sinne eines „vorher" – „nachher" kann diese Entwicklung allerdings nicht angemessen erfasst werden. Sie spiegelt konzeptionelle Ausar-

beitungen der Erkenntniskategorie „Geschlecht" und auch Ausdifferenzierungs-
prozesse in den theoretischen Positionen und Perspektiven wider.
An den beiden skizzierten Aspekten wird im Folgenden angeknüpft. Das
folgende Unterkapitel führt in wissenschaftskritische Denkbewegungen ein, die
den Institutionalisierungsprozess der Frauen- und Geschlechterforschung beglei-
teten. War das Ziel zunächst, die Lebenskontexte und die Leistungen von Frauen
überhaupt sichtbar und analysierbar zu machen, so veränderte sich der Focus im
Prozess zunehmender Institutionalisierung und der permanenten kritischen Befragungen der eigenen wissenschaftlichen Grundlangen allmählich. Nun geriet
die Relationalität zwischen den Geschlechtern, das Verhältnis zwischen Männlichkeit und Weiblichkeit verstärkt in den Blick. Dieser Entwicklung wird im
dritten Unterkapitel nachgespürt. Die empirischen und theoretischen Entwürfe
der soziologischen Geschlechterforschung differenzierte sich in den letzten Jahrzehnten stark aus und verbreiterten sich. Im vierten Unterkapitel werden schließlich zentrale Entwicklungsrichtungen mit dem Ziel vorgestellt, einen Einblick in
die Vielfältigkeit und Ausdifferenziertheit des wissenschaftlichen Diskurses zur
Kategorie Geschlecht zu geben. Ein kurzes Fazit schließt das Kapitel ab.

2.2   Frauen- und Geschlechterforschung als Wissenschaftskritik

Die soziologische Geschlechterforschung, die inzwischen auf eine mehr als
30jährige, bewegte Geschichte zurückblicken kann, entwickelte sich aus der
Frauenforschung der 1970er Jahre heraus (vgl. Bührmann/Diezinger/Metz-Göckel
2000; Althoff/Bereswill/Riegraf 2001; Hark 2005; Brück u.a. 1992).
   Den Beginn des Institutionalisierungsprozesses und damit der Sichtbarma-
chung, Verstetigung und Absicherung der Frauen- und Geschlechterforschung
als eigenständiges Lehr- und Forschungsgebiet im Wissenschaftssystem markier-
te ein Bündnis zwischen außeruniversitären Frauengruppen und feministischen
Wissenschaftlerinnen, zwischen politischer Praxis und feministischer Wissenschaft. Frauen aus verschiedensten gesellschaftlichen Sphären einte die Kritik an
allen Formen von Macht, Herrschaft und Ungleichheiten im Geschlechterverhältnis und ein (wissenschafts)politisches Emanzipationsinteresse (Frauen und
Wissenschaft 1976; Becker-Schmidt/Knapp 2000; Althoff/Bereswill/Riegraf
2001). Indem die Wissenschaftlerinnen die Lebenszusammenhänge, die gesell-

schaftlichen Lebensbedingungen und weibliche Subjektivität zum Ausgangs-
und Referenzpunkt der wissenschaftlichen Diskussionen wählten und als Maßstab an theoretische Ansätze und Untersuchungen anlegten, entlarvten sie die
vorgebliche Geschlechtsneutralität etablierter Theorien, Ansätze und Begriff-
lichkeiten und dies nicht nur in der Soziologie: Gezeigt werden konnte, dass die
Beiträge von Frauen zu Kultur, Wissenschaft und Geschichte nicht entsprechend
ihrer gesellschaftlichen Bedeutungen und Leistungen zur Kenntnis genommen
und erforscht wurden (vgl. Brück u.a. 1992: 17-18). Aufgedeckt werden konnte,
dass es aufgrund konzeptioneller Weichenstellungen soziologischen Klassikern,
wie Max Weber und Karl Marx, gelang, in ihren Gesellschaftsentwürfen den
grundlegenden Stellenwert der unbezahlten Arbeitskraft von Frauen in der Reproduktionssphäre für die Funktionsweise der Gesellschaft auszublenden (vgl.
bspw. Schmerl 2006; Becker-Schmidt/Knapp 2000; Beer 1990). Der etablierte
Wissenskanon, die zugrundeliegenden Theorien, die erkenntnistheoretischen und
methodologischen Prämissen des bisherigen Wissenschaftssystems, darunter
auch diejenigen der Soziologie wurden schließlich grundlegend auf den Prüfstand gestellt und auf ihre Glaubwürdigkeit hin befragt: Androzentrismuskritik
wurde zum Dreh- und Angelpunkt. Angesichts der blinden Flecken und verzerr-
ten Wahrnehmungen des weiblichen Lebenszusammenhangs stellten sich die
Frauenforscherinnen die schwer lösbare Aufgabe, die Vergangenheit und die
Gegenwart von Frauen erst zu entdecken und „das Wissen von Frauen über sich
selbst zu erweitern" (Bock 1983: 22). Für die erste Generation galt: „Feministische Wissenschaft hat demnach ihren Gegenstand noch gar nicht – sie muss ihn
erst einmal finden, vielleicht erst einmal entwerfen" (Becker-Schmidt u.a. 1983:
232; vgl. auch Aulenbacher/Riegraf 2009b).
    Mit der Ausarbeitung des „male bias" der herkömmlichen Wissenschaft
stellten sich weiterführende erkenntnistheoretische Fragen (Aulenbacher/Riegraf
2009b: 11): Wie und bis zu welchem Ausmaß beeinflussen implizite Vorstellungen von Geschlecht das Wissenschaftsverständnis? Was bedeutet die Erkenntnis,
dass die Geschlechterungleichheiten und –differenzen lange Zeit soziologischen
Betrachtungen entzogen wurden für das begriffliche Instrumentarium der Disziplinen und für die Theoriebildungen? Aber auch: Welche theoretischen, methodologischen und methodischen Innovationen sind nötig, um die Geschichte und
die gesellschaftliche Realität der Geschlechter sowie die komplexen Macht- und
Herrschaftsbeziehungen zwischen den Geschlechtern und deren gesellschaftliche
Bedeutung angemessen einzufangen?
    Die Kritik zielte darauf ab, dass sich Forschungsfragen, wissenschaftliche
Erkenntnisse und Theorien zwar überwiegend auf die Lebenswelt, die Lebens-

bedingungen und die Erfahrungen von Männern bezogen, sie aber zugleich den Anspruch auf Allgemeingültigkeit erhoben. An diesem Maßstab gemessen wurde der „weibliche Lebenszusammenhang" (Prokop 1976), wenn überhaupt, dann lediglich als „Sonderfall" oder „Abweichung" erfasst. Regina Becker-Schmidt und ihre Kolleginnen konnten in ihren Untersuchungen über Industriearbeiterinnen beispielsweise zeigen, dass in der Industriesoziologie Erkenntnisse über die Arbeitssituation von männlichen Industriearbeitern umstandslos auf die weiblichen Beschäftigten übertragen wurden, ohne dabei zu berücksichtigen, dass sich deren Arbeitsbedingungen aufgrund der doppelten Einbindung in Familie und Erwerbsarbeit erheblich von ihren männlichen Kollegen unterscheiden (Becker-Schmidt u.a. 1982; 1983; 1984). Frauen erschienen gemessen an der bis dahin vorherrschenden Perspektive als besondere oder mindere Arbeitskräfte, denen die Erwerbs-, Berufs- und Aufstiegsorientierung männlicher Arbeitskräfte zu fehlen scheint. Auf diesem Wege wurde die Ursache für die Ungleichbehandlung im Erwerbsleben individualisiert und nicht als gesellschaftsstrukturell hergestellt betrachtet. Als Konsequenz konzentrierten sich die ersten Studien der Frauenforschung zur Frauenerwerbsarbeit ganz gezielt auf die Strukturen des „weiblichen Lebenszusammenhanges" (Diezinger 2000: 15). Damit wehrten sie sich dagegen die „männliche" Erwerbsbiographie zum Maßstab des Lebenslaufs und als Maßstab für die Bewertung der Frauen(erwerbs)arbeit zu nehmen.

Mit dem Anspruch, den Stellenwert und die Leistungen von Frauen in der Geschichte und Gegenwart, ihre Lebensformen, Erfahrungen und Handlungsmöglichkeiten sichtbar zu machen, begab sich die Frauenforschung in ein kompliziertes Spannungsfeld zwischen „Gleichheits-" und „Differenzansätzen", in dem es im Wesentlichen um folgende Fragen ging (vgl. Kahlert 2004): Ist in den wissenschaftlichen Konzeptionen und empirischen Arbeiten von einer grundsätzlichen Gleichheit oder grundlegenden Verschiedenheit zwischen Männern und Frauen auszugehen? Geht es im Forschungs- und Erkenntnisprozess also darum, die bislang verschwiegenen, aber grundlegend verschiedenen Sichtweisen, Fähigkeiten und Erfahrungen von Frauen sowie ihre Besonderheiten herauszuarbeiten? Oder werden diese Unterschiede im Forschungsprozess dadurch erst bekräftigt und erneut (re)produziert, dass sie von Anbeginn des Forschungsprozesses als unhintergehbare Annahme gesetzt werden? Muss also umgekehrt von einer grundlegenden Gleichheit zwischen den Geschlechtern in den Theoriekonzepten und Untersuchungen ausgegangen werden?

Untersuchungen, die auf eine grundlegende Differenz zwischen Mann und Frau abhoben, drehten sich beispielsweise um den spezifischen Zugang von Frauen zu Technik und Computern (Schiersmann 1987; vgl. auch: Bührmann/Diezinger/Metz-Göckel 2000) oder bildeten die Arbeiten zur männlichen und weiblichen Moral von Carol Gilligan (1981). Die Analysen von Gilligan entwickelten sich zu einem der bekanntesten Beispiele für eine positive Umdeutung des Differenzdenkens zugunsten von Frauen. An ihnen kann zugleich beispielhaft gezeigt werden, wie über die Anlage eines Forschungsdesigns, in diesem Fall die von Gilligan kritisierte Studie von Lawrence Kohlberg (1974), Auslassungen, Verzerrungen und Schieflagen in den Ergebnissen entstehen und wie es gelingen konnte, diese sichtbar zu machen. Gilligan befasste sich in ihren Studien mit der Moralentwicklung von Frauen und versucht die Unterschiede zur männlichen Moral herauszuarbeiten. Ausgangspunkt ihrer Arbeiten bildete die Kritik an der Untersuchung des us-amerikanischen Psychologen und Erziehungswissenschaftlers Kohlberg zur menschlichen Moralentwicklung. In seiner Theorie geht Kohlberg davon aus, dass sich das Moralbewusstsein beim Menschen stufenweise und in immer derselben Reihenfolge vollzieht, wobei nicht alle Menschen die höheren Stufen erreichen. Er entwickelte schließlich ein sechsstufiges Modell zur moralischen Urteilsentwicklung von Menschen. Die empirischen Grundlagen seiner Untersuchung bildete eine vorwiegend an Jungen durchgeführte Befragung, ohne dass er diese Eingrenzung des Untersuchungssamples zunächst deutlich sichtbar machte. Auffallend war nun, dass Frauen in ihrer Moralentwicklung, wenn sie an der Kohlbergschen entwicklungslogischen Stufenabfolge gemessen wurden, regelmäßig schlechter abschnitten als Männer (vgl. Nunner-Winkler 2004). Gilligan ging in ihren Arbeiten wiederum davon aus, dass Frauen eine andere Entwicklung durchlaufen und ihre moralischen Urteile auf eine andere Art und Weise als Männer fällen, was in dem Modell von Kohlberg allerdings nicht berücksichtigt werde. Nach Gilligan kommt bei den Frauen vor der Stufe der Selbstverwirklichung eine Stufe des Urteilens auf der Grundlage eines Standards der Fürsorge für andere, während Männer ihre Urteile auf einen formal gesetzten Standard der Gerechtigkeit gründeten (Gilligan 1981: 29, 80ff.). Frauen haben nach Gilligan eine andere Moral als Männer (eine „andere Stimme"), sie sorgen sich um das Wohlergehen anderer und orientieren sich an Fürsorge und Verantwortung für andere Menschen (Fürsorgemoral). Sie betont die Notwendigkeit, neben der als typisch männlich betrachteten Gerechtigkeitsmoral („voice of justice") auch die feminine Fürsorgemoral („voice of care") wissenschaftlich und gesellschaftlich anzuerkennen, die sich statt an formalen Gerechtigkeitsprinzipien eher an der Qualität der Beziehung orientiere und Gefühle sowie soziales Engagement in den Vordergrund der Betrachtung rücke (Nunner-Winkler 2004: 78ff.).

Die Perspektive von Gilligan ermöglichte es, das Kohlbergsche Modell und die Ergebnisse grundlegend zu hinterfragen und seinen „male bias" aufzuzeigen. Eine Umwertung der Differenz zugunsten von Frauen, wie es bei Gilligan angelegt ist, hatte jedoch weitreichende Konsequenzen: Es wurden durch die Entgegensetzung eines weiblichen und eines männlichen Lebenszusammenhangs die Unterschiede innerhalb einer Geschlechtsgruppe eingeebnet. Außerdem lagen dem Annahmen über grundlegende und letztlich wesenhafte und natürliche Differenzen zwischen Mann und Frau zugrunde. Die Differenzierungen zwischen Männern und Frauen wurden auf diese Weise wissenschaftlich immer wieder neu festgeschrieben, anstatt sie radikal zu hinterfragen. Und es bestand das Risiko der „Funktionalisierung und Verflachung" (Opitz 2008: 17) weiblicher Geschichte und Gegenwart für feministische Identitätsbildung und -politik zulasten einer differenzierteren Analyse. Neben die Kritik an der Geschlechtsblindheit und den androzentrischen Verzerrungen in den Forschungsanlagen und wissenschaftlichen Theorien tritt die Weiterentwicklung der theoretischen Zugänge zu Geschlechterdifferenzen und -ungleichheiten jenseits einfacher „Gleichheits-" und „Differenzansätze".

2.3   Die Komplexität des Analysegegenstandes

Als Anfangsposition für eine differenzierte theoretische Analyse von Geschlechterungleichheiten und -differenzierungen griff die Frauenforschung auf den zunächst noch politisch aufgeladenen Begriff „Patriarchat" zurück (vgl. Gerhard 1990; Cyba 2004). Der Begriff sollte ein eigenständiges, umfassendes und gesellschaftlich hergestelltes „system of social structures and social practices" auf den Punkt bringen, „in which men dominate, oppress and exploit women" (Walby 1990: 20), und das nicht in anderen Ungleichheits- und Unterordnungsbeziehungen, wie den Klassenverhältnissen aufgeht (Treibel 2006: 74; Cyba 2004). Die strukturellen Ähnlichkeiten der die gesamte Gesellschaft durchziehenden Diskriminierungen und Ungleichheitsbeziehungen zu Lasten von Frauen (in der Arbeitsteilung, in der Kultur, der Sexualität oder in staatlichen Regulierung u.v.m.) sollten darüber benannt und systematisiert werden (vgl. Walby 1990; Gerhard 1990). „Nach allen Definitionen verweist Patriarchat auf soziale Ungleichheiten, auf asymmetrische Machtbeziehungen und soziale Unterdrückung und auf die Tatsache, dass es sich dabei nicht um ein natürliches oder selbstverständliches Phänomen handelt" (Cyba 2004: 15).

Bereits in den 1980er Jahren wurde allerdings die Reichweite eines generalisierenden Konzeptes des Patriarchats grundlegend hinterfragt und als zu wenig differenzierend kritisiert. Und in der „Täter-Opfer- und Mittäterschafts-Debatte wurde über die Verwicklung von Frauen in die Fortschreibung patriarchaler Herrschaftsverhältnisse gestritten" (Becker-Schmidt/Knapp 2000: 8). Christina Thürmer-Rohr (1987; 2002; 2004) wandte sich etwa mit ihrer These der weiblichen Mittäterschaft gegen eine Generaldefinition von Männern als Täter und Frauen als Opfer von Verhältnissen, wie sie in einer ersten Fassung des Patriarchatsbegriffs angelegt ist. Die These von der weiblichen Mittäterschaft besagt, dass Frauen an den angeklagten Herrschafts- und Gewaltverhältnissen auch aktiv mitwirken. Christina Thürmer-Rohr argumentiert „gegen die – gewollte oder ungewollte – Entlastung von den eigenen und kollektiven Verantwortungen. Mit der Mittäterschaftsthese waren Frauen nicht mehr geschützt durch eine Unrechtsdefinition, die sie in ein Opferkollektiv verwandelt. Sie waren nicht mehr gemeinsam geprägt und geadelt durch gemeinsame Leiderfahrungen, sondern ebenso durch direkte und indirekte Beteiligungen: an der eigenen Unterdrückung, an der Geschlechterhierarchie und Höherwertung des Mannes, an der Entlastung gesellschaftlicher Täter, Beteiligungen also an der Permanenz struktureller Gewalt" (Thürmer-Rohr 2002). Die Subsumierung aller Formen geschlechtlicher Ungleichheiten unter ein geschlossenes Konzept des Patriarchats gestehe Frauen lediglich eine passive Rolle zu, obwohl sie – so argumentiert Sylvia Walby (1991) ähnlich wie Thürmer-Rohr – nicht nur Opfer seien, sondern sich sehr wohl auch für ihre Interessen aktiv einsetzten. Der Patriarchatsbegriff macht es nach Walby zudem nicht möglich gesellschaftliche Veränderungen zu erfassen, die die Geschlechterdifferenzierungen und -ungleichheiten durchlaufen (vgl. auch Cyba 2004: 17; vgl. zur Kritik dazu Beer 1990). Die gesamte Komplexität des Geschlechterverhältnisses und der Geschlechterdifferenzierungen in ihrer historisch spezifischen Verfasstheit, in ihren Veränderungsprozessen könne damit nicht eingefangen werden (vgl. bspw. Hausen 1986; Gerhard 1990). Das Konzept hatte seinen Verdienst als Ansatzpunkt für weitere differenzierte Analysen von Geschlechterverhältnissen und Geschlechterdifferenzierungen und ihren komplizierten Zusammenhängen (vgl. Beer 1990; Becker-Schmidt 1987b). In seiner ursprünglichen Variante wurde es allerdings rasch als unhistorisch und zu ungenau bei der Erfassung der vielfältigen Ebenen der Unter- und Überordnungsverhältnisse verworfen.

Auch Regina Becker-Schmidt (1991) und Gudrun-Axeli Knapp (1992) gehen zunächst davon aus, dass der Patriarchatsbegriff in seiner ursprünglichen
Fassung zu einseitig und plakativ ist, um die Komplexität des Geschlechterverhältnisses in gegenwärtigen Gesellschaften angemessen analysieren zu können.
Ein theoretisch weiter ausgearbeitetes Konzept von Macht- und Herrschaft im
Geschlechterverhältnis legte Knapp (1992) vor. Dieses Modell zielt darauf ab,
alle gesellschaftlichen Ebenen und sozialen Dimensionen zu erfassen, die von
den Verhältnissen der Geschlechter betroffen sind und die umgekehrt zur Ausgestaltung des Geschlechterverhältnisses beitragen. Knapp betrachtet das Modell
als „heuristischen Horizont" (Knapp 1992: 295ff.) mit dem es möglich wird, die
Komplexität des Analysegegenstandes deutlich zu machen. Die fünf Dimensionen des Modells, die nicht immer gleichgerichtet sind, sondern auch widersprüchlich und gegenläufig wirken können, bilden:

1. Herrschaftsdimensionen, objektive Verflechtungen der differenten „Sphären" bzw. gesellschaftliche Subsysteme, darin insbesondere: Vergesellschaf-
   tungsformen von Arbeit, Generativität/Sexualität;
2. symbolische Ordnung (Sprache), Legitimationssysteme, Ideologien, kulturelle Repräsentationen des Geschlechterverhältnisses und der Geschlechterdifferenz;
3. Institutionen, klassen- und geschlechterdifferenzierte Trägergruppen ökonomischer und politischer Macht, Regelungsmechanismen der Machtdistri-
   bution (z.B. rechtliche und andere Normierungen sowie Zugangsregelun-
   gen);
4. Interaktionen zwischen Frauen und Männern in ihrer mehrfachen Bestimmt-
   heit durch subjektive Motive, Interessen sowie verobjektivierte Handlungs-
   und Deutungskontexte;
5. Sozialpsychologie des Geschlechterverhältnisses, Geschlechtersozialisation
   (verstanden als widersprüchlicher Prozess von Individuation und Vergesellschaftung), innerpsychische Repräsentanzen des Geschlechterverhältnisses
   und der Geschlechterdifferenz, Psychodynamik von Motiven/Begehren.

Das Modell zielt also darauf ab, die Phänome von Macht und Herrschaft zwischen den Geschlechtern, sowohl in ihrem gesamtgesellschaftlichen Bezug als
auch im Hinblick auf die subjektive Dispositionen zu erfassen. Gesellschaft verstehen Becker-Schmidt und Knapp dabei als soziales Gefüge mit Regeln und
Organisationsprinzipien und Geschlechterdifferenzen als Relationsverhältnis
(bspw. Becker-Schmidt 1991: 125ff.). Die sozialen Gruppen werden demnach in
der Gesellschaft in institutionalisierter Form in ein Verhältnis zueinander ge-

setzt. Männlichkeit oder Weiblichkeit sind immer relationale Begriffe (vgl. Treibel 2006). „Männer und Frauen werden ... als soziale Gruppe gedacht, die gerade die *Geschlechterdifferenz* in Relationen zueinander setzt" (Becker-Schmidt 1991: 372). Die Relationen sind durch Auf- und Abwertungen bestimmt. Geschlecht als Strukturkategorie übernimmt eine „Platzanweiserfunktion", d.h. die gesellschaftliche Zuweisung zu einem Geschlecht bestimmt zugleich den Zugang zu gesellschaftlichen Ressourcen, wie Bildung, Einkommen, Aufstiegschancen oder politische Mitsprachemöglichkeiten. Mit dieser Fokussierung auf das Geschlechterverhältnis wird ein relationaler Aspekt in das analytische Instrumentarium eingeführt, der in den Ausarbeitungen der Geschlechterforschung immer deutlicher hervortrat. Becker-Schmidt fasst zusammen: „Wenn in der Frauenforschung also vom Geschlecht als Strukturkategorie gesprochen wird, wird die gesellschaftliche Systematik von Diskriminierungen in den Blick genommen, die Frauen als Frauen zugefügt werden. Zur Diskussion steht die gesellschaftliche Stellung des weiblichen Geschlechts im Vergleich zum männlichen. Untersucht werden die gesellschaftlichen Beziehungen zwischen den Geschlechtern, auf denen die Ungleichheit beruht" (Becker-Schmidt 1991: 127).

2.4 Weitere Ausdifferenzierung der Forschungsperspektiven

Mit der Betonung Beziehungen zwischen Männlichkeit und Weiblichkeit geraten verstärkt „Geschlechterrelationen", „Geschlechterdifferenzen", „Geschlechterverhältnisse" und „Konstruktionen von Geschlecht" in verschiedenen Kontexten und auf den verschiedenen gesellschaftlichen Ebenen in den Blick (vgl. bspw. Löw/Mathes 2005; Hagemann-White 1984; Müller 2003). Dies hatte institutionelle Folgen: Die Frauenforschung wird allmählich zur Geschlechterforschung umbenannt. Sigrid Metz-Göckel stellt 1993 fest, Frauenforschung wird „in jüngster Zeit zur Geschlechterforschung, insofern sie sich vergleichend, kritisch und analytisch auf Männer bezieht und das Geschlechterverhältnis sowie die Geschlechterbeziehungen im Kontext der gesellschaftlich-historischen Rahmenbedingungen zum Gegenstand ihrer Untersuchungen macht" (Metz-Göckel 1993: 410, auch Bührmann/Diezinger/Metz-Göckel 2000: 10).

Zwar hatte sich die Frauenforschung auch in der Vergangenheit nicht „nur" auf die Kategorie „Frau" bezogen, sondern immer auch (mehr oder weniger ex-

plizit) Männer mit in den Untersuchungen berücksichtigt. Das Geschlechterverhältnis gehörte immer zu den originären Themen theoretischer und empirischer
Forschung (z.b. Becker-Schmidt/Knapp 1995), ebenso wie die männlichen und
weiblichen Lebenslagen (z.b. Müller 1987) und kulturgeschichtliche Untersuchungen zur Entstehung und Bedeutung von Männlichkeit und Weiblichkeit
(z.b. Mead 1974). Es erforderte jedoch einen weiteren Schritt die eigenen kategorialen Grundlagen, die eigenen Denkvoraussetzungen und Prämissen im Hinblick auf die Kategorien „Frau" und „Mann" einer grundlegenden Überprüfung
zu unterziehen. Dieser Schritt vollzog sich in den 1980er Jahren mit der immer
stärkeren Betonung des relationalen Charakters der Geschlechterverhältnisse
und -beziehungen. Die Diskussion lässt sich mit folgenden Fragen umreißen
(vgl. Kap. 4): Wer sind eigentlich die „Frauen" bzw. „Männer", auf die sich die
Forschung bezieht, wenn Männlichkeit und Weiblichkeit sich gegenseitig bedin-
gen? Wie kann dann eine starre Zuordnung in der Forschung aufgelöst werden?
Wie können Differenzen und soziale Ungleichheiten innerhalb eines Geschlechts
in den wissenschaftlichen Konzepten sichtbar gemacht werden, ohne dabei die
eigenen Grundlagen zu verlieren? Wer sind dann die Subjekte, auf die sich die
Forschung beruft? Und daran anschließend: Haftet der Geschlechterforschung
– ohne es zu wollen und entgegen ihres ursprünglichen emanzipatorischen Anspruchs – ein Herrschaftsgestus an, wenn sie von „Frau" spricht und damit die
Unterschiede zwischen Frauen verdunkelt?

2.4.1   Die sex-gender Unterscheidung

Eine Weichenstellung auf dem Weg von der Frauen- zur Geschlechterforschung
bildete die aus dem us-amerikanischen Diskurskontext übernommene kategoriale
Unterscheidung zwischen „gender", dem „sozialen Geschlecht", und „sex", dem
„biologischen Geschlecht". Diese Differenzierung findet in den 1980er Jahre
Eingang in den deutschen Debatten und wurde in den folgenden Jahren weiter
bearbeitet (vgl. bspw. Löw/Mathes 2005; Hagemann-White 1984; Müller 2003).
Dabei stammt der Begriff gender ursprünglich aus der Psychologie, wo er die
mögliche Diskrepanz zwischen Körpergeschlecht und ‚gefühltem' Geschlecht
(z.B. bei Transvestiten) oder der Geschlechtsdarstellung („gender role") beschreiben sollte (Rendtorff 2009).
      1986 fordert Joan Scott eine kritische Reflexion der wissenschaftlichen Ka-
tegorie „Frau" und schlug vor, die umstrittene und historisch kontingente Kategorie „Frau" durch die Kategorie „Geschlecht" zu ersetzen, auch um gender

durch die Entkopplung vom körperlichen Geschlecht einer weiteren Gesellschaftsanalyse zugänglich zu machen und den relationalen Aspekt von Männlichkeit und Weiblichkeit in den Macht- und Herrschaftsbeziehungen aufnehmen
zu können (Scott 1986; zu neueren Entwicklungen vgl. Scott 2001). Scott definiert „gender" durch zwei Aspekte: Gender sei erstens ein konstitutives Element
von gesellschaftlichen Beziehungen, das auf wahrgenommenen Unterschieden
zwischen den Geschlechtern (sexes) beruht. Zweitens sei gender als eine Art und
Weise zu verstehen, wie Machtverhältnisse in einer Gesellschaft reproduziert
werden (vgl. auch Scott 2001). Der entscheidende Schritt bei der Unterscheidung in sex und gender sei, dass es nun möglich werde, das soziale Geschlecht,
also die gesellschaftlich und kulturell geprägten „Geschlechtercharaktere" (Hausen 1978) und das körperliche Geschlecht, also Anatomie, Morphologie, Physiologie und Hormone in ihrem Wirkungszusammenhang konzeptionell zu entkop-
peln. Diese Entkopplung von sex und gender sollte es erlauben, den Körper
nicht als ein unhintergehbares gesellschaftliches „Schicksal" zu verstehen (Gildemeister 2004a), sondern die Differenzierungen und Ungleichheiten zwischen
den Geschlechtern als Resultat von sozialen und kulturellen Einflussnahmen
konzeptionell begreifen zu können. Oder anders formuliert: Gender ist nun nicht
mehr an sex gebunden und die Zuweisung zu einer Geschlechtsgruppe (sex) begründet nicht die im gesellschaftlichen und sozialen Leben beobachtbaren
Geschlechterungleichheiten und -differenzierungen. Gender kann damit nicht
mehr auf sex reduziert werden: Soziale Ausprägungen, wie Einfühlsamkeit und
Emotionalität, Durchsetzungsfähigkeit und Rationalität sind aus dieser Perspektive nicht mehr an das eine oder andere körperliche Geschlecht gebunden, sondern stehen grundsätzlich allen Gesellschaftsmitgliedern unabhängig vom körperlichen Geschlecht offen. Damit werden neben dem Prozess der gesellschaftlichen Geschlechtszuweisung zudem „Selbstzuweisungen" der Gesellschaftsmitglieder analysierbar.

Anknüpfend an die analytische Entkopplung von körperlichem und sozialem
Geschlecht schlägt Hagemann-White vor, von einem kulturellen System der
Zweigeschlechtlichkeit auszugehen, das die Menschen bei ihrer Geburt vorfin-
den und das maßgeblich für ihre Einordnung als männliche oder weibliche Gesellschaftsmitglieder ist, weshalb sie ein Interesse daran haben, im zweige-
schlechtlichen System als Mann oder Frau erkannt und anerkannt zu werden
(Hagemann-White 1984). In den letzten Jahren entwickelte sich aus dem Blick
auf die soziale Konstruktion von Geschlecht eine Diskussion darüber, ob Geschlecht tatsächlich omnirelevant ist, also ein ständig und überall strukturieren-
des gesellschaftliches Element ist, oder ob die Wirkung je nach gesellschaftli-

chem Kontext variiert und ob es gar gesellschaftliche Kontexte gibt, in denen es zu De-Thematisierungen von Geschlecht kommt (vgl. bspw. Heintz/Nadai 1998; Hirschauer 2001; Weinbach/Stichweh 2001).

2.4.2 Männer und Männlichkeiten

Die Betonung der Relationalität der Geschlechter und die Erkenntnisse zur „sozialen Konstruktion" Geschlecht bedeuteten, theoretisch und empirisch anzuerkennen, dass auch Männer geschlechtstypischen Zwängen und Zuschreibungen ausgesetzt sind. Mitte der 1980er Jahren entwickelte sich zunächst im angloamerikanischen Sprachraum eine Männerforschung, die in ihrer Reflexion auf Männlichkeit die Untersuchungen auf Weiblichkeit erweitern (vgl. BauSteineMänner 1996). In diesem Kontext entstehen „Untersuchungen über die Konfiguration sozialer Praxis, die die Position von Männern in Genderrelationen und damit die Muster von Männlichkeit" (Connell 2009a: 81) berücksichtigen. Jeff Hearn (1992), Robert Connell (inzwischen Raewyn Connell) (1999) und aus dem deutschsprachigen Raum kommend Michael Meuser (1998) gelten als wichtige Vertreter der Männerforschung, die Männlichkeiten ebenfalls als soziales Konstrukt begreift und Männlichkeiten wiederum in Relationen zu Weiblichkeiten theoretisch zu fassen versuchen.

Der von Tim Carrigan, Robert Connell und John Lee eingeführte Begriff der hegemonialen Männlichkeit erhält in der Männerforschung rasch einen zentralen Stellenwert (Meuser 1998: 160). Das Konzept soll erfassen, dass es auch unter Männern Differenzierungen gibt, d.h. Männlichkeiten, die der hegemonialen nicht entsprechen wie z.B. die „homosexuelle Männlichkeit", werden ebenfalls der hegemonialen Männlichkeit untergeordnet. Der Leitgedanke ist, dass die Herrschaft über Frauen kein universales Merkmal von Männern ist und Männer auch nicht als homogene Masse zu begreifen sind. Vielmehr gelte es, historisch bestimmte Männlichkeiten zu untersuchen (weshalb die Männerforschung häufig von „Männlichkeiten" spricht) (Wedgwood/Connell 2004). Jede Gesellschaft bildet demnach ein hegemoniales Männlichkeitsmuster aus, dem Weiblichkeit, aber auch andere Formen von Männlichkeit untergeordnet werden. Dieses Männlichkeitsmuster beinhaltet spezifische „Handlungsweisen, Stilmittel, institutionelle Arrangements und Beziehungsformen" (Meuser 2000: 59).

Connell unterscheidet in einer weiteren Ausarbeitung des Begriffs „hegemoniale", „marginalisierte", „unterdrückte" und „komplizenhafte" Männlichkeiten (Connell 1999). Er betrachtet hegemoniale Männlichkeit ebenfalls nicht als starre oder feststehende Einheiten. Vielmehr sind Männlichkeiten als Konstruktionen zu begreifen, die eine „historisch beweglich Relation" (ebd.: 2) bilden, die je nach politischen, ökonomischen, soziale und kulturellen Veränderungen andere Gestalten annehmen kann. Meuser (2006b) schlägt im Anschluss an die Theorie von Pierre Bourdieu weiter vor, zwischen hegemonialer Männlichkeit im Sinne der Hegemonie des männlichen Geschlechts und hegemonialer Männlichkeit im Sinne eines Konstruktionsprinzips zu unterscheiden. Hegemoniale Männlichkeit als relationale Kategorie bedeutet hier, dass sie in Beziehung zu Weiblichkeit(en) und anderen Männlichkeiten Gestalt annimmt (vgl. zur Weiterentwicklung Meuser/Scholz 2005: 214).

2.4.3 Wechselwirkungen von Ungleichheiten und Differenzierungen

Auch die Kritik der us-amerikanischen Bewegung der „women of color" führte zu weiteren Infragestellungen der Kategorie „Frau". Das Combahee River Collective (vgl. Combahee River Collective 1982), eine us-amerikanischen Gruppe, in der sich schwarze lesbische Feministinnen zusammenschlossen, übte Kritik am weißen Mittelstandfeminismus und rückte ins Bewusstsein, dass es in Wissenschaft und Politik nicht allein darum geht, die Ungleichheiten zwischen Männern und Frauen zu erfassen, sondern dass auch innerhalb der Geschlechter erhebliche Differenzen und Ungleichheiten existieren. Demnach nimmt die Geschlechterforschung in Theorie und Praxis auf ein Kollektivsubjekt „Frau" Bezug, das bei genauerer Betrachtung lediglich die Erfahrungen und die Lebensrealitäten des weiblichen, weißen, heterosexuellen Mittelstandes widerspiegelt und andere Lebenskontexte ausschließt. Bis dahin lag der Frauenforschung ein Konzept von „Frau" zugrunde, das sich über einen hegemonialen Diskurs konstituiert, der die Erfahrungen einiger weniger privilegierter Gesellschaftsmitglieder widerspiegelt, aber beispielsweise die gesellschaftliche Realität von schwarzen Frauen oder Migrantinnen ausschließt, so die Vertreterinnen der Position. Damit werden die Differenzen innerhalb der Kategorie Frauen in den Blick genommen. Dreh- und Angelpunkt der nun einsetzenden Debatten, die sich unter dem Stichwort „Intersektionalität" zusammen finden, bilden die Fragen nach den „Über-Kreuzungen" (Klinger/Knapp 2008a) von Geschlecht mit anderen sozialen Differenzierungen und Ungleichheitsdimensionen (vgl. Kap. 12). Dabei sollen die Wechselwirkungen sozialer Ungleichheiten und Differenzen, wie Geschlecht, race/Ethnizität und Klasse, aber auch Alter, Religion oder Gesundheit nicht im Sinne der Mehrfachunterdrückungsthese analysiert werden, die besagt, dass zu

Geschlecht noch weitere Ungleichheitslagen wie ethnische und soziale Herkunft einfach hinzu addierbar sind (Anthias/Yuval-Davis 1983: 62ff; Yuval-Davis u.a. 2005; Degele/Winker 2008; Winker/Degele 2009).

Die Diskussion über die Wechselwirkungen und Verbindungslinien zwischen Ungleichheiten und Differenzen brachte in den 1980er Jahren die Rechtswissenschaftlicherin Kimberlé Crenshaw im us-amerikanischen Kontext mit der Metapher der Verkehrskreuzung auf den Punkt. Statt die Wirkung von zwei, drei oder mehr Unterdrückungsdimensionen zu addieren, betont Crenshaw mit dem eingängigen Bild der Straßenkreuzung die Verwobenheit von Ungleichheiten und Differenzen, die sich wechselseitig verstärken, abschwächen oder auch verändern können. Demnach lassen sich gesellschaftliche Ungleichheitslagen nicht angemessen erfassen, solange jeweils eine Dimension isoliert betrachtet wird, da sich Machtwege gegenseitig kreuzen, überlagern und überschneiden (Crenshaw 2007: 56). Solange die Wechselwirkungen von Ungleichheiten und Differenzen konzeptionell nicht adäquat berücksichtigt werden, dominiert auch der „weiße Mittelstandsfeminismus", so die Argumentation von Crenshaw. Damit ist allerdings noch nicht geklärt, wie die Wechselwirkungen jenseits des Bildes der Straßenkreuzung kontextspezifisch unterschiedlich miteinander verwoben sind und ob alle Kategorien in gleicher Weise wirken. Cornelia Klinger geht beispielsweise davon aus, dass Geschlecht, Klasse/Schicht und race/Ethnizität drei große „systems of oppression" bilden (Klinger 2008: 55), die in Wechselwirkung zueinander stehen und auf drei grundlegende gesellschaftliche Strukturierungssysteme zurückgehen, die unterschiedliche sozialhistorische Entstehungs- und Entwicklungslinien und unterschiedliche Ausschlusspraxen haben. Diese wiederum sind nach Klinger von den Differenzierungen, wie Alter oder Religion zu unterscheiden (Klinger 2003: 21-24), da Geschlecht, Klasse/Schicht und race/Ethnizität mit der Funktionsweise der kapitalistischen Gesellschaft grundlegend verflochten sind.

2.4.4 „Gender Trouble"

In der grundlagen- und erkenntnistheoretischen Diskussion über die Kategorie „Geschlecht" bildete die Veröffentlichung „Gender Trouble" von Judith Butler (Butler 1991; Butler 1993; Bublitz 2010; Villa 2003) einen weiteren zentralen Bezugspunkt (vgl. Kap. 4). Butler interessiert, wie vergeschlechtliche Identitäten über Differenzbildungen hergestellt werden, z.B. über die Unterscheidung nach männlich/weiblich, um männliche und weibliche Identitäten konstruieren zu können. Diese Gleichzeitigkeit von Identitäts- und Differenzdenken bedeutet nach Butler, dass der Prozess der Identitätsbildung ein konstitutives Außen benötigt, d.h. ein Verhältnis zu etwas, auf das er angewiesen ist und das er zugleich ausschließen muss. Mit dem Prozess der Identitätsbildung sind demnach immer zugleich Macht-, Herrschafts- und Ausschlussverhältnisse verbunden. Anerkannte Subjektpositionen von Gesellschaftsmitgliedern und damit soziale Identitäten werden demnach über Diskurse, Praktiken und Machtverhältnisse hergestellt und reguliert (Butler 1993:229). Die Differenz- und Ausschlussprozesse werden von Butler als entscheidende Grundlage für die Gestaltung von heterosexuellen und homosexuellen (schwulen und lesbischen) Beziehungen betrachtet. Heterosexualität ist nach Butler ein strukturierender Bestandteil der symbolischen gesellschaftlichen Ordnung. Mit dem Begriff der Zwangsheterosexualität oder der Heteronormativität betont sie die Annahme, dass Heterosexualität als „normal" angesehen wird und deshalb auch als Norm (normierend) wirkt, während gleichgeschlechtliche oder bisexuelle Orientierungen diskriminiert werden. Butler betont in einem weiteren Schritt, dass auch das körperliche Geschlecht keineswegs selbstverständlich und eben kein biologisches Schicksal sei, sondern männliche und weibliche Körper ebenfalls diskursiv hergestellt werden. Damit löst sich schließlich auch sex in gender auf (Butler 1991: 37f., 1993: 126).

Ein Resultat dieser Debatte ist, dass Geschlechterdifferenzen, weibliche (und männliche) Subjektivität bzw. geschlechtliche Identitäten als durch und durch sozial und diskursiv konstruiert erscheinen, sie wirken als das Resultat sozialer Institutionalisierungsprozesse und sind nur relational zu bestimmen. Die grundlegende erkenntnistheoretische Infragestellung der Kategorie Geschlecht bedeutet aber keineswegs, dass Geschlecht und die Geschlechtszugehörigkeit an Bedeutung verlieren. Das Wissen um die kulturelle Konstruktion der Zweigeschlechtlichkeit, die Kenntnis von der heterosexuellen Zwangsidentität (Butler 1991: 41) macht die gesellschaftliche Zuordnung zu einem männlichen oder weiblichen Geschlecht nicht weniger wirksam, nicht weniger zwingend und nicht weniger mit Macht und Herrschaft durchsetzt. Die daraus entstehenden Zwänge können für die einzelnen Individuen leidvolle Erfahrungen mit sich bringen. Die Erkenntniskategorie „Frau" kann aber nicht mehr als selbstverständlich vorausgesetzt werden, sie ist immer wieder erklärungsbedürftig. Wenn selbst der Körper als Klassifikationsmerkmal nicht eindeutig ist, sondern kulturell konstruiert ist, wer sind dann diese „Frauen", auf die sich die Frauenforschung und die Frauenbewegung in der Vergangenheit berufen haben?

In weiteren Ausarbeitungen werden lesbische und schwule Identitäten nicht mehr als je eigene Kategorie begriffen, da solche Identitätszuweisungen erst

durch den Bezug auf die heterosexuelle Matrix an Inhalt gewinnen und sie damit die gesellschaftliche Dominanz der „heterosexuellen Matrix" und ihren
„Zwangscharakter" erneut verfestigen würden (Degele 2008: 41; vgl. auch Groß/
Winker 2009; Jagose 2001). Die gesellschaftlichen Prozesse und der Stellenwert
der Identitätsbildungen, die immer über Ab- und Ausgrenzungen funktionieren,
werden zum Gegenstand einer weiteren Ausdifferenzierung einer sich entwi-
ckelnden Queer Forschung. „Queere TheoretikerInnen kritisieren Institutionen
(wie die Ehe), Ideologien (wie der ‚weibliche' Führungsstil) und die Logik des
binären Denkens (wie die Zweigeschlechtlichkeit), wie es sich etwa in wissenschaftlichen Lehrgebäuden der Soziobiologie oder auch der Philosophie niederschlägt. Um normalisierende Normen handelt es sich, weil WissenschaftlerInnen
dort unreflektiert und schlicht ignorant mit Konzepten ‚natürlicher' Zweigeschlechtlichkeit hantieren. Damit verbundene Wissensprodukte, Organisationsprinzipien und Institutionen entlarven und sezieren queere DenkerInnen mit viel
Kreativität und Fleiß als ‚heteronormativ'" (Degele 2008: 41).

2.4.5 Geschlecht als serielle Kollektivität

Unter dem Einfluss der Diskussion über die Kategorie „Frau" schlägt Iris Marion Young vor (Young 1994), Geschlecht als serielle Kollektivität zu interpretieren und versucht damit eine essentialisierende Fassung des Begriffs zu vermei-
den. Young führt aus: „Ein solches Verständnis des Kollektivs ‚Frau' macht es
überflüssig, gemeinsame Eigenschaften aller Frauen zu identifizieren und impliziert auch keine gemeinsame „weibliche" Identität. Die Kollektivität der Serie ist
breiter als die der einheitlichen, ihrer selbst bewussten Gruppe" (Young 1994:
224). Young unterscheidet zwischen einer Gruppe und Serien. Eine Gruppe umschreibt demnach Gesellschaftsmitglieder, die ein Gruppenbewusstsein entwickeln, in einer Beziehung der gegenseitigen Anerkennung zueinander stehen und
ein gemeinsames Ziel verfolgen. Die Zugehörigkeit zu einer Gruppe erfolgt „(...)
durch ein Gelöbnis, einen Vertrag, eine Konstitution, einen Status oder die Formulierung eines Gruppenziels" (ebd.: 239). Die Einheit der Serie entsteht dagegen durch äußere Rahmenbedingungen, durch eine Ansammlung von Menschen,
die sich zufällig zusammenfindet, weil sie für die Durchführung einer Handlung
dasselbe oder das gleiche Objekt benötigen. Sie verstehen sich als Kollektiv, das
durch Objekte und Praktiken, mittels derer sie ihre individuellen Ziele erreichen
wollen, konstituiert wird, identifizieren sich aber nicht miteinander oder mit gemeinsamen Erfahrungen, noch affirmieren sie sich als Beteiligte an einem ge-

meinsamen Unternehmen. „Anders als die Gruppe, die sich aktiv um gemeinsame Ziele bilden, sind Serien soziale Kollektive, deren Mitglieder passiv durch die Objekte vereint sind, um die sich ihr Handeln strukturiert, und/oder durch die objektivierten Ergebnisse der materiellen Auswirkungen des Handelns der anderen" (ebd.: 240). In der Serie sind die Individuen demnach passiv vereint und voneinander isoliert, aber nicht allein. Das Konzept der seriellen Kollektivität bietet nach Young den Vorteil, Frauen als gesellschaftliches Kollektiv zu verstehen, ohne dass dazu gemeinsame Merkmale oder eine gemeinsame Situation aller Frauen vorausgesetzt werden müssen, da es sich zu anderen kollektiven Strukturen (wie Klasse oder race) anschlussfähig zeigt (vgl. hier auch Klinger 2003). „Ein serieller Geschlechterbegriff lässt darüber hinaus ein Verständnis der sozialen Produktion und der Bedeutung der Mitgliedschaft in Kollektiven zu, das nicht auf Identität und Selbstidentität beruht" (Young 1994: 238). Auch Knapp möchte Gemeinsamkeit „als Chiffre, als Reflexionskategorie, der eine heuristisch-methodische Funktion zukommt" (Knapp 2003: 264) begreifen. Sie zeigt Beziehungen statt Identitäten an, und die Felder von Gemeinsamkeiten seien Relationierungen und nicht Subjekteigenschaften.

2.5 Fazit

Am Beginn der Entwicklung soziologischer Geschlechterforschung stand die Erkenntnis, dass die gesellschaftliche Ungleichbehandlung zwischen den Geschlechtern keinen natürlich-biologischen Ursprung hat und sie nicht auf einer über alle Kulturen hinweg gleichermaßen geltenden, unveränderbaren, ahistorischen und natur- und wesenhaften Geschlechterdifferenz basiert. Auch die Soziologie ist ursprünglich mit dem Programm angetreten, „beobachtbare Ungleichheiten zwischen Menschen(gruppen) konsequent als soziale und nicht als naturgegebene Unterschiede zu analysieren" (Degele 2008: 23; auch: Aulenbacher 2008; Degele 2003a). In der Soziologie findet der Gründungsanspruch inzwischen auch auf das Gewordensein der Geschlechterdifferenzen und -ungleichheit Anwendung. Geschlecht ist zur zentralen Kategorie geworden. Aber erst das hartnäckige Beharren darauf, auch Geschlechterdifferenzierungen und -ungleichheiten als gesellschaftlich und kulturell hergestellt zu begreifen, ermöglichte es, eine soziologisch-analytische Perspektive auf Geschlecht zu entwickeln. Erst dann war es möglich folgende Fragen zu stellen: Wieso sind die Geschlech-

ter auf dem Arbeitsmarkt anhaltend ungleich gestellt? Wieso sind die Geschlechter in politischen Willensbildungs- und Entscheidungsprozessen auf nationaler
und internationaler Ebene unterschiedlich integriert? Welche Machtäußerungen
verbergen sich hinter gewalttätigen Handlungsweisen von Männern gegenüber
den anderen Geschlechtern? Welche gesamtgesellschaftlichen Prozesse verbergen sich hinter der Ungleichbehandlung der Geschlechter?

3. Gesellschaftsanalysen der Geschlechterforschung

Brigitte Aulenbacher

3.1 Einleitung

In modernen Gesellschaften sind Frauen und Männer vielfach ungleich gestellt. Je höher beispielsweise die Position in Wirtschaft, Staat, Politik, Wissenschaft ist, desto größer ist die Wahrscheinlichkeit, dass sie von einem Mann bekleidet wird. Die wenigen Regierungschefinnen und Topmanagerinnen oder die etwas zahlreicheren Richterinnen und Professorinnen zeigen allerdings, dass es nicht so sein muss. Insbesondere im breiten Feld qualifizierter Beamten- und Angestelltentätigkeit, der Sachbearbeitung und unterer bis mittlerer Führungspositionen in Wirtschaft und Verwaltung finden sich Tätigkeitsfelder, in denen Frauen und Männer recht unterschiedslos neben- und miteinander arbeiten. In anderen Bereichen ist die Trennung und Hierarchisierung von Tätigkeiten in Frauen- und Männerarbeit jedoch stabil. Geschlechterungleichheiten verschärfen sich bisweilen sogar noch. Schließlich zeigt ein Blick in den Privathaushalt, dass die dort anfallende Arbeit bis heute vor allem von Frauen verrichtet wird. Männer beginnen am ehesten die Kindererziehung in neuer Weise für sich zu entdecken. Auch verbindet sich mit der im Privathaushalt verrichteten Arbeit wenig Anerkennung. Im Gegenteil, häusliche Verpflichtungen blockieren seit jeher Karrieren von Frauen. Aktive Vaterschaft ist ebenfalls nicht ohne weiteres mit beruflichen Erfordernissen vereinbar, wenngleich 'neue Väter' mehr Anerkennung zu erfahren scheinen als Müttern bislang vergönnt gewesen ist.

Ist die hier bloß beispielhaft angesprochene Gleich- und Ungleichstellung der Geschlechter Zufall? Und ist es Zufall, dass Positionen, die vor allem von Männern eingenommen werden, ein höheres gesellschaftliches Ansehen und weiter reichende Machtbefugnisse haben? Oder handelt es sich bei der Geschlechterungleichheit um Nachwirkungen vergangener Zeiten? Und wird sie dann bald hinfällig sein? Oder haben die Hierarchien zwischen den Geschlechtern Ursachen, die der modernen Gesellschaft eigen sind? Und warum sind sie dann dennoch veränderbar? Schließlich: In welcher Weise verändern sich im Zuge gesellschaftlichen Wandels auch Ungleichheiten nach Geschlecht? In welcher Weise beeinflussen, umgekehrt, Ungleichheiten nach Geschlecht den gesellschaftlichen Wandel?

Antworten, allerdings kontroverse Antworten auf all diese Fragen bieten die Gesellschaftsanalysen der Geschlechterforschung. Sie fragen danach, wie die moderne Gesellschaft verfasst ist. Sie arbeiten heraus, was dies mit Geschlecht zu tun hat. Sie suchen gesellschaftlichen Wandel im Zusammenhang mit Geschlecht zu interpretieren. Vorgestellt werden Ansätze, die an die marxistische Theoriebildung (2.), die ältere und neuere Kritische Theorie (3.) und die Systemtheorie (4.) anschließen. Ferner geht es um Gesellschaftsanalysen, die kritische Reflexionen der Moderne und praxeologische Perspektive aufnehmen (5.). Schließlich werden Ansätze vorgestellt, die sich im Kontext der Kapitalismus- und Fordismusanalyse bewegen oder an die Männlichkeitsforschung anschließen (6.). Gezeigt wird, wie sie Gesellschaftsanalyse betreiben und welche Antworten sie auf die genannten Fragen geben. Die Schlussbetrachtung gilt dem Stand der Forschung (7.).

3.2 Arbeit, Generativität[1] und Geschlechterungleichheit in gesellschaftlichen Transformationen

Dieser Abschnitt befasst sich mit Ursula Beers und Jutta Chalupskys (Beer 1990, 1991; Beer/Chalupsky 1993) Ansatz. Er lässt sich bis auf eine der großen internationalen Debatten der frühen Frauenforschung, die Hausarbeitsdebatte, zurückverfolgen (vgl. Beer 1984). Bei dieser Debatte handelte es sich um eine Auseinandersetzung mit der Marxschen Theorie. Deren Kapitalismusanalyse, so die seinerzeitige Kritik, konzentriere sich auf die Produktion von Waren und auf Lohnarbeit (vgl. Beer 1984). Hausarbeit und mehr noch die „Produktion von Leben" (Werlhof 1983b, eine frühe Formulierung von Marx gegen sein Spätwerk wendend) fielen heraus. Damit gerieten zugleich Tätigkeiten aus dem Blick, die zumeist von Frauen verrichtet werden. Diesen ‚blinden Fleck' will

---

1   Generativität ist der Obergriff für den gesellschaftlichen Umgang mit Geburtlichkeit (Natalität) und Sterblichkeit (Mortalität). Es geht also darum, wie ein Erfordernis und eine Unvermeidbarkeit bearbeitet werden, denen jede Gesellschaft Rechnung tragen muss, wenn sie weiter bestehen will. Cornelia Klinger (2003) spricht in diesem Kontext außerdem noch Gebrechlichkeit (Morbität) an.

Beer (1990: 47ff.; 1991) beseitigen, indem sie die Marxsche Theorie so öffnet, dass sie neben Lohn- auch Hausarbeit und außerdem Generativität in den Blick zu nehmen vermag.

Beer (1990: 120ff.) greift hierzu eine zentrale Argumentationsfigur der Marxschen Theorie heraus: die Betrachtung der Gesellschaft als Produktionsweise, welche sich unter historisch je besonderen Produktionsverhältnissen, insbesondere Eigentumsverhältnissen, vollzieht und durch eine historisch je besondere Produktivkraftentwicklung, insbesondere die Entwicklung von Wissenschaft, Technologie und des Menschen, vorangetrieben wird. Sie folgt einer bestimmten Lesart des Marxschen Werkes, dem französischen strukturalen Marxismus in der Fassung von Maurice Godelier (1973). Demnach ist jede Produktionsweise von Widersprüchen durchzogen, welche die Produktionsverhältnisse in sich und in ihrem Verhältnis zu den Produktivkräften betreffen. Gesellschaftliche Entwicklungen werden dann folgendermaßen thematisiert: Entwickeln sich die Produktivkräfte in Übereinstimmung mit den Produktionsverhältnissen, dann wird die bestehende Produktionsweise auf neuem Niveau reorganisiert. Es handelt sich dann beispielsweise um verschiedene Phasen des Kapitalismus. Entwickeln sich die Produktivkräfte so, dass sie den Produktionsverhältnissen nicht mehr entsprechen, erfolgt hingegen die Transformation der bestehenden zu einer neuen Produktionsweise (vgl. Beer 1990:153; Aulenbacher 2007b:142). Beer (1990, 1991) interessiert sich vor allem für Transformationen. Sie betrachtet zunächst die Transformation von der „ständisch-feudalen" zur „industriell-kapitalistischen" Gesellschaft. Daraus gewonnene Erkenntnisse wendet sie mit Chalupsky (Beer/Chalupsky 1993) in Bezug auf die DDR und die deutsche Wiedervereinigung dann auf die Transformation vom Staatssozialismus zum Kapitalismus an.[2]

In diesen Transformationen ist nun ein Phänomen besonders bemerkenswert: Wenngleich Produktionsweisen von Grund auf umgewälzt wurden, haben

---

2 Das Ende des Staatssozialismus lässt sich, um den bis hierhin vorgestellten marxistischen Ansatz zu veranschaulichen, mit Ursula Beer und Jutta Chalupsky (1993) dann folgendermaßen erklären: Im Rahmen des staatssozialistischen „Volkseigentums" an Produktionsmitteln, also der Produktionsverhältnisse, sollten allen Gesellschaftsmitgliedern „Existenzgarantien" wie Einkommen, Fürsorge, Wohnraum etc. gewährt werden. Beim erreichten Stand wirtschaftlicher und technologischer Entwicklung, also dem Stand der Produktivkraftentwicklung, war dies in bescheidenerem als gewünschtem Umfang der Fall. Dies hat zusammen mit anders gelagerten politischen Faktoren auf Seiten weiter Teile der Bevölkerung, die als Produktivkraft zu denken ist, Protest bewirkt. Die in dieser Form aufgebrochenen Widersprüche zwischen Produktionsverhältnissen und Produktivkräften konnten im Rahmen des Staatssozialismus nicht mehr bearbeitet werden, was sein Ende herbeiführte.

wir es doch durchgängig mit Geschlechterungleichheit zu tun. Die Industriegesellschaft beispielsweise ist anders als der Feudalismus keine Ständegesellschaft
mehr, sondern – aus marxistischer Perspektive betrachtet – eine Klassengesell-
schaft. Beide Gesellschaftsformationen sind jedoch von Geschlechterungleichheiten durchzogen. Diesem Phänomen spürt der vorgestellte Ansatz nach.

Gegenüber der marxistischen Gesellschaftsanalyse nimmt Beer (1990: 78ff.)
eine Erweiterung vor, indem sie über die Produktionsweise hinaus die „Wirt-
schafts- und Bevölkerungsweise" der sie interessierenden Gesellschaften betrachtet. Sie fragt danach, wie die Menschen darin ihre Existenz sichern und wie
die Gesellschaft ihren Bestand. In der kapitalistischen und staatssozialistischen
„Wirtschafts- und Bevölkerungsweise" erfolge dies in voneinander getrennten
Ökonomien: In der Marktökonomie bzw. in der Planwirtschaft auf der einen Seite und in der „Fortpflanzungs- und Versorgungsökonomie" auf der anderen Seite.[3] Sie erbringen erst zusammen genommen alle notwendigen Leistungen (vgl.
auch Beer 1991; Beer/Chalupsky 1993).

Wie eingangs gesagt sind Männer und Frauen in diesen Ökonomien gleich
und ungleich gestellt. Zufall oder nicht, Relikt vergangener Zeiten oder nicht,
der modernen Gesellschaft eigen oder nicht? Solche Fragen gehen Beer und
Chalupsky (1993: 193f.; Beer 1990: 153f.) in folgender Weise an: Für sie sind
Geschlechterungleichheiten einer Gesellschaft dann eigen, wenn sie in deren
„verborgener Struktur"[4] auffindbar sind. Umgekehrt ist dann davon auszugehen,
dass Geschlecht im Hinblick auf diese Gesellschaftsformation strukturbildend
wirkt oder, wie es seit Ende der 1980er Jahre in der feministischen Diskussion
heißt, eine Strukturkategorie ist. Empirisch sichtbar wird die strukturbildende
Wirkung von Geschlecht im „Funktionszusammenhang" der Gesellschaft darin,
wie die verschiedenen Ökonomien ausgestaltet und reguliert werden (vgl. Beer
1990, 1991). In diesem Sinne habe Geschlecht die untersuchten Gesellschaften
folgendermaßen beeinflusst: In der Transformation von der „ständisch-feudalen"
zur „industriell-kapitalistischen Wirtschafts- und Bevölkerungsweise" bildete
sich die von Feudalbindungen gelöste, in diesem Sinne freie Lohnarbeit (in Ab-

---

3   Beers Begriffe sind wenig trennscharf. Auch die „Versorgungs- und Fortpflanzungsökonomie"
     kann durchaus markt- oder planwirtschaftlich organisiert sein, so z.B. im Falle von Essens-
     diensten, Schulen, Krankenhäusern, Pflegeheimen etc. und der Gen- und Reproduktionstech-
     nologien. Gemeint ist bei der Autorin in erster Linie die Unterscheidung von entgeltlich und
     unentgeltlich geleisteter Arbeit.
4   Verborgen ist die Struktur der Gesellschaft in dem Sinne, dass sie der alltäglichen Wahrneh-
     mung entzogen ist. Sie kann mittels Gesellschaftstheorie aufgeschlossen werden. Eine solche
     Struktur ist beispielsweise diejenige der Produktionsverhältnisse und Produktivkräfte einer
     Produktionsweise (vgl. Beer/Chalupsky 1993: 193f.).

lösung etwa der Fronarbeit) als neue Arbeitsform heraus. Außerdem wurden die der ständischen Gesellschaft eigenen Eheverbote aufgehoben, so dass diese Lebensform historisch erstmalig nicht nur bestimmten Gesellschaftskreisen, sondern allgemein zugänglich wurde. Beides – Lohnarbeit und Ehe – wurde den Geschlechtern aber nicht gleichermaßen zugänglich. Vielmehr beschränkten das Arbeits-, Familien-, Sozial- und Steuerrecht die Zugänge von Frauen zu Einkommen, darunter auch zu Lohneinkommen. Außerdem wurden sie rechtlich an Stelle der feudalen Geschlechterordnung nun einer neuen Vormundschaft unterstellt, derjenigen des Ehemannes mit Kontroll- und Verfügungsmacht über ihr Arbeits- und ihr Sexualvermögen. Beer (1990, 1991, 2004) spricht für die kapitalistische Gesellschaft daher von einem neu entstehenden „Sekundärpatriarchalismus". Anders als der „Primärpatriarchalismus", die „ständisch-feudale" Herrschaft von Männern über Männer und Frauen (etwa des adligen Gutsherren über seine Familienmitglieder wie die Fronarbeiterinnen und -arbeiter), ist er nicht mehr in erster Linie an Eigentum an Grund und Boden gebunden. Er ist aber auch nicht allein über Eigentum an Kapital vermittelt. Vielmehr ermöglicht nun auch der ungleiche Zugang zu Lohneinkommen eine Vormachtstellung von Männern gegenüber Frauen. Das macht den „Sekundärpatriarchalismus" zu einer in neuer Weise gesellschaftlich durchgängigen Herrschaftsform, durch welche Männer aus allen Schichten qua Einkommen und rechtlich sanktioniert auf Frauen zugreifen können (vgl. Beer 1990: 149ff., auch: 1991, 2004).

Im Staatssozialismus war Beer und Chalupsky (1993: 198ff.) zufolge dann an die Stelle des Privateigentums an Produktionsmitteln die staatliche Verfügungsgewalt darüber getreten. Der Arbeitsmarkt war durch die planmäßige Verteilung von Erwerbsarbeit ersetzt worden. Aufgrund der staatsseitig angestrebten Vollbeschäftigung der erwerbsfähigen Bevölkerung waren dabei auch Frauen voll einbezogen worden. Vormals privat erbrachte Leistungen hatte der Staat übernommen. Gleichwohl waren gestützt durch bevölkerungs-, familien- und sozialpolitische Maßnahmen Frauen für die Aufgaben in der „Versorgungs- und Fortpflanzungsökonomie" hauptzuständig geblieben. Dies hatte sich nachteilig auf ihre erwerbsbezogene Stellung und ihren Zugang zu politischen Ämtern ausgewirkt. Daher sprechen Beer und Chalupsky (1993) auch für die staatssozialistische von einer „sekundärpatriarchalischen" Gesellschaft.

Zusammenfassend lässt sich sagen: Nach Beer und Chalupsky (1993; Beer 1990, 1991) ist die feudale „Wirtschafts- und Bevölkerungsweise" ständisch und „primärpatriarchalisch". Ihre industriellen kapitalistischen und staatssozialistischen Nachfolgegesellschaften sind bzw. waren „sekundärpatriarchalisch" organisiert. Frauen und Männer sind bzw. waren in diese „Wirtschafts- und Bevölkerungsweisen" in voneinander verschiedener und ungleicher Weise eingebunden und gestalt(et)en sie also auch in je anderer Weise mit (vgl. Beer 1990: 133ff.; Beer/Chalupsky 1993: 209ff.).[5] Gesellschaftliche Transformationen gehen diesem Ansatz nach also mit Neuformierungen des Geschlechterverhältnisses einher. Und auch Reorganisationsprozesse ein und derselben Produktionsweise, etwa der Übergang von Fordismus zum Postfordismus im Kapitalismus, sind in Verbindung mit der Reorganisation des Geschlechterverhältnisses zu sehen (vgl. Aulenbacher 2005: 23ff.; auch: 2007). Die in unseren Eingangsbeispielen angesprochene Gleich- und Ungleichstellung der Geschlechter ist dann als Ergebnis dieser Prozesse zu begreifen.

3.3   Relationen im Sozialgefüge und zwischen den Geschlechtern, sozialer Zwang und soziale Gerechtigkeit

In diesem Abschnitt geht es um den Ansatz von Regina Becker-Schmidt (1987b, 1991, 1995, 1998, 2001), der an die ältere Kritische Theorie anschließt, und um Nancy Frasers (1992, 2003) Gesellschaftsanalyse, die im Kontext der neueren Kritischen Theorie gesehen werden kann (vgl. zur feministischen Rezeption der Kritischen Theorie auch Knapp 1996). Der erstgenannte Ansatz interessiert hier vor allem hinsichtlich seiner Analyse des Zusammenhangs zwischen der Verfasstheit der Gesellschaft und der Organisation des Geschlechterverhältnisses (vgl. auch Kap. 8). Bei der Vorstellung des zweitgenannten Ansatzes werden Fragen sozialer Gerechtigkeit ins Zentrum gerückt. Schließlich wird gezeigt, wo es zwischen beiden zu Dissens kommt.

Mit der älteren Kritischen Theorie nimmt Becker-Schmidt (1987b, 1991, 1998) ähnlich wie Beer (1990) eine Perspektive ein, die auf den inneren Zusammenhang der Gesellschaft zielt (vgl. zum Vergleich der Ansätze Aulenbacher 2007b; Wolde 1995). Auch für sie ist Geschlecht eine Strukturkategorie (vgl. Becker-Schmidt 1987b, 1991). Sie konzentriert sich jedoch auf die kapitalistische Gesellschaft, die sie zugleich in ihrer sektoralen Funktionsteilung in den

---

5   Transformationen schlügen sich zudem für diejenigen, die sie erleben, objektiv in Brüchen ihrer gesellschaftlichen Einbindung und subjektiv in „biografischen Zäsuren" (Beer/Chalupsky 1993) nieder. Alles zusammen erklärt dann beispielsweise solche Phänomene wie dasjenige, dass ost- und westdeutsche Frauen und Männer auf das Ende des Staatssozialismus unterschiedlich reagiert haben.

Blick nimmt. Gesellschaft ist für Becker-Schmidt (1991; 1998: 109f. im Anschluss an Theodor W. Adorno) ein „Relationsbegriff". Damit ist gemeint, dass ihre „Elemente" in historisch besonderer Weise zueinander in Relation gesetzt sind. Während die ältere Kritische Theorie unter diesen „Elementen" die Menschen versteht, fasst Becker-Schmidt darunter außerdem die gesellschaftlichen Sphären, also Privathaushalt und Erwerbssphäre, und die Sektoren, in ihrer Aufzählung Wirtschaft, Militär, Politik usw., ferner verschiedene Segmente dieser Sektoren, beispielsweise verschiedene Beschäftigungssegmente. Sie analysiert, wie das gesellschaftliche Gefüge im Hinblick auf die Relationen der Sphären, Sektoren, Segmente und auf die Relationen zwischen den Geschlechtern ausgestaltet ist.

Becker-Schmidt (2000: 25) setzt bei der Diagnose eines „sozialen Strukturproblems" an. Es besteht darin, dass die moderne Gesellschaft die Leistungen, die sie zu ihrer generativen und regenerativen Reproduktion benötigt, in den bereits genannten Sphären und Sektoren gesellschaftlich voneinander getrennt erbringt. Die Sphären und Sektoren seien aber nicht nur „relativ autonom", sondern auch „interdependent" (Becker-Schmidt 1991). Die Wirtschaft beispielsweise greift auf Arbeitskräfte zurück, die im Privathaushalt und im staatlichen Erziehungssystem mit groß gezogen worden sind. Umgekehrt speist sie vermittelt über Erwerbsarbeit Einkommen in die Privathaushalte ein. Gesellschaftlich getrennte Arbeitsformen und Bereiche müssen, damit die für das Leben der Einzelnen und das Funktionieren des Ganzen erforderlichen Leistungen verfügbar sind, also erneut miteinander verbunden werden (Becker-Schmidt 1995, 1998). Dies geschieht nach Becker-Schmidt historisch gesehen nicht zuletzt durch die Art und Weise, wie die Arbeitsteilung zwischen den Geschlechtern organisiert wird.

Im Anschluss an beides, den Gesellschaftsbegriff der älteren Kritischen Theorie und das von ihr benannte „Strukturproblem" moderner Gesellschaften, arbeitet Becker-Schmidt (1991, 1998, 2001) folgenden Zusammenhang zwischen der „sektoralen Funktions- und der geschlechtlichen Arbeitsteilung" heraus (Becker-Schmidt 1998: 102): Unter kapitalistischen Verhältnissen unterliegen die getrennten Sphären und Sektoren unbenommen ihrer „relativen Autonomie" Prozesse ihrer „Vereinheitlichung". Sie werden nach ein und denselben „Leitlinien", etwa der Kapitalverwertung und der Rationalisierung, ausgestaltet (Becker-Schmidt 1991: 385f.). Die industrielle Produktion, um ein besonders illustratives Beispiel von Gisela Dörr (1996) aufzugreifen, wurde und wird so rationalisiert, dass viele Arbeitskräfte arbeitsteilig vorgehen. Der Privathaushalt wurde und wird so rationalisiert, dass eine Person zahlreiche Arbeiten parallel erledigen kann. Ihre „Vereinheitlichung" als rationell organisierte Bereiche sorgt dafür, dass sie gerade in ihrer Verschiedenheit aneinander abgeglichen und anschlussfähig werden. Jede der vielen Arbeitskräfte aus der industriellen Produktion kann alltäglich im Privathaushalt in Gänze für sich sorgen, zumindest dem Grundsatz nach.

Allerdings haben wir es, so Becker-Schmidt (1991, 1998: 95ff., 2001: 109ff.) im Anschluss an die ältere Kritische Theorie weiter, im gesellschaftlichen Gefüge nicht nur mit den Prinzipien „Trennung", „Vereinheitlichung", „Zusammenschluss" zu tun, sondern auch mit „Vermittlungen". Darin werden die historisch besonderen „Verknüpfungen" herausgebildet, durch welche die getrennten Bereiche aufeinander bezogen werden. Diese „Verknüpfungen" können herrschaftsförmig sein. Sie zeichnen sich dann dadurch aus, dass sie mit „sozialem Zwang" verbunden sind. „Sozialer Zwang" bedeutet: Einer Gruppe von Menschen werden die Lasten aufgebürdet, die aus der Bewältigung des genannten „Strukturproblems" (Becker-Schmidt 2000) entstehen. Und sie können sich dieser Zumutung nicht ohne weiteres entziehen, weil sie nicht in der dafür erforderlichen Weise in die gesellschaftlichen Austauschprozesse eingebunden sind (Becker-Schmidt 2001: 113ff.; vgl. auch 1995).

Einem solchen Zwang unterliegen Frauen nach Becker-Schmidt (1983, 1987a) nicht zuletzt durch ihre „doppelte Vergesellschaftung" in Haus- und Erwerbsarbeit. In ihrem Rahmen wird ihnen die Hauptlast der privat organisierten Arbeit aufgebürdet. Insofern dies mit einer im Vergleich zu Männern marginalen Beteiligung an Erwerbsarbeit und damit auch an Einkommen verbunden ist, können sie sich der privaten Zumutungen nicht ohne weiteres erwehren. Zwar ist es, um Dörrs (1996) Beispiel weiter zu verfolgen, im Prinzip gleichgültig, wer die Person ist, die die Haushaltsarbeit leistet. Im Zuge der Verallgemeinerung des bürgerlichen Leitbilds der Hausfrau, von Rationalisierungsprozessen in Erwerbs- und Hausarbeit, der Aushandlung von Rationalisierungsarrangements wie dem Normalarbeitsverhältnis sind es aber in erster Linie Frauen gewesen (vgl. auch Aulenbacher/Siegel 1993). Im Normalarbeitsverhältnis und in der Familie nach dem Ernährer- und Hausfrauenmodell beispielsweise drückt sich, wird dieses Arrangement mit Becker-Schmidt (1998, 2001) interpretiert, eine herrschaftsförmige „Verknüpfung" aus, durch die Haus- und Erwerbsarbeit zu Lasten von Frauen und zu Gunsten von Männern aufeinander bezogen werden. Solche Vergesellschaftungsprozesse bleiben den Menschen zudem nicht äußerlich. „Vergesellschaftung", also die unter bestimmten, beispielsweise kapitalistischen Verhältnissen erfolgende Einbindung der Menschen in den sozialen Austausch, geht mit „innerer Vergesellschaftung" einher. Sie schlägt sich in den psychischen und mentalen Dispositionen der Menschen nieder (vgl. Becker-Schmidt 1991: 388ff.).

In historisch veränderbarer Form ist die skizzierte „Trennung", „Vereinheitlichung" und „Verknüpfung" von Haus- und Erwerbsarbeit dem gesamten sektoralen Gefüge (also Wirtschaft, Militär, Politik usw.) und seinen Segmenten (einzelnen Wirtschaftszweigen und Beschäftigungsbereichen usw.) unterlegt. Daher sind die „sektorale Funktions- und die geschlechtliche Arbeitsteilung" nach Becker-Schmidt (1998: 102) „ineinander gepasst". Der Autorin zufolge haben wir es bei dieser Passung mit „Strukturhomologien" zu tun, also mit gleich gerichteten Relationen zwischen den Sphären, Sektoren und Segmenten auf der einen und zwischen den Geschlechtern auf der anderen Seite (Becker-Schmidt 1998: 110). Materiell wie ideell wirkmächtige Bereiche sind vorrangig in der Hand von Männern, als nachrangig geltende Bereiche sind vor allem Frauen zugewiesen. Androzentrische Suprematieansprüche, also Ansprüche auf männliche Vorherrschaft, und die für den Kapitalismus spezifische Gewichtung der Bereiche, etwa der Erwerbs- vor der Hausarbeit, sind gleich gerichtet. Die einleitend angesprochene Gleich- und Ungleichstellung der Geschlechter folgt also daraus, dass die „sektorale Funktions- und geschlechtliche Arbeitsteilung" nach androzentrischer und kapitalistischer Maßgabe „ineinander" gepasst sind (Becker-Schmidt 1998: 102). Sie unterliegt historischem Wandel (vgl. auch Becker-Schmidt 1995; Becker-Schmidt 2000; Becker-Schmidt/Krüger 2009).

Fraser (1992, 2003) bezieht sich auf die neuere Kritische Theorie, wobei sie zunächst an Jürgen Habermas (1981) anschließt: von ihm stammt die These von der „Kolonialisierung der Lebenswelt". Die „Lebenswelt" werde in der modernen Gesellschaft sukzessive von deren rationalistischem „System" durchdrungen und ausgehöhlt. Diese These reflektiert wesentlich auf die mit der Moderne herausgebildete Trennung von Öffentlichkeit („System") und Privatheit („Lebenswelt") und, so der Kern von Frasers (1992: 114ff.) Kritik, sie affirmiert sie (vgl. auch Dackweiler 1995). Dagegen arbeitet die Autorin heraus, dass die Bereiche sowohl hinsichtlich der darin verrichteten Arbeiten als auch der mit ihnen verbundenen „Rollen" (z.B. Arbeiter-, Familienrolle) nicht nur getrennt, sondern zueinander in Relation zu sehen sind. Sie würden durch die ihnen unterlegten „Geschlechtertexte" (Fraser 1992: 114) aufeinander bezogen. Auf diese Weise nimmt sie dann im Wesentlichen die Phänomene in den Blick, die mit Becker-Schmidt (1998) bereits als geschlechtsbasierte „Verknüpfungen" getrennter Arbeitsformen und Bereiche herausgearbeitet wurden. Die Familienrolle beispielsweise ist in diesem Sinne weiblich konnotiert, die Arbeiterrolle männlich mit weitreichenden Folgen für die gesellschaftliche Teilhabe der Geschlechter. Diese Analyse verbindet Fraser (1992: 116ff.) mit einer kritischen Reflexion auf die sozialstaatliche und demokratische Entwicklung.

In ihrer späteren Kontroverse mit Axel Honneth (Fraser/Honneth 2003) verfolgt sie vor allem Fragen gesellschaftlicher Teilhabe weiter. Fraser (2003) geht es dabei um einen gesellschaftsanalytischen und -politischen Ansatz, der die gesellschaftliche Entwicklung unter den Vorzeichen von „Postfordismus", „Postkommunismus" und „Globalisierung" angemessen aufgreift. In einer vorrangig verteilungstheoretischen Perspektive interessiert sie, wie die einzelnen Menschen in einer zusehends pluralistischeren Gesellschaft ihren Anspruch auf sozial gerechte Teilhabe an deren materiellen und ideellen Werten geltend machen können. Sie nähert sich dieser Frage, indem sie mit Umverteilung, wobei es vor allem um die Reichtums- und Vermögensverteilung, und mit Anerkennung, wobei es insbesondere um die Akzeptanz von Verschiedenheit geht, zwei Typen von Forderungen in den Blick nimmt. Sie zielten in objektiver bzw. intersubjektiver Perspektive auf soziale Gerechtigkeit (vgl. Fraser 2003: 20ff., 43ff.).

Fraser (2003: 51ff.) denkt gesellschaftliche Teilhabe vom Zielpunkt sozialer Gerechtigkeit her. Inwieweit Umverteilung und Anerkennung auf dem Wege dahin realisiert oder zu realisieren sind, bemisst sich an der Norm der „partizipatorischen Parität". Paritätische Teilhabe oder ihr Fehlen, gerechte oder ungerechte Forderungen bestimmen sich danach, ob diejenigen, die sie geltend machen, zeigen können, dass sie behindert werden bzw., umgekehrt, dass sie niemand anderen behindern. „Partizipatorische Parität" ist damit notwendig an dialogische Verfahren gebunden. Insofern Dialoge auch die gesellschaftlichen Gerechtigkeitsvorstellungen thematisieren, ist sie damit am „leitenden Idiom der öffentlichen Vernunft" orientiert (Fraser 2003: 63, vgl. ebd. 57ff.). Die Vorstellungen der „öffentlichen Vernunft" dazu, was als gleichberechtigte Teilhabe angesehen und für vertretbar oder wünschenswert gehalten wird, unterscheiden sich dabei im historischen Verlauf, beispielsweise zwischen den 1950er Jahren und heute.

Gesellschaftstheoretisch unterscheidet Fraser (2003: 70ff.) zwischen der ökonomischen Ungleichheitsordnung der Gesellschaft, die von ihr als „Klassenstruktur" bezeichnet wird, und der kulturellen Wertehierarchie, die sich in einer „Statushierarchie" ausdrückt. In beiden kommen gesellschaftlich tief „verwurzelte Formen der Unterdrückung" zum Ausdruck, welche in Gestalt „ökonomischer Mechanismen" und „kultureller Wertmuster" die Bedingungen stellen, unter denen Umverteilung und Anerkennung gefordert werden können (Fraser 2003: 70). Alle „Achsen sozialer Unterordnung", also nach Geschlecht, Ethnie, sexueller Orientierung u.a.m., durchziehen diesem Konzept nach die „Klassenstruktur" und „Wertehierachie", wobei Klasse und Status für „analytisch verschiedene

Formen der Benachteiligung" stehen. Gesellschaftlich träten Klasse und Status jedoch vermischt auf, da der ökonomische und kulturelle „Modus" in jeder Gesellschaft miteinander verzahnt sind. Allerdings spiegelten Klassenstruktur und Statusordnung einander nicht eins zu eins, sondern auf jeder Ebene seien Differenzierungen, Divergenzen und Interaktionen zu berücksichtigen (Fraser 2003: 76). Kämpfe um Umverteilung und Anerkennung werden von den Gesellschaftsmitgliedern entsprechend ihrer jeweiligen klassen- und statusbezogenen Position unter ungleichen Ressourcenvoraussetzungen geführt.

Schließlich schlägt Fraser (2003: 84ff.) unter dem Begriff des „perspektivischen Dualismus" vor, jede gesellschaftliche Praxis aus der Perspektive der Anerkennung und der Umverteilung zu betrachten. Damit will sie der jeweiligen Verletzung von Gerechtigkeit in ihrer Eigenständigkeit und in ihrer Verzahnung mit der je anderen Dimension auf die Spur zu kommen.

Becker-Schmidt (2001: 101) kritisiert an einer vorherigen Fassung von Nancy Frasers Ansatz, dass dem dort und soeben vorgestellten Modell, wonach alle an allem teilhaben können sollen, die „soziologische Untermauerung" fehle. Institutionelle Zusammenhänge würden darin unterbelichtet. Widerständigkeiten würden damit unterschätzt. Mit beidem sind die von ihr diagnostizierten „sozialen Zwänge" (Becker-Schmidt 1998) angesprochen, welche die Einzelnen daran hindern, ihre gesellschaftliche Position zu verändern. Sie schlägt, um Abhilfe zu schaffen, vor, analytisch zu dem einen „Wurzelwerk" (Becker-Schmidt 2001: 98 in Aufnahme des Fraserschen Motiv tief verwurzelter Herrschaftsformen) vorzudringen, auf das beides, Anerkennung und Umverteilung, innerhalb des bestehenden Herrschaftszusammenhangs zurückführbar seien. Frasers (2003) „perspektivischer Dualismus" verstelle jedoch den Blick darauf. Mit dem Vorschlag, ein und dasselbe Phänomen aus wechselnden Perspektiven zu betrachten, mal aus derjenigen der Umverteilung, mal aus derjenigen der Anerkennung, bleibe er dabei stehen, Umverteilung/Ökonomie und Anerkennung/Kultur einander dualistisch gegenüber zu stellen. Stattdessen, so zugleich der Kern des Dissenses zwischen beiden Autorinnen, sei aber nach den „Vermittlungen" zwischen Ökonomie und Kultur, Umverteilung und Anerkennung zu fragen (Becker-Schmidt 1991, 1998, 2001: 111ff.). Sie hätten, so Becker-Schmidt (1987b, 2001: 121ff.), im Anschluss an die ältere Kritische Theorie ihre gemeinsamen Wurzeln im Tausch. Die Prinzipien, die jeden Tauschakt gestalten – Äquivalenz (Gleichwertigkeit des Tauschgutes), Reziprozität (Gegenseitigkeit des Tausches) und Reversibilität (Austauschbarkeit der Tauschenden) – seien immer auf beides, Umverteilung und Anerkennung, verwiesen. Daher berühre, umgekehrt, jede Verletzung dieser Prinzipien auch immer beide Dimensionen sozialer Gerechtigkeit

(vgl. Becker-Schmidt 2001; auch bereits 1987b). Familienernährer und Hausfrau
können, um dies zu illustrieren, ihr Arrangement unter gegebenen gesellschaftlichen Bedingungen, etwa angesichts der Einkommensunterschiede zwischen
Männern und Frauen oder ungleicher Arbeitsmarktchancen, nicht ohne weiteres
umkehren (mangelnde Reversibilität der Positionen). Haus- und Erwerbsarbeit
lassen sich damit verbunden nicht ohne weiteres umverteilen (mangelnde Äquivalenz der Arbeitsformen). Die Belange der Hausfrau sind gefährdet (mangelnde
Reziprozität des Tausches). Die Verletzung jedes der Tauschprinzipien tangiert
die Umverteilung von Arbeit und Einkommen und die Anerkennung von Hausfrau und Familienernährer als gleichwertig.

Zwar teilt Becker-Schmidt (2001) Frasers gesellschaftspolitische Intentionen, aber es mangele ihrem Ansatz an theoretischer Radikalität. Er reiche, im ursprünglichen Sinne des Wortes Radikalität, nicht an die Wurzeln des Herrschaftszusammenhangs heran.

3.4   Die Geschlechterdifferenz in der funktional differenzierten Gesellschaft

Allen bis hierhin und auch den im nächsten Abschnitt diskutierten Ansätzen ist
gemeinsam, dass sie sich mit ihren Bezugstheorien in der kritischen Tradition
sozialphilosophischen und soziologischen Denkens bewegen. Feministische Forschung geht mit emanzipatorischen Vorstellungen einher. Daher war und ist es
für ihre Vertreterinnen nahe liegend gewesen, auf Theorien zuzugreifen, die, indem sie über das Bestehende hinausweisen, zur Veränderung von Herrschaftsverhältnissen beitragen wollen (vgl. Knapp 1996). In dieser Tradition finden
sich in erster Linie Zugänge zur Gesellschaftsanalyse, die ungleichheitstheoretischen Perspektiven der Soziologie zuzuordnen sind. In diesem Abschnitt geht es
nun um differenzierungstheoretische Perspektiven und mit der systemtheoretischen Geschlechterforschung um Ansätze, die nicht vom „Standort der Kritik",
sondern vom „Standort der Beobachtung" aus argumentieren und sich ausdrücklich gegen „Feminismus und Frauenforschung" abgrenzen (Pasero/Weinbach
2003, 8f.; vgl. auch Kap. 9). In diesem Spektrum haben insbesondere Ursula Pasero (1995, 2003) wie Christine Weinbach und Rudolf Stichweh (2001; Weinbach 2004, 2006) Gesellschaftsanalysen vorgelegt.

Moderne Gesellschaften sind nach Niklas Luhmann (1997: 707ff.) durch ihre Komplexität und Differenzierungsform gekennzeichnet. Ihre Herausbildung wird in seiner Theorie als Umstellung der primären Differenzierungsform von stratifkatorischer auf funktionale Differenzierung analysiert. Stratifikatorische Differenzierungen, zu denen auch diejenige nach Geschlecht gehört, sind in der funktional differenzierten Gesellschaft nach wie vor zu verzeichnen. Sie wirkten sich aber anders als im Feudalismus mit seiner Stände-, Familien- und Geschlechterordnung, so Weinbach und Stichweh (2001: 32ff.) nicht mehr gesellschaftsbildend aus (vgl. auch Weinbach 2004). Auch adressiert, was Pasero (2003) akzentuiert, die moderne Gesellschaft ihre Mitglieder als Individuen und nicht nach sozialen Zugehörigkeiten, wie es bei den Ständen oder Zünften des Mittelalters der Fall gewesen war. Als konstitutiv für die Inklusion der Gesellschaftsmitglieder muss dieser Betrachtungsweise nach daher die funktionale Differenzierung gelten (vgl. Weinbach/Stichweh 2001: 33; auch Luhmann 1997). Die Inklusion in die verschiedenen Systeme erfolgt über Rollen und temporär, wobei funktionale Erwartungen und Kriterien zugrunde liegen (vgl. ausführlich hierzu Weinbach 2004: 63ff.). Nicht das Geschlecht berechtigt beispielsweise zum Studienzugang an einer Universität, einer Organisation im Wissenschaftssystem, sondern ein Zeugnis, das die Hochschulreife bescheinigt. Studierende sind aber nicht nur Mitglieder einer Universität. Gleichzeitig können sie beispielsweise als KlägerInnen oder Angeklagte in einem Gerichtsverfahren in das Rechtssystem involviert sein. Möglicherweise üben sie eine Nebenbeschäftigung aus und sind Mitglied etwa eines Unternehmens im Funktionssystem Wirtschaft. Oder sie engagieren sich als Eltern im Elternbeirat einer Schule, also im Erziehungssystem usw. Nichts davon geschieht oder bleibt aus aufgrund ihres Geschlechtes, zumindest nicht grundsätzlich gesehen.

Da die Geschlechterdifferenz also in diesem Sinne nicht mehr als gesellschaftsbildend anzusehen ist, ist in systemtheoretischer Perspektive davon auszugehen, dass sie gegenüber der primär stratifikatorischen Gesellschaft einen Funktionsverlust erlitten hat. Daher sprechen Weinbach und Stichweh (2001: 30) von ihrer „systemstrukturellen Entbehrlichkeit". Wenn die Geschlechterdifferenz aber entbehrlich ist, dann stellt sich die Frage, wie und warum sie nach wie vor bedeutsam werden kann. Dies ist zugleich die zentrale Fragerichtung systemtheoretischer Geschlechterforschung.

Eine Erklärung sehen die AutorInnen darin, dass die moderne Gesellschaft mit ihrer Gleichheitsorientierung Ungleichheit überhaupt erst zum Thema hat werden lassen (vgl. Weinbach/Stichweh 2001:35; bereits Luhmann 1988). Gesellschaftliche Differenzsetzungen, etwa die auf die Geschlechter bezogenen

Differenzdiskurse zu Beginn der Moderne, werden dann als Reaktion auf die Umstellung von stratifikatorischer auf funktionale Differenzierung interpretiert (vgl. Weinbach/Stichweh 2001: 35ff.). Allerdings, so Pasero (2003: 116ff.), werde Diskriminierung nach Geschlecht sukzessive der Boden entzogen, weil und wenn sie dysfunktional wird, indem sie beispielsweise wirtschaftlichen Interessen an der Ausschöpfung vorhandener Qualifikationspotenziale zuwiderläuft.

All dies erklärt aber noch nicht, warum und wie die Geschlechterdifferenz in der primär funktional differenzierten Gesellschaft überhaupt Geltung erlangen kann. Diesbezüglich hat sich, so bilanziert Kai-Uwe Hellmann (2004: 39ff.), in der systemtheoretischen Geschlechterforschung eine Erklärung breit durchgesetzt. Sie setzt bei der systemtheoretischen Betrachtung von „Bewusstseinssystem" und „Kommunikationssystem" an. Davon ausgehend wird gezeigt, wie die Geschlechterdifferenz soziale Bedeutung erlangt. In den Blick genommen werden hierfür die von der Systemtheorie betrachteten „Systembildungsebenen": Interaktion, Organisation, Gesellschaft, also die Ebenen, auf denen sich gesellschaftliche Kommunikation entfaltet (vgl. vor allem Weinbach 2004: 32ff.). In beiden Systemen und auf all diesen Ebenen wirke Geschlecht, so die Essenz, komplexitätsreduzierend. Dies wird folgendermaßen ausgeführt: Im „Bewusstseinssystem" vollzieht sich der Systemtheorie nach die Wahrnehmung, deren physiologische Voraussetzungen und bereits absolvierte Lernprozesse, so Pasero (2003: 109ff.), nicht beobachtbar sind. Sie bediene sich der „Semantiken", die im „Formenvorrat" der Gesellschaft verfügbar sind. Dazu gehören „Geschlechterstereotypen". Sie reduzieren der Autorin zufolge die Komplexität des Wahrzunehmenden. Die eigene und die andere Personen werden auf diese Weise als Frauen und Männer eingeordnet. Soziale Geltung erlangt diese Konstruktion der InteraktionspartnerInnen als „stets sexuierte Personen" (Weinbach 2004: 11), indem sie „strukturell gekoppelt" über Sprache und eingelassen in Konventionen dazu, was thematisiert werden darf und was nicht, kommuniziert wird (vgl. Pasero 2003: 109ff.). In diesem Sinne spricht Pasero (1995) von der Geschlechterdifferenz als „emergentem Produkt" der Interaktion und „kontingentem Ordnungskriterium", welches auch im „Kommunikationssystem" für Komplexitätsreduktion sorgt. Für die „Systembildungsebene" Organisation wird dies in spezifischer Weise weiter verfolgt. Dort könne funktionalen Erfordernissen dadurch begegnet werden, dass die Geschlechterdifferenz geltend gemacht wird. Dieses Vorgehen trägt dann zur Entscheidungsfindung in Organisationen bei. Personalentscheidungen in einem Unternehmen beispielsweise können – nach Weinbach (2004: 126ff.; 2006) und Pasero (2003: 116ff.) auch gegen funktionale Kriterien, nach Tacke (2007: 258ff.) dann, wenn allein nach funktionalen Kriterien nicht entschieden werden kann – zugunsten eines Mannes oder einer Frau getroffen werden. Auf diese Weise macht sich die Geschlechterdifferenz nach Weinbach und Stichweh (2001: 41ff.) dann letztlich auch in den Funktionssystemen geltend. Werden z.b. für das Topmanagement der Unternehmen ausschließlich Männer rekrutiert, schlägt sich dies auch im Funktionssystem Wirtschaft nieder.

Eine Sonderstellung nimmt nach Weinbach (2004: 106ff.) die Familie ein. Sie gilt zum einen als das einzige System, in dem die Gesellschaftsmitglieder nicht nur teil-, sondern vollinkludiert sind und in dem Geschlecht dadurch bedeutsam wird. Zum anderen sei sie dasjenige System, in dem Geschlechterdifferenzen qua Sozialisation mit einiger Zählebigkeit fortgeschrieben werden (vgl. auch Weinbach/Stichweh 2001).

All die genannten Aspekte zusammen betrachtet verschafft sich Weinbach zufolge (2006: 90f.) im Falle der Geschlechterdifferenz die sekundäre stratifikatorische Differenzierung in Gestalt eines „Genderregimes" Geltung in der primär funktionalen Differenzierung. Aufgrund ihres Funktionsverlustes werde die Geschlechterdifferenz in der weiteren gesellschaftlichen Entwicklung aber letztlich an Bedeutung verlieren (vgl. Pasero 1995, 2003; Weinbach/Stichweh 2001; Weinbach 2006).

3.5   Gleichheit und Ungleichheit in der Konstitution und Geschichte moderner Gesellschaften

Mit Cornelia Klingers (2003) und Irene Döllings (2003, 2005) Arbeiten bewegen wir uns wieder im feministischen Spektrum und der ungleichheitstheoretischen Tradition sozialphilosophischer und soziologischer Analysen. Ihre Arbeiten sind Beiträge zur kritischen Reflexion der Moderne und haben ein Thema gemeinsam. Es geht ihnen um Gleichheit und Ungleichheit im Kontext der materiellen Grundlagen und ideellen Werte der Moderne. Unter diesem Aspekt werden sie nun zuerst aufgenommen. An- und abschließend werden die programmatischen Vorschläge genannt, die sie der Soziologie bzw. der Geschlechterforschung für ihre Gesellschaftsanalyse mit auf den Weg geben.

Klinger (2003: 21ff.) setzt bei der Herausbildung der Moderne an. Gegen die Ständeordnung des Feudalismus, welche die Menschen qua Geburt eingebunden hatte und dies als gottgewollt gelten ließ, proklamierte die moderne Gesellschaft die Freiheit und Gleichheit aller ihrer Mitglieder. An die Stelle der

Aristokratie trat die Meritokratie, in der sich die Einzelnen qua Leistung positionieren sollten. Diese Werte gingen, so die Autorin, historisch gesehen jedoch zunächst einmal nur auf die Etablierung des Dritten Standes gegenüber Adel und Klerus und des bürgerlichen Mannes als dem ‚eigentlichen' Subjekt der Moderne zurück. Indem sie dennoch als universal geltend gemacht wurden, sei es zugleich legitimationsbedürftig geworden, wenn Gesellschaftsmitglieder nicht oder nicht in vollem Umfang daran teilhaben. Für die kapitalistische Phase und Formation der Moderne komme hinzu, dass ihr bei gleichzeitiger Geltung dieser bürgerlichen Gleichheitsordnung eine ökonomische Ungleichheitsordnung eigen ist. Dem Privateigentum an Produktionsmitteln steht in dieser ökonomischen Ordnung auf der Seite der Besitzlosen die Notwendigkeit gegenüber, ihre Arbeitskraft zu verkaufen, um ihre Existenz zu sichern. Wie die Moderne dieses Spannungsverhältnis von bürgerlicher Gleichheits- und ökonomischer Ungleichheitsordnung bearbeitet, steht im Mittelpunkt von Klingers (2003) Gesellschaftsanalyse.

Die gesellschaftliche Verfasstheit von Arbeit und Fremdheit sind für die Autorin die zwei Momente, an denen sie dies festmacht (vgl. Klinger 2003: 24ff.). Sie arbeitet heraus, wie mit der gesellschaftlichen Arbeitsteilung Differenzsetzungen nach Klasse, Geschlecht, Rasse[6] erfolgen und, umgekehrt, Arbeiten entlang dieser Kategorien verteilt werden. Legitimiert werde dies durch distanzierende Fremdheitseffekte. Diese These spielt sie für alle drei Kategorien durch.

Klasse sei entlang des mit den Eigentumsverhältnissen bereits genannten Antagonismus von Kapital und Arbeit konstituiert worden. Unbenommen von Distanzierungen etwa gegenüber körperlicher Schwerarbeit sei sie als einzige Kategorie mit meritokratischen Prinzipien vereinbar. Der sprichwörtliche Weg des Tellerwäschers zum Millionär ist ein Beispiel dafür. Prinzipiell sind Klassengrenzen im Rahmen der bürgerlichen Verfasstheit der Moderne überschreitbar. Rasse als Kategorie, an der Unterschiede festgemacht werden, sei in den Außenbeziehungen der Moderne, der Ausbeutung des Arbeitsvermögens von Menschen im Rahmen von Kolonialgeschichte und Sklaverei, entstanden. Nach Geschlecht sei vor allem im Kontext des gesellschaftlichen Umgangs mit Geburtlichkeit, Gebrechlichkeit und Sterblichkeit differenziert worden. Zuweisungen nach Rasse und Geschlecht sei gemeinsam, dass sie mit den Prinzipien der

---

6   Klingers (2003) Verwendung des Begriffs Rasse ist im Kontext ihrer kritischen Thematisierung des Fremden als Denkform moderner Gesellschaften zu sehen. Die Problematik dieses Begriffes nicht zuletzt auch vor dem Hintergrund der nationalsozialistischen Geschichte reflektiert Gudrun-Axeli Knapp (2005) im Rahmen der Intersektionalitätsforschung (vgl. auch Klinger/Knapp 2007).

Freiheit und Gleichheit und dem Meritokratieprinzip nicht ohne weiteres vereinbar seien. Legitimierende Fremdheitseffekte würden in beiden Fällen dadurch erzeugt, dass Rasse und Geschlecht der Natur zugerechnet werden. Gruppen, die auf diese Weise als naturbedingt anders (als das moderne Subjekt) angesehen werden, werde das Menschsein ab- oder nur vermindert zugesprochen. Ausschlüsse aus den Werten der Moderne würden darüber gerechtfertigt (vgl. Klinger 2003: 27ff.; vgl. auch Kap. 4). Die Kolonialgeschichte, die Geschichte der Sklaverei und der Nationalsozialismus zeigen dies auf drastische Weise.

Was nun den Herrschaftszusammenhang insgesamt angeht, so konvergierten Arbeitsteilungen nach Rasse und Geschlecht mit solchen nach Klasse. Durch sie würden – so eine ähnliche Argumentation wie bei Beer (1983, 1990) – nämlich Leistungen erbracht, die der kapitalistischen Produktionsweise vorausgesetzt sind. Was die Menschen angeht, so überschnitten sich Zuweisungen nach Klasse, Geschlecht und Rasse, also: Unternehmerin, Frau, weiß; Arbeiter, Mann, farbig usw. Dies führe dazu, dass sie sich separieren statt sich zu solidarisieren. Alles zusammengenommen seien Klasse, Geschlecht und Rasse, so Klinger (2003: 32ff.), je eigenständige Herrschaftsformen, welche einander profilieren. Keine sei vorrangig. Keine sei historisch älter. In ihrer heutigen Form seien sie alle mit der Moderne entstanden.

Döllings (2003, 2005) Ansatz bewegt sich vorrangig in der jüngeren Vergangenheit und in der Gegenwart. Mit Blick auf die Organisation des Geschlechterverhältnisses vergleicht sie die deutsche kapitalistische und staatssozialistische Gesellschaft. Sie bedient sich dabei der Begriffe „Geschlechtervertrag" und „Geschlechterarrangements". „Geschlechtervertrag" meint den historisch erzielten Konsens darüber, wie und in welchem Umfang die Geschlechter in die Gesellschaft integriert sind. „Geschlechterarrangements" bilden ab, wie die Menschen in ihrem Handeln den Maßgaben aus Werten, Leitbildern und Institutionen Rechnung tragen. Wie das Geschlechterverhältnis in Kapitalismus und Staatssozialismus organisiert ist, drückt sich dann darin aus, wie die jeweiligen „Geschlechterverträge und -arrangements" aussehen (Dölling 2003: 74ff.).

Die Autorin greift auf Beers und Chalupskys (1993) Betrachtung der kapitalistischen und staatssozialistischen „Wirtschafts- und Bevölkerungsweise" zurück, wendet für ihre Analyse aber Epochenunterscheidungen aus Peter Wagners (1995) „Soziologie der Moderne" an. Mit diesem Autor sieht sie wie auch Klinger (2003) ein Grunddilemma der Moderne darin, dass sie bezüglich der Geltung ihrer Werte mit universalem Anspruch antritt, seine Realisierung aber immer wieder eindämmt. Dies geschehe in der Phase der „restringiert liberalen", „organisierten" und „erweitert liberalen Moderne" in je anderer Weise, aber nach immer gleichem Muster durch „intellektuelle Mittel", „institutionelle Formen und Praktiken" und „substanzielle Ausschließungen" (Dölling 2003: 81 nach Wagner).

Die „restringiert liberale Moderne", also ihre Entstehungsphase, schloss, so Döllings (2003: 82) Rückblick, Frauen aus, indem sie sie über die gleichzeitig mit ihr herausgebildeten Differenzdiskurse als anders definierte (vgl. auch Maihofer 1995). In diesen Kontext fällt auch die Trennung von Öffentlichkeit und Privatheit, entlang derer sich die bürgerliche Kultur etablierte. An ihr konnten Frauen, da ihnen die Hauptzuständigkeit für das Private zugewiesen wurde, nur bedingt partizipieren. Die „organisierte Moderne" zielte Dölling (2003: 83ff.) zufolge auf die „Homogenisierung" der Gesellschaftsmitglieder (etwa als Arbeiter, Angestellte, Beamte, Familien usw.) und bildete nationalstaatlich gerahmte, kollektive Arrangements aus (beispielsweise tarifliche, betriebliche Arrangements), an denen Frauen vergleichsweise weniger teilhatten als Männer (vgl. auch Lenz 2000b).

Für Dölling (2003: 88ff.) sind die staatssozialistische und die kapitalistische Gesellschaft zwei Varianten der „organisierten Moderne". Sie markieren die beiden Pole des möglichen Spektrums von nationalstaatlicher Schließung, Kollektivierung und Homogenisierung in modernen Gesellschaften. Für ihren Vergleich der „Geschlechterverträge und -arrangements" buchstabiert sie dies folgendermaßen aus: Die moderne Idee der Gleichheit und Gerechtigkeit gehe in der staatssozialistischen Gesellschaft mit der Bevorzugung von „produktiver Arbeit" als „Integrationsmodus" und der „Vergesellschaftung von existenznotwendigen Tätigkeiten" in Haushalt, Erziehung usw. durch ihre forcierte Delegation an den Staat einher (Dölling 2003: 89). Auf dieser Grundlage habe eine „Nivellierung sozialer Differenzen" zunächst in Bezug auf vormalige klassenbezogene Zuweisungen stattgefunden. Sie habe sich ferner mildernd auf vormalige Hierarchien zwischen den Geschlechtern ausgewirkt (vgl. Dölling 2003: 89f.). Gleichwohl sei dies aber dadurch konterkariert worden, dass, wie bereits von Beer und Chalupsky (1993) angesprochen, Frauen auch unter staatssozialistischen Vorzeichen nach wie vor die Hauptzuständigkeit für Haushaltsarbeiten zugewiesen worden war (vgl. Dölling 2003: 91).

Vergleichend hält die Autorin fest: Der staatssozialistische „Geschlechtervertrag" sah vor, dass Männer wie Frauen im Normalarbeitsverhältnis beschäftigt waren. Entsprechend wurde die Familie im Sinne eines Doppelversorgermodells als Arrangements zweier Erwerbstätiger gedacht. Der Versorgungsstaat stellte Leistungen bereit, welche in anderer Form zuvor privat erbracht worden waren. Sein kapitalistisches Gegenstück war über das Normalarbeitsverhältnis, die Familie nach dem Ernährer- und Hausfrauenmodell und den daran orientierten Wohlfahrtsstaat realisiert worden. Das erstgenannte Institutionenarrangement war weniger hierarchisch als das Letztgenannte (vgl. Dölling 2005: 24ff.; auch Aulenbacher 2007a, Aulenbacher/Riegraf 2009c).

Die mit den unterschiedlichen „Geschlechterverträgen" verbundenen „Geschlechterarrangements" haben sich nach Dölling (2005: 28ff.) in dem „biografischen Gepäck" und dem damit verbundenen Habitus ost- und westdeutscher Frauen und Männer niedergeschlagen. Darin unter anderem sieht sie die Erklärung für empirisch feststellbare Unterschiede im Verhalten und Handeln ost- und westdeutscher Frauen. Sie reagierten auf die seit den 1990er Jahren forcierte „Entkollektivierung" und „Enthomogenisierung" der Arbeits- und Lebensverhältnisse – das heißt bei Dölling (2005: 19ff.): Rücknahme des Sozialstaats, Entgrenzung von Öffentlichkeit und Privatheit, erhöhte Anforderungen an Selbstdisziplinierung und -kontrolle – unterschiedlich. Dies schlage sich in der Folge dann wiederum auf das Ausmaß und die Ausrichtung gesellschaftlicher Veränderungen in Ost- und Westdeutschland nieder.[7]

Zu bilanzieren ist nun: Für Klinger (2003) und Dölling (2003) ist die Moderne anders als für die systemtheoretischen Ansätze (vgl. vor allem Weinbach/Stichweh 2001) genuin androzentrisch, also primär an den Lebensverhältnissen von Männern orientiert entstanden und darauf bezogen. Spannungen treten zum einen auf, weil ihr Gleichheitsversprechen dennoch als universal gilt. Zum anderen treten Spannungen auf, weil der bürgerlichen Gleichheits- eine ökonomische Ungleichheitsordnung zur Seite steht. Nach Klinger (2003) werden diese Spannungen bearbeitet, indem mit Klasse, Geschlecht, Rasse Differenzsetzungen hervorgebracht werden, entlang derer Arbeit ungleich verteilt wird und dies über Fremdheitseffekte legitimiert werden kann. Nach Dölling (2003) werden sie bearbeitet, indem der universale Anspruch der Moderne durch Ausschlüsse oder Einschränkungen von Teilhabemöglichkeiten eingedämmt wird.

---

7 Empirischer Ausgangspunkt Döllings (2003: 76ff.) ist, um nur ein Beispiel zu nennen, das Phänomen, dass ostdeutsche Frauen auch lange Zeit nach dem Zusammenbruch des Staatssozialismus anders als westdeutsche Frauen selbstverständlich einen Anspruch auf Vollzeiterwerbstätigkeit verfolgen (vgl. bereits Nickel 1995). Dies zeige einerseits die Wirkung, dass Ostdeutsche im Hinblick auf paritätische Geschlechterbeziehungen eine Vorreiterrolle einnähmen. Zugleich nähme Ostdeutschland aber auch in der neoliberalen Deregulierung der Beschäftigungsverhältnisse eine Vorreiterrolle in Deutschland ein, da die Realisierung des Anspruchs auf Vollzeiterwerbstätigkeit nicht selten um den Preis forcierter Flexibilisierung erfolge (vgl. Dölling 2005; zu solchen Differenzen und ihrer kritischen Reflexion auch Meuser 2005a, Scholz 2005).

Klinger greift in ihren weiteren Arbeiten zum Teil gemeinsam mit Gudrun-Axeli Knapp (vgl. Klinger/Knapp 2007; Knapp 2005) die Metapher der Intersektionalität, der Kreuzung verschiedener Achsen der Differenz und Ungleichheit, nicht zuletzt nach Klasse, Geschlecht, Ethnie, auf. Die Autorinnen nehmen sie zum Ausgangspunkt, um der Soziologie eine grundlegende Neuorientierung vorzuschlagen. Letztlich geht es um eine „Re-Inspektion der europäischen Moderne" (Knapp 2005: 76). Sie hätte systematisch diejenigen Herrschaftszusammenhänge in den Blick zu nehmen, die der Moderne ihre Gestalt verliehen haben, um ihr damit zu einer neuen Stufe der Selbstreflexion und -kritik zu verhelfen (vgl. Kap. 12).

Dölling wendet sich in ihren weiteren Arbeiten teilweise gemeinsam mit Beate Krais und Susanne Völker (Dölling/Krais 2007; Dölling/Völker 2008) im Anschluss an Pierre Bourdieu (1987) praxeologischen Perspektiven zu. Sie erscheinen den Autorinnen zugleich als programmatische Empfehlung für die Geschlechterforschung geeignet, um die gegenwärtigen, von Umbrüchen gekennzeichneten gesellschaftlichen Entwicklungen angemessen zu erfassen und zu begreifen.

In seiner Vorstellung von Gesellschaft als „sozialem Raum" mit „sozialen Feldern" und „Kämpfen", in denen sich Menschen in Verbindung mit ihrer Verfügung über „ökonomisches, kulturelles und soziales Kapital" und mittels „symbolischem Kapital" positionieren, verbindet Bourdieu zum einen ungleichheits- und differenzierungstheoretische Perspektiven (vgl. zu diesen Begriffen Bourdieus und zur Theoriekonstruktion im Überblick Hillebrandt 2009). Zum anderen ermöglichen seine beiden zentralen Kategorien „Habitus" (also seine Bezeichnung der im Zuge der Sozialisation inkorporierten Wahrnehmungs-, Deutungs- und Verhaltungsdispositionen) und „Praxis" (seine Bezeichnung der alltäglichen, einer eigenen Logik folgenden Bearbeitung des Wahrgenommenen) zu analysieren, wie gesellschaftliche Verhältnisse subjektiv verkörpert und erzeugt werden (vgl. hierzu Wacquant 1996). Von Dölling und Krais (2007) werden sie angewandt, um die Entwicklung der modernen Gesellschaft einschließlich der Gleich- und Ungleichstellung der Geschlechter dahingehend in den Blick zu nehmen, wie sie durch die habituell vorstrukturierte, gleichwohl nicht vorbestimmte praktische Aneignung durch Frauen und Männer hervorgebracht wird.

Völker (2006, 2009; Dölling/Völker 2008: 60ff.) greift Bourdieus Theorie darüber hinaus außerdem in erster Linie im Kontext der Prekarisierungsforschung auf. Prekarisierung begreift sie als „Entsicherung" der Arbeits- und Lebensverhältnisse (vgl. Völker 2009; auch Dölling/Völker 2008). Sie vollziehe

sich, so Dölling und Völker (2008: 62ff.) als „Entbindung" der Menschen aus ihren bisherigen gesellschaftlichen Zusammenhängen, da die „Formate" (nicht zuletzt institutionelle Arrangements wie das Normalarbeitsverhältnis, Kleinfamilie), durch die sie bis dato eingebunden waren, „erschöpft" seien. Sie könnten
daher im Leben der Einzelnen und in der Gesellschaft keine neue Bindekraft für
die Menschen mehr entwickeln. Es stelle sich somit die Frage neu, wie die Menschen unter diesen Bedingungen integriert werden und wie soziale Kohäsion, also der Zusammenhalt des Ganzen erfolgen soll (vgl. auch Völker 2009). Dies
geschehe, indem die „entsicherten Verhältnisse" (Völker 2009; auch Döl-
ling/Völker 2008) in „Praktiken der Instabilität" (Völker 2006) angeeignet werden. Auf diese Weise sorgten die Menschen in der alltäglichen Praxis für ihre
gesellschaftliche „Einbindung", wobei auch bisherige Geschlechterbeziehungen
und -arrangements hinfällig und neu ausgehandelt werden (können).
    Dölling und Krais (2007: 30ff.) nehmen Bourdieus Theorie außerdem für
eine selbstkritische Reflexion der Geschlechterforschung auf ihren Stand in Anspruch. Sie schlagen vor, das von ihm entwickelte Motiv der sozialen Felder,
welche ihre Gestalt in sozialen Kämpfen gewinnen, auch epistemologisch auf
das Feld der Wissenschaft und die eigene Beteiligung daran anzulegen (vgl. zu
solch einem Vorgehen bereits Hark 2005).

3.6   Soziale Ungleichheiten und Männlichkeiten im Postfordismus

Die nun vorzustellenden Gesellschaftsanalysen drehen sich weniger grundsätzlich um die Verfasstheit der Gesellschaft, sondern stellen den sozialen, insbesondere normativen und institutionellen Wandel seit Ende des II. Weltkrieges
ins Zentrum – mit besonderem Augenmerk auf die Zäsuren: Mitte der 1970er
Jahre die internationale Wirtschaftskrise und die Erosion des fordistischen Rati-
onalisierungsmusters, Ende der 1980er Jahre der Zusammenbruch des Staatsozi-
alismus und die Öffnung des globalen Wirtschaftsraumes, seit Mitte der 1990er
Jahre das Auseinandertreten von Finanz- und Realwirtschaft und der Rückbau
des Wohlfahrtsstaates verbunden mit ökonomischer Unbeständigkeit und sozialer Unsicherheit. Außerdem ist der sozialstrukturelle Wandel zu nennen, insbesondere die Pluralisierung der Lebensformen, die formalrechtliche Gleichstellung der Geschlechter und Migrationsbewegungen historisch neuen Ausmaßes

(vgl. insbesondere Aulenbacher 2007b, 2009; Aulenbacher/Riegraf 2009c; Au-
lenbacher/Siegel 1993; Lenz 1995, 2000b; Nickel 1995, 2000, 2004; Riegraf
2007; Young 1998; Young/Schuberth 2010). Es handelt sich um ein breites
Spektrum von Arbeiten, die teilweise auf den zuvor vorgestellten Ansätzen auf-
bauen, teilweise der Männlichkeitsforschung entstammen und sich teilweise in
Nähe zu Kapitalismustheorien und Fordismusanalysen bewegen. Die Nähe bezieht sich vor allem auf die Diagnose der genannten Zäsuren. Es gibt aber auch
signifikante Unterschiede: Kapitalismustheorien und Fordismusanalysen richten
ihren Blick in erster Linie auf ökonomische Dynamiken und rücken die Erwerbssphäre in den Mittelpunkt, um von da aus dann auf Entwicklungen in den weiteren Lebensverhältnissen zu schauen. Auch thematisieren sie in erster Linie Formen kapitalistischer Herrschaft und gehen, falls überhaupt, erst in zweiter Linie
auf soziale Ungleichheiten nach Geschlecht und Ethnie ein. Gesellschaftsanalysen der Geschlechterforschung rücken hingegen die Frage in den Mittelpunkt,
inwieweit die Herausbildung und Entwicklung der postfordistischen Arbeitsgesellschaft auf Ungleichheiten nach Geschlecht, Ethnie und Schicht aufbaut und
sie reorganisiert bzw. inwieweit sie mit der Neukonfiguration von Männlichkeit
einhergeht (vgl. Aulenbacher/Riegraf 2009c; Lengersdorf/Meuser 2010; Meuser
2009a). Dabei nehmen sie, was den Übergang vom Fordismus und Staatssozialismus zum Postfordismus angeht, die gesamte Trias aus Normalarbeitsverhältnis, Familie, Staat in den Blick (vgl. für systematische Vergleiche Aulenbacher
2008, 2009a, 2009b).

   Anders als die bislang vorgestellten Gesellschaftsanalysen folgen die nun
vorzustellenden Ansätze weniger einzelnen Denktraditionen. Daher werden sie
hier unter ihren inhaltlichen Akzentsetzungen präsentiert. Sie ergänzen einander,
insofern sie entweder verschiedene Facetten der postfordistischen Arbeitsgesellschaft oder dieselben Facetten unter verschiedenen Aspekten betrachten.

   Brigitte Aulenbacher und Birgit Riegraf (2009c) gehen im Anschluss an
Cornelia Klinger (2003) davon aus, dass Geburtlichkeit, Gebrechlichkeit und
Sterblichkeit die großen Lebensthemen sind, die nicht nur alle Menschen je für
sich, sondern auch die Gesellschaft als Ganzes um ihres Bestandes willen bearbeiten müssen. Die Autorinnen fragen, wie die hierzu erforderliche Arbeit im
Übergang vom Fordismus und Staatssozialismus zum Postfordismus geleistet
worden ist und wird. Anhand der fordistischen und staatssozialistischen Trias
von Normalarbeitsverhältnis, Familie und Staat zeigen sie wie auch Brigitte
Young (1998), wie die Daseinsfürsorge in und zwischen Privat- bzw. Planwirtschaft, Staat, Drittem Sektor und Privathaushalt und quer dazu nach Geschlecht,
Ethnie und Schicht organisiert worden sind. Unsere einleitend angeführten Bei-

spiele, wonach gesellschaftlich höher bewertete Arbeiten tendenziell in der Hand von Männern der einheimischen Mittel- und Oberschicht zu finden waren, während Frauen vor allem die unentgeltlichen, weniger angesehenen und, in der Erwerbsarbeit, die geringer entlohnten Tätigkeiten zugewiesen bekommen haben, sind als Ergebnisse dieser gesellschaftlichen Arbeitsteilung und -organisation zu sehen (vgl. auch Kap. 8 und 9). Mit der Zersetzung des fordistischen und nach dem Zusammenbruch des staatssozialistischen Institutionengefüges, durch die marktorientierte Reorganisation von Privatwirtschaft, Staat, Drittem Sektor, durch die Umschichtung von Aufgaben in die Privathaushalte finde nunmehr jedoch eine Neuverteilung von Arbeit nach Geschlecht, Ethnie und Schicht statt (vgl. Aulenbacher/Riegraf 2009c; Young 1998). So ist die Erosion der Kleinfamilie eng verquickt mit dem bildungsbedingten erweiterten Erwerbszugang von Mittelschichtfrauen, während die Erosion des Normalarbeitsverhältnisses für Männer in neuem Ausmaß mit Prekarität einhergeht (vgl. Aulenbacher 2009a; Dörre 2007; Lengersdorf/Meuser 2010; Meuser 2009a). Spitzenpositionen hingegen erweisen sich als stabil männliche Domänen, während Frauen nach wie vor in größerem Ausmaß in atypischer und gering gratifizierter Beschäftigung zu finden sind (vgl. Young 1998). Die Art und Weise, wie Arbeit im Postfordismus verteilt und erledigt wird, baut diesen Studien nach also auf Ungleichheiten nach Geschlecht, Ethnie und Schicht auf und bringt sie wiederum hervor.

Verschiedene AutorInnen zeigen außerdem, dass dies ein institutionelles und individuelles Geschehen ist (vgl. Aulenbacher 2007a; Aulenbacher/Riegraf 2009c; Oppen/Simon 2004; Young 1998) Aufgrund seiner Anschaulichkeit sei das Beispiel der Haushaltsarbeit herausgegriffen. Bei dem inzwischen sehr verbreiteten Muster der scheinbar ganz individuellen Delegation von Haus-, Betreuungs- und Pflegearbeit an Migrantinnen wirken nach Helma Lutz (2007, 2010) und ganz im Sinne des zuvor mit Becker-Schmidt (1998) angesprochenen „sozialen Zwangs" die migrations- und arbeitsrelevante Gesetzgebung und Politik, die Struktur des Privathaushalts als tendenziell uneinsehbarer, daher weitgehend unkontrollierter und ungeschützter Raum, die Nachfrage kostengünstiger Dienstleistungen und das verfügbare Angebot von zumeist weiblichen Arbeitskräften, die oftmals keine andere Wahl haben, zusammen (vgl. Rerrich 2006).

Raewyn Connell (2009b, 2010a) wie Diana Lengersdorf und Michael Meuser (2010; Meuser 2009a) diskutieren dieselbe gesellschaftliche Entwicklung im Hinblick auf die Rekonfiguration „hegemonialer Männlichkeit" (Connell 1999), die sich darin vollzieht. „Hegemoniale Männlichkeit" bezeichnet nach Connell (1999) eine „Leitkultur", die in ihrer heutigen Form mit der Industriegesellschaft entstanden ist. Sie beruht in ihrem Kern auf der gesellschaftlichen Organisation

von Sexualität, insbesondere auf der Heterosexualität und -normativität, im
Bunde mit der Organisation des gesellschaftlichen Reproduktionsprozesses und
auf Machtverhältnissen. Sie bildet sich relational zu anderen Männlichkeiten,
der „komplizenhaften", „untergeordneten" und „marginalisierten" Männlichkeit"
heraus, wobei erstere nach Teilhabe an der „Leitkultur" strebt und letztere davon
abgekoppelt sind. Außerdem ist sie relational zu Weiblichkeit zu sehen (Connell
1999, 87ff.; Meuser 2006a, 2006b). In der Anwendung dieser Überlegungen auf
die postfordistische Konfiguration zeigen Meuser (2009a) und Scholz (2009),
dass sich eine neue „hegemoniale Männlichkeit" herausbildet, deren Prototyp
das global agierende Topmanagement ist. Im Mittelpunkt der neuen „Leitkultur"
steht nach Meuser (2009a: 260f.) die Zielsetzung, den gesellschaftlichen Wandel
zukunftsgerichtet zu gestalten und damit die ökonomische Unbeständigkeit in erfolgsversprechende Projekte zu überführen. Die postfordistische Konfiguration
setzt also verschiedene Männlichkeiten neu zueinander und zu ebenfalls veränderten Weiblichkeiten in Relation und geht zudem mit der Beschreitung neuer
Wege einher, auf denen „hegemoniale Männlichkeit" in historisch neuer Weise
Gestalt annimmt.

Internationale Konstellationen spielen in allen Ansätzen durchaus eine Rolle. Im Hinblick auf ein Spezifikum der modernen Gesellschaft, ihre national-
staatliche Verfasstheit, werden sie aber vor allem von Ilse Lenz (1995, 2000a,
2000b) und Brigitte Young (1998, 2006, Young/Schuberth 2010) wie bezogen
auf Migration von Helma Lutz (2007, 2010) weiterführend in den Blick genommen. Alle Autorinnen weisen darauf hin, dass sich die internationalen Ungleichgewichte ändern – allerdings machen sie verschiedene Tendenzen aus. Nach
Young (1998, 2006) haben wir es mit einer weltweiten Verschiebung im Verhältnis von Ökonomie und Demokratie zu tun, insofern einer global orientierten
und mobilen Finanzökonomie in erster Linie Regulative gegenüber stehen, die
vor allem auf nationalstaatlicher Ebene greifen und sich somit im Hinblick auf
demokratische Teilhabe und Kontrolle als wenig wirksam erweisen. Umgekehrt
jedoch zeigten sich höchst ungleiche Folgen der Finanzkrise, wobei Frauen
weltweit stärker betroffen sind als Männer (Young/Schuberth 2010). Lenz
(2000a) bestreitet solche Ungleichgewichte und Verschiebungen in den Machtverhältnissen nicht, veranschlagt aber neue Interdependenzen im globalen Geschehen. Zum einen könne nicht mehr von einer vergleichsweise gradlinigen
weltweiten Orientierung am westlichen Weg ausgegangen werden, sondern sind
anstelle der fordistischen Internationalisierungsprozesse neue weltwirtschaftliche
Konkurrenzen und Konstellationen zu verzeichnen. Zum anderen sei der Globa-
lisierungsprozess ein in sich vielfältiges Geschehen, in dem sich auch widerstän-

dige Personen, Gruppen, Bewegungen in richtungsbeeinflussender Weise artikulieren (vgl. Lenz 2007). Demgegenüber weist Lutz (2007, 2010) am Beispiel der Delegation von Hausarbeit an Migrantinnen auf eine letztlich mit der Kolonialzeit begonnene historische Kontinuität des Zugriffs der alten Industriegesellschaften auf die Ressourcen anderer Gesellschaften hin. Die Haushalts-, Betreuungs- und Pflegearbeit, die Migrantinnen in den hiesigen Haushalten leisten, habe unbenommen der Einkommenstransfers in ihre Herkunftsländer zur Kehrseite, dass dortige reproduktive Belange vernachlässigt werden. Insofern bearbeiten die postfordistischen Arbeitsgesellschaften Geburtlichkeit, Gebrechlichkeit und Sterblichkeit nicht nur, indem sie die entsprechenden Tätigkeiten, wie Aulenbacher und Riegraf (2009c; Aulenbacher 2009b) feststellen, bis hin zur Zerstörung ihres selbst- und fürsorgerischen Charakters durchzurationalisieren versuchen, sondern auch, indem sie sich das weibliche Arbeitskräftepotenzial anderer Gesellschaften zunutze machen.

3.7 Schlussbetrachtung zum Stand der Forschung

In ihren Gesellschaftsanalysen schließt die Geschlechterforschung zum einen an bedeutende sozialphilosophische und soziologische Denktraditionen an. Zugleich übt sie, da sie nicht frei von androzentrischen Engführungen sind, aber auch Kritik daran und entwickelt sie weiter. Insofern handelt es sich um Ansätze, die von grundlagentheoretischer Bedeutung über die Geschlechterforschung hinaus sind (vgl. Aulenbacher 2008). Mit den Denktraditionen der Soziologie nehmen sie auch Kontroversen auf, die das Fach von seinem Beginn an durchziehen. In dem hier betrachteten Ausschnitt klingen die folgenden kontrovers diskutierten Fragen an: Soll die Soziologie Gesellschaftskritik betreiben oder ist ihre Aufgabe mit der Beobachtung und analysierenden Beschreibung des Beobachteten erfüllt? Was gerät der Soziologie in den Blick, wenn sie die moderne Gesellschaft aus ungleichheitstheoretischer oder aus differenzierungstheoretischer Perspektive betrachtet? Wie ist mit dem Problem umzugehen, dass beide Perspektiven unverzichtbar sind, insofern sie je andere Momente ins Licht rücken, dass die dazu vorliegenden Theorien aber nicht aneinander anschlussfähig sind? Mit welchen theoretischen Zugriffen lassen sich objektive und subjektive Momente gesellschaftlicher Entwicklung in ihrer wechselseitigen Beeinflussung in den Blick nehmen? In der Geschlechterforschung finden sich auch Diskussionen zu solchen Fragen (vgl. z.B. Aulenbacher u.a. 2006; Aulenbacher/Bereswill 2008; Klinger/Knapp/Sauer 2007; Klinger/Knapp 2008). Von ihnen sind freilich weder eine Verständigung über Betrachtungsweisen zu erwarten noch eine einheitliche Antwort auf unsere Eingangsfragen nach der Gleich- und Ungleichstellung der Geschlechter. Idealerweise schärfen solche Diskussionen den Blick dafür, was in der jeweiligen Perspektive thematisierbar ist und was nicht. Auf diese Weise tragen sie dann dazu bei, Leerstellen und Engführungen der je anderen Perspektive zu identifizieren, um in je eigenen Perspektiven an ihrer Überwindung zu arbeiten. Zum anderen beteiligt sich die Geschlechterforschung mit ihren Gesellschaftsanalysen an der soziologischen Sozial- und Zeitdiagnostik, indem sie gesellschaftlichen Wandel auf seine ungleichheitsbezogenen Voraussetzungen und Folgen hin erforscht.

4. Konstruktion von Geschlecht

Birgit Riegraf

4.1 Einleitung

„Man kommt nicht als Frau zur Welt, man wird es" (Beauvoir 1992: 334) – so lautet der wohl am häufigsten zitierte Satz in der traditionsreichen Diskussion zur sozialen Konstruktion von Geschlecht (Degele 2008: 66). Mit der Betonung des „gemacht werden" und des „Gewordensein" der Geschlechter formuliert Simone de Beauvoir bereits früh den entscheidenden Gedanken in der Debatte. Die Erkenntnis, dass „Mann" und „Frau" nicht einfach biologische Tatsachen abbilden, sondern Geschlechter in sozialen Prozessen hergestellt werden, eint sehr unterschiedliche theoretische und empirische Entwürfe aus der ethnomethodologisch, wissenssoziologisch, diskursanalytisch oder dekonstruktivistisch orientierten Geschlechterforschung (vgl. Becker/Kortendiek 2004). Charaktereigenschaften und Kompetenzen, wie Emotionalität, Durchsetzungsfähigkeit oder Kommunikationsfähigkeit, aber auch, wie in einem weiteren Schritt ausgearbeitet wurde, körperliche Merkmale, wie Chromosomen, Hormone oder Behaarungen zeichnen demnach aus sich heraus kein natürliches, trennscharfes und polarisiertes Bild der Zweigeschlechtlichkeit (vgl. auch: Kap. 7). Vielmehr stellten sich die sozialen, kulturellen und körperlichen Erscheinungsformen als wesentlich variantenreicher dar, als dies in einem Zweigeschlechtsmodell abgebildet sei. Mit dem Schein der Natürlichkeit versehen wird das System der Zweigeschlechtlichkeit im Alltag allerdings als unhinterfragbar gesetzt (Hagemann-White 1984: 77). Oder anders formuliert: Geschlecht wird als durch und durch kulturell und historisch wandelbares Klassifikationssystem betrachtet, als eine sozial und gesellschaftlich folgenreiche Unterscheidung. Gesellschaftsmitglieder haben demnach ihr Geschlecht nicht durch die Geburt lebenslang und selbstverständlich erworben, sondern sie stellen Geschlechtlichkeit über voraussetzungsvolle Handlungen beständig her. Die Vorstellung von der Natur der Zweigeschlechtlichkeit strukturiert demnach die Alltagssituationen von Gesellschaftsmitgliedern in einem ganz grundlegenden Sinne und die Geschlechtsunterscheidungen werden über symbolische und institutionelle Arrangements abgesichert (vgl. bspw. Treibel 2006).

Der konstruktivistische Forschungsblick lehnt schlichte Annahmen einer „natürlichen Wesensbestimmung" der Geschlechter strikt ab, die wiederum häufig zur Legitimation der Benachteiligung von Frauen dienen. Argumentiert wird nicht zuletzt mit dem Verweis darauf, dass die Vorstellung von Geschlechtlichkeit je nach gesellschaftlich-kulturellem und historischem Kontext variieren kann. Mit diesem Perspektivwechsel geraten die historischen und kulturellen Kontexte und sozialen (Interaktions-)Prozesse in den Mittelpunkt des Interesses, in denen Geschlecht und Geschlechtlichkeit ständig hervorgebracht und reproduziert wird. Die Zugehörigkeit zu einem Geschlecht ergibt sich demnach nicht aus natürlichen geschlechtsspezifischen Denk- und Handlungsweisen. Es verhält sich genau umgekehrt: Handlungen von Individuen werden im Lichte der zugeschriebenen Geschlechtszugehörigkeit interpretiert (Wetterer 1995a). Die „Vorstellung einer ‚Natur der Zweigeschlechtlichkeit' als unmittelbar erlebbare, körperliche und/oder biologisch begründete und nicht weiter zu hinterfragende ‚objektive Realität' ist ein (kulturell produziertes) Missverständnis. (...) Die ‚Natur der Zweigeschlechtlichkeit' stellt eine soziale Konstruktion dar, ein generatives Muster der Herstellung sozialer Ordnung" (Gildemeister/Wetterer 1992: 23). Diese Einsichten führten schließlich zu weitreichenden theoretischen Durchdringungen der Kategorie Geschlecht. Die Forschungsperspektiven richten sich nicht mehr schwerpunktmäßig auf die soziale Stellung der gesellschaftlichen Gruppe der Frauen, sondern es geht um die Relationen zwischen den Geschlechtern, um das „Werden" und „Gewordensein" der Geschlechterdifferenzen.

Den Ausgangspunkt konstruktivistischer Forschungen zu Geschlecht bilden Fragen, wie: Was sind eigentlich „Frauen" und was sind „Männer"? Wie präsentieren sich Individuen als männlich und weiblich? Welche Eigenschaften und Fähigkeiten werden ihnen jeweils zu- bzw. abgesprochen? In welchen gesellschaftlichen und kulturellen Prozessen wird Zweigeschlechtlichkeit hergestellt und wie geschieht dies? Welche gesellschaftliche Bedeutung erhält die dualistische Aufspaltung in zwei Geschlechter? Wie lässt sich die Veränderungsresistenz der Zweigeschlechtlichkeit erklären?

4.2   Die sex-gender Unterscheidung

Konstruktivistische Perspektiven etablierten sich neben den Arbeiten zur ge-schlechtsspezifischen Ungleichheiten in der Geschlechterforschung als zentrales Forschungsfeld (Becker-Schmidt/Knapp 2000). Obwohl die ersten Arbeiten be-reits in den 1970er Jahre im us-amerikanischen Kontext erschienen, fanden die (erkenntnis)theoretischen Implikationen im deutschsprachigen Kontext erst we-sentlich später breite Beachtung. Als allerdings die von Regine Gildemeister und Angelika Wetterer für den deutschsprachigen Raum festgestellte „Rezeptions-sperre" (Gildemeister/Wetterer 1992: 203) gegenüber dem Thema im Laufe der 1990er Jahren aufbrach, leitete dies einen grundlegenden Perspektivenwechsel in der Diskussion zur Kategorie Geschlecht ein.

Die (erkenntnis)theoretische Diskussion zur Kategorie Geschlecht nahm die konzeptionelle Unterscheidung zwischen *sex* und *gender* auf, die eine wichtige Weichenstellung in der Geschlechterforschung darstellte und die zunächst be-trachtet werden soll. Mit der begrifflichen Unterscheidung sollte eine lineare Verkoppelung von Geschlecht und Geschlechterdifferenzen mit Natur und Bio-logie aufgehoben werden (vgl. bspw. Feministische Studien 1993; Wobbe/Lin-demann 1994). In der sex-gender Unterscheidung wurde „sex" als das in der en-geren Bedeutung „körperliche Geschlecht" (im Sinne von „biological raw mate-rial") definiert. Darunter wurden Anatomie, Physiologie, Morphologie, Hormone und Chromosomen eines Menschen gefasst. Demgegenüber zielte der Terminus „gender" auf das „soziale Geschlecht" (im Sinne seiner sozialen und kulturellen Prägung) ab (Villa 2000: 55; vgl. auch: Gildemeister 2008; Treibel 2006). Der Begriff gender richtete sich auf soziale Verhaltensweisen, die als typisch männ-lich und typisch weiblich gelten. Über gender sollten auch die historischen und kulturellen Varianzen und die Prozesse erfasst werden, die Weiblichkeit und Männlichkeit hervorbringen (vgl. Gildemeister 2008, Treibel 2006; Gildemeister 2000a). Die sex-gender Trennung erlaubte es, Geschlechtsdifferenzen und -un-terscheidungen nicht einfach als biologisches, außergesellschaftliches und un-veränderbares Los zu begreifen. Der Einfluss des körperlichen Geschlechts (sex) auf die benachteiligte Stellung von Frauen in z.B. Wissenschaft, Politik oder Wirtschaft konnte mit dieser Unterscheidung zurückgewiesen werden. Damit trat die Geschlechterforschung der in Gesellschaften weit verbreiteten, tief veranker-ten und schwer erschütterbaren Argumentation entgegen, dass die gesellschaftli-che Benachteilung von Frauen aus ihrer natürlichen Wesensbestimmung resultie-re: Strukturelle Diskriminierungen von weiblichen Beschäftigten, wie ihre Un-

terrepräsentanz in Führungspositionen oder Lohndiskriminierungen waren in der
Folge nicht mehr oder zumindest nicht mehr ohne weiteres mit Argumenten, wie
ihren natürlichen Anlagen, wesenhaften Bedürfnissen oder körperlichen Defizi-
ten zu begründen (vgl. Treibel 2006; Gildemeister 2008; Duden 1991a; Kess-
ler/McKenna 1978; Rubin 1975).

Neben den eher sozialphilosophisch und sozialisationstheoretisch ausgerich-
teten Arbeiten von Simone de Beauvoir sind es kulturanthropologisch, ethnolo-
gisch und historisch angelegte Forschungsarbeiten, wie die von Margaret Mead
(1974), Karin Hausen (1976) und Thomas Laqueur (1992), die Grundsteine für
die sex-gender Unterscheidung und im Anschluss daran für weitere Diskussionen und wichtige konzeptionelle Ausarbeitungen der Kategorie Geschlecht legen. Auf ganz unterschiedliche Art und Weise zeigen diese Studien, dass die
Verbindungen zwischen dem körperlichen und dem sozialen Geschlecht keineswegs immer so sein müssen, wie wir sie in unserem Alltagswissen, Bewusstsein
und Alltagshandeln in der westlichen Gesellschaft als selbstverständlich annehmen. Das „System der Zweigeschlechtlichkeit" (Hagemann-White 1984: 25) ist
demnach nicht universal geltend und auch die dualistische Aufspaltung des körperlichen Geschlechts ist in keinster Weise sozial und gesellschaftlich vorausset-
zungslos. Indem die Forschungen zu Tage fördern, dass nicht alle Gesellschaften
nur zwei Geschlechter kennen, nicht in allen Kulturen die Geschlechtszugehörigkeit lebenslang festgelegt ist und als unveränderbar angesehen wird, sondern
Geschlechtswechsel durchaus möglich sind und es nicht in allen Gesellschaften
die Genitalien sind, auf die Geschlechtszugehörigkeiten zurückgeführt werden,
widersprechen sie tradierten Vorstellungen einer natürlichen Ordnung der Geschlechter, die die körperliche und die soziale Dimension in ausnahmslos allen
Gesellschaften durchzieht. Dadurch, dass die Forschungen die historische und
soziokulturelle Variabilität der Geschlechterordnung belegen, zeigen sie aber
auch, dass die dualistische Aufspaltung der Geschlechter – zumindest theoretisch – wandel- und veränderbar ist (vgl. Treibel 2006).

Mead fand in ihren vorwiegend in der Südsee durchgeführten Feldforschun-
gen Ende der 1950er Jahre heraus, dass die uns geläufigen Zuordnungen von
Charaktereigenschaften und Fähigkeiten (gender) zu körperlichen Differenzierungen (sex) (schwache Frauen – starke Männer, emotionale Frauen – rationale
Männer, u.ä.) in diesen Gesellschaften eben nicht unbedingt gelten. „Manchmal
wurde eine bestimmte Eigenschaft dem einen Geschlecht, manchmal dem anderen Geschlecht zugeschrieben. Einmal sind es die Knaben, die sehr verletzlich
sind (...), dann wieder die Mädchen. In manchen Gesellschaftsformen müssen
die Eltern für die Mädchen eine Aussteuer aufbringen, oder eine Männerfang-

Magie betreiben; in anderen besteht die elterliche Hauptaufgabe darin, die Knaben zu verheiraten. Manche Völker halten die Frauen für zu schwach, um einer Beschäftigung außerhalb es Hauses nachzugehen; andere betrachten die Frauen als geeignete Trägerinnen schwerer Lasten (...). In einigen Kulturen betrachtet man die Frauen als Siebe, durch die selbst fremd gehütete Geheimnisse hindurchsickern; in anderen sind die Männer Klatschbasen (...)" (Mead 1974: 10). Trotz aller Varianten in der Verbindung von sex und gender hält Mead als gemeinsames Muster jedoch fest, dass die jeweiligen Zuordnungen begründungspflichtig sind: „Überall finden wir festgelegte Meinungen, nach denen die Rollen der Geschlechter verteilt werden. Oft voller Geschmacklosigkeit, Willkür und Widerspruch" (ebd.: 10). Es existierten aber auch Gesellschaften, die mehrere Geschlechter und einen institutionalisierten Geschlechtswechsel kennen. Allein gemessen an ihren körperlichen Erscheinungen fallen Menschen demnach weder eindeutig noch widerspruchsfrei in zwei differente Gruppen auseinander, sondern die körperlichen Ausstattungen stellen sich als viel variantenreicher dar und das Bild eines Kontinuum werde dieser Vielfalt eher gerecht als das System der Zweigeschlechtlichkeit (Mead 1974; Wetterer 2004).

Während Mead den kulturellen Variantenreichtum bei den Geschlechterzuordnungen beleuchtet, liegt der Verdienst der historischen Arbeiten von Hausen darin, eine Verbindung zwischen den Geschlechterzuordnungen sowie ökonomischen und sozialstrukturellen Gesellschaftsentwicklungen herzustellen. Hausen zeigt, dass sich die in den westlichen Gesellschaften geläufigen Männlichkeits- und Weiblichkeitskonzepte gemeinsam mit der Entstehung der Industriegesellschaft herausbildeten. Demnach entstand die „Polarisierung der Geschlechtercharaktere" (Hausen 1976) historisch erst mit der Aufspaltung in die Produktions- und Reproduktionssphäre, in die Bereiche der Haus- und der Erwerbsarbeit. Die für die Industriegesellschaften typische Zuweisung von Frauen auf die Hausarbeitssphäre und ihre Ausgrenzung aus der konträr dazu gedachten Erwerbssphäre fand ihre Legitimation in der „diskursiven" und „objektiven" Begründung der entsprechend wesensmäßigen Veranlagung (Hark 2001a: 155ff.): Im Rahmen der „polarisierten Geschlechtercharaktere" galt als natürliche Bestimmung von Frauen, für Heim und Kinder zu sorgen. Während es als in der „Natur der Männer" liegend betrachtet wurde, dass sie hinaus in die Welt der Erwerbsarbeit, der Wissenschaft, der Politik und der Kultur gingen (Wetterer 2002b). Aus dieser Perspektive treiben sich gesellschaftliche Differenzierungsprozesse in Produktion und Reproduktion, symbolisch-kulturelle Ordnungen und sozialstrukturelle Verhältnisse gegenseitig voran (Hark 2001a).

Die Arbeiten von Mead und Hausen zeichnen die Wandelbarkeit der Geschlechterzuordnungen nach. Neben allem Erkenntnisfortschritt, die die konzeptionelle Unterscheidung nach „sex" und „gender" ermöglichte, wurde in den sich anschließenden Diskussionen aber auch deutlich, dass damit die dualistische Unterscheidung der Geschlechtskörper unangetastet bleibt (vgl. Treibel 2006). Demnach konnte in der Gegenüberstellung die körperliche Differenz als ahistorische und gesellschaftsübergreifende Annahme weiter existieren, in dem sex als Ausdruck einer vorsozialen, biologisch und auch eindeutig bestimmbaren Zweigeschlechtlichkeit noch unbefragt blieb. Die 1992 erschienenen wissenschaftstheoretischen Arbeiten von Laqueur nährten Zweifel an den Vorstellungen einer vorgesellschaftlichen körperlichen Zweigeschlechtlichkeit (sex) und gaben Stimmen recht, die die dualistische Anordnung von Anatomie, Physiologie, Morphologie, Hormone und Chromosomen ebenfalls als Resultat historischer und gesellschaftlicher Entwicklungen betrachteten. Selbst die Körperbestimmung ist nach Laqueur von den Vorstellungen einer gesellschaftshistorischen Epoche geprägt, die – so die erkenntnistheoretische Weiterführung – auch wissenschaftliche Untersuchungen anleiteten. Demnach bestimmte bis in das 18. Jahrhundert hinein das Ein-Geschlecht-Modell die Vorstellungswelt, in dem Frauen als umgekehrte Männer verstanden wurden. In der Renaissance gab es nur eine Bezeichnung für analoge Geschlechtsorgane von Frauen und Männern und die Unterschiede in Form, Lage und Funktion wurden durch das Fehlen der vitalen Hitze erklärt. Frauen galten als Männer mit geringerer vitaler Hitze. Erst später entwickelte sich das Zwei-Geschlecht-Modell, so Laqueur (1992: 87ff.). Weibliche Genitalien erhielten in der Folge eine eigene Bezeichnung und Frauen galten als ein eigenständiges Geschlecht. Erst jetzt wurden Mann und Frau als zwei durch und durch unterschiedliche, natürlich begründete Kategorien verwendet. Und auch erst jetzt wurden biologische Unterschiede zur Begründung der gesellschaftlichen Positionen von Männern und Frauen herangezogen. Es sind vor allem Erkenntnisse wie die von Laqueur, die Fragen danach aufwerfen, ob es überhaupt möglich ist einen „objektiven", „reinen" und sozial unverstellten Blick auf den Körper zu werfen und ob damit die Unterscheidung nach sex und gender überhaupt sinnvoll ist (vgl. bspw. Wetterer 2004; Lorber 1999; Villa 2000).

Im Folgenden wird mit ethnomethodologisch inspirierten Ansätzen dem Konstruktionsprozess von Geschlecht nachgespürt. Im Gegensatz zur feministischen Makrosoziologie, die das Geschlechterverhältnis aus der „Vogelperspektive" betrachtet und die wirtschaftlichen, rechtlichen oder auch staatlichen Entwicklungen und ihre institutionellen Verfestigungen in den Blick nimmt, untersuchen ethnomethodologisch orientierte Ansätze aus der mikrosoziologischen „Froschperspektive" wie über Sinnkonstruktionen in alltäglichen Begegnungen, Situationen und Routinen die Geschlechter hergestellt werden. Die ethnomethodologische Perspektive fragt danach, „wie" Geschlecht in face-to-face Interaktionen hergestellt wird, also in der Begegnung in überschaubaren sozialen (Klein)Gruppen. Aus Sicht der Ethnomethodologie werden Einsichten in solche Prozesse dadurch möglich, dass die „eigene" Gesellschaft, wie eine fremde Kultur betrachtet wird. Eine Antwort auf das „warum" geben diese Ansätze nicht.

4.3 Der mikrosoziologische Blick: Die interaktive Konstruktion von Geschlecht

Da der komplexe Prozess der interaktiven Herstellung von Zweigeschlechtlichkeit, die Unterscheidungen nach Männern und Frauen, nach Jungen und Mädchen Teil des Alltagswissens und der Alltagsroutinen der Gesellschaftsmitglieder ist und gesellschaftliche Institutionen tiefgreifend strukturiert, lassen sich die Herstellungsmodi der Geschlechterdifferenz nicht einfach entschlüsseln. Das vorreflexive Set an Wissensbeständen und Alltagstheorien, die in dem Prozess der Geschlechterdifferenzierung geltend gemacht werden, sind Gegenstand der bahnbrechenden und inzwischen zum Klassiker gewordenen Studie „Gender. An ethnomethodological approach" der Soziologinnen Suzanne Kessler und Wendy McKenna, die 1978 erschien. Der ethnomethodologische Untersuchungsansatz, den Kessler und McKenna wählen, ist eng mit dem Namen des amerikanischen Soziologen Harold Garfinkel (1967) verbunden, dessen ebenfalls bekannten „Studies of Ethnomethodology" im Jahre 1967 veröffentlicht wurden.

Eine Grundannahme der Ethnomethodologie ist es, dass die Bewältigung komplexer Alltagsanforderungen nicht selbstverständlich geschieht, sondern höchst voraussetzungsvoll ist. Die komplexen Anforderungen des Alltags können Gesellschaftsmitglieder lediglich dadurch kompetent bewältigen, dass sie auf größtenteils vorreflexive Handlungs- und Interaktionspraxen zurückgreifen. Anders formuliert: Menschen sind alltäglich gezwungen, Ereignisse und Situationen zu interpretieren und nach adäquaten Handlungsanschlüssen zu suchen. Die ständigen Anforderungen des Alltags können lediglich dadurch gemeistert werden, dass Gesellschaftsmitglieder aus einem routinierten Verhaltensrepertoire spontan eine situationsadäquate Auswahl treffen, nicht zuletzt um ihre Handlungen für die anderen Interaktionspartner und -partnerinnen nachvollziehbar zu machen. Dabei greifen alle an den alltäglichen Interaktionen beteiligten Personen auf gemeinsam geteilte soziokulturelle und institutionalisierte Wissensbestände zurück, ohne sich dessen immer unbedingt bewusst zu sein. Über eine gezielte Störung der Alltagsvorgänge, d.h. der Alltagsroutinen und Interaktionserwartungen können Selbstverständlichkeiten zu Tage gefördert werden, die Gesellschaftsmitglieder in der Interaktion geltend machen, damit Situationen als sinnvoll erlebt werden (vgl. Treibel 2006; Bergmann 2000). Garfinkel verwendet Erschütterungs- oder Krisenexperimente, die die Interaktionsroutinen und -erwartungen gezielt stören, um die Wissensbestände und Alltagstheorien sichtbar zu machen, die alle Beteiligten verwenden.

Von besonderem Interesse für Kessler und McKenna sind Garfinkels Arbeiten zur Transsexuellen Agnes. Transsexualität verspricht tief greifende Einblicke in die Wissensbestände und die Alltagstheorien, die bei der interaktiven Herstellung von Geschlecht zur Geltung kommen, und bietet zugleich Einblicke über Effekte und Bedeutungen von gesellschaftlichen Institutionen im Prozess der Geschlechterkonstruktion (Goffman 2001; Hirschauer 1993; Lindemann 1993). Ein Gesellschaftsmitglied, das vom Mann zur Frau oder von der Frau zum Mann wird, überschreitet die Geschlechtergrenzen radikal. An Transsexualität kann sichtbar werden, welche Selbstverständlichkeiten in der Interaktion zwischen Gesellschaftsmitgliedern einfließen und welche Voraussetzungen nötig sind, um sich als Mann oder Frau darstellen zu können und als Mann oder Frau von den anderen Gesellschaftsmitglieder erkannt zu werden. Deshalb verfügen Transsexuelle, so Garfinkel, über ein besonders ausgeprägtes Wissen darüber, wie Geschlecht in alltäglichen Interaktionsroutinen hergestellt wird und welche Alltagstheorien im Herstellungsprozess relevant sind. Neben den bereits skizzierten Grundannahmen der Ethnomethodologie geht Garfinkel in seiner Studie zur Transsexualität weiter davon aus, dass in jeder Gesellschaft Statuswechsel möglich sind, der Statuswechsel jedoch kontrolliert wird. Während aber der Wechsel des sozial-beruflichen Status, etwa von der Aushilfs- zur Vorarbeiterin, noch toleriert wird, unterliegt der Geschlechtswechsel einer besonderen gesellschaftlichen Kontrolle (Treibel 2006: 140). Diese Aspekte erklären, weshalb sich der Geschlechtswechsel von Transsexuellen zum empirisch und theoretisch hoch interessanten geschlechtersoziologischen Beobachtungsfeld entwickelte (Hirschauer 1993).

Kessler und McKenna beziehen sich zwar auf die Arbeiten von Garfinkel, sie interessieren sich aber in einem weitergehenden und generelleren Sinne dafür, wie Geschlecht hergestellt und wahrgenommen wird (Treibel 2006: 143f.).

Ihre These, dass sich körperliche (sex) und soziale (gender) Geschlechtszugehörigkeit nicht zwangsläufig entsprechen, untersuchen sie zwar vorwiegend anhand der Geschlechtskonstruktion von Transsexuellen, ziehen aber auch die Geschlechtsidentifikation bei Erwachsenen und bei Kindern und Jugendlichen hinzu. Ihre Untersuchungskonzeption basiert auf einer wichtigen Trennung: Sie unterscheiden zwischen Geschlechtszuweisung (assignment) und Geschlechtszuschreibung (attribution). Die Geschlechtszuweisung wird als ein einmaliger Vorgang bei der Geburt verstanden. Die Geschlechtszuweisung erfolgt nach gesellschaftlichen vereinbarten Zeichen, z.B. wenn der Arzt oder die Hebamme nach der Geburt durch einen Blick auf die Vagina oder den Penis die Geschlechtsbestimmung vornimmt. Das Geschlecht der Gesellschaftsmitglieder ist nach Kessler und McKenna aber mehr als eine einmalige Etikettierung bei der Geburt, was mit dem Begriff der Geschlechtszuschreibung sichtbar gemacht werden soll. Nach der erfolgten Zuschreibung eines Neugeborenen zum männlichen oder weiblichen Geschlecht werden alle anschließenden Verhaltsweisen des Kindes durch die männlich bzw. weiblich gefärbte „Brille" analysiert (vgl. Kessler/Mc-Kenna 1978: 112). Durch eine solch eingestellte Optik wird es überhaupt erst möglich, Männer als ‚unmännlich' oder Frauen als ‚unweiblich' zu klassifizieren. Im Gegensatz zu Geschlechtszuweisungen umschreibt die Geschlechtszuschreibung, dass Gesellschaftsmitglieder ihr Geschlecht lebenslang und interaktiv auch in Auseinandersetzung mit vorgegebenen Geschlechtsrollen herstellen müssen. In diesem Prozessen werden Geschlechtsidentitäten konstruiert (vgl. Treibel 2006: 110f.). Damit wird zugleich gegen solche sozialisationstheoretische Vorstellungen argumentiert, die davon ausgehen, dass geschlechtliche Identitäten durch die Sozialisation in den ersten Jahren der Kindheit mehr oder weniger stark festgezurrt werden (vgl. Bilden/Dausien 2006). Geschlecht bzw. Geschlechtszugehörigkeit „wird nicht als quasi natürlicher Ausgangspunkt von und für Unterscheidungen im menschlichen Handeln, Verhalten und Erleben betrachtet, sondern als ein Ergebnis komplexer sozialer Prozesse" (Gildemeister 2006: 10). Gemeint ist damit, dass Geschlechter in sozialen Situationen produziert und reproduziert werden, weil Gesellschaftsmitglieder sich so verhalten, dass ihr Geschlecht eindeutig ausgedrückt und erkannt wird. Zudem wird von ihnen erwartet, dass die Handlungen ihres Gegenübers ebenfalls in diesem Lichte interpretiert werden.

Geschlecht und Geschlechtlichkeit ist eine alltägliche Darstellungsarbeit, d.h. es sind Gesten, Mimiken, Kleidung, Berufswahl etc. an denen sich Gesellschaftsmitglieder im Alltag als Mann oder Frau zu erkennen geben und als solche erkannt werden, zu diesem Ergebnis kommen Kessler und McKenna über die Analyse von Geschlechtszuschreibungen. In den alltäglichen Begegnungen basiert die Geschlechtszuschreibung also nicht auf anatomischen Merkmalen, wie Penis und Vagina, sondern umgekehrt ist es der Fall: Von „Gender Markern" (Lorber 1999) wird auf die anatomischen Geschlechtsmerkmale geschlossen und die Gender Marker werden von allen Gesellschaftsmitgliedern mehr oder weniger reflektiert „beherrscht", „gelesen" und „erkannt". Oder anders formuliert: Der „zweigeschlechtliche Erkennungsdienst" (Tyrell 1986: 463) ist auf symbolische Prozesse, wie Kleiderordnung, räumliche Trennung oder Tätigkeitszuweisungen angewiesen, anhand dessen Männer oder Frau eindeutig identifizierbar sind. Kessler und McKenna gehen davon aus, dass bei Transsexuellen die Geschlechtszuweisung und die Geschlechtszuschreibungen nicht zueinander passen. In das Modell der sex-gender-Trennung übersetzt bedeutet dies, dass biologische Merkmale (sex) und die jeweilige geschlechtliche Identität (gender) nicht zwangsläufig aufeinander verwiesen sind. Und noch ein anderer Aspekt wird im Anschluss in der Studie von Kessler und McKenna deutlich: Im Alltagswissen ist das bipolare Muster tief verankert und unser Alltag ist von dem Vertrauen fundamental strukturiert, dass es nur Männer und Frauen gibt (Treibel 2006; Kessler/McKenna 1978). Transsexualität erschüttert die Alltagserwartungen der Gesellschaftsmitglieder über die naturhafte Gültigkeit der Zweigeschlechtlichkeit grundlegend und zugleich bestätigen Transsexuelle die bipolare Mann-Frau-Struktur. Im Gegensatz zu den von Mead beschriebenen Gesellschaften kennt unsere Gesellschaft nur zwei Geschlechter und dieses Muster wird durch Transsexualität insofern bestätigt, als sie kein stabiles „drittes" Geschlecht institutionalisiert.

Nach Kessler und McKenna (1978: 113) stützen sich Alltagstheorien, Wissensbestände und daran anknüpfend auch institutionelle Arrangements zu Geschlecht auf folgende Basisannahmen: (1) Es gibt zwei und nur zwei Geschlechter (männlich und weiblich), (2) alle Menschen haben ihr gesamtes Leben lang und unverlierbar (Konstanzannahme) und (3) aus körperlichen Gründen (Naturhaftigkeit) (4) entweder das eine oder das andere Geschlecht (Dichotomität) und (5) die Genitalien sind die essentiellen Indizien des Geschlechts. Kommt es zu einer Verletzung des in den Alltagsroutinen, Wissensbeständen und institutionellen Mustern eingelagerten „Sameness Taboo" (Rubin 1975: 178), kommt es also zu Angleichungen oder Überschneidungen und Unsicherheiten bei Grenzziehungen zwischen den Geschlechtern (z.B. beruflicher Art) „werden symbolische und räumliche Markierungen eingesetzt, um die Differenz trotzdem herstellen und sichtbar halten zu können. Dies lässt sich ebenfalls auf andere Ebenen beziehen: In der Erwerbsarbeit reichen solche Grenzziehungen von geschlechterbezogenen

Uniformen, welche die Geschlechterdifferenz auch bei gleicher Arbeit augenscheinlich machen, über geschlechtsdifferente Bezeichnungen an sich identischer Berufe, bis hin zu räumlicher Separierung von Arbeitsplätzen" (Heintz u.a. 1997: 36).

Dass an den symbolischen Grenzziehungen und an dem „boundary work" (ebd.: 38) zwar beide Geschlechter beteiligt sind, sie aber von den Geschlechtern different und mit unterschiedlichen Konsequenzen betrieben werden, ist ein weiteres und für die nachfolgende Diskussion in der Debatte zur sozialen Konstruktion von Geschlecht wegweisendes Ergebnis der Studie von Kessler und McKenna.

Indem Kessler und McKenna im Gegensatz zu Garfinkel zwischen ‚doing male' und ‚doing female' unterscheiden, erkennen sie eine „androzentrische" gesellschaftliche Wirklichkeit, in der Männlichkeit immer höher bewertet ist als Weiblichkeit. Die dichotomen Geschlechtsdifferenzierungen bedeuten demnach keineswegs eine Gleichwertigkeit der Geschlechter und das Gleichheitstabu wirkt sich sehr unterschiedlich aus, was sich bereits in den Praxen der Geschlechtszuweisung zeigt. Nach Kessler und McKenna ist allein der Penis das ausschlaggebende Geschlechtszeichen und Penis wird mit männlich gleichgesetzt, Vagina aber nicht gleich mit weiblich. Es gibt keine positiven Merkmale, deren Fehlen zur Einstufung von Nicht-Frau also Mann führen würde (Treibel 2006): „Das einzige Zeichen von Weiblichkeit ist die Abwesenheit von Signalen für Männlichkeit" (Kessler/McKenna 1978: 126). Dies hat Auswirkungen auf die Prozesse der Geschlechtszuschreibungen, wie weitere Forschungen zeigen: Während alle Abweichungen vom Männlichkeitsideal über das „Differenz Taboo" in aller Regel von der männlichen Peer Group nachträglich sanktioniert werden (Connell 1999; auch: Connell/Messerschmidt 2005), betreiben Frauen eher die Strategie der Differenzminimierung gegenüber den Männlichkeitsvorstellungen. Die männliche Seite hat demnach ein höheres Unterscheidungsbedürfnis als die weibliche. Sie stimuliert und dramatisiert die Differenz zum Weiblichen (Tyrell 1986; Knapp 1995; Heintz u.a. 1997).

Candace West und Don Zimmermann entwickeln die von Kessler und McKenna geprägte erste Fassung des Begriffs doing gender in den 1990er Jahren theoretisch weiter und präzisieren ihn empirisch (West/Zimmermann 1987; Lorber 1999). Sie erweitern im Konzept des „doing gender" die sex-gender Differenzierung mit dem Ziel, ohne „natürliche" Vorgaben auszukommen, die in der sex-gender Unterscheidung angelegt sind (Gildemeister 2004a). Sie unterscheiden zwischen der biologischen Dimension (sex = Geburtsklassifikation aufgrund soziale vereinbarter biologischer Kriterien), der Zugehörigkeit zu einer sozialen

Gruppe (sex category = soziale Mitgliedschaft durch die soziale Zuordnung zu den Geschlechtskategorien) und der alltäglichen interaktiven Herstellung und Bestätigung von Geschlecht (gender = intersubjektive Validierung in Interaktionsprozessen durch situationsadäquates Verhalten und Handeln) z.b. durch Kleidung oder Schminke und nonverbaler Verhaltensweisen, wie Mimik und Gestik (West/Zimmerman 1987: 131ff.). Alle drei Dimensionen werden analytisch als unabhängig voneinander gedacht. Die Beziehung zwischen den drei Dimensionen wird als reflexiver Prozess (also als selbstbezüglicher Prozess) verstanden, in dem sich Personen situationsspezifisch immer wieder neu als vergeschlechtlichte „herstellen". Später erweitern Fenstermaker und West (West/Fenstermaker 1995; Fenstermaker/West 2001) das Modell erneut und vertreten die Auffassung, dass nicht allein Geschlecht, sondern auch ethnische Unterschiede und Klassenunterschiede im Rahmen von Interaktionen simultan erzeugt und reproduziert werden und dies nicht in einem additiven Sinne. Sie treten mit dieser Erweitung in die Diskussion unter dem Schlagwort „Intersektionalität" ein (vgl. Kap. 12; Winker/Degele 2009), in der es um die Frage geht, wie die Unterschiede zwischen Frauen aufgrund ihrer sozialen und kulturellen Herkunft, der sexuellen Orientierungen oder des Alters in theoretischen Ansätzen angemessen berücksichtigt werden können.

4.4   Doing gender while doing work

Die bei Kessler und McKenna angelegte These von der Gleichursprünglichkeit von Differenz und Hierarchie stimulierte zudem eine Reihe arbeits- und professionssoziologischer Untersuchungen über die zweigeschlechtliche Aufladung von Tätigkeiten und Positionen („doing gender while doing work") (Gottschall 1998; vgl. auch: Heintz u.a. 1997; Leidner 1991; Wetterer 2002b; Gottschall 2000), wofür die Arbeiten von Angelika Wetterer beispielhaft stehen.

Wetterer (2002b; Wetterer 1995a) arbeitet in den Untersuchungen zur sozialen Konstruktion von Geschlecht in der Erwerbsarbeit die Differenz-Dominanz-These aus und versucht damit die interaktive Engführung der mikrosoziologischen Konstruktionsdebatte durch die Verbindung zu einer anderen gesellschaftlichen Untersuchungsebene zu durchbrechen und darüber ihre begrenzte Reichweite aufzuheben. Wetterer lokalisiert die Prozesse der Geschlechterkonstruktion auf der Meso-Ebene der Institutionen und Organisationen, in dem sie Arbeitsplatzkonstruktionen mit polarisierten Geschlechtercharakteren verknüpft. Die Aufspaltung des Arbeitsmarktes in Frauen- und Männerberufe, in Frauen- und Männerarbeitsplätze ist demnach das Ergebnis von tätigkeitsbezogenen Konstruktionsprozessen, in denen eine direkte Verbindung zwischen Berufsarbeit und dem Geschlecht hergestellt wird und über die zugleich Geschlechterdifferenzen konstruiert werden. Die soziale Konstruktion von Weiblichkeit und Männlichkeit konvergiert mit der Zuordnung bestimmter Tätigkeiten, Verdienststufen, Erwerbsformen (etwa Teilzeitarbeit) und Berufsverlaufsmustern zu Männern oder Frauen. Die geschlechtlichen Differenzierungen in allen Bereichen der Erwerbstätigkeit werden zugleich in ein Verhältnis von Über- und Unterordnung gebracht. Die Verbindung zwischen Beruf und Geschlecht erhält über Prozesse der Analogiebildung Plausibilität, d.h. in einer für die Gesellschaftsmitglieder einleuchtenden Weise wird argumentiert, dass berufliche Tätigkeit und Geschlechtercharaktere korrespondieren: Arbeitsinhaltliche Anforderungen und Berufsprofile werden mit weithin akzeptierten und im Alltagswissen fest verankerten Männlichkeits- und Weiblichkeitsvorstellungen über das geschlechtsspezifische Arbeitsvermögen in Einklang gebracht: Die Arbeit einer Krankenschwester erfordert Einfühlsamkeit und Fürsorglichkeit, was den weiblichen Eigenschaften, Interessen und Kompetenzen entspricht. Der Ingenieur braucht technisches und mathematisches Verständnis und genau darin unterscheidet sich die Qualität der männlichen von der der weiblichen Arbeitskraft. Tätigkeiten und Positionen werden zweigeschlechtlich aufgeladen und zugleich Handlungsspielräume, Machtressourcen und Verhaltensmöglichkeiten von Männern und Frauen ungleich verteilt. In ihren historischen Untersuchungen, z.B. im Medizinbereich, zeigt Wetterer (2002b), dass die Vermännlichung eines ursprünglich weiblichen Berufes in aller Regel einen Prestigegewinn, einen Statuszuwachs oder zumindest eine Statuskonsolidierung bedeutet. Und umgekehrt: Die Feminisierung von Berufen und Arbeitsbereichen geht in der Regel mit einer Entwertung und einem Prestigeverlust einher. Weiblich konnotierte Tätigkeiten werden tendenziell niedriger bewertet werden als männliche (Wetterer 2002b; Riegraf 2005a).

4.5   Die Annahme der Omnirelevanz

Noch ein weiterer Aspekt in der Untersuchung von Kessler und McKenna (1978) ist Anlass heftiger Debatten in der Geschlechterforschung: In ihrer Arbeit knüp-

fen sie an die von Garfinkel postulierte These der Omnirelevanz der dualen Geschlechterkonstruktion an, d.h. auch sie gehen davon aus, dass alle alltäglichen
Interaktionen durch den geschlechtlichen Status geprägt sind und es keine Situation gibt, in der die Zuordnung zu einem Geschlecht unwichtig ist. Obwohl zugestanden wird, dass sich die kulturellen Formen von gender verändern, spiele
Geschlecht immer eine Rolle, ob Gesellschaftsmitglieder dies wollen oder nicht.
Die Gegenposition, dass es eine solche Perspektive nicht erlaubt, Variations-
möglichkeiten in der Wirkmächtigkeit des sozialen Systems der Zweigeschlechtlichkeit und die relative Bedeutung von Geschlecht im Vergleich mit und im Zusammenspiel mit anderen Klassifikationen, wie Klassen oder Ethnizität angemessen zu erfassen, wird unter anderem von Stefan Hirschauer ausgearbeitet
(Hirschauer 1994; Hirschauer 2001; Kuhlmann 1999).

Hirschauer teilt zwar die Position, dass ein „Ausweiszwang" des Geschlechts herrscht (Hirschauer 2001: 215), er formuliert allerdings die Gegenthese, dass neben dem „doing gender" (Herstellen von Geschlecht) in einem
„undoing gender" zumindest theoretisch eine Unterbrechung der interaktiven
Herstellung von Geschlecht denkbar sein müsste. Demnach ist die Herstellung
von Geschlechtlichkeit kein kontinuierlicher Prozess, sondern kann – nach einer
anfänglichen Kategorisierung – in den Hintergrund treten oder bewusst neutrali-
siert werden. Solche variablen Grade der Relevanzsetzung von Geschlecht könnten jedoch mit der Omnirelevanzannahme nicht erfasst werden, so Hirschauer
(vgl. Hirschauer 1994: 679). Demnach registrieren Gesellschaftsmitglieder das
Geschlecht lediglich und lassen es in der Interaktion mitlaufen, es muss aber
nicht immer und in jeder Situation aktualisiert werden. Und weiter: Auch bereits
initiierte Relevanzsetzungen könnten ins Leere laufen oder es können An-
schlusspunkte in der Interaktion vermieden werden (Hirschauer 2001: 217f.).
Mit einem Blick auf die Institutionen sei es zudem möglich, dass gerade die Institutionen, welche die Hervorbringung des Geschlechts anstoßen (vgl. Goffman
2001), auch eine Neutralisierung einleiten können. Die Naturalisierung der Geschlechterdifferenz in institutionellen Arrangements, die vielfältigen symbolischen Vergeschlechtlichungen und die Bildförmigkeit und Offensichtlichkeit der
Geschlechter-Darstellungen bilden demnach eine derart umfassende Struktur,
dass die Selbstverständlichkeit („informationelle Redundanz") des Geschlechts
auch zu einer Irrelevanz desselben führen kann, so Hirschauer (Hirschauer 2001:
225). Es existieren also die Möglichkeiten der Relevanzsetzung/Aktualisierung
und Neutralisierung/Vergessen des Geschlechts (ebd.: 214) und dieses sei nicht
nur als stetiger Prozess, sondern als „diskontinuierliche Episode" zu begreifen
(Hirschauer 1994: 680).

Letztendlich bedeutet die These der Möglichkeit des undoing gender, dass Geschlecht auf seine konkrete Relevanzsetzung in Interaktionen in bestimmten Kontexten unter der Bedingung unterschiedlicher kultureller Konfigurationen und institutioneller Arrangements untersucht werden muss („kontextuelle Kontingenz"). Und, so wird diese Perspektive unter anderem von Bettina Heintz und Eva Nadai in einer stark wissenssoziologisch geprägten Sichtweise weitergeführt, Differenzierungen und Ungleichheiten zeigen sich heute in vielfältiger Gestaltung und Intensität (Heintz/Nadai 1998). So lassen sie sich nach Heintz und Nadai in einigen Bereichen, wie z.b. der Bildung nicht mehr oder zumindest nicht durchgängig nachweisen, in anderen Bereichen, wie z.b. der Einkommensverteilung sind sie nach wie vor gültig und offensichtlich. Nun darf eine solche Perspektive nicht so verstanden werden, dass Geschlecht keine zentrale Kategorie mehr bildet, vielmehr ist sie „flüssiger" geworden. Zumindest kann eine solche Öffnung des Blickes dazu beitragen, sensibel zu bleiben für gesellschaftliche Entwicklungen, die dazu führen, dass neue Differenzierungen und Ungleichheiten entstehen, sich alte Geschlechterdifferenzen und -ungleichheiten auflösen und andere weiter verschärfen (zur Kritik an dieser Sichtweise: Aulenbacher 2008; Wetterer 2007a).

4.6 Die soziale Konstruktion von Geschlecht auf die Spitze getrieben

Durch die in einigen mikrosoziologischen Arbeit bereits angelegte Annahme, dass die körperlichen Differenzierungen in zwei Geschlechter ebenfalls nicht von Natur aus gegeben sind, sondern eine kulturspezifische Klassifikation bilden, steht die zentrale Erkenntniskategorie Geschlecht und damit der Gegenstand der Geschlechterforschung selbst erneut und grundlegend auf dem Prüfstand. Unhinterfragte Voraussetzungen der Theoriebildung werden aufgespürt. Mit ihrer 1991 im deutschsprachigen Raum erschienenen Veröffentlichung „Das Unbehagen der Geschlechter" verhalf Judith Butler diesem Aspekt der Konstruktionsdebatte im deutschsprachigen Raum zu einem erneuten Aufschwung (Gildemeister 2008). Ihre Arbeit beinhaltet für die Geschlechterforschung eine besondere Sprengkraft, da sie sich sowohl mit den kategorialen Grundlagen der feministischen Theoriebildung, als auch mit den Bezugssubjekten der Frauenbewegung auseinandersetzt, wobei letzteres im Folgenden nicht eingehender behandelt wird (vgl. Kap. 2).

Ähnlich wie in den vorgestellten ethnomethodologischen Arbeiten stellt Butler die gängige Unterscheidung von sex und gender grundlegend zur Disposition (Knapp 2000) und radikalisiert zugleich die Frage nach dem Verhältnis von Natur und Kultur in Bezug auf die Kategorie Geschlecht. In ihrem, in Anlehnung an den französischen Theoretiker Michel Foucault entwickelten, diskurstheoretischen Ansatz will Butler die gängige sex-gender Unterscheidung bis an ihre logische Grenze treiben. Anders als in den mikrosoziologischen Untersuchungen ist der Dreh- und Angelpunkt ihrer Theorie die Analyse des Zusammenhangs von Geschlechtszugehörigkeit und Sexualität, d.h. die Unterscheidung in zwei Geschlechter wird von Butler mit der heterosexuellen Normierung des Begehrens verknüpft. In Butlers Ansatz erfolgt die Konstruktion von Geschlecht über Sprache, Diskurs und symbolische Ordnungen (Bublitz 2010; Villa 2003), die eine Bedeutung haben. Begriffe sind kein „Abdruck" der Welt, sie spiegeln die Welt nicht einfach wieder und mit dieser Perspektive kann Butler dem Sammelbegriff der Konstruktion zugeordnet werden. Sie geht – wenn auch aus einer anderen Theorietradition kommend – davon aus, dass Gegenstände oder Tatbestände nicht einfach „gegeben" sind. Vielmehr werden sie begrifflich erzeugt und deshalb ist es nicht möglich über den Körper zu sprechen und dabei einen unmittelbaren Bezug zur Materialität anzunehmen, denn Materie hört auf Materie zu sein, sobald sie zum Begriff wird (Butler 1997: 57). Es geht darum herauszuarbeiten, wie Aussagen zu gesellschaftlich „wahren" werden (Bublitz 2010; Villa 2003).

Diskurse sind sprach-begriffliche Organisationsformen von Wirklichkeit, die insofern „produktiv" (Butler 1993: 129) werden, als sie materielle Realität produzieren – indem sie unter anderem Handlungen von Menschen anleiten, weil sie das dazugehörige Denken strukturieren und weiter: Diskurse sind Formationen, die den Bereich des Denkbaren überhaupt erst abstecken. Das heißt, es gibt kein vordiskursives Subjekt, das einer Regulierung unterworfen wird, vielmehr erzeugt die Regulierung erst das Subjekt. Es gibt auch keine Anatomie, die als solche bezeichnet wird, sondern erneut findet sich die in der Debatte zur Konstruktion von Geschlecht typische Umkehrung: Erst durch Bezeichnungen entsteht die Zweigeschlechtlichkeit in der wahrgenommenen Weise. Die diskursive Hervorbringung von Realität nennt Butler die performative Wirkung von Sprache, die durch permanentes Wiederholen im Laufe der Zeit relativ stabil wirkende scheinbare gesellschaftliche Normalitäten produziert, durch die Individuen reguliert werden (Butler 2004; Villa 2008; Groß 2008). Die Genitalien lassen an sich noch keine Geschlechter entstehen und auch keine Geschlechterordnung – erst aus einer Geschlechterordnung heraus werden Genitalien mit Bedeutung aufgeladen und können zu „Geschlechtszeichen" werden.

Eine naive Beziehung zwischen dem Begriff „Geschlecht" und dem damit erfassten „Gegenstand" könne es daher nicht geben – weder im Alltag sozialer Welten noch in der Wissenschaft. Für Butler ist die biologische Dualität der Geschlechter „in Wirklichkeit diskursiv produziert, nämlich durch verschiedene wissenschaftliche Diskurse" (Butler 1991: 132). Sie kritisiert weiter und darin liegt die besondere Sprengkraft ihrer Arbeit, dass die eigentlich beabsichtigte Loslösung von natürlichem und kulturellem Geschlecht in der Geschlechterforschung nicht wirklich vollzogen wurde. Die Unterscheidung nach sex und gender wurde in den wissenschaftlichen Diskursen immer wieder und sehr kurzschlüssig miteinander verknüpft und damit ein untrennbarer Zusammenhang zwischen sex, gender und sexuellem Begehren gezogen. Die Annahme einer Binarität der Geschlechter wird nach Butler implizit durch die Verbindung zwischen Geschlecht und Geschlechtsidentität, als ein nachahmendes Verhältnis geprägt. Würde das kulturelle Geschlecht radikal unabhängig vom biologischen Geschlecht gedacht, dann können die Begriffe Mann und männlich sowie Frau und weiblich nicht mehr einfach einen weiblichen oder männlichen Körper bezeichnen. Das sex-gender Begriffssystem berücksichtige nicht, dass es nicht nur zwei Formen des gender, sondern vielerlei Genderformen gebe, die unabhängig und auch quer zu sex gedacht werden können und müssen. Eine konsequente Trennung zwischen den sexuell bestimmten Körpern (sex) und den kulturell bedingten Geschlechtsidentitäten (gender) erfordere die Bereitschaft eine grundlegende Diskontinuität anzunehmen: „man könnte sogar sagen eine Kontingenz zwischen den Beziehungen – zumindest als (Denk)Möglichkeit ins Auge zu fassen" (Gildemeister/Wetterer 1992: 207). Eine zufällige Beziehung zwischen sex und gender hat Butler zufolge zwei Konsequenzen: Erstens gibt es keinen Grund mehr anzunehmen, dass „das Konstrukt ‚Männer' ausschließlich dem männlichen Körper zukommt, noch, dass die Kategorie ‚Frau' nur weibliche Körper meint" (Butler 1991, 23). Zweitens, selbst wenn die anatomischen Geschlechter (sex) in ihrer Morphologie und biologischen Konstitution „unproblematisch als binär erscheinen (was noch die Frage sein wird), gibt es keinen Grund für die Annahme, dass es ebenfalls bei zwei Geschlechtsidentitäten bleiben muss" (ebd.: 23). Außerdem setze die gängige sex-gender Differenzierung in der Geschlechterforschung konzeptionell die Annahme des „biologischen Geschlechts" als unabhängige Variable voraus und halte damit unreflektiert an der Zweigeschlechtlichkeit mit der fatalen Folge fest, dass die Dualität der Geschlechter in den wissenschaftlichen Diskursen und dies entgegen des eigenen Anspruches, erst hervorgebracht werde. Feministische Theorie beteilige sich damit an der diskursiven Produktion der binären Kategorie Geschlecht, in dem sie Männer und Frauen zum Gegenstand ihrer Analyse machen – so Judith Butler (1991). Zum Vorwurf des „latenten Biologismus" (Gildemeister/Wetterer 1992) der Geschlechterforschung ist es lediglich ein kleiner Schritt.

Ziel der „Genealogie der Geschlechterontologie" von Butler ist es zu einer
„Geschlechter-Verwirrung" beizutragen. Die Analyse des Zusammenhangs von
Zweigeschlechtlichkeit und Heterosexualität beschäftigt die Queer Theory, die
sich über die „Pluralisierung der Geschlechter" hinaus mit der Möglichkeit der
Auflösung der Geschlechterkategorie beschäftigt (vgl. bspw. Jagose 2001; Engel
2008; Groß/Winker 2007)

4.7   Erkenntnistheoretische Herausforderungen

Die konstruktivistischen Arbeiten zielen darauf ab, die Denkweise von Natur
und Kultur in Bezug auf die Kategorie Geschlecht neu zu betrachten (Gildemeister 2008). Die trennscharfe Unterscheidung zwischen sex und gender wird insofern problematisch und darin liegt die (erkenntnis)theoretische Herausforderung
der Konstruktionsdebatte. Denn wenn sich das körperliche Geschlecht ebenso
wie das soziale als kulturelle Konstruktion erweist, kann das biologische Geschlecht der Analyse nicht vorgelagert werden. Die schließlich einsetzenden
Denkbewegungen in der Geschlechterforschung bringen Helge Landweer und
Mechthild Rumpf auf folgenden Punkt: „Nachdem der Feminismus den Satz,
‚Alles ist Biologie' überführt hatte in ‚Biologische Unterschiede werden kulturell
überformt', heißt die (...) neue Devise: ‚Alles ist Kultur inklusive der Biologie
selbst'" (Landweer/Rumpf 1993: 4).

Die erkenntnistheoretische Herausforderung der ethnomethodologischen
Sicht bearbeitet Carol Hagemann-White in den 1980er Jahren. Bei der Analyse
der Geschlechterzuweisungen gelte es demnach zu berücksichtigen, dass es
kaum ein Verhalten gibt, „das ausschließlich bei einem Geschlecht vorkommt;
für alle in der Forschung thematisierten Bereiche gibt es sogar erhebliche Überscheidungen, so dass die Varianz innerhalb eines Geschlechts auf jeden Fall
größer als die Differenz zwischen den Mittelwerten für jedes Geschlecht ist"
(Hagemann-White 1984: 12). Lediglich dann, wenn gedankenexperimentell auf

die Setzung der Geschlechterdifferenz verzichtet wird, sei es möglich, den Konstruktionsprozess von Geschlechtern und der Geschlechterdifferenz auf die Spur zu kommen. Deshalb schlägt Hagemann-White vor, die Studien der Frauen- und Geschlechterforschung sollten „bis auf weiteres von der ‚Nullhypothese' ausgehen, dass es keine notwendige, naturhaft vorgeschriebene Zweigeschlechtlichkeit gibt, sondern nur verschiedene kulturelle Konstruktionen von Geschlecht" (Hagemann-White 1992: 11). Für weitere Forschungsarbeiten geht es also darum, die Geschlechterperspektive in die Forschung einzubringen und gleichzeitig die Vorstellung außer Kraft zu setzen, es gäbe zwei Geschlechter (vgl. bspw. Althoff u.a. 2001). Damit sind folgende Fragen verbunden: Wie kann die Geschlechterdifferenz Ausgangspunkt von Forschung sein und zugleich aufgelöst werden, um im Forschungsdesign sensibel zu bleiben für die Prozesse der Konstruktion? Wie kann die Differenz zwischen Frauen betont und analysiert werden, wenn zugleich die Unterschiede zwischen Männern und Frauen von Interesse ist? Und die konstruktivistische Geschlechterforschung, die die Akteure „auf frischer Tat" (Hageman-White 1993) ertappen will, steht zudem vor dem Problem, dass „doing gender" selbst im Forschungsprozess stattfindet, denn auch in diesem Prozess wird im Sinne des Alltagswissens klassifiziert.

Die erkenntnistheoretischen Perspektiven auf die zweigeschlechtliche Ordnung fordern nicht nur die Geschlechterforschung, sondern auch die Grundlagen anderer Disziplinen, wie der medizinischen und biologischen Disziplinen heraus. Alltagswissen von Zweigeschlechtlichkeit stellt implizit die Basis des wissenschaftlichen Wissens dar. Auch sie unterscheiden vorab Männer und Frauen um feststellen zu können, dass „‚Männer' diesen Testosteron-Wert und jene Chromosomen" (...) haben. Bleiben Konsistenzannahmen, Naturhaftigkeit und Dichotomizität vorreflexiv, trägt wissenschaftliches Wissen dadurch, dass die verschiedenen Disziplinen (wie Differentialpsychologie, empirische Sozialforschung) massenhaft Wissen über Geschlechterunterschiede bereitstellen zur kognitiven Absicherung der Geschlechterklassifikation bei, „mit einem Legitimationsaufwand, wie es ihn für kaum eine andere gesellschaftliche Institution gibt" (Hirschauer 1996: 245). In dem die verschiedenen Disziplinen des Wissenschaftssystems die Alltagsevidenz der Zweigeschlechtlichkeit stützen, legitimieren sie die zweigeschlechtlich strukturierte Wissensordnung.

5. Methodologie und Methoden der Geschlechterforschung

Michael Meuser

Die Geschlechterforschung ist, anders als die meisten sozial- und kulturwissenschaftlichen Forschungsbereiche, von einer andauernden methodologischen Diskussion begleitet. Deren zentrale Frage ist, ob die die Geschlechterforschung eine spezifische Methodologie benötigt, die sich von den üblichen Standards empirischer Sozialforschung unterscheidet.

Rekapituliert man die Entstehung und Entwicklung der Geschlechterforschung aus der Frauenforschung, insbesondere ihre Ursprünge in der feministischen Kritik des wissenschaftlichen Androzentrismus, dann wird deutlich, dass zu Beginn der Frauenforschung ein „epistemologischer Bruch" stand. Epistemologische Brüche sind, so Pierre Bourdieu (Bourdieu/Wacquant 1996: 274) „oft auch soziale Brüche, Brüche mit den Grundüberzeugungen einer Gruppe und manchmal sogar mit den Grundüberzeugungen der ganzen Zunft der *professionals*" (Herv. i.O.). Frauenforschung entwickelte sich in dezidierter Abgrenzung von der „normal science", und die Kritik der herrschenden Wissenschaft ließ deren Methodenverständnis nicht unangetastet. Die methodologischen Diskussionen umfassten zu Beginn sowohl die erkenntnistheoretischen Voraussetzungen von Frauenforschung als auch die Frage, ob es spezifische, dieser Forschung eigene Methoden zu entwickeln gelte. In diesem Kapitel wird zunächst die mehr als dreißigjährige Geschichte dieser Diskussion nachgezeichnet, die in jüngerer Zeit mit der Entwicklung der Frauenforschung zur Geschlechterforschung eine entscheidende Wende genommen hat (1). Sodann wird ein zentraler Topos dieser Diskussion genauer dargestellt: die Frage, ob qualitative Verfahren den Erkenntnisinteressen der Geschlechterforschung angemessener sind als quantitative (2). Schließlich wird sich der Blick darauf richten, welche Impulse die Methodendiskussion in der Geschlechterforschung für die empirische Sozialforschung insgesamt erbracht hat (3).

5.1　Zur Entwicklung der methodologischen Diskussion

Im Jahr 1978 publizierte die Zeitschrift „Beiträge zur feministischen Theorie und Praxis" in ihrem ersten Heft einen programmatischen Aufsatz von Maria Mies über „Methodische Postulate der Frauenforschung". Dieser Aufsatz bestimmte die methodologische Diskussion der Frauenforschung für die nachfolgenden zehn Jahre, und noch Mitte der 1990er Jahre bezog sich diese Diskussion auf die Position von Mies, wenn auch nunmehr überwiegend in kritischer Distanz (Holland-Cunz 2003b: 28ff.).[8] Frauenforschung erschöpft sich für Mies nicht darin, den forschenden Blick auf die Lebenslagen von Frauen zu richten und weibliche Lebenswelten, die vom männlich geprägten Mainstream wissenschaftlicher Forschung nicht beachtet werden, zum Untersuchungsgegenstand zu machen. Mies bindet die Frauenforschung eng an die Frauenbewegung und wendet sich gegen eine Akademisierung der Forschung (Mies 1994: 105f.). Als selbst von Unterdrückung Betroffene sei es Aufgabe von Frauenforscherinnen, „sich wissenschaftlich mit dieser Unterdrückung und den Möglichkeiten ihrer Aufhebung [zu] befassen" (Mies 1978: 45). Mies formuliert sieben Postulate für eine politisch engagierte Frauenforschung (1978: 47ff.):

1. Basierend auf einer Identifikation mit den Erforschten solle eine „bewußte *Parteilichkeit"* an die Stelle des Prinzips der Wertfreiheit treten.
2. Die Forschung solle der Befreiung unterdrückter Gruppen dienen. Die Bedürfnisse und Interessen der Frauen sollten Forschungsziele und Forschungsgegenstände bestimmen.
3. Frauenforschung solle sich an emanzipatorischen Aktionen beteiligen.
4. Die „Veränderung des Status Quo" sei zum „Ausgangspunkt wissenschaftlicher Erkenntnis" zu machen (ebd.: 50).
5. Die Auswahl der Forschungsgegenstände sei nicht an den Interessen der Wissenschaftlerinnen zu orientieren, sondern müsse „von den allgemeinen Zielen und den strategischen und taktischen Erfordernissen" der Frauenbewegung abhängig gemacht werden (ebd.: 51).

8　In einem von Angelika Diezinger (1994) herausgegebenen Band, der der methodologischen Diskussion der Frauenforschung neue Impulse gab, ist u.a. ein Text von Mies (1994) enthalten, in dem diese sich mit der kontroversen Diskussion ihrer Postulate auseinandersetzt. Die Postulate haben nicht nur die Entwicklung der deutschen Frauenforschung bestimmt; sie sind mehrfach übersetzt und auch in den angelsächsischen ‚women's studies' rezipiert worden (Mies 1994, 2007; Eichler 1997).

6. Forschung solle zu einem Bewusstwerdungsprozess sowohl für die Forscherin als auch für die Erforschten werden, welche selbst „zu forschenden Subjekten in einer befreienden Aktion" würden (ebd.).

7. Eine feministische Gesellschaftstheorie könne nur in der Teilnahme an den Kämpfen der Frauenbewegung entstehen.[9]

Die von Mies geforderte umfassende Entgrenzung von wissenschaftlicher Forschung und politischer Praxis stellt eine Extremposition auch in der frühen Frauenforschung dar. Sabine Hark bemerkt in ihrer „Diskursgeschichte des Feminismus", es habe keine einseitige Unterordnung der Frauenforschung unter die Frauenbewegung gegeben. Frauenforschung sei „auch als Reflexionsraum für die unbegriffene Praxis der Frauenbewegung" (Hark 2005: 253) von Bedeutung gewesen. Die Diskussion über den Stellenwert von Betroffenheit und Parteilichkeit sowie die identitätspolitische Annahme einer von Forscherin und Erforschter gleichermaßen geteilten Unterdrückungserfahrung bestimmten allerdings in entscheidendem Maße die methodologischen Positionsbestimmungen in den Anfangsjahren der Frauenforschung. Der Begründungsrahmen hat sich inzwischen deutlich verändert und vor allem vervielfältigt, die Intention, mittels Forschung zum Empowerment unterdrückter Gruppen (Harding 2007: 45) beizutragen, ist allerdings für Teile der feministischen Forschung weiterhin ein wichtiges Motiv.

Den Anspruch, nicht nur über Frauen, sondern auch mit ihnen und in deren Interesse zu forschen, begreifen Andrea Doucet und Natasha Mauthner (2008: 328) als ein zentrales Merkmal feministischer Forschung. Dieser Impetus, in dessen Rahmen die Forschung durch das Interesse an gesellschaftlicher Veränderung motiviert ist, ist ein Anlass für die Suche nach einer eigenen Methodologie. Ein weiterer ist die Kritik des impliziten Androzentrismus des Mainstreams (sozial-)wissenschaftlicher Forschung. Karin Hausen und Helga Nowotny (1986: 9) beschreiben die methodologischen Konsequenzen feministischer Wissenschaftskritik folgendermaßen: „Die Tatsache, daß Wissenschaft seit ihrer Konstituierung ausschließlich und heute weitgehend ein Ergebnis der Berufsarbeit von Männern ist, kann für Inhalt und Methoden dessen, was sich als Wissenschaft darstellt, nicht folgenlos gewesen sein." Vor diesem Hintergrund sei die „Geschlechtsneutralität von Inhalt und Methoden" (ebd.: 10) in Frage zu stellen. Der Frauenforschung ging (und geht) es nicht allein um „eine additive Integration von Geschlechterfragen in das existierende Wissenschaftssystem" (Aulenbacher/Riegraf 2009b: 10), vielmehr wurden (und werden) dessen methodologi-

---

9 Vergleichbare Positionsbestimmungen wurden auch in der angelsächsischen Frauenforschung vorgenommen (Cook/Fonow 1983; Hartung u.a. 1988; Stanley/Wise 1983).

schen und erkenntnistheoretischen Prämissen zum Gegenstand kritischer Reflexion. Der gängigen sozialwissenschaftlichen Methodologie, wie sie in den Lehr-
büchern zur empirischen Sozialforschung dokumentiert ist, wurde (und wird)
vorgehalten, die Position der Werturteilsfreiheit und das Postulat der distanzierten Analyse stünden dem feministischen Interesse an emanzipatorischer Forschung entgegen.

Wie noch zu zeigen sein wird, verändert sich der methodologische Begründungsrahmen in dem Maße, in dem ein Übergang von Frauenforschung zu Geschlechterforschung stattfindet bzw. in dem eine Geschlechterforschung sich etabliert, die sich zum Teil in Kontinuität zur Frauenforschung versteht, zum Teil
aber auch in kritischer Distanz gerade zu den methodologischen Prämissen feministischer Forschung positioniert. Wurde die Methodendiskussion zunächst
vor dem Hintergrund der Verbindung von Frauenforschung und Frauenbewegung geführt, so findet sie heute vornehmlich im Kontext konstruktivistischer
und dekonstruktivistischer Geschlechtertheorien statt (Degele/Schirmer 2004;
Gildemeister 2004a). Dies lässt sich zumindest für die deutschsprachige Geschlechterforschung feststellen. In der angelsächsischen Diskussion haben hingegen feministische Standpunkttheorien weiterhin einen hohen Stellenwert.
Während die (de-)konstruktivistische Perspektive die Frage stellt, „worauf wir
uns eigentlich mit unserem Begriff ‚Frau' beziehen" (Hagemann-White 1993:
70) und in radikaler Konsequenz zu dem Schluss gelangt, die vormals als homo-
gen gedachte Kategorie Frau bzw. Geschlecht löse sich in ihre einzelnen Mitglieder auf, so dass sich Frauenforschung nicht mehr betreiben ließe (Heintz u.a.
1997: 61), behaupten die Standpunkttheorien eine epistemologische Privilegierung der mit der Zugehörigkeit zum weiblichen Geschlecht typischerweise verbundenen Erfahrungen und Sichtweisen.

Im Folgenden werden feministische Standpunkttheorien und die konstruktivistische Geschlechterforschung einander kontrastierend gegenüber gestellt, da
sich so die Spannbreite der inzwischen stark ausdifferenzierten methodologischen Diskussion gut verdeutlichen lässt.[10]

---

10 Diesem auf Vollständigkeit verzichtenden Verfahren wird der Vorzug gegenüber einer Auflis-
    tung sämtlicher in der Frauen- und Geschlechterforschung vertretenen methodologischen An-
    sätze gegeben, da letztere angesichts des begrenzten Raumes nur additiv erfolgen könnte. Für
    einen aktuellen Überblick vgl. Hesse-Biber 2007a.

5.1.1   Feministische Standpunkttheorien

Die mit den Begriffen der Parteilichkeit, Betroffenheit und Empathie bezeichnete, von einer identitätslogischen Annahme geleitete Position ist in modifizierter
und epistemologisch reflektierter Form in feministischen Standpunkttheorien bis
in die Gegenwart hinein präsent. Im Unterschied zum gängigen Methodenverständnis der empirischen Sozialforschung gilt eine „grundlegende und bewußte
Parteilichkeit der Forschung für die Sache der Frauen" (Müller 1984b: 37) in
weiten Teilen der Frauenforschung nicht als ein methodischer Fehler, der ver-
zerrte Ergebnisse zur Folge hat. Eine epistemologische Begründung hierfür bieten die Standpunkttheorien an. Sie gehen davon aus, dass eine Rekonstruktion
des weiblichen Standpunkts zu umfassenderen Einsichten und gültigeren Ergebnissen führt als eine des männlichen. Die gesellschaftlich marginale Stellung der
Frauen habe zur Folge, dass diese Wissen über zwei verschiedenen Welten haben, die Männer aber nur über eine, die eigene Welt (Stanley/Wise 1993: 30).
Sandra Harding (1994: 140ff.) bezeichnet die Frauen als „wertvolle ‚Fremde'"
oder „integrierte Außenseiterinnen", denen sich gerade durch ihre marginale Position wichtige Einblicke in die soziale Ordnung eröffneten.

Die Einsicht, dass Denken, Wissen und Wahrnehmung nicht unabhängig
von der sozialen Position der Individuen zu sehen sind, findet sich bereits in
dem berühmten Marxschen Diktum, demzufolge das gesellschaftliche Sein das
Bewusstsein bestimmt (Marx 1971: 9). Eine wissenssoziologisch fundierte Ausarbeitung dieser Einsicht hat Karl Mannheim (1959) mit der These der Standortverbundenheit des Denkens vorgelegt. Allerdings meinte er, die Intellektuellen
(und die Wissenschaft) könnten diese überwinden. Dass dies nicht möglich ist,
hat die feministische Wissenschaftskritik – allerdings ohne Referenz auf Mannheim – überzeugend gezeigt: „all understanding is socially located or situated",
postuliert Harding (2007: 51) zu Recht. Der soziale Standort ermöglicht und begrenzt Wissen.

Gleichwohl erscheint es Harding möglich, bestimmten Standorten einen epistemologischen Vorteil zuzuschreiben. Zwar konzediert sie, „dass alle menschlichen Überzeugungen – auch die wissenschaftlichsten – sozial verortet sind",
doch fordert sie „eine kritische Forschung, um zu bestimmen, welche sozialen
Situationen die objektivsten Erkenntnisansprüche hervorbringen können" (Harding 1994: 159). In der Marxschen Tradition stehend nehmen manche Stand-
punkttheoretikerinnen an, „that some social positions produce ‚partial and per-
verse' knowledge, while others produce an accurate understanding of social reality" (Hekman 2007: 537). Letztere seien solche Standorte, die gesellschaftlich

unterprivilegiert sind. Solche Standorte zum Ausgangspunkt der Forschung zu machen erhöhe die Objektivität der wissenschaftlichen Forschung. Starte man hingegen am oberen Ende der sozialen Hierarchie, bliebe vieles verborgen (Hesse-Biber/Leavy/Yaiser 2004: 16). Harding (2007: 55f.) verwendet in diesem Zusammenhang den Begriff der „strong objectivity" und grenzt ihr Verständnis von Objektivität von dem üblichen ab, welches Objektivität, sofern sie überhaupt als erreichbar erachtet wird, an eine neutrale Haltung der Forschenden bindet.

Die epistemologische Privilegierung unterprivilegierter und marginalisierter Standpunkte wird als notwendiges Korrektiv gegenüber der „normal science" gesehen. Dieser wird vorgehalten, sie betreibe, indem sie auf dem Prinzip der Neutralität bestehe, eine implizite Privilegierung anderer Standpunkte: derjenigen der Mächtigen und Herrschenden. Damit grenzen sich die Standpunkttheorien von einer relativistischen Position ab, derzufolge alle Standorte gleichermaßen bedeutsam für die Produktion von Wissen sind (Olesen 2005: 244). Des weiteren werden auch die als „konventionell" bezeichneten hermeneutischen und ethnographischen Verfahren (deren Erkenntnisinteresse üblicherweise eine unvoreingenommene Rekonstruktion von Perspektiven und Standorten ist) als unzureichend kritisiert: „The causes of the conditions of the lives of the oppressed cannot be detected by only observing those lives." (Harding 2007: 51) Vor dem Hintergrund des emanzipatorischen Impetus gilt Ideologiekritik als eine notwendige Voraussetzung für eine Forschung, die dem Anspruch der „strong objectivity" gerecht werden will.

Die Epistemologie der Standpunkttheorien hat innerhalb der Frauen- und Geschlechterforschung vielfältige, zum Teil auch heftige Kritik erfahren (s.u.). Allerdings halten auch Kritikerinnen fest, der Gewinn der Standpunkttheorien bestehe zum einen darin zu zeigen, dass die Annahme eines universalen, gleichsam geschlechtlosen Erkenntnissubjekts hinfällig ist, und zum anderen „in der Einsicht, dass viele Frauen im Alltag und auch in der Wissenschaft andere Erfahrungen machen als die meisten Männer" (Degele 2008: 122). Unabhängig davon, ob man der epistemologischen Privilegierung des weiblichen Geschlechts folgen mag oder nicht, ist zu konstatieren, dass die Standpunkttheorien die Bedeutung, die der Geschlechtszugehörigkeit als einer zentralen Dimension der Standortverbundenheit des Denkens zukommt, deutlich herausgestellt haben. Auch haben sie erfolgreich zur Problematisierung der Annahme beigetragen, die Forschenden stünden in einer Position der perfekten Distanz zu ihren Untersuchungsobjekten.

Die Standpunkttheorien enthalten allerdings einige problematische Annahmen; zum Teil werden diese auch in der internen Theoriediskussion kritisch reflektiert:

• Harding (1994: 143) nimmt an, die von Frauen gemachte Erfahrung der Unterdrückung verhindere eine Gleichgültigkeit gegenüber gesellschaftlichen Verhältnissen und Frauen widersetzten sich der Unterdrückung. Umgekehrt verhalte es sich bei den Männern. „The understandings available to the dominant group tend to support the legitimacy of its dominating position, whereas the understandings available to the dominated tend to deligitimate such domination." (Harding 2007: 50) Ein derart simples, nachgerade mechanisches Verständnis des Verhältnisses von Standort und Standpunkt lässt sich, insbesondere vor dem Hintergrund zahlreicher empirischer Studien der Geschlechterforschung, nicht aufrecht erhalten: Mag der erste, auf die dominante Gruppe bezogene Teil vielfach zutreffen, so wird der zweite der komplexen Realität von Unterordnung und Einverständnis nicht gerecht.[11] Dies zeigen z.B. Studien von Arlie Hochschild und Anne Machung (1993) oder von Cornelia Koppetsch und Günter Burkart (1999) zur Organisation der Arbeitsteilung im Haushalt. Obschon in den meisten Partnerschaften und Familien die Frauen den größten Teil der Hausarbeit erledigen, entwickeln sie in Übereinstimmung mit ihren Männern eine Sichtweise, welche die Arbeitsteilung als egalitär und gerecht erscheinen lässt. Hochschild und Machung sprechen in diesem Zusammenhang von „Familienmythen", Koppetsch und Burkart von „Konsensfiktionen", welche eine Einsicht in die tatsächliche Ungleichheit systematisch verhindern.

• In dem Maße, in dem die Frauen- und Geschlechterforschung die Vielfalt und Unterschiedlichkeit weiblicher Lebenslagen und Erfahrungszusammenhänge zum Untersuchungsgegenstand macht, wird es schwierig, von einer kollektiven Unterdrückung und einer daran sich knüpfenden kollektiven Identität von Frauen auszugehen (Lutz/Davis 2005). Eine weitere Herausforderung stellt die sog. Intersektionalitätsthese dar (vgl. Kap. 12). Damit ist gemeint, dass die Geschlechtszugehörigkeit nicht die einzige relevante Kategorie sozialer Positionierung und Ungleichheit ist, dass vielmehr weitere soziale Dimensionen, vor allem Klassen- und ethnische Zugehörigkeit, in ihren Überschneidungen (Intersektionen) mit Geschlecht berücksichtigt wer-

---

11 Eine theoretische Begründung hierfür bieten Bourdieus (1997a) Ausführungen zur symbolischen Gewalt oder das von Connell (1987, 1999) entwickelte Konzept der hegemonialen Männlichkeit (vgl. Kap. 2.4.2 u. 3.6).

den müssen. Dies schärft den Blick für komplexe, durch Benachteiligung und Privilegierung gleichermaßen gekennzeichnete Konfigurationen. Es ist dann nicht mehr möglich, Frauen generell als benachteiligt zu denken (Ernst 2003: 74). Eine Antwort der Standpunkttheorien auf diese Probleme ist die Annahme nicht eines, sondern mehrerer feministischer Standpunkte, bezogen auf unterschiedliche Erfahrungshintergründe (Brooks 2007: 78). Aber dies erzeugt Folgeprobleme: „If there are multiple feminist standpoints, is one more true than another? And more fundamentally, if all knowledge is perspectival, how can we claim that one perspective is more true than another, the basic claim of standpoint theory?" (Hekman 2007: 538) Ferner: Nicht nur die Verabschiedung der Vorstellung einer einheitlichen Kategorie Frau erzeugt Begründungsprobleme, auch die Weiterung des Fokus der Forschung auf männliche Lebenslagen und Erfahrungszusammenhänge trägt hierzu bei. Diese sind ebenfalls intern heterogen. Männliche Strafgefangene z.B. gehören gewiss nicht zu den sozial privilegierten und herrschenden Männern (Bereswill 2006, 2007a; Neuber 2008), gleichwohl würde die Standpunkttheorie deren Perspektive vermutlich nicht in dem Sinne als eine epistemologisch privilegierte verstehen, wie sie dies mit Bezug auf weibliche Lebenslagen tut.

• Wissenschaftshistorisch betrachtet mag die epistemologische Privilegierung eines bestimmten Standpunkts eine notwendige Strategie gewesen sein, um weibliche Lebenslagen und Erfahrungszusammenhänge auf die Agenda der wissenschaftlichen Forschung zu bringen und einen weit verbreiteten wissenschaftlichen Androzentrismus aufzubrechen.[12] Epistemologisch und methodologisch hingegen ist eine solche Privilegierung fragwürdig. Dass diejenigen, die in einer sozialen Beziehung in der untergeordneten Position sind, mehr über die Beziehung in ihrer komplexen Gesamtheit wissen als die in der überlegenen Position, ist eine Setzung, die wenig empirische Evidenz für sich hat. Will man wissen, wie soziale Schließungsprozesse funktionieren, die zur Folge haben, dass Frauen nicht in Führungspositionen gelangen, dann ist eine Rekonstruktion der Entscheidungslogik der zumeist männlichen Führungskräfte unabdingbar (Meuser 1989). Sie verschafft gleichermaßen Aufschluss wie eine Rekonstruktion der Ausschlusserfahrungen von Frauen.

---

12 Dieser äußerte sich z.B. darin, dass die jugendsoziologische Forschung ihre Ergebnisse überwiegend in Untersuchungen über Lebenswelten männlicher Jugendlicher gewonnen hatte, aber generalisierend von der Jugend sprach (Ostner 1986).

- In diskurstheoretischer Perspektive ist festzustellen, dass „Diskurse prinzipiell durch Praktiken des Ausschlusses organisiert" sind (Hark 2002: 362). Dies gilt für den feministischen nicht weniger als für andere Diskurse. Indem Diskurse festlegen, wer eine legitime Sprecherin bzw. ein legitimer Sprecher ist, entfalten sie eigenständige Machtwirkungen (Schwab-Trapp 2003). Mit einem diskurstheoretischen Feminismus lässt sich die epistemologische Privilegierung eines Standpunktes nicht mehr halten. Vielmehr befragt dieser auch die eigenen Diskurse „auf ihre konstitutiven Ausschlüsse hin" (Hark 2001b: 363).

Auch wenn die Weise, in der die Standpunkttheorien die Problematik der unaufhebbaren Standortverbundenheit des Denkens aufnehmen, nicht zu überzeugen vermag, bleibt die damit verbundene methodologische Herausforderung bestehen. Harding (2007: 53) bemerkt zu Recht, dass die Forschenden dazu tendieren, das, was sie erforschen, in dem konzeptionellen Rahmen zu interpretieren, der in ihrer Kultur und ihrer Disziplin anerkannt ist. Es ist das grundlegende Ausgangsproblem allen Verstehens, dass der Vergleichshorizont, vor dem Fremdes verstanden werden kann, zunächst die eigene, standortgebundene Erfahrung ist. Einen anderen Standort epistemologisch zu privilegieren, löst jedoch das Problem nicht, Verstehensprozesse vom eigenen Standort zu dezentrieren. Vielmehr muss es darum gehen, die Standortverbundenheit einer jeglichen Perspektive zu rekonstruieren. Dies lässt sich bewerkstelligen, indem man verschiedene Standorte zueinander analytisch ins Verhältnis setzt, ohne einen von ihnen epistemologisch zu privilegieren. Erst die Rekonstruktion möglichst aller Perspektiven in ihrer wechselseitigen Bezogenheit eröffnet ein umfassendes Gegenstandsverständnis, wie die methodologische Diskussion der rekonstruktiven Sozialforschung gezeigt hat (Bohnsack 2003).

5.1.2 Von der Frauen- zur Geschlechterforschung

Im Rückblick auf die wissenschaftshistorische Entwicklung begreift Nina Degele (2008: 124) die Standpunkttheorien als „vor allem politische Positionierungen". Dies lässt sich unbeschadet des hohen theoretischen Niveaus feststellen, auf dem die Standpunkttheorien argumentieren. Parteilichkeit und Betroffenheit seien politische, nicht aber wissenschaftliche Kategorien. Die Anbindung der wissenschaftlichen Forschung an die Interessen der politischen Praxis kritisiert sie als eine „vormoderne Entdifferenzierung von Wissenschaft und Politik" (ebd.). Diese Bewertungen geben recht gut den Wandel der Perspektiven wieder, wie er sich im Zuge der Professionalisierung der Frauenforschung und der Entwicklung hin zu Geschlechterforschung vollzogen hat. Zwar gibt die konsequente Kritik Degeles an den Prinzipien der Parteilichkeit und Betroffenheit durchaus nicht einen allgemeinen Konsens in der rezenten Geschlechterforschung wieder (Aulenbacher/Riegraf 2009b) – angesichts deren inzwischen starker Differenzierung wäre das Bemühen um einen Konsens zudem ein aussichtsloses Unterfangen –, doch sind es vor allem vier Entwicklungen, die zu einer mehr oder minder weit reichenden Problematisierung der methodologischen Positionen der Standpunkttheorien beigetragen haben, die freilich niemals unumstritten waren:

- die bereits erwähnte Absage an die Idee eines einheitlichen Subjekts Frau;
- die Absage an eine polarisierende Geschlechterkategorisierung, in der männliche ‚Täter‘ weiblichen ‚Opfern‘ gegenübergestellt wurden und die von der frühen Frauenforschung zur Organisation ihrer Themen sowie ihres Personals verwendet wurde: Forschung von Frauen über Frauen und für Frauen (Gildemeister 2004a: 29);
- die Entwicklung von Frauenforschung zu Geschlechterforschung und die damit verbundene Öffnung des Blicks auf die andere Seite des Geschlechterverhältnisses: die Männer;
- die konstruktivistische Wende der Geschlechterforschung, welche die Herstellung der Geschlechterdifferenz in das Zentrum der Betrachtung rückte (‚doing gender‘).

Erste kritische Diskussionen der Prinzipien der Parteilichkeit und Betroffenheit erfolgten bereits in den 1980er Jahren. Regina Becker-Schmidt (1985) begreift Parteilichkeit nicht als in der konkreten Forschungspraxis anzuwendendes methodisches Prinzip, sondern als im Hintergrund wirkendes erkenntnisleitendes Interesse. Vor allem seien Parteilichkeit und Betroffenheit nicht im Sinne einer vorbehaltlosen Identifikation mit den Untersuchungspersonen zu verstehen. Becker-Schmidt und Helga Bilden (1991: 28) beschreiben den Forschungsprozess als ein „Oszillieren" zwischen Identifikation mit den Frauen und objektivierender Distanz. Anet Bleich, Ulla Jansz und Selma Leydesdorff (1984: 31) machen auf die Gefahren eines reinen Identifikationsansatzes aufmerksam. Die konkreten Unterdrückungserfahrungen von Frauen als alleinigen Ausgangspunkt der Forschung zu nehmen beschränke „in einer unverantwortlichen Art und Weise" die wissenschaftlichen Erkenntnismöglichkeiten. Monika Wohlrab-Sahr (1993) begreift es als eine entscheidende Schwachstelle des identifikatorischen Ansatzes, dass er keinen Zugang zu latenten Sinngehalten eröffnet, die dem diskursiven Bewusstsein der Erforschten nicht präsent sind, aber umso stärker deren Lebenspraxis bestimmen.[13] Eine Frauenforschung, die diese Sinnschicht nicht erfasst, weil sie sich vorrangig um eine zwischen Forscherin und Erforschten geteilte Sicht der Dinge bemüht, beschränke sich selbst in ihren Erkenntnismöglichkeiten. Die Grenzen des identifikatorischen Ansatzes werden nachgerade augenfällig, wenn männliche Lebenslagen und Erfahrungszusammenhänge zum Gegenstand der Forschung werden. Eine parteiliche Identifikation mit den Untersuchungspersonen ist hier gewiss nicht im Interesse einer emanzipatorische Interessen verfolgenden Forschung. Männliche Lebenswelten aus einer, in diesem Fall nur noch höchst abstrakt einzunehmenden, Haltung der Parteilichkeit mit Frauen zu rekonstruieren verschlösse hingegen den verstehenden Zugang zu diesen Lebenswelten.

Auch eine enge Anbindung der Frauenforschung an die Ziele und Interessen der Frauenbewegung war bereits in den 1980er Jahren Gegenstand von Kritik. Ergebnisse der Frauenforschung müssten auch enttäuschend sein können für die Frauenbewegung (Bleich/Jansz/Leydesdorff 1984: 27). Eine Entdifferenzierung von Wissenschaft und Politik gefährdete die Autonomie der Forschung. „An die Stelle der Richtigkeitskontrolle durch die fachwissenschaftliche öffentliche Diskussion träte die politische Kontrolle, Kontrolle durch Gesinnung und Macht." (Pross 1984: 200). Hingegen eröffnet die Anerkennung der konstitutiven Differenz von Wissenschaft und Praxis, derzufolge sich politische Fragen nicht unmittelbar in wissenschaftliche Problemstellungen überführen lassen, Einsichten in subtile Mechanismen der alltäglichen Reproduktion von Ungleichheits- und Machtverhältnissen, die einem Identifikationsansatz nicht zugänglich sind.[14]

Seit den 1990er Jahren gibt es, so Brigitte Aulenbacher (2008: 12), einen „partiellen Bruch mit der feministischen Wissenschaftsgeschichte der Geschlechterforschung". Im Zuge ihrer erfolgreichen Professionalisierung und Akademisierung ist sie „zu einem Teil der normal science geworden" (Holland-Cunz 2003b: 46). Die damit zwangsläufig verbundenen „Disziplinierungsprozesse" (Aulenbacher 2008: 11) werden, je nach wissenschaftspolitischer Perspektive, als Verlust an kritischem Potential oder als Gewinn an wissenschaftlicher Qualität gesehen.

---

13 Die oben erwähnten „Familienmythen" und „Konsensfiktionen" sind ein gutes Beispiel dafür, wie latente Sinngehalte von den Subjekten unbemerkt ihr Handeln bestimmen.
14 Empirische Beispiele hierfür finden sich in Behnke/Meuser 1999: 36ff.

5.1.3   Von Parteilichkeit zu methodisch erzeugter Fremdheit. Methodologische Konsequenzen der konstruktivistischen Wende in der Geschlechterforschung

Eine entscheidende Wende in der methodologischen Diskussion erfolgte im Zuge der erfolgreichen Etablierung der konstruktivistischen Geschlechterforschung (vgl. Kap. 4). Geschlecht wird hier nicht als ein unveränderliches Merkmal von Personen begriffen, auf das sich die Forschung als Ressource fraglos beziehen kann, sondern als Produkt vielfältiger und wiederholter Konstruktionsprozesse. Das Spektrum konstruktivistischer Ansätze reicht von der Ethnomethodologie (West/Zimmerman 1987) über den diskurstheoretischen Dekonstruktivismus (Butler 1991) bis zur Systemtheorie Luhmannscher Prägung (Pasero 1994). Hier soll nur der ethnomethodologische Ansatz, der die größte Resonanz in der soziologischen Geschlechterforschung gefunden hat, kurz skizziert werden. Dessen Leitfrage lautet: „How is a social reality where there are two, and only two, genders constructed?" (Kessler/McKenna 1978: 3) Damit wird eine grundlegende Perspektive des Konstruktivismus auf Geschlecht angewendet. Konstruktivistische Analysen stellen keine Was-Fragen (Was unterscheidet Männer von Frauen?), sondern Wie-Fragen (Wie wird die Unterscheidung von Männern und Frauen erzeugt?) (Hirschauer 2003: 103).[15] Geschlecht wird als eine in sozialer Interaktion immer wieder aufs Neue herzustellende Leistung konzipiert, an der alle Interaktionspartner beteiligt sind. Im Begriff des „doing gender" (West/Zimmerman 1987) ist ausgedrückt, dass man ein Geschlecht nicht einfach hat, sondern dass man es ‚tun' muss, um es – für sich und für die anderen – zu haben.

Die konstruktivistische Perspektive bricht radikal mit dem Alltagsverständnis von Geschlecht. Eine „Positivierung der Differenz" (Gildemeister/Wetterer 1992: 203), wie sie die Standpunkttheorien betreiben, ist mit dieser Perspektive nicht vereinbar, ein Anschluss an die alltagsweltlichen Selbstdeutungen von Frauen und Männern nicht möglich. Die Konstitution des Untersuchungsgegenstandes erfolgt konsequent im Rahmen eines wissenschaftlichen Begründungszusammenhangs. Innerhalb der Frauen- und Geschlechterforschung vollzieht die konstruktivistische Perspektive einen epistemologischen Bruch. Regine Gildemeister und Angelika Wetterer, die maßgeblich daran beteiligt waren, den konstruktivistischen Ansatz in der deutschsprachigen Geschlechterforschung hei-

---

15   Stefan Hirschauer (2003: 103; Herv. i.O.) bezeichnet diese analytische Perspektive als „*Auflösungseffekt*": Kompakte Entitäten, denen ein Wesen und eine Substanz zugeschrieben wird, erscheinen nun als Hypostasierungen eines Beobachters."

misch zu machen, kritisieren, die Frauenforschung sei nicht minder als die theoretischen Ansätze, von denen sie sich abgrenze, in der „Tradition des Denkens in zweigeschlechtlich strukturierten Deutungsmustern" (ebd.) gefangen. Selbst kritisch intendierte feministische Analysen trügen so zu einer „bloßen Verdoppelung der ‚natürlichen‘ Zweigeschlechtlichkeit" bei (ebd.: 214). Ihr eigenes Forschungsprogramm setzen sie gegen „alle Versuche der Aufwertung ‚des‘ Weiblichen" (ebd.: 248), wie sie u.a. von feministischen Standpunkttheorien betrieben würden. Eine methodologische Konsequenz ist, dass eine „Bezugnahme auf eine real definierbare Personengruppe ‚Frauen‘" (Hagemann-White 1993: 71) kaum noch möglich ist.

Die konstruktivistische Perspektive benennt als ein zentrales methodologisches Problem der Geschlechterforschung das der Reifizierung (Degele 2008: 133ff.). Damit ist folgendes gemeint. Wenn wir Geschlechterforschung betreiben, setzen wir etwas voraus, das durch die Forschung eigentlich erst herauszuarbeiten ist: dass Geschlecht ein zentrales Ordnungsmerkmal von Gesellschaft ist, dass die Bewohner der sozialen Welt in Frauen und Männer zu unterscheiden sind, dass deren Handeln in geschlechtstypischen Mustern verläuft. Mit anderen Worten: In dem Bemühen zu analysieren, wie Geschlechter gemacht werden, gehen wir davon aus, dass sie existieren und dass wir sie problemlos identifizieren können. Auch in der Forschung können wir, wenn wir Leute befragen oder beobachten, nicht umhin, zunächst einmal in der Manier des Alltagsverstandes zu klassifizieren: Diese Person ist ein Mann, jene eine Frau. Die Ethnomethodologie fragt einerseits, woher wir wissen, dass eine bestimmte Person eine Frau oder ein Mann ist, und muss andererseits die Gültigkeit dieses Wissens voraussetzen, um überhaupt Personen zur Verfügung zu haben, angesichts derer eine solche Frage gestellt werden kann.

Obwohl dieses Dilemma nicht auflösbar ist, lassen sich in der Forschung Vorkehrungen treffen, um nicht blind in die Reifizierungsfalle zu tappen. Entscheidend hierfür ist eine analytische Perspektive, die nicht jedes Handeln automatisch als doing gender betrachtet. Nur weil Frauen und Männer bestimmte Dinge tun, handeln sie nicht zwangsläufig als Frauen bzw. als Männer. Die von der frühen ethnomethodologischen Geschlechterforschung vertretene Annahme einer Omnirelevanz von Geschlecht ist mit dem Konzept des „undoing gender" (Hirschauer 1994) korrigiert worden. Damit ist es eine empirisch offene Frage, ob das Handeln in einer bestimmten sozialen Situation als doing gender zu sehen ist oder nicht. Der empirischen Forschung wird die Möglichkeit eröffnet, „Relevanzsetzung *und* Neutralisierung" (Gildemeister 2004a: 32; Herv. i.O.) von Geschlecht gleichermaßen zu untersuchen. Ob die Geschlechtszugehörigkeit oder eine andere soziale Zugehörigkeit das Handeln strukturiert, lässt sich nur auf der Basis einer gründlichen empirischen Rekonstruktion der jeweiligen Handlungssituation entscheiden. In jüngerer Zeit sind Praktiken der Relevanzsetzung und Neutralisierung von Geschlecht u.a. in Studien zur Interaktion in der Schule untersucht worden. Zwar ist Geschlecht ein zentrales Strukturierungsprinzip der Interaktionsordnung in Schulklassen (in bestimmten Altersphasen bestehen Mädchen und Jungen beispielsweise darauf, neben Angehörigen des eigenen Geschlechts zu sitzen), doch gibt es regelmäßig Situationen, in denen die soziale Differenzierung nach SchülerInnen und LehrerInnen sowie die Gemeinsamkeit des SchülerInnenseins die Bedeutung der Geschlechterdifferenz in den Hintergrund drängt, etwa wenn bei Klassenarbeiten die Geschlechterdifferenz einer temporären Kooperation von Jungen und Mädchen (in Gestalt des Abschreibens) nicht entgegensteht (Budde 2005: 152ff.; Faulstich-Wieland/Weber/Willems 2004: 181ff.). Nur wenn man das Wechselspiel von doing und undoing gender in den Blick nimmt, lässt sich rekonstruieren, wo, in welchen Formen und mit welchen Konsequenzen eine Konstruktion von Geschlecht erfolgt.

Eine weitere methodologische Vorkehrung besteht darin, die „Perspektive künstlicher Fremdheit" (Gildemeister 2004a: 33) einzunehmen. Fremdheit wird zu einer methodisch erzeugten Haltung. Sie folgt dem Motto, dass das Unbekannte gleichsam vor der eigenen Haustür beginnt, und behandelt auch das, was (zunächst) als selbstverständlich und allzu vertraut erscheint, wie etwas Fremdes. Fremdheit als methodologisches Prinzip bedeutet, sich von der „Illusion des unmittelbaren Verstehens" (Bourdieu/Wacquant 1996: 280) zu befreien. Die Gefahr, dieser Illusion zu erliegen, ist insbesondere dann gegeben, wenn Forschende und Erforschte sich als in welcher Hinsicht auch immer gleich oder ähnlich erfahren – z.B. weil sie die gleiche Geschlechtszugehörigkeit haben. Gegenüber der eigenen Kultur eine Haltung der Fremdheit einzunehmen ist ein fundamentales Prinzip der qualitativen Sozialforschung (Hirschauer/Amann 1997; Hitzler 1986; Przyborski/Wohlrab-Sahr 2008: 28ff.). In einer kritischen Auseinandersetzung mit dem methodologischen Selbstverständnis der Frauenforschung fordert Wohlrab-Sahr (1993) eine konsequente Orientierung an diesem Prinzip. Es sei insbesondere dort zu betonen, „wo uns die Probandinnen vermeintlich nahe sind" (ebd.: 137). Wenn es darum geht, Prozesse der Konstruktion von Geschlecht zu untersuchen, führt an dem Prinzip der Fremdheit kein Weg vorbei. „Nur mit einer ständig kontrollierten künstlich hergestellten Fremdheit kann im Umgang mit dem empirischen Material das Problem der Vorabeinspeisung von Differenzannahmen bearbeitbar gehalten werden" (Gildemeister 2004a: 33).

Eine, freilich nur begrenzt realisierbare, Methode, das Prinzip der Fremdheit praktisch umzusetzen, besteht darin, vor der Auswertung von Daten jeglichen Hinweis auf das Geschlecht der Untersuchungspersonen zu tilgen. So kann man in Transkripten von Interviews und Gruppendiskussionen die Sprechenden geschlechtsneutral markieren, also darauf verzichten, das jeweilige Geschlecht anzugeben. Auf diese Weise beugt man der nahe liegenden Neigung vor, eine Äußerung nur deshalb als ‚typisch männlich' zu begreifen, weil man weiß, dass sie von einem Mann stammt. Angesichts des Umstands, dass wir in alltäglichen Interaktionen ständig Personen geschlechtlich klassifizieren und wir gewöhnlich sehr verunsichert sind, wenn wir nicht wissen, ob wir es mit einer Frau oder einem Mann zu tun haben, erzeugt die Maskierung des Geschlechts Befremden. Die Praktikabilität dieses Verfahrens ist allerdings begrenzt. Es funktioniert nur dann, wenn die Interpretierenden das Material nicht kennen. Wenn diejenigen, die die Interviews geführt haben, selbst die Auswertung vornehmen – und das ist der Regelfall –, läuft eine Maskierung des Geschlechts ins Leere. In der Regel erinnert man sich beim Lesen des Transkripts an die interviewte Person – und deren Geschlecht. Auf ein anderes Problem dieses Verfahrens weist Degele (2008: 136f.) hin. Auch wenn die Interpretierenden das Geschlecht der Untersuchungspersonen nicht kennen, sind sie dennoch bestrebt, deren Äußerungen auf der Folie der Kategorien weiblich/männlich zu interpretieren. Die „Reifizierungsfalle" schnappt also auch hier zu.

Die Haltung einer künstlichen Fremdheit einzunehmen kann nur gelingen, wenn die Differenz von Wissenschaft und Lebenspraxis beachtet wird (Gildemeister 2000b: 221). In dieser Hinsicht unterscheidet sich die konstruktivistische Geschlechterforschung deutlich von feministischen Standpunkttheorien. Sie steht damit in der Tradition der Ethnomethodologie. Diese befasst sich mit Problemen, „die vom Standpunkt dessen, der etwas in der Welt *tun* will, keine Probleme sind" (Wieder/Zimmerman 1976: 124; Herv. i.O.). Analysen zum doing gender sind nicht ohne weiteres politisch anschlussfähig. Wenn die Geschlechterdifferenz nicht mehr die (unbefragte) Ressource der Forschung ist, wenn hingegen gefragt wird, wie sie hergestellt und – situativ unterschiedlich – bedeutsam gemacht wird (oder auch nicht), entgleitet der politischen Aktion der sichere Boden kollektiver Identitäten und Interessen. Konstruktivistische Geschlechterforschung sieht es nicht als ihre Aufgabe, einen unmittelbaren Anwendungsbezug der Forschung herzustellen.

5.1.4   Zwischenfazit: Auf dem Weg zur ‚normal science‘

Die konstruktivistische Geschlechterforschung wird man als entscheidenden Schritt im Prozess einer fortschreitenden Akademisierung und Professionalisierung der Frauenforschung begreifen dürfen. Im Zuge der Weiterentwicklung zur Geschlechterforschung hat sie sich von der ursprünglichen Nähe zur Frauenbewegung gelöst und Eingang in die ‚normal science‘, den akademischen Mainstream gefunden. Geschlechterforschung und Feminismus sind nicht mehr selbstverständlich aneinander gekoppelt (Holland-Cunz 2003b: 46f.). Zwar ist die Geschlechterforschung noch nicht im Zentrum der ‚normal science‘ angekommen, aber dieses Schicksal teilt sie mit anderen Forschungsgebieten. Die Hinwendung zur ‚normal science‘ zeigt sich auch in der hier nur grob skizzierten Entwicklung der methodologischen Diskussion. Ein Kennzeichen dieser Hinwendung ist, dass in der gegenwärtigen Geschlechterforschung unterschiedliche Theorieansätze und Methodologien koexistieren und miteinander konkurrieren (Buchen 2004: 13). Allerdings ist es aufschlussreich, dass etwas, was üblicherweise ein nicht weiter kommentiertes Kennzeichen sozialwissenschaftlicher Forschung ist, als einer besonderen Erwähnung notwendig betrachtet wird. Darin dokumentiert sich, dass der Umstand, Teil der ‚nomal science‘ geworden zu sein, ein gewisses Erstaunen erzeugt.

5.2   Qualitative oder quantitative Verfahren?

Die epistemologischen und methodologischen Diskussionen über Voraussetzungen und Zielsetzungen von Frauen- und Geschlechterforschung sind zu unterscheiden von der Frage, ob es spezifische Methoden der Geschlechterforschung gibt, d.h. Verfahren der Erhebung und Auswertung von Daten, die für die Geschlechterforschung besonders geeignet sind. Eine Diskussion über die Notwendigkeit und Möglichkeit originär feministischer Methoden wurde vor allem zu Beginn der Frauenforschung geführt. Besonders ausgeprägt ist die Diskussion über die Besonderheiten des ‚feministischen Interviews‘, die im angelsächsischen Sprachraum bis heute anhält (DeVault 1990; DeVault/Gross 2007; Doucet/Mauthner 2008; Oakley 1981).

In der deutschsprachigen Geschlechterforschung gibt es hingegen einen nahezu ungeteilten Konsens, dass es keine spezifischen Methoden der Geschlechterforschung gibt (Degele 2008: 125). Wohl aber zeigt sich eine in der sozial-wissenschaftlichen Forschung ansonsten nicht anzutreffende starke Präferenz für qualitative Verfahren (Baur 2009: 120; Müller 1994: 32). Die Kritik, welche die frühe Frauenforschung am wissenschaftlichen Mainstream übte, war auch eine Kritik der gängigen Methoden. Dadurch gerieten die quantitativen Verfahren, welche die Praxis der empirischen Sozialforschung dominieren, ins Visier (Hekman 2007: 540). Qualitative Methoden wurden hingegen als „quintessentially feminist" begriffen und das qualitative Interview als die paradigmatische feministische Methode (Doucet/Mauthner 2008: 328f.).[16] Den qualitativen Verfahren wurde ein emanzipatorisches Potential zugeschrieben (Behnke/Meuser 1999: 14):

- Sie eigneten sich, die bislang nicht erforschten Lebenszusammenhänge der Frauen, insbesondere deren Perspektiven zu erfassen.
- Sie ermöglichten einen Zugang zu den Widersprüchlichkeiten im Leben von Frauen.
- Sie machten die Untersuchungspersonen nicht zu Objekten der Forschung, sondern nähmen sie als „Subjekte mit eigenen Relevanzstrukturen" ernst (Müller 1984b: 33f.).
- Sie erlaubten ein wechselseitiges Lernen von Forscherinnen und Erforschten.

Qualitative Verfahren erschienen gerade jenen als besonders geeignet, die für eine Einheit von Forschenden und Erforschten plädieren. Die bei einem Leitfadeninterview im Vergleich zu einer standardisierten Befragung gegebene größere Offenheit der Kommunikation lässt dieses Erhebungsverfahren als tauglicher erscheinen, die Forschungssituation nicht als Herrschaftsbeziehung zu konstituieren. Ebenfalls mag die Gestaltungsfreiheit, welche die erzählende Person im narrativen Interview hat, in dieser Weise gesehen werden. Becker-Schmidt und Bilden (1991: 27) haben allerdings zu Recht darauf aufmerksam gemacht, dass die im Forschungsprozess strukturell angelegte Subjekt-Objekt-Relation sich nur geringfügig verändern lässt.

Der verbreiteten Skepsis gegenüber quantitativen Verfahren lag die Annahme zugrunde, sie könnten die Erfahrungen von Frauen nur verzerrt wiedergeben. Dies habe die Konsequenz, dass die Stimmen der Frauen nicht öffentlich wahr-

---

16 Dass die qualitativen Verfahren, obschon sie marginalisiert waren, auch im Rahmen der ‚normal science' entstanden sind, wurde eigentümlicherweise nicht problematisiert. Auch die empirische Sozialforschung der Chicagoer Soziologie, in deren Tradition die qualitative Sozialforschung u.a. steht, war eine ‚männliche Wissenschaft'.

genommen werden. Harding (1986: 105) ging so weit, in der „unpersönlichen" Begrifflichkeit quantitativer Designs und der Variablenanalyse eine maskuline Tendenz zu sehen. Zwischen Forschenden und Erforschten werde ein Herrschaftsverhältnis hergestellt. Die Folgen wurden mitunter recht drastisch beschrieben: „,Objektive Wissenschaft' will Gewißheit, will Eindeutigkeit und Quantifizierbarkeit der Realität, sei es auch um den Preis der Zerstückelung, der Atomisierung, bis hin zur Zerstörung ihres Forschungsgegenstands." (Brück u.a. 1992: 21)

Freilich war die Präferenz für qualitative Verfahren nicht ungeteilt. Eine einseitige Festlegung auf diese Verfahren grenze das Spektrum der Untersuchungsgegenstände ein (Müller 1984b: 36), die sozialen Strukturen der Geschlechterverhältnisse ließen sich nicht allein mit qualitativen Verfahren erfassen (Ostner 1987: 112). Gabriele Sturm (1994: 93) macht auf die wissenschaftspolitische Konsequenz der methodischen Einseitigkeit aufmerksam: Die Frauenforschung betriebe eine Strategie der Selbstausgrenzung aus den Institutionen der Wissenschaft. Dass qualitative wie quantitative Verfahren gleichermaßen zum Methodenrepertoire der Geschlechterforschung gehören, wird inzwischen nicht mehr bestritten (Baur 2009). Neuere Methodenhandbücher der Geschlechterforschung enthalten Artikel zur Frage, wie sich das Verfahren der standardisierten Befragung im Rahmen feministischer Forschung einsetzen lässt (Miner-Rubino/Jayaratne/Konik 2007). Allerdings überwiegen in diesen Handbüchern und in einschlägigen Sammelbänden die Artikel zu qualitativen Verfahren (Buchen/Helfferich/Maier 2004; Hesse-Biber 2007a; Hesse-Biber/Yaiser 2004).

Einem Teil der Erwartungen an die qualitativen Verfahren liegt ein falsches, oftmals idealisierendes Verständnis dieser Verfahren zugrunde. Dies gilt insbesondere für die identitätslogische Begründung der Präferenz für qualitative Verfahren, nicht aber für die konstruktivistische Geschlechterforschung. Wohlrab-Sahr (1993: 131) moniert, die Methodendiskussion der Frauenforschung „bliebe hinter der methodischen Reflexion im Bereich der qualitativen Sozialforschung weit zurück". Qualitativer Forschung geht es, entgegen einem gängigen Missverständnis, nicht nur darum, die Perspektiven der Untersuchungspersonen, deren subjektiv gemeinten Sinn, zu erfassen. Verfahren wie die Erzählanalyse, die dokumentarische Methode der Interpretation, die objektive Hermeneutik intendieren darüber hinaus, die dem diskursiven Bewusstsein der Erforschten nicht präsenten latenten Sinngehalte und impliziten Wissensbestände zu rekonstruieren (Meuser 2003a). Diese geben in qualitativen Interviews oder in Gruppendiskussionen mehr von sich preis, als ihnen selbst bewusst ist. Dieses implizite Wissen zu erfassen ist die spezifische Stärke qualitativer Verfahren. Den Untersuchungspersonen sollen „die eigenen Relevanzsetzungen entlockt werden, die dann – als verobjektivierter Text – Gegenstand der Interpretation werden" (Wohlrab-Sahr 1993: 131). Auf diese Weise kann rekonstruiert werden, mittels welcher Praktiken und auf der Basis welcher Wissensbestände die (ungleichen) Geschlechterverhältnisse (re-)produziert werden (Meuser 2007a: 221).[17]

Die Protagonistinnen einer spezifischen feministischen Form des Interviews begründen dessen Notwendigkeit u.a. damit, dass dieses Verfahren sich eigne, verborgenes Wissen zu Tage zu fördern. „Feminists are particularly concerned with getting at experiences that are often hidden. In-depth interviewing allows the feminist researcher to access the voices of those who are marginalized in a society" (Hesse-Biber 2007b: 118). Diesem Verständnis zufolge ist das verborgene Wissen deshalb verborgen, weil es ein Wissen von Marginalisierten ist, die sich gesellschaftlich nicht Gehör verschaffen können. Es ist aber ein Wissen, das durchaus im Modus des diskursiven Bewusstseins verfügbar ist. Dagegen ist der Ansatz der qualitativen Sozialforschung weitreichender: auf explizites und implizites Wissen orientiert. Das Interesse richtet sich ferner auch auf das implizite Wissen derjenigen, die sich gesellschaftlich Gehör zu verschaffen vermögen. Auch dies ist notwendig, um die Funktionsmechanismen von Macht und Herrschaft zu entschlüsseln.

Qualitative Verfahren ‚verobjektivieren' die Untersuchungspersonen nicht weniger als quantitative. In gewisser Hinsicht tun sie es sogar in stärkerem Maße. In einer standardisierten Befragung, in der man zwischen vorgegebenen Antwortkategorien wählen muss, haben die Untersuchungspersonen eine größere autonome Kontrolle über das, was sie von sich preisgeben, als in einem narrativen Interview, in dem sie in die Zugzwänge des Erzählens verstrickt werden und oft Dinge erzählen, die zu erzählen sie ursprünglich nicht beabsichtigt hatten. In standardisierten Befragungen sind die Befragten nicht „gezwungen" […] sich, salopp gesprochen, einer ‚inquisitorischen Empathie' auszuliefern, sich im Forschungsprozess zu ‚öffnen', ohne Einfluß darauf nehmen zu können, was mit der entäußerten Intimität geschieht" (Walter 1999: 102).

Die Präferenz der sozialkonstruktivistischen Geschlechterforschung für qualitative Verfahren ergibt sich aus deren überwiegend mikrosoziologischem Erkenntnisinteresse, die Prozesse elementarer sozialer Interaktion, in denen Geschlechter ‚gemacht' werden, zu rekonstruieren. Vor diesem Hintergrund werden vor allem ethnographische (z.B. Breidenstein/Kelle 1998), konversationsanalytische (z.B. Baron/Kotthoff 2001) und narrationsanalytische Verfahren (z.B. Dau-

---

17 Für empirische Beispiele vgl. Behnke/Meuser 1999: 36ff.

sien 1996) eingesetzt. Deren Verwendung wird nicht mit Rekurs auf eine spezifische Methodologie der Geschlechterforschung begründet, sondern erfolgt im Rahmen der allgemeinen Methodologie qualitativer Sozialforschung. Das spezifische Potential dieser Verfahren, einen Zugang zu latenten Wissensbestände und den Subjekten nicht bewussten Mechanismen des doing gender zu eröffnen, wird gezielt genutzt.

5.3   Impulse aus der Geschlechterforschung für die Methodendiskussion und –entwicklung der empirischen Sozialforschung

Die methodologische Diskussion der Frauenforschung entwickelte sich zu einer Zeit, in der die fraglose Vorrangstellung des quantitativen Paradigmas in der empirischen Sozialforschung aufzubrechen begann. Anfang bis Mitte der 1970er Jahre begann der Prozess einer methodologischen Differenzierung und institutionellen Etablierung der qualitativen Sozialforschung. Die Frauen- und Geschlechterforschung hat einen entscheidenden Anteil hieran. Uwe Flick (2005: 32) unterscheidet acht „schools of qualitative research"; eine davon sind die „gender studies". Von der Frauen- und Geschlechterforschung gingen und gehen Impulse für die methodologische Diskussion der empirischen Sozialforschung, die Entwicklung von Forschungsbereichen und die Entwicklung einzelner Verfahren aus.

   In methodologischer Perspektive sind vor allem drei Dimensionen zu betonen. Die bereits erwähnte Einsicht, dass die Forschenden nicht in einem Verhältnis perfekter Distanz zu ihren Untersuchungsobjekten stehen, hat den Blick dafür geschärft, dass Forschende und Erforschte in einer Situation agieren, die sie gemeinsam interaktiv erzeugen (Hekman 2007: 539). Auch wenn die Forschungskommunikation strukturbedingt asymmetrisch ist (Walter 1999: 102f.), sind die Erforschten nicht ohne Einfluss auf deren Fortgang. Die Geschlechterforschung hat insbesondere die Bedeutung herausgestellt, die dem Geschlecht der Beteiligten in diesem Zusammenhang zukommt. Dies betrifft z.B. die Frage, in welcher Weise die wechselseitige Wahrnehmung des Geschlechts der/des Anderen und die Zuschreibung geschlechtstypischer Eigenschaften das Gelingen und den Verlauf der Forschungskommunikation beeinflussen. Analysen aufgezeichneter Forschungskommunikation zeigen, wie auch hier Konstruktionen von Geschlecht stattfinden (Behnke/Meuser 1999: 77ff.).

Damit ist bereits eine weitere Dimension angesprochen: die Notwendigkeit, sich nicht nur auf die gegenstandsbezogenen Ergebnisse der Forschung zu konzentrieren, sondern auch zu reflektieren, wie sie zustande gekommen sind. Dieses als Reflexität bezeichnete Prinzip ist wie kein anderes Prinzip der Frauen- und Geschlechterforschung auch außerhalb dieser bedeutsam geworden. Die meisten SozialforscherInnen sind sich inzwischen des Einflusses bewusst, den der eigene standortbedingte Hintergrund und die eigenen Deutungsmuster auf die Durchführung der Forschung und die Interpretation der Daten haben (De-Vault/Gross 2007: 182). Dies trifft in besonderem Maße auf konstruktivistische Forschungsansätze zu. An der „Selbsteinschließung der Beobachter [führt] kein Weg vorbei" (Hirschauer 2003: 103).

In der empirischen Sozialforschung wird zwischen einem Entdeckungs-, einem Begründungs- und einem Verwertungszusammenhang unterschieden. Dem quantitativen Paradigma gilt nur der Begründungszusammenhang, der Prozess der empirischen Überprüfung von Theorien und Hypothesen, als methodisch kontrollierbar, nicht aber der vorgelagerte Prozess der Entdeckung und Entwicklung von Theorien. Harding (2007: 48f.) sieht darin ein Einfallstor nicht reflektierter Werte in die Forschung. Sie betont zu Recht, dass der Entdeckungszusammenhang methodisierbar ist. Den Standpunkttheorien hierfür gleichsam ein Alleinstellungsmerkmal zuzuschreiben (Harding 2007: 54) ist jedoch falsch. Den Entdeckungszusammenhang zu methodisieren ist ein zentrales Merkmal qualitativ-rekonstruktiver Forschung. Die von Barney Glaser und Anselm Strauss (1967) vorgelegte programmatische Arbeit „Discovery of Grounded Theory" hat hierzu bereits vor der feministischen Methodologiediskussion den Anstoß gegeben.

Bedingt durch die Priorisierung qualitativer Verfahren gehen von der Geschlechterforschung Impulse für die Entwicklung einzelner Forschungsbereiche und -methoden insbesondere in diesem Segment der empirischen Sozialforschung aus. Hervorzuheben sind in diesem Zusammenhang die Biographieforschung, die Konversationsanalyse und die Diskursanalyse.

Die Biographieforschung hat in der Frauen- und Geschlechterforschung von deren Beginn an eine wichtige Rolle gespielt. Sie erschien zunächst als ein Weg, den Alltagserfahrungen von Frauen wissenschaftlich Gehör zu verschaffen (Dausien 2009: 157). Viele Frauenforscherinnen sahen die Biographieforschung nachgerade als „Königinnenweg" einer „weiblichen Wissenschaft" (Dausien 1994). Bettina Dausien hält diesen Anspruch nicht für gerechtfertigt. Gleichwohl schreibt sie der Biographieforschung einen hohen Stellenwert zu, da sie „methodologisch und theoretisch den Zugang zum Problem der Subjektivität eröffnet" (ebd.: 152). Anhand biographischer Erzählungen lässt sich erfassen, wie jemand „eine *besondere* Frau, ein *besonderer* Mann *geworden* ist (Dausien 2009: 171; Herv. i.O.) und welche Bedeutung der Geschlechtszugehörigkeit hierbei zukommt. Untersuchungsgegenstand ist die Verschränkung von individueller Biographie und sozialem Geschlecht. Umgekehrt lässt sich zeigen, dass Biographie eine zentrale Dimension der Konstruktion von Geschlecht ist. Geschlecht wird nicht nur interaktiv, sondern immer auch biographisch konstruiert. Was für Geschlecht gilt, trifft auch auf andere Dimensionen des Sozialen zu. Biographieforschung ist ein Weg, „die Bedingungen, Wirkungsweisen und ‚Logiken' sozialer Konstruktionsprozesse zu *rekonstruieren*" (Dausien 2009: 161; Herv. i.O.).

Aus den Forschungen zu weiblichen Biographien kann die Biographieforschung lernen, dass die Annahme einer Linearität biographischer Erzählungen sehr stark am Modell der männlichen ‚Normalbiographie' orientiert ist. In dieser wird der Lebenslauf durch die Kontinuität des sog. Normalarbeitsverhältnisses bestimmt. Indem biographische Erzählungen von Männern typischerweise auf den Beruf zentriert sind, werden die Erzählungen durch dessen Strukturen bestimmt. Biographien von Frauen lassen sich nicht wie die von Männern allein von der Berufsbiographie her begreifen. In ihnen sind Familien- und Erwerbsarbeit ineinander verwoben, und sie sind typischerweise durch mehr oder minder ausgeprägte Diskontinuitäten gekennzeichnet (Dausien 1996: 57ff.). Frauen haben nicht nur ein anderes Leben als Männer, sie erzählen ihr Leben offensichtlich auch auf eine andere Weise. Becker-Schmidt (1994: 174) zufolge hat dies methodische Konsequenzen. „Leitfadenkonstruktionen für Interviews müssen so gestaltet sein, daß sie Lebensläufe nicht fälschlich linearisieren, indem sie zu chronologischem Erzählen verleiten." Die geschlechtersoziologische Biographieforschung hat wesentlich dazu beigetragen, die Annahme einer Linearität von Biographien und biographischen Erzählungen in Frage zu stellen.[18] Dies betrifft nicht nur weibliche Biographien. In dem Maße, in dem, nicht zuletzt bedingt durch strukturelle Veränderungen im Feld der Erwerbsarbeit, Tendenzen zu einer De-Institutionalisierung des Lebenslaufs zunehmen, erweist sich die Annahme einer Linearität von Biographien generell als eine Illusion.

Die ethnomethodologische Forschung stützt sich vor allem auf zwei Verfahren: Ethnographie und Konversationsanalyse (Meuser 2003b). Dies trifft auch auf die Forschung zur interaktiven Konstruktion von Geschlecht zu. In der Ge-

---

18   Bourdieu (1998a) spricht in diesem Zusammenhang von einer „biographischen Illusion".

schlechterforschung gibt es eine Vielzahl von konversationsanalytischen Studien. Statt davon auszugehen, dass die Geschlechterdifferenz für die Strukturierung sozialer Interaktion per se bedeutsam ist, gehen sie der Frage nach, wie Geschlecht in kommunikativen Praktiken, in der wechselseitigen Bezugnahmen der Kommunizierenden aufeinander, relevant gesetzt wird (Kotthoff 2003; Stokoe/Weatherhall 2002). Dabei stehen weniger die Inhalte als die formalen Strukturen des Gesprächs im Vordergrund. Die konversationsanalytische Geschlechterforschung hat erheblich zu einem vertieften Verständnis der Bedeutung kommunikativer Stile für die Durchsetzung von Macht in sozialen Interaktionen beigetragen (Kotthoff 1993).

In der jüngeren Geschichte der Geschlechterforschung (seit den 1990er Jahren) ist, im Kontext von poststrukturalistischen, dekonstruktivistischen und Queer-Theorien, eine wachsende Popularität der Diskursanalyse festzustellen (Degele 2008: 128ff.). Dem Foucaultschen Verständnis von Diskurs folgend, richtet sich das Erkenntnisinteresse auf „das Zusammenwirken von Wissen, Sprache und Macht und dessen Bedeutung für die Konstitution von Geschlecht" (Althoff/Bereswill/Riegraf 2001: 235). Die Geschlechterforschung hat durch die Aufnahme der diskursanalytischen Perspektive nicht unerheblich zur Etablierung der Diskursanalyse in der sozial- und kulturwissenschaftlichen Forschungslandschaft beigetragen. Die Impulse betreffen allerdings weniger die Entwicklung von methodischen Verfahren der Diskursanalyse; hier orientiert sich die Geschlechterforschung an dem vorhandenen Repertoire (Jäger 2008: 381). Für die Geschlechterforschung selbst besteht die Bedeutung der Diskursanalyse darin, dass sie die Relevanz von kulturellen Repräsentationen für die Konstruktion von Geschlecht betont (Hark 2001b: 354).

Mit Biographieforschung, Konversationsanalyse und Diskursanalyse werden drei zu unterscheidende, aber ineinander verwobene Dimensionen der Konstruktion von Geschlecht zum Gegenstand der Forschung: die biographische, die kommunikative und die diskursive Konstruktion von Geschlecht.

5.4   Fazit

Die methodologische Diskussion der Frauen- und Geschlechterforschung hat sich vor allem in den Anfangszeiten in einer dezidierten Opposition gegenüber dem wissenschaftlichen Mainstream entwickelt. Zwar ist, wie skizziert, inzwischen eine Entwicklung hin zu ,normal science' zu verzeichnen, doch lässt sich auch in manchen neueren Publikationen die Tendenz erkennen, im Bemühen um Abgrenzung ein undifferenziertes Bild des ,Gegners' zu zeichnen. Dies trifft insbesondere auf Arbeiten zu, die in der Tradition der Standpunkttheorien stehen. Hier wird oft die Annahme geäußert, der wissenschaftliche Mainstream vernachlässige unterprivilegierte und untergeordnete soziale Gruppierungen (Harding 2007: 54f.; Hesse-Biber/Leavy/Yaiser 2004: 16). Diese Einschätzung ignoriert einen großen Teil sozialwissenschaftlicher Forschung. Beispielhaft seien genannt die Marienthal-Studie (Jahoda/Lazarsfeld/Zeisel 1975 [1933]), Whytes (1943) „Street Corner Society", die „Chicago Scool of Sociology" und deren Studien zu marginalisierten Bevölkerungsgruppen, der „labeling approach" oder auch viele Arbeiten aus der Industriesoziologie. Die Figur des „marginal man", der wegen seiner soziokulturellen Randständigkeit eine für die soziologische Forschung relevante Perspektive auf die Gesellschaft entwickelt, ist von Robert Park, einem Hauptvertreter der Chicagoer Soziologie, in den 1930er Jahren entwickelt worden (Lindner 1990: 202ff.). Wie es im Begriff des marginal *man* angedeutet ist, ist allerdings der Großteil der Forschungen zu unterprivilegierten Gruppen im Rahmen der ,normal science' von einem ,male bias' geprägt. Weibliche Lebenswelten sind auch hier eher selten ein Untersuchungsgegenstand. Gleichwohl wäre ein stärkerer Bezug auf diese Traditionen hilfreich für die Weiterentwicklung der methodologischen Diskussion.

Für das Verhältnis zur Methodendiskussion und -entwicklung der qualitativen Sozialforschung ist festzustellen, dass eine ursprüngliche Selbstreferentialität der Frauenforschung von einem stärkeren wechselseitigen Austausch abgelöst worden ist. Dies ist vor allem im Übergang von der Frauen- zur Geschlechterforschung erfolgt. Dass die Methodendiskussion „hinter der methodischen Reflexion im Bereich der qualitativen Sozialforschung weit zurück" bleibt, wie Wohlrab-Sahr (1993: 131) Mitte der 1990er Jahre feststellte, kann heute nicht mehr gesagt werden. Die Biographieforschung ist ein instruktives Beispiel hierfür.

II. Ausgewählte Gegenstandsbereiche soziologischer Geschlechterforschung

6.　Gewalt im Geschlechterverhältnis

Michael Meuser

Geschlecht: männlich – so stellt sich das typische Profil des Gewalttäters in der Polizeilichen Kriminalstatistik dar. Bei 83 Prozent der im Jahr 2008 polizeilich registrierten Körperverletzungen, 87 Prozent der Morde, 99 Prozent der Vergewaltigungen sind Männer die Tatverdächtigen (BKA 2009). Diese Werte weisen, nicht nur für Deutschland, eine hohe Konstanz über Jahre und Jahrzehnte hinweg auf. Mithin lässt sich Geschlecht als der stärkste Prädiktor von Gewaltkriminalität ausmachen (Messerschmidt 1993: 1). Zwar ist die Polizeiliche Kriminalstatistik kein getreues Abbild der gesellschaftlichen Realität der Kriminalität, sondern sagt vor allem etwas aus über die Selektivität des polizeilichen Handelns und die Anzeigenbereitschaft der Bevölkerung. Doch dürfte die ungleiche Verteilung der Gewalt auf die Geschlechter kein bloßer statistischer Artefakt sein. Dafür sprechen Dunkelfeldstudien und zahlreiche empirische Studien zu unterschiedlichen Gewaltkulturen (s.u.). Gewalt ist in vielfältiger Weise in das Geschlechterverhältnis eingelassen. Im Folgenden soll, beginnend mit der feministischen Skandalisierung von Männergewalt gegen Frauen, dargestellt werden, wie sich die Thematisierung von Gewalt in der Geschlechterforschung entwickelt hat (von einer anfänglichen Fokussierung auf die Konstellation männlicher Täter und weibliches Opfer hin zu einer differenzierten Analyse unterschiedlicher Konstellationen vergeschlechtlichter Gewalt sowohl in der heterosozialen als auch in der homosozialen Dimension) und welche Fragestellungen für eine geschlechtersoziologische Analyse von Gewalt bedeutsam sind.

6.1　„Das Private ist politisch". Feministische Skandalisierung von Männergewalt

In der gesellschaftlichen, der politischen und der wissenschaftlichen Diskussion über Gewalt im Geschlechterverhältnis stand zu deren Beginn und für lange Zeit, aus nachvollziehbaren Gründen, die von Männern an Frauen verübte Gewalt im Vordergrund. Es war die Frauenbewegung, die in den 1970er Jahren mit der politischen Skandalisierung männlicher Gewalt das Geschlechterverhältnis als Gewaltverhältnis thematisiert hat (Müller 2008; Hagemann-White 2002a). Im Fokus stand hierbei vor allem das private Geschlechterverhältnis in Partnerschaft, Ehe und Familie. Ziel war es, gegen die seinerzeit weit verbreitete Bagatellisierung (und auch Rechtfertigung) insbesondere der Gewalt anzugehen, die Frauen im privaten Kontext erfahren. Von Männern an Männern verübte Gewalt galt schon immer (in früheren Epochen freilich nur innerhalb der von Stand und Klasse gezogenen Grenzen) als Verletzung der Rechtsordnung und insofern als ‚serious crime'– was freilich nicht heißt, dass deren Bedeutung für die Geschlechterordnung gesehen wurde[19] –, wohingegen zahlreiche Formen der an Frauen verübten Gewalt erst nach und nach und gegen heftige Widerstände pönalisiert wurden. Ein Beispiel ist der langwierige Prozess, welcher der im Jahr 1998 getroffenen Entscheidung voranging, Vergewaltigung in der Ehe als Straftatbestand zu fassen.

Die letztlich erfolgreiche Enttabuisierung der von Männern gegen Frauen im privaten Raum verübten Gewalt geschah im Rahmen einer radikalen Neubetrachtung intimer Beziehungen, deren Fokus in dem Motto „Das Private ist politisch" einen pointierten Ausdruck erfuhr. Margrit Brückner (1983: 40ff.) fragte nach dem Zusammenhang von „Weiblichkeit, Liebe und Mißhandlung". Kate Millet thematisierte in ihrem 1969 erschienenen Buch „Sexual Politics" den politischen Charakter intimer Beziehungen unter den Bedingungen einer patriarchalischen Gesellschaft. Sie stellte die Liebesbeziehung zwischen Mann und Frau in einen begrifflichen Rahmen, der einen völlig anderen Code repräsentiert als den der romantischen Liebe. Millet (1982: 38) sah in der Begrifflichkeit des Politischen die „einzig zutreffende" Perspektive, um die „wahre Natur der Geschlechterrangordnung" zu untersuchen. Dies umfasst alle Dimensionen heterosexueller intimer Beziehungen. Millet begriff den Koitus als einen Modellfall für Geschlechterpolitik auf intimer Ebene.

Nachdem das private Geschlechterverhältnis einer Betrachtung in politischen Kategorien zugänglich gemacht worden war, konnte die Bedeutung, die der Gewalt in diesem Verhältnis zukommt, ebenfalls auf der Folie des Politischen analysiert werden: als Ausdruck männlicher Suprematie. Brückner (1983: 24) formulierte die These, „dass Gewalt gegen Frauen als allgemeine Struktur gesellschaftlich verankert ist". Männergewalt gegen Frauen wurde als integraler

---

19   Dieser Aspekt wird unter 6.4 ausführlicher behandelt.

Bestandteil, wenn nicht gar als Basis des Systems der „Zwangsheterosexualität" (Rich 1989) verstanden. Für den ‚radikalen Feminismus' fundiert(e) die Verbindung von Gewalt und Heterosexualität das Patriarchat (MacKinnon 1989). Gewalt wurde nicht als Ausnahme, sondern als Strukturmerkmal des Geschlechterverhältnisses begriffen (Wardell/Gillespie/Leffler 1983). Ulrike Teubner (1988: 36f.) sieht die strukturelle Gewaltförmigkeit des Geschlechterverhältnisses darin gegründet, dass „die Ursachen von Gewalt [...] nur bedingt in der Täterpersönlichkeit, der Anlaß von Gewalt nicht im Verhalten des Opfers" zu suchen ist. Diese These wendet sich gegen eine individualisierende, psychologische Analyse, die einerseits nach spezifischen Täterprofilen sucht und anderseits fragt, welche Merkmale solche Frauen ausweisen, die zum Opfer von Gewalt werden. Susan Brownmiller (1978: 22ff.) vertrat die Position, die Vergewaltigung sei das zentrale Instrument der Männerherrschaft. Die Unterwerfung der Frau werde zum Triumph der Männlichkeit. Nicht sexuelle Befriedigung, sondern die Erfahrung von Macht sei das Motiv des Vergewaltigers. Das Ausgeliefertsein der Frau erzeuge seine Lust. Auch wenn die These vom Mann als potentieller Vergewaltiger deutliche Kritik erfahren hat, u.a. weil sie den Opferstatus der Frau festschreibt, so hat diese These doch den Blick dafür geschärft, dass der Mann, der einer Frau Gewalt antut, zwar außerhalb der Rechtsordnung handeln mag, sich aber innerhalb der Geschlechterordnung bewegt. Gewalt gegen Frauen folgt der Logik der patriarchalischen Männerherrschaft (Teubner 1988). Dies lässt sich unabhängig davon feststellen, ob man, wie einige Patriarchatstheorien, eine strukturelle Gewaltförmigkeit des Geschlechterverhältnisses annimmt oder ob man männliche Dominanz genauso wie in (potentiellem) Gewalthandeln in prosozialen Akten des Beschützens und der Zuvorkommenheit fundiert sieht. Eine zentrale These der feministischen Diskussion von Männergewalt ist, dass es sich bei den Männern, die Gewalt ausüben, um ‚normale Männer' handelt.[20] Diese These findet ihre empirische Bestätigung in der Forschung zu Gewalt in der Familie, die gezeigt hat, dass gewalttätige Ehemänner in allen sozialen Schichten zu finden sind (Honig 1992).

Die Forschung zur Gewalt gegen Frauen hatte sich in den ersten 20 Jahren (Mitte der 1970er bis Mitte der 1990er Jahre) in enger Verbindung zu Projekten der Frauenbewegung (insbesondere Frauenhäuser) entwickelt und erfolgte viel-

---

20 Diese These steht in gewissem Sinne mit einer von Hannah Arendt (1970: 13) formulierten, an die Gewaltforschung allgemein adressierten Forderung in Einklang: mit der üblichen Praxis zu brechen, „Gewalt für ein bloßes Randphänomen zu erklären". Nicht nur im Geschlechterverhältnis ist Gewalt nicht nur ein soziales Problem, sondern auch ein Mittel der Herstellung und Sicherung von sozialer Ordnung.

fach als wissenschaftliche Begleitforschung zu staatlicher Förderung feministischer Projekte. Dies mag ein Grund dafür sein, dass die Frauenforschung zu
Gewalt und die akademische Soziologie (einschließlich der soziologischen Gewaltforschung) einander wechselseitig nicht zur Kenntnis nahmen (Hagemann-
White 2002a: 32). Dies wiederum hat(te) u.a. zur Konsequenz, dass der
Mainstream der kriminologischen Forschung zwar vor allem abweichendes Verhalten männlicher Täter als Untersuchungsgegenstand hat, dieses aber nicht in
seiner geschlechtlichen Dimension erfasst und thematisiert. Carol Hagemann-
White (2002a: 33) bemerkt mit Blick auf die Gesamtheit der Gewaltforschung:
„so sehen wir also eine männlich geprägte Täterforschung, die wenig Aufmerksamkeit für die Geschlechtsspezifik des Gewalthandelns hat und den geschlechtsspezifischen Gewaltformen wenig Raum gibt, und eine von Frauen geprägte Forschung mit zentraler Aufmerksamkeit für die Opfer, in der ein kaum
differenziertes Täterbild eher am Rande steht". Dies habe, so Hagemann-White
weiter, die Konsequenz, dass qua wissenschaftlicher Arbeitsteilung das stereotype Bild reproduziert wird, demzufolge „Männer Täter sein müssen, weil Täter
Männer sind, und Frauen Opfer sein müssen, weil einzig Frauen wirklich Opfer
sein können" (ebd.). Aufgebrochen wurde diese Dichotomie, wenn auch nur
„nach anfänglichem Sträuben" (ebd.), mit Blick auf Kinder als Opfer von Gewalt. Hier wurden auch Jungen in der Position des Opfers und Frauen als Täterinnen thematisiert (Kavemann 1995; Kavemann/Braun 2002).

Der ‚radikale Feminismus' glaubte, mit der Analyse von Männergewalt gegen Frauen den Schlüssel zum Verständnis der Geschlechterordnung gefunden
zu haben. Diese Annahme hat sich nicht als tragfähig erwiesen (Hagemann-
White 2005: 4). In der geschlechtersoziologischen Gewaltforschung beginnt sich
eine differenzierte Sicht auf das Verhältnis von Geschlecht und Gewalt zu entwickeln, die sowohl die Dichotomie von männlichem Täter und weiblichem Opfer aufbricht als auch erkennt, dass auch binnengeschlechtliche Gewaltbeziehungen in geschlechtersoziologischer Begrifflichkeit analysiert werden müssen.
Gleichwohl befasst sich die große Mehrzahl der Forschungsarbeiten mit Männergewalt gegen Frauen, insbesondere mit häuslicher und mit sexueller Gewalt
(Hagemann-White 2002b: 126).

6.2 Zum Begriff der Gewalt

Bevor die verschiedenen Dimensionen vergeschlechtlichter Gewalt beschrieben werden, muss der Begriff der Gewalt expliziert werden. Zwar bezog sich die feministische Diskussion zunächst auf vollzogene (und auch angedrohte) physische Verletzungen, doch erfuhr der Gewaltbegriff im Zuge dieser Diskussion bald Erweiterungen. „Gewalt gibt es schon dort, wo einer Frau die Entwicklung und Äußerung eines eigenen Willens gar nicht erst möglich wird." (Hagemann-White 1983: 114) Gewalt könne auch dann gegeben sein, wenn die Frau sich dem Willen des Mannes fügt, ohne dass es einer manifesten Gewaltausübung bedarf. Ein solch weiter Gewaltbegriff, der enge Bezüge zu Galtungs (1975) Konzept der strukturellen Gewalt aufweist, fundiert die These einer strukturellen Gewaltförmigkeit des Geschlechterverhältnisses, wirft aber das Problem auf, dass es kaum noch möglich ist, zwischen Gewalt und anderen Formen von Herrschaft zu unterscheiden. Vor diesem Hintergrund hat sich ein Gewaltbegriff weitgehend etabliert, der auf die Dimension personaler Gewalt begrenzt ist, diese allerdings sowohl als physische als auch als psychische fasst bzw. zwischen nichtsexualisierter körperlicher, sexueller und psychischer Gewalt unterscheidet (Müller/Schröttle 2006: 79). Vergeschlechtlichte Gewalt meint demnach „jede Verletzung der körperlichen oder seelischen Integrität einer Person, welche mit der Geschlechtlichkeit des Opfers und des Täters zusammenhängt und unter Ausnutzung eines Machtverhältnisses durch die strukturell stärkere Person zugefügt wird" (Hagemann-White u.a. 1997: 29).

Die jüngere Forschung sowohl zu weiblicher Gewalt als auch zu Gewalt unter Männern wirft allerdings die Frage auf, ob von vergeschlechtlichter Gewalt nur dann gesprochen werden kann, wenn sie von einer strukturell stärkeren Person ausgeübt wird (s.u.). Diese Engführung macht nur solange Sinn, wie der Fokus der Forschung auf die von Männern gegen Frauen gerichtete Gewalt begrenzt ist. Ein weiteres Problem ist die Operationalisierung von Gewalt in der empirischen Forschung. Ob „wütend weggeschubst" zu werden bereits eine Form von physischer Gewalt ist – und ob dies von den Betroffenen regelmäßig so wahrgenommen wird –, ist ebenso wenig eindeutig zu beantworten wie die Frage, ob jede Form von Kränkung ein Ausdruck psychischer Gewalt ist (Hagemann-White 2006: 121f.).

6.3   Gewalt von Männern gegen Frauen

Ein zentrales Problem der Gewaltforschung, nicht nur derjenigen zu Gewalt im Geschlechterverhältnis, besteht darin, dass das Ausmaß von Gewalt nur schwer zu ermitteln ist. Einigkeit herrscht darüber, dass die Daten der Polizeilichen Kriminalstatistik das tatsächliche Ausmaß der von Männern gegen Frauen verübten Gewalt nicht angemessen wiedergeben. Hier muss von einer hohen Dunkelziffer ausgegangen werden, insbesondere bei den Delikten der Vergewaltigung und der sexuellen Nötigung (Baurmann 1987; Müller/Schröttle 2006; Smaus 1994).[21] Viele dieser überwiegend im privaten Raum von nahe stehenden Personen begangenen Übergriffe werden von den betroffenen Frauen nicht zur Anzeige gebracht. Allerdings haben die strafrechtliche Pönalisierung dieser Delikte sowie eine veränderte Rechtssprechung zur Folge, dass die Anzeigenbereitschaft gewachsen ist.

Ein realistisches Bild des Ausmaßes verschiedener Formen von Gewalt wird von Dunkelfeldstudien erwartet, die auf der Basis einer repräsentativen Stichprobe Frauen nach ihren Gewalterfahrungen fragen. Für Deutschland wurde eine solche, im Auftrag des Bundesministeriums für Familie, Senioren, Frauen und Jugend erstellte Studie im Jahr 2004 vorgelegt (Müller/Schröttle 2004). Dieser Studie zufolge haben 40 Prozent der Frauen seit dem 16. Lebensjahr körperliche oder sexuelle Gewalt in unterschiedlicher Schwere und Häufigkeit erfahren. Der Wert für psychische Gewalt liegt bei 42 Prozent (ebd.: 28f.). Im Einklang mit den Daten der Polizeilichen Kriminalstatistik gaben 71 Prozent der von körperlicher Gewalt betroffenen Frauen an, diese sei ausschließlich von Männern verübt worden, und 19 Prozent, sie hätten Gewalt sowohl von Männern als auch von Frauen erfahren (Müller/Schröttle 2006: 81).[22] Die Täter bei körperlicher und sexueller Gewalt sind überwiegend (Ex-)Partner, gefolgt von Familienangehörigen, Freunden und Bekannten. Der Tatort ist in 70 Prozent der Fälle die Wohnung des Opfers (ebd.: 82f.).

Soziologische Versuche, Erklärungen für Männergewalt gegen Frauen zu finden, verweisen in unterschiedlicher Weise auf die gesellschaftliche Dominanz des männlichen Geschlechts über das weibliche. Geschlechterverhältnisse wer-

---

21   Das Problem der Dunkelziffer ist nicht auf diese Täter-Opfer-Konstellation begrenzt. Auch ein großer Teil der von Männern gegen Männer wie der von Frauen gegen Männer gerichteten Gewalt ist in den Statistiken nicht repräsentiert.

22   Ein Vergleich mit Gewaltprävalenzstudien in anderen europäischen Ländern zeigt ähnliche Werte (Müller/Schröttle 2004: 31ff.).

den als Macht- und Ungleichheitsverhältnisse thematisiert (Brückner 2002: 15). Eine Erklärung, die sich auf die gesellschaftlich ungleiche Verteilung von Macht auf die Geschlechter bezieht, hat Theresa Wobbe in Anschluss an die von Heinrich Popitz (1992) vorgenommene Unterscheidung von Verletzungsmacht und Verletzungsoffenheit formuliert. Popitz bezeichnet mit diesen Begriffen unterschiedliche, aber aufeinander bezogene Modi von Vergesellschaftung. Diese erfolgt in einer gegebenen Gesellschaft im Rahmen einer „sozial erzeugten Machtdifferenz" (Wobbe 1994a: 30); hierdurch werden Verletzungsmacht und Verletzungsoffenheit zu Merkmalen sozialer Ungleichheiten.

Die Geschlechterdifferenz ist nicht die einzige, wohl aber eine zentrale Differenzierungslinie, entlang der in unserer Kultur eine Zuweisung von Verletzungsmacht und -offenheit erfolgt. Mit Blick auf Frauen bemerkt Wobbe (1994b: 191), Verletzungsoffenheit sei „eine als leibliche Realität erfahrene Struktur der Geschlechterdifferenz". Gleiches gilt für die kulturelle Verknüpfung von Verletzungsmacht und Männlichkeit (Wobbe 1994a: 30). Die geschlechtlich geteilte Zuschreibung von Verletzungsmacht und -offenheit ist ein zentrales Element der kulturellen Konstruktion der Geschlechterdifferenz. Sie bestimmt die körperbezogene Selbst- und Fremdwahrnehmung von Frauen und Männern. Verletzungsmächtige und verletzungsoffene Körper sind in diesem Sinne kulturell konstituierte Wahrnehmungs- und Erfahrungskategorien. Diese Erfahrungskategorien sind in die sozialisierten Körper eingeschrieben und machen sich derart in körperlichen Empfindungen geltend. Empfundene Verletzungsmacht bzw. -offenheit sind Teil der geschlechtsbezogenen Gefühle, die Gesa Lindemann (1994: 127) zufolge „als auf sich selbst bezogener Modus der Plausibilisierung von Geschlechtszugehörigkeit" zu verstehen sind. Ohne den Begriff zu verwenden, beschreibt Lindemann, wie Verletzungsoffenheit als eine leibliche Realität erfahren wird. Sie zeigt am Beispiel einer Erzählung einer transsexuellen Frau, wie die „Angst vor einem sexualisierten Ausgeliefertsein" sich mit der „ebenfalls unbestimmten Angst davor, nicht mehr Agens der Situation zu sein", verbindet (ebd.: 139). Für diese Frau impliziert der Geschlechtswechsel, das „passing" vom Mann zur Frau, die Aneignung von Verletzungsoffenheit als einer körperlich empfundenen Realität. Mit der Einschreibung von Verletzungsmacht und -offenheit in die geschlechtlich sozialisierten Körper „geht eine soziale Evidenz einher, die gleichsam unhintergehbar scheint" (Wobbe 1994a: 31). Die leibphänomenologisch-konstruktivistische Erklärung Wobbes vermag sowohl zu erklären, warum die Handlungsressource Gewalt eher Männern als Frauen zugeschrieben wird, als auch, warum Frauen weniger als Männer zu dieser Ressource greifen.

Die Annahme einer gesellschaftlich ungleichen Verteilung von Verletzungsmacht und -offenheit auf die Geschlechter ermöglicht es, Gewaltsoziologie und Geschlechterforschung gewinnbringend miteinander zu verknüpfen. Dies wird in den folgenden Unterkapiteln deutlich. Auch lassen sich geschlechtersoziologische Erklärungsversuche, die nicht mit dieser Begrifflichkeit operieren, in deren Rahmen integrieren.

Eine verbreitete Erklärung häuslicher Gewalt versteht diese als eine Handlungsressource, die Männern in Beziehungskonflikten zur Verfügung steht und mit der sie versuchen, Kontrolle über ihre Frauen auszuüben (Dobash u.a. 1992; Dobash/Dobash 1979). Allerdings machen nicht alle Männer von dieser Ressource Gebrauch, so dass zu klären bleibt, welche Männer dies unter welchen Umständen tun. Zusatzerklärungen fragen beispielsweise danach, welche Bedeutung einem kulturellen Umfeld zukommt, das generell gewaltaffin ist (Dobash/Dobash 2002: 932). Von hohem Einfluss ist amerikanischen Studien zufolge ferner das Ausmaß an Egalität in der Paarbeziehung; je höher dieses ist, desto geringer ist das Ausmaß an körperlicher Gewalt (Brückner 2002: 23f.). Der Zuweisung der Handlungsressource Gewalt an Männer korrespondiert die verbreitete Konzeption einer ‚duldenden' Weiblichkeit, die von Frauen internalisiert wird und diese „gewalttätige Beziehungen erdulden läßt" (Brückner 1983: 10). Brückner sieht hierin einen entscheidenden Grund dafür, dass misshandelte Frauen sehr häufig ihre gewalttätigen Männer nicht verlassen. Virginia Goldner u.a. (1992) verweisen auf die Bedeutung, die der Beziehungsarbeit in der Konstruktion von Weiblichkeit zukommt. Frauen sähen sich in der Verantwortung, „um jeden Preis und ohne Rücksicht auf die eigene Person Beziehungen zusammenzuhalten" (ebd.: 130). Der Blick auf die Seite der Opfer zeigt, dass eine erhöhte Gefährdung in Trennungs- und Scheidungssituationen vorliegt und wenn die Frauen bereits als Kinder in der Herkunftsfamilie Gewalt zwischen den Eltern erlebt hatten oder selbst Opfer von Gewalt gewesen waren. Dies sind allerdings keine deterministisch zu verstehenden Zusammenhänge (Müller/Schröttle 2006: 89f.); auch ist die Frage nach Gefährdungspotentialen nicht im Sinne einer psychologisierenden Suche nach individuellen Opferprofilen gestellt.

Eine sozialisationstheoretische Erklärung sexueller Gewalt haben Anita Heiliger und Constance Engelfried (1995) vorgelegt. Sie sehen in der für die männliche Sozialisation typischen Abgrenzung und Abwertung von Weiblichkeit sowie einer in der frühen Sozialisation erfolgenden „Sexualisierung der männlichen Geschlechtsrolle" eine „Prädisposition zu Gewalt" angelegt (ebd.: 196). Dem korrespondiere eine auf Machtverzicht und sexuelle Passivität angelegte weibliche Geschlechtsrolle, welche eine „Prädisposition zum Opfer" (ebd.: 197) enthalte. Im Sozialisationsverlauf fungierten vor allem Jugendcliquen „als entscheidende Vermittlungs- und Kontrollinstanz normierter patriarchal orientierter Männlichkeit" (ebd.: 200). Diese äußere sich in Frauenfeindlichkeit. Sexualität werde zum Mittel der Herstellung von Dominanz, sexuelle Übergriffe (auch verbaler Art) dienten der Inszenierung von Männlichkeit gegenüber den peers. Das in peer groups männlicher Jugendlicher häufig anzutreffende Prahlen mit (tatsächlichen oder auch nur behaupteten) Erfahrungen einer sexuellen Verfügbarkeit von Frauen verschaffe einen Statusgewinn.

Frauenabwertung begreifen auch Lothar Böhnisch und Reinhard Winter (1993) als ein strukturelles Element männlicher Sozialisation. Generell sehen sie Abwertung als „zentrales Konstituens der Gewalt" (ebd.: 195), beziehen dies aber nicht nur auf die Abwertung von Frauen, sondern auch von nicht dem Männlichkeitsideal entsprechenden Männern. Männliche Gewalt stellt sich ihnen als Ausdruck einer defizitären Persönlichkeitsstruktur dar. Sie sei Ausdruck dessen, dass der Mann eigene Hilflosigkeit nicht akzeptieren dürfe und den so entstehenden „Haß auf sich selbst externalisieren und auf andere projizieren muß" (ebd.: 195). Männliche Gewalt wird als kompensatorisches Handeln begriffen, als Mittel der Problembewältigung, als Reaktion auf Frustration, auf Versagensängste, auf Zurückweisung, auf Minderwertigkeitsgefühle, auf einen Mangel an Anerkennung; auch als Mittel zur Kompensation von Unsicherheiten in der Interaktion mit Mädchen. Über Gewalt demonstrierte Stärke erscheint so als eine angstreduzierende Abwehrstrategie. Anita Heiliger und Hanna Permien (1995: 35) sehen männliche Gewaltbereitschaft des weiteren als Folge einer „Abspaltung von der eigenen Körperlichkeit". Die „Produktion von ‚Körper- und Gefühllosigkeit' soll Jungen befähigen, ‚ihren Mann zu stehen', sei aber zugleich der „Grund für die Akzeptanz von Gewalt als Möglichkeit, diese Körperlosigkeit durch aktive Weltaneignung zu kompensieren".[23]

Eine Deutung männlicher Gewalt als kompensatorischer Akt findet sich ebenfalls bei Michael Kaufman (1996, 2001). Ausgangspunkt seiner Gewaltanalyse ist die These einer grundlegenden „Fragilität von Männlichkeit". Trotz der Macht, die Männlichkeit bedeute, sei sie „ungeheuer zerbrechlich" (ebd.: 152).

---

23 Dieser Interpretation ist allerdings auf der Folie eines Körperverständnisses gewonnen, das die Weise, wie Frauen typischerweise ihren Körper erfahren, als Maßstab nimmt. Sie vernachlässigt, dass Gewalt ein zutiefst körperliches Phänomen ist. „Gewalt ist eine Wirklichkeit der Gefühle, der Emotionen, der sinnlichen Erfahrung und der Phantasie." (Trotha 1997b: 26). Diejenigen, die gewalttätig handeln, sind alles andere als körperlos. Einen Eindruck der sinnlichen Qualität, die Gewalt zumindest für männliche Akteure haben kann, wie der Faszination, die davon ausgehen kann, vermittelt die Reportage Bufords (1992) über die Welt der Hooligans.

Männer seien sich ihrer Männlichkeit ständig unsicher. Ein Weg, die Zweifel zu bekämpfen, sei Gewalt. Diese identitätstheoretische Bestimmung männlicher Gewalt, derzufolge diese eine (nicht unbedingt bewusste) Identitätsstrategie darstellt, verknüpft Kaufman mit einer herrschaftstheoretischen. Gegen Frauen gerichtete Gewalt wird sowohl als „Ausdruck der Zerbrechlichkeit von Männlichkeit" als auch in ihrer „Bedeutung für die Aufrechterhaltung von Männlichkeit und männlicher Dominanz" (ebd.: 155) gesehen. Sie stelle den eindeutigsten Ausdruck männlicher Macht über Frauen dar. Kaufman belegt die Fragilitätsannahme mit Aussagen von Vergewaltigern, in denen regelmäßig von „Unterlegenheit, Machtlosigkeit, Wut" (ebd.: 155) die Rede ist. Die Vergewaltigung erscheint so als kompensatorischer Akt, in dem diese Männer eine Bestätigung ihrer Männlichkeit suchen, welche sie anderweitig nicht finden. Obwohl die Mehrheit der Männer keine Vergewaltiger seien, entspricht Kaufman zufolge (sexuelle) Gewalt gegen Frauen insofern einem allgemeinen Muster von Männlichkeit, als diese „ständig Nahrung und Bestätigung braucht" (157), wenn auch nicht notwendigerweise in Gestalt von Gewalthandeln. Dieses stelle zudem keine Lösung des (Identitäts-)Problems dar, da es „das negative Selbstbild und das Gefühl von Machtlosigkeit nur wieder bekräftig(t)" (ebd.).

Eine weitere in den men's studies verbreitete Erklärung von Männergewalt gegen Frauen begreift diese Gewalt als ultima ratio, auf die zurückgegriffen wird, wenn andere Formen der Machtausübung unwirksam bleiben. Jeff Hearn (1987: 86ff.) beschreibt im Anschluss an feministische Patriarchatstheorien die Männer als die ausbeutende Klasse, die sich in der patriarchalischen Ordnung des Spätkapitalismus die menschlichen Werte von Frauen und Kindern aneignen. Von der kapitalistischen Ausbeutung unterscheide sich die patriarchalische darin, dass sie eine Aneignung von Ressourcen ohne eine Entschädigungsleistung und dass Gewalt ihre ultima ratio sei. In Connells Konzept (1987, 2000) der hegemonialen Männlichkeit (vgl. Kap. 2.4.2 u. 3.6) kommt einer über Ideologien und kulturelle Deutungsmuster erzeugten Einwilligung der Untergeordneten in diejenigen Verhältnisse, welche die eigene Unterlegenheit festschreiben, zwar mindestens soviel, wenn nicht mehr Gewicht zu als einer Erzwingung der Unterordnung durch Androhung oder gar Anwendung von Gewalt. Gewalt ist jedoch die ultima ratio, wenn kulturell erzeugte Hegemonie versagt, damit aber auch ein Indikator für die Unvollkommenheit des Systems, ein Zeichen für Legitimationsprobleme. Connell (2000: 105) zufolge verweist das gegenwärtig hohe Ausmaß an Gewalt auf Krisentendenzen der modernen Geschlechterordnung, auf ein Brüchigwerden hegemonialer Männlichkeit. Eine Verunsicherung der Männer habe eine erhöhte Gewaltbereitschaft zur Folge.[24] Gleichwohl folge männliches, gegen Frauen gerichtetes Gewalthandeln der Logik hegemonialer Männlichkeit. Gewalt werde eingesetzt, um männliche Dominanz zu sichern, und diejenigen Männer, die in dieser Weise handeln, betrachteten „ihr Verhalten kaum als deviant". Vielmehr fühlten sie sich „von einer Ideologie der Suprematie ermächtigt" (ebd.: 104).

6.4 Homosoziale Männergewalt

Die men's studies analysieren Geschlechterverhältnisse nicht nur in der hetero-, sondern auch in der homosozialen Dimension. Connell konzipiert hegemoniale Männlichkeit als eine doppelte Dominanz- und Distinktionsrelation: gegenüber Frauen und von Männern untereinander. Vor diesem Hintergrund argumentiert Kaufman (2001: 39), die Gewalt von Männern gegen Frauen könne nicht isoliert von der unter Männern praktizierten Gewalt betrachtet werden. Die Fokussierung der Frauenforschung auf die heterosoziale Dimension ist u.a. von der Annahme motiviert (gewesen), es seien vor allem Frauen, die Opfer von Gewalt werden (Brückner 1983: 21). Zumindest die Daten der Polizeilichen Kriminalstatistik stützen diese Annahme nicht. Mit Ausnahme der Delikte gegen die sexuelle Selbstbestimmung, bei denen der Anteil weiblicher Opfer über 90 Prozent liegt, sind ca. zwei Drittel der Opfer der polizeilich ermittelten Gewalttaten männlichen Geschlechts (BKA 2009).

Auch homosoziale Gewalt bedarf einer Analyse in geschlechtersoziologischen Kategorien.[25] Gewalt, die von Männern gegen andere Männer gerichtet ist, ist Gegenstand zahlreicher, auch ‚klassischer' kriminologischer Studien, die es jedoch versäum(t)en, die geschlechtliche Dimension dieser Gewalt zu thematisieren. Eigentümlicherweise hat die Forschung zu Gewalt im Geschlechterverhältnis ebenfalls lange Zeit nicht erkannt, dass auch homosoziale Männergewalt vergeschlechtlichte Gewalt sein kann (Meuser 2002). Infolgedessen ist die Anzahl sowohl empirischer Studien als auch theoretischer Erklärungsversuche, die

---

24 Dass eine Zunahme von Gewalt festzustellen ist, findet in den Kriminalstatistiken freilich keine Bestätigung. Ferner zeigen historische Studien, dass Männer Gewalt gegen Frauen auch in Epochen ausgeübt haben, in denen von einer Krise der Geschlechterordnung nicht die Rede sein kann.

25 Dies gilt unabhängig davon, inwieweit die in der Polizeilichen Kriminalstatistik festgehaltenen Relationen die gesellschaftliche Verteilung von Gewalt adäquat wiedergeben.

diese Gewalt in der Perspektive der Geschlechterforschung behandeln, deutlich geringer als bei der zuvor beschriebenen Gewaltrelation.

In der homosozialen Relation der unter Männern praktizierten Gewalt stehen sich Akteure gegenüber, die gemäß der kulturellen Konstruktion von Männlichkeit als verletzungsmächtig gelten (Meuser 2009b). Während in der heterosozialen Relation die Verletzungsmacht des Mannes als gegeben vorausgesetzt wird, ist in der homosozialen Konstellation jeder der Beteiligten gefordert, seine Verletzungsmacht unter Beweis zu stellen. Gewaltverhältnisse unter Männern lassen sich u.a. danach unterscheiden, ob sie einseitig oder reziprok strukturiert sind, d.h. ob es eine klare Verteilung des Täter- und des Opferstatus gibt oder ob jeder Akteur zugleich (potentiell) Täter und Opfer ist.

Reziproke mann-männliche Gewalt lässt sich als ein Modus der ernsten Spiele des Wettbewerbs betrachten, in denen Pierre Bourdieu (1997a) zufolge der männliche Habitus geformt wird (Meuser 2007c). Die gewaltförmige Austragung ist gewiss nicht die am stärksten verbreitete Wettbewerbsform, aber sie ist in ihren zahleichen Varianten von der ‚Spaßkloppe' auf dem Schulhof über die Fights der Hooligans und Ultras bis zu den Auseinandersetzungen rivalisierender Gangs (auch) eine „Strukturübung" (Bourdieu) in Männlichkeit (Meuser 2008). Auf diese Weise werden Körper erzeugt, die sich als verletzungsmächtig erfahren. Nicht nur in der Außenperspektive des geschlechtersoziologischen Beobachters stellen sich diese reziproken Gewalthandlungen – unter anderem – als wechselseitige Herausforderungen von Männlichkeit dar.[26] Die Beteiligten selbst begreifen ihr Handeln in dieser Weise (Eckert/Reis/Wetzstein 2000: 384; Messerschmidt 1993: 111; Tertilt 1996: 189ff.). Die – verbal oder körperlich – herausgeforderte Männlichkeit wird durch eine körperliche Demonstration von Verletzungsmacht verteidigt (Swain 2003); wer dies unterlässt, läuft Gefahr, als verletzungsoffen wahrgenommen zu werden und seine Männlichkeit in Abrede gestellt zu bekommen.

Reziproke Gewalt ist häufig eine im Gruppenkontext sich ereignende anlasslose Gewalt (Eckert/Reis/Wetzstein 2000: 124). Man läuft ohne ein genaues Ziel in der Gegend herum und sucht Streit. Trifft man auf andere (junge) Männer, die in einem anderen Stadtteil wohnen, Fans eines anderen Fußballvereins sind, eine

---

26   Dies ist freilich nicht die einzige Dimension, um die es in den Auseinandersetzungen geht. Ausgelöst wird die Gewalt üblicherweise durch z.B. Territorialkonflikte, in denen Gangs ihren „turf" abstecken und verteidigen, durch Beleidigungen und Provokationen, die geschlechtlich konnotiert sein können, aber nicht müssen, und vieles mehr. Vor dem Hintergrund des Gegenstandes dieses Studienskripts erfährt hier die geschlechtliche Dimension eine besondere Aufmerksamkeit.

andere ethnische Zugehörigkeit haben oder in einer anderen Hinsicht als ‚anders' wahrgenommen werden, entwickelt sich eine Schlägerei, die eine „Mischung aus Angst und Spaß" auslöst. Im Akt des Prügelns überwiegen positive Gefühle. Die Schlägerei, wird als „prickelnd" erlebt. Ein Hooligan vergleicht den Kick, den die Gewalt auslöst, mit dem „Bauchkribbeln", das man verspüre, wenn man frisch verliebt ist (ebd.: 381). Das positive Gefühl kann noch dann das Gewalterleben bestimmen, wenn man selbst weitaus mehr ‚einsteckt' als ‚austeilt' (Pilz 2006: 57)

In solchen reziproken Gewaltkonstellationen, bei denen es wenig Sinn macht, Täter von Opfern zu unterscheiden, stehen einander Gewaltakteure gegenüber, die sich wechselseitig als verletzungsmächtig präsentieren und die gefordert sind, die eigene Verletzungsmacht gegen die Verletzungsmacht der anderen zu behaupten. Dies erfolgreich zu tun heißt nicht notwendig, die anderen zu besiegen; entscheidend ist es, ‚seinen Mann zu stehen', sich der Konfrontation zu stellen. Mit der potentiellen und vielfach in der konkreten Gewaltinteraktion auch vollzogenen Reversibilität von Täter- und Opferstatus ist ein Merkmal gegeben, das die reziprok strukturierte homosoziale Gewalt deutlich von Gewalt gegen Frauen unterscheidet. Der in der gewaltsamen Auseinandersetzung unterlegene Mann erleidet unter Umständen zwar durchaus heftige körperliche Verletzungen und Schmerzen, eine Degradierung als Person ist damit aber nicht notwendigerweise verbunden. Die Verletzung kann sogar, sofern der Mann sich, wie es treffend heißt, ‚mannhaft' dem Kampf gestellt hat, als demonstratives Zeichen der eigenen Männlichkeit bzw. der ‚männlichen Ehre' präsentiert werden. Das gebrochene Nasenbein des Hooligans und der Schmiss des Verbindungsstudenten eignen sich dafür in gleicher Weise. Die von einem Mann geschlagene Frau kann hingegen das blaue Auge nicht als eine symbolische, statusverbürgende Ressource ‚nutzen'. Die Verletzung ist ein deutlich sichtbares Zeichen einer erfolgten Degradierung als Person. Die dem Mann in einer reziproken homosozialen Konstellation mögliche identitätsstärkende Bezugnahme auf die Verletzung erfolgt im Rahmen der erwähnten Wettbewerbs-Konstruktionslogik von Männlichkeit. Ereignet sich die Gewaltinteraktion nicht im Rahmen dieser Logik, bleibt ein positiver Bezug auf die Verletzung verwehrt, was deutlich in den Fällen zu beobachten ist, in denen ein Mann Opfer weiblicher Gewalt wird, aber auch dann, wenn in einem homosozialen Gewaltverhältnis einer der Männer dauerhaft in der Position des Opfers gehalten wird.

Diese Konstellation findet sich insbesondere in Männergefängnissen. Gewalt, vor allem sexualisierte Gewalt gegen Mithäftlinge, ist hier keine Ausnahmeerscheinung, sie wird vielmehr gezielt als Mittel zur Unterwerfung eingesetzt

(Duerr 1993: 269ff.; Human Rights Watch 2001; Sabo u.a. 2001; Toch 1998: 176ff.). Die Vergewaltigung ist ein Machthandeln, das deutliche strukturelle Homologien zur Vergewaltigung von Frauen aufweist. Mit dem Akt der Verge- waltigung wird die üblicherweise angenommene Verletzungsmacht des männli- chen Körpers in Verletzungsoffenheit transformiert. Die Zuweisung des Status der Verletzungsoffenheit ist gewöhnlich dauerhaft, sie besteht so lange, wie der Gefängnisaufenthalt andauert. Dies erfährt eine symbolische Bekräftigung da- durch, dass solche Männer mit abwertenden Bezeichnungen für Frauen belegt werden („Miezi", „Fotze"). Auch werden ihnen ‚weibliche' Aufgaben wie das Putzen von Zelle und Toilette zugewiesen. Als in hohem Maße gefährdet, diesen Status zugewiesen zu bekommen, erweisen sich neue, junge und unerfahrene Ge- fangene, welche die Spielregeln der Insassen-Subkultur nicht beherrschen (Hu- man Rights Watch 2001, Kap. V).[27]

Mechthild Bereswill (2007b) wirft vor dem Hintergrund der männlichen Gewaltkultur in Gefängnissen die Frage auf, ob die kulturelle Konstruktion des verletzungsmächtigen Mannes ungebrochen zutrifft. Auf der Basis von Inter- views mit jungen männlichen Strafgefangenen zeigt sie, wie diese sich in einer wettbewerbsförmigen Interaktion und Kommunikation darum bemühen, sich wechselseitig als cool und stark zu inszenieren sowie Angst und Schwäche zu kaschieren. Obschon es den Männern bewusst ist, „dass es sich um eine kollekti- ve Camouflage handelt", bemühen sie sich, Unverletzbarkeit glaubwürdig und abschreckend zu demonstrieren, „verbunden mit der gleichzeitigen Bereitschaft, den eigenen Körper zu riskieren" (Bereswill 2006: 246). Bereswill (2007a: 103) sieht hier „einen zentralen und zugleich verdeckt gehaltenen Männlichkeitskon- flikt im Umgang mit Gewalt". Die totale Institution des Gefängnisses ist durch eine Sozialordnung der Männlichkeit geprägt, in der Gewalt ein unter den Insas- sen (aber auch vom Wachpersonal, sofern bestimmte Grenzen nicht überschrit- ten werden) anerkanntes und gefordertes Mittel der Herstellung, Verteidigung und Darstellung von Männlichkeit ist. „Im hermetischen Raum Gefängnis spit- zen kulturelle Leitbilder von harter Männlichkeit sich zu, sie werden überbelich- tet und verweisen zugleich auf ihre ausgeblendete Kehrseite: auf die grundsätzli- che Verletzungsoffenheit des Subjekts, die abgewehrt und umgedeutet werden muss, um der alltäglichen Gefährdung zu entgehen." (Bereswill 2007a: 108)

---

27 Die Vergewaltiger begreifen den Akt als eine heterosexuelle Aktivität, ihnen wird auch von den Mitgefangenen nicht der Status eines Homosexuellen zugeschrieben, ihre Männlichkeit wird nicht in Frage gestellt, sie wird durch den sexuellen Akt vielmehr bekräftigt (Smaus 1999: 44).

Die kulturelle Konstruktion von Männlichkeit negiert die Verletzungsoffenheit des Mannes. „Entweder ist jemand ein Opfer oder er ist ein Mann. Beide Begriffe werden als unvereinbar gedacht." (Hagemann-White/Lenz 2002: 462) Männern wird Verletzbarkeit nicht zugestanden (Lenz 2000). Opfererfahrungen von Männern sind, anders als die von Frauen, in der Regel weder Gegenstand von politischen noch von wissenschaftlichen Diskursen. Dies gilt insbesondere für sexualisierte Gewalt (Spindler 2007: 259). Auch die Geschlechterforschung bleibt mit der (bislang) weitgehenden Vernachlässigung von gegen Männer gerichteter Gewalt der gängigen kulturellen Konstruktion von Männlichkeit verhaftet.

6.5 Frauen als Gewalthandelnde

Dass die Forschung zum Verhältnis von Geschlecht und Gewalt in hohem Maße an das kulturelle Konstrukt einer geschlechtlich ungleichen Verteilung von Verletzungsmacht und -offenheit anschließt, zeigt sich ebenfalls in der bis in die jüngste Vergangenheit verbreiteten Vernachlässigung weiblicher Gewalt. Das Bild der verletzungsoffenen Frau ließ eine Forschung über weibliche Gewalt als nicht notwendig erscheinen (Popp 2003: 200). Wir wissen wenig sowohl über von Frauen in privaten Beziehungen verübte als auch über im öffentlichen Raum praktizierte Gewalt. Wie bei der Analyse von Männergewalt sind auch hier diese Dimensionen zu unterscheiden.

Hinsichtlich des Ausmaßes der von Frauen gegen Männer verübten häuslichen Gewalt gibt es, vor allem in den USA, eine anhaltende Kontroverse. Mehrere Studien weisen eine ungefähre Gleichverteilung von häuslicher Gewalt auf Männer und Frauen auf (Gemünden 2003; Kelly 2003; Steinmetz 1978; Strauss/Gelles 1990). Frauen wären demnach nicht minder gewalttätig als Männer. Diese Studien haben zum Teil heftige Kritik erfahren, die insbesondere methodische Mängel anmerkt und der kritisierten Forschung vorhält, geschlechtsblind zu sein (Dobash u.a. 1992; Dobash/Dobash 2002; Müller 2008). In Reaktion auf diese Kritik argumentiert Linda Kelly, anzuerkennen, dass von Frauen verübte häusliche Gewalt verbreiteter ist als gewöhnlich angenommen, stelle eine Bedrohung sowohl der feministischen Theorie als auch der Rechtspraxis zu häuslicher Gewalt dar (Kelly 2003: 794, 822). Die patriarchatstheoretische Basis der gängigen Definition häuslicher Gewalt würde in Frage gestellt (ebd.: 818).

Die Forschung zu weiblicher Gewalt gegen Männer findet in einem hochgradig politisierten Rahmen statt. Allein diese Gewalt zum Forschungsgegenstand zu machen verstößt gegen einen verbreiteten Konsens und hat Merkmale eines Tabubruchs.

Allerdings weisen auch diejenigen, die von einer Gleichverteilung häuslicher Gewalt zwischen Männern und Frauen ausgehen, darauf hin, dass es bedeutsame Unterschiede hinsichtlich der Schwere und der Folgen der Gewalt gibt. Männliche Gewalt führt wesentlich häufiger zu Verletzungen als weibliche. Frauen erfahren stärkere physische und psychische Beschädigungen als Männer. Diese haben den „single beating"-Vorteil, der darin besteht, dass sie nach einer Gewaltanwendung oft nur weitere Gewalt androhen müssen, um erfolgreich Kontrolle auszuüben (Kelly 2003: 809f.). Ein Partner, der öfter physisch gewalttätig ist als der andere, ist nicht notwendigerweise derjenige, der die Beziehung und das Verhalten des Partners kontrolliert. Gewalttätige Frauen üben in der Regel weniger Kontrolle aus als gewalttätige Männer (Swan/Snow 2002). Gewalt und Kontrolle sind mithin nicht deckungsgleich; offensichtlich gibt es hier geschlechtstypische Unterschiede. Ein weiterer Unterschied besteht darin, dass die Mehrzahl der Frauen in Reaktion auf die vom Partner ausgeübte Gewalt selbst gewalttätig wird, Gewalt weniger als Mittel des Angriffs, sondern mehr zur Verteidigung einsetzt (ebd.: 310). Auch berichten Frauen häufiger als Männer, dass sie sich in Gefahr sehen, wenn der Partner gewalttätig wird. Zudem tragen Frauen in der Regel schwerere Verletzungen davon als die Männer (Brush 1990).

Unabhängig davon, wie hoch der Anteil der von Frauen gegen Männer verübten häuslichen Gewalt tatsächlich ist, ist in geschlechtertheoretischer Perspektive festzuhalten, dass dies eine Gewalt ist, die, anders als die von den Männern ausgehende, nicht im Sinne der Geschlechterordnung ist. Zwar ist die von Männern gegen Frauen verübte Gewalt ebenso illegal wie die Gewalt von Frauen, doch eignet jener insofern eine gewisse ‚Legitimität' im Sinne des hierarchisch strukturierten Geschlechtverhältnis, als Gewalt als eine den Männern zur Verfügung stehende Handlungsressource erachtet wird. Diese ‚Legitimität' wird der weiblichen Gewalt nicht zugestanden (Meuser 2002).

Dies gilt auch für im öffentlichen Raum von Frauen praktizierte Gewalt. Folgt man den Daten der Polizeilichen Kriminalstatistik, so ist diese Gewalt in den letzten 20 Jahren merklich und überproportional angestiegen. Beim Delikt Körperverletzung betrug die absolute Zahl der weiblichen Tatverdächtigen im Jahr 1987 22.702, im Jahr 2008 80.615. Dies ist ein Anstieg um 355 Prozent. Im gleichen Zeitraum ist die Anzahl der dieses Delikts Verdächtigen insgesamt um

260 Prozent angestiegen, von 182.871 auf 475.975.[28] Freilich zeigen diese Zahlen auch, dass Frauen nach wie vor in deutlich geringerem Maße als Männer gewalttätig sind; 2008 liegt ihr Anteil bei den der Körperverletzung Verdächtigen bei 17 Prozent (1987 bei 12 Prozent).

Die Forschungslage zu Ausprägungen weiblicher Gewalt ist recht spärlich. Vorliegende Studien über den Status von Frauen in gewalttätigen Subkulturen zeigen, dass weibliche Verletzungsmacht in aller Regel gegen den Widerstand von Männern erobert werden muss. Frauen, die sich an Gewaltaktionen aktiv beteiligen wollen, wird dies in den meisten von Männern dominierten Gewaltkulturen zu verwehren versucht.[29] Von den ernsten Spielen des Wettbewerbs, welche die Männer untereinander austragen, zumal von den gewaltförmigen, sind Frauen auch hier ausgeschlossen. Vielmehr entspricht es einem durchaus traditionellen Verständnis von Männlichkeit, dass die Männer die Frauen der eigenen Gruppe vor gegnerischer Gewalt zu schützen haben.

Anne Campbell (1984) zeigt in ihrer Studie „The Girls in the Gang", dass die Frauen, denen es gelingt, gegen den Widerstand der Männer sich an Gewaltaktivitäten zu beteiligen, einerseits dafür Anerkennung und Statusgewinn in der Gruppe erfahren, dass dies andererseits aber die Männer veranlasst, ihre Weiblichkeit in Frage zu stellen. Um bei den Männern Anerkennung zu finden, müssen die Frauen eine „Balance zwischen Abweichung und Anpassung" leisten (Vogel 1999: 48). Die nach außen, gegen andere Gangs gerichtete Verletzungsmacht kann allerdings mit einer Verletzungsoffenheit der Frauen innerhalb der Gang einhergehen. Christian Molidor (1996) berichtet, dass potentielle weibliche Gangmitglieder neben den für männliche ‚Novizen' üblichen Initiationsritualen ein weiteres bestehen müssen: Geschlechtsverkehr mit mehreren männlichen Gangmitgliedern unmittelbar hintereinander. Teilweise erfolge diese ‚sexuelle Initiation' freiwillig, oft aber gleiche sie einer Vergewaltigung. Indem die Frauen ein zusätzliches, sexualisierte Gewalt implizierendes Initiationsritual durchstehen müssen, wird ihnen ihre Andersartigkeit drastisch verdeutlicht und die untergeordnete Position ‚handgreiflich' zugewiesen.

Kirsten Bruhns (2002) diskutiert das Gewalthandeln der von ihr und Svendy Wittmann untersuchten gewalttätigen Mädchen (Bruhns/Wittmann 2002) explizit mit Bezug auf das Begriffspaar Verletzungsmacht und Verletzungsoffenheit. Die zum Teil geschlechtshomogenen, zum Teil gemischtgeschlechtlichen ge-

---

28 http://www.bka.de/pks/zeitreihen/pdf/t20_tv_w.pdf und http://www.bka.de/pks/zeitreihen/pdf/t20_tv.pdf (26.11.2009)

29 Vgl. für unterschiedliche Gewaltkulturen: Bohnsack u.a. 1995; Inhetveen 1997; Matthesius 1992; Messerschmidt 1997; Möller 1993

waltbereiten Gruppen ermöglichen es den Mädchen, „Macht- und Kontrollan-
sprüche zu realisieren (Wittmann/Bruhns 2001: 10). Diese Mädchen „präsentieren ein Weiblichkeitsbild, in das Mut, Stärke und Durchsetzungsfähigkeit integriert sind" (ebd.: 12). Aktive Gewalt wird, mit Unterstützung der Gruppe, in
das eigene Weiblichkeitskonzept integriert. Allerdings ist die Verletzungsmacht
der Mädchen nicht selbstverständlich; sie ist nicht fraglos gegeben wie die der
Jungen oder der Männer (s.o.), welche die Maßstäbe setzen, an denen sich die
Mädchen orientieren. Die Mädchen ergreifen eine ihnen gesellschaftlich nicht
zugestandene Verletzungsmacht; sie verfügen gewissermaßen über eine ‚illegi-
time' Verletzungsmacht. Dessen sind sie sich bewusst; sie weigern sich, sich „in
das Schema Verletzungsmacht = männlich, Verletzungs-Offenheit = weiblich"
(Bruhns 2002: 191) einzuordnen.

   Diese Mädchen „positionieren sich als Verletzungsmächtige und fordern eine gleichberechtigte Stellung im Geschlechterverhältnis ein" (ebd.). Zugleich
orientieren sie sich an ‚typisch weiblichen' Lebensentwürfen im Rahmen einer
traditionellen Arbeitsteilung zwischen Mann und Frau (Bruhns 2003: 226f.).[30]
Bruhns sieht darin keinen Widerspruch, sondern versteht dies als „Ausdruck von
Ambivalenzen: einerseits den ‚typisch weiblichen' Verhaltensanforderungen zu
entsprechen, andererseits aber damit verbundenen Abwertungen zu entkommen
und das Bedürfnis nach Anerkennung zu befriedigen" (Bruhns 2003: 227). Die
gewalttätigen Mädchen sind mithin keine ‚Geschlechtsdissidentinnen'. Amerikanische Studien zu gewalttätigen Mädchen und Frauen resümierend stellt Messerschmidt (1997) fest, dass die Frauen mit dem Gewalthandeln nicht die Intention
verfolgen, männlich zu sein, vielmehr stellen sie eine Weiblichkeit her, „die Anerkennung als Gang-Mitglied und als Frau sichert" (ebd.: 32). Die Orientierung
an einem ‚typisch weiblichen' Lebensentwurf ist gleichsam der Akzeptanztribut,
der für die Inanspruchnahme von Verletzungsmacht zu zahlen ist.

6.6   Schluss

   Die Forschung zu Gewalt im Geschlechterverhältnis hat eine Entwicklung
genommen, die durch zwei, eng aufeinander bezogene Tendenzen gekennzeichnet ist:

---

30   Ähnliche Beobachtungen finden sich bei Campbell (1984).

- von einer Öffnung der zunächst auf die Konstellation männlicher Täter, weibliches Opfer begrenzten Perspektive zu einer mehrdimensionalen, hetero-, wie homosoziale Gewaltverhältnisse berücksichtigenden Forschung, in der Männer und Frauen sowohl als Täter wie als Opfer in den Blick kommen, und
- von einer Erweiterung der zunächst vorwiegend (geschlechter-)politischen Rahmung der Forschung um eine wissenschaftliche Begründung des Untersuchungsgegenstands, die die unterschiedlichen Gewaltrelationen im Rahmen eines ausdifferenzierten Begriffs von Geschlecht und Geschlechterverhältnissen untersucht.

Allerdings ist zu konstatieren, dass der Blick auf die von Männern gegen Frauen gerichtete Gewalt weiterhin die Forschung dominiert. Dies trifft insbesondere auf solche Forschungen zu, die mit Bundes- oder Landesmitteln gefördert wird. So hat das Bundesministerium für Familie, Senioren, Frauen und Jugend zwar neben der oben erwähnten Studie zu Gewalt gegen Frauen (Müller/Schröttle 2004) auch eine Studie zu Gewalt gegen Männer gefördert (Puchert u.a. 2004; Jungnitz u.a. 2007), doch handelt es sich hierbei nicht um eine breit angelegte repräsentative Untersuchung, sondern um eine Pilotstudie mit einer kleinen Stichprobe. Dies verweist einerseits auf eine Erweiterung des Fokus und steht andererseits für eine unterschiedliche Gewichtung der verschiedenen Gewaltrelationen. Es mag auch ein Ausdruck dessen sein, dass wir, wie Carol Hagemann-White (2005: 6) anmerkt, „Gewalt gegen Männer und Gewalt gegen Frauen mit zweierlei Maß [messen]. Eine leichte Ohrfeige, eine blutige Nase, ein blaues Auge gelten bei Frauen als Grund für Intervention und Schutz; geschieht dies unter Männern, muss keiner sich darum kümmern und Polizei und Justiz haben, wenn der Angriff nicht gerade hinterhältig war, nichts zu suchen." Der Hintergrund dieser unterschiedlichen Reaktionen ist die oben skizzierte geschlechtsdifferent erfolgende Zuweisung von Verletzungsoffenheit und Verletzungsmacht. Eine geschlechtersoziologische Gewaltforschung muss diesen Unterschied in ihren Forschungen zu vergeschlechtlichter Gewalt als Interpretationsfolie berücksichtigen, darf sich bei der Auswahl der Untersuchungsfelder und der Formulierungen der Fragestellungen jedoch nicht daran orientieren.

7. Körperdiskurse und Körperpraxen der Geschlechterdifferenz

Michael Meuser

7.1 Die Soziologie und der Körper

Anfang der 1980er Jahre haben Dietmar Kamper und Christoph Wulf (1982) eine „Wiederkehr des Körpers" diagnostiziert, allerdings nahm die Soziologie davon lange Zeit kaum Notiz. Hans Joas (1992: 245) hat das (vormalige) Verhältnis der Soziologie zum Körper als eine „Art theoretischer Prüderie" bezeichnet. Der Durkheimschen Devise folgend, Soziales durch Soziales zu erklären, schien der Körper wegen seiner physischen Materialität außerhalb des soziologischen Fokus zu liegen. Inzwischen hat sich jedoch die Einsicht durchgesetzt, dass der Körper in einer doppelten Weise gegeben ist: als Einheit von physischer Materialität und kultureller Formung. Die „theoretische Prüderie" ist einem ‚Körperboom' gewichen; nach dem „linguistic" und dem „iconic turn" wird nun ein „body turn" (Gugutzer 2006) diagnostiziert.

Wie ist der Körper zu einem Thema der Soziologie geworden? Zwei, zum Teil aufeinander bezogene Diskurse sind hierfür von besonderer Bedeutung: der feministische Diskurs und der Diskurs der Postmoderne (Gugutzer 2004: 40ff.).[31] Der Feminismus hat den weiblichen Körper erfolgreich zum Gegenstand sowohl politischer Auseinandersetzung als auch wissenschaftlicher Diskussion gemacht. Ziel feministischer Körperpolitik war und ist es, den weiblichen Körper männlicher Kontrolle zu entziehen (Davis 1996). „Mein Bauch gehört mir" – mit diesem Spruch kämpfte die Frauenbewegung in den 1970er Jahren für eine Legalisierung des Schwangerschaftsabbruchs. Barbara Duden (2008: 593) versteht den Körper als „Schlüsselbegriff der Frauenbewegung". Er wurde „zum politischen ‚Kampfplatz' um die Autonomie des (weiblichen) Selbst" (Villa 2000: 53). Der intellektuelle Diskurs des Feminismus umfasst bekanntlich eine Vielfalt von Perspektiven und theoretischen Modellen. Im Feminismus der 1970er und 1980er Jahre gab es eine starke Position, eine (vermeint-

---

31 Zum Verhältnis der beiden Diskurse vgl. Fraser/Nicholson 1988.

liche) weibliche Körpernähe der instrumentellen Vernunft des Mannes entgegenzusetzen. Diese Position ist recht bald wegen ihres impliziten Essentialismus kritisiert worden. Sie hat aber nicht unwesentlich dazu beigetragen, die Einsicht zu etablieren, dass es neben einer kognitiven Erfahrung auch eine leibliche Erfahrung gibt (Bublitz 2006: 342). Diese Einsicht geht einher mit einer Kritik des cartesianischen Dualismus von Körper und Geist. Dessen Infragestellung ist ein Grundmotiv der gegenwärtigen Körpersoziologie.

Von großem Einfluss auf die körpersoziologische Theoriediskussion ist der Ansatz der sozialen Konstruktion von Geschlecht (vgl. Kap. 4). Dieser Ansatz begreift nicht nur das Geschlecht, sondern auch den Körper, an dem das Geschlecht festgemacht wird, als sozial konstruiert. Die soziale Konstruktion der geschlechtlichen Körper beginnt unmittelbar nach und – ermöglicht durch Verfahren der pränatalen Diagnostik – inzwischen auch schon vor der Geburt: indem die Geschlechterklassifikation auf der Basis „*sozial* vereinbarter biologischer Kriterien" (Gildemeister 2008: 138; Herv. d. Verf.) erfolgt. Sie setzt sich während des gesamten Lebenslaufs in vielfältigen Praktiken fort. Einige von ihnen werden unten genauer beschrieben.

Mit der konstruktivistischen Wende in der Geschlechterforschung wurde der sozialwissenschaftliche Körperdiskurs gleichsam entnaturalisiert. Der Körper als ein in Diskursen und Interaktionen hergestellter, als in einem sozialen Sinne sinnhafter Körper – diese Perspektive wurde zunächst in geschlechtertheoretischen Arbeiten formuliert, etwa bei Judith Butler (1991) oder Stefan Hirschauer (1993). Zwar ist dieser körpertheoretische Ansatz in der Geschlechterforschung alles andere als unumstritten (Meuser 2005c), jedoch ist zu konstatieren, dass es nicht mehr möglich ist, Körpererfahrungen als vor- oder außersozial zu begreifen. Körpererfahrungen werden wie andere Erfahrungen „innerhalb einer spezifischen symbolischen Ordnung gemacht" (Maihofer 2002: 6; vgl. auch Bublitz 2006).[32] Dies ist eine Erkenntnis, welche die Körpersoziologie in hohem Maße der Geschlechterforschung zu verdanken hat.

Der Diskurs der Postmoderne, der sich u.a. dadurch auszeichnet, dass er die dichotomen Kategorien der Moderne (gut/böse, richtig/falsch, links/rechts, Fortschritt/Reaktion, Kultur/Natur, rational/irrational, Körper/Geist) sowie die Möglichkeit universal gültiger Bewertungsstandards in Frage stellt und statt dessen Ambiguitäten und Ambivalenzen gelten lässt (Baumann 1995; Huyssen 1986; Junge 2007), trifft sich mit dem feministischen in der Absage an den cartesiani-

---

32 An dieser Stelle sei exemplarisch auf die Wahrnehmungen der körperlichen Veränderungen durch pubertierende Jugendliche verwiesen (s.u.).

schen Dualismus. Die postmoderne Erkenntnistheorie bestreitet, dass der kognitive Modus der einzige ist, in dem wir die Welt erfahren (Turner 1996). Das cartesianische "cogito, ergo sum", das die Subjektvorstellung der okzidentalen Moderne entscheidend geprägt hat, wird als eine rationalistische Verkürzung kritisiert. Descartes Verständnis des Verhältnisses von Körper und Geist, das den philosophischen Diskurs der modernen Gesellschaft und deren Menschenbild geprägt hat, sieht ein klares hierarchisches Verhältnis vor, in dem der Geist den Körper dominiert. Den Körper begreift Descartes als ein Instrument, dessen sich der Geist bedient, um seine Ziele zu verfolgen.

Der Diskurs der Postmoderne hat wesentlich dazu beigetragen, die körperliche Dimension des sozialen Handelns in Erinnerung zu rufen. Soziales Handeln erschöpft sich nicht darin, Handlungsentwürfe in die Tat umzusetzen. Neben dem Verfolgen von Intentionen basiert soziales Handeln auf vielfältigen Habitualisierungen und inkorporierten Routinen. Wenn wir uns z.B. im Supermarkt am Ende einer Schlange anstellen, tun wir dies gewöhnlich nicht, weil wir uns explizit dazu entschieden haben, sondern weil wir es gewohnt sind. Für die soziologische Handlungstheorie ergibt sich hieraus die Konsequenz, den Körper systematisch als eine Dimension einzubeziehen, die nicht minder bedeutsam ist als die kognitive (Meuser 2004b, 2006c).

Der feministische Diskurs erweitert die postmoderne Kritik des cartesianischen Dualismus, indem er darauf hinweist, dass im Geschlechterdiskurs der bürgerlichen Gesellschaft die Unterscheidung von Frau und Mann an die Opposition von Körper und Geist angeschlossen wird und dass dadurch das hierarchisch strukturierte Geschlechterverhältnis eine kulturelle und philosophische Legitimierung erfährt: Der in ihrer Körperlichkeit ‚gefangenen' Frau steht der das Allgemeine der Vernunft repräsentierende Mann gegenüber (Butler 1991: 31).

Der Diskurs der Postmoderne betont des weiteren, dass der Körper ab dem letzten Drittel des 20. Jahrhunderts einen Bedeutungswandel erfährt. Er ist nicht mehr – als hart arbeitender Körper – ein Instrument in der industriellen Produktion, das durch Disziplinarmaßnahmen in deren Strukturen eingepasst werden muss, z.B. an den Rhythmus des Fließbandes. Vielmehr wird er zum Objekt und zum Medium kultureller Inszenierungen, zur Projektionsfläche der Selbstpräsentation der Individuen. Events wie die Loveparade oder der Christopher Street Day sind augenfällige Beispiele. Die ‚richtige' körperliche Selbstdarstellung entscheidet in wachsendem Maße über Erfolge bzw. Misserfolge in privaten wie beruflichen Kontexten. An Barrack Obamas Erfolg und Popularität hat seine (mediale) Körperpräsenz einen nicht geringen Anteil (Haltern 2009). Doch nicht nur Spitzenpolitiker und -politikerinnen sind den Ansprüchen körperlicher Selbstdarstellung unterworfen. Tendenziell trifft dies alle Gesellschaftsmitglieder: nicht mehr nur Frauen, sondern auch Männer, nicht mehr nur junge, sondern auch alte Menschen. „Successful ageing" lautet ein postmoderner Imperativ (Featherstone/Hepworth 1991; Schroeter 2008). Von Männern fordert dieser u.a. sexuelle Fitness, definiert als Erektionsfähigkeit, bis ins (hohe) Alter. Vor diesem Hintergrund wird der kommerzielle Erfolg von Sildenafil (Viagra) deutlich: als eine vergeschlechtlichte Technologie des Männerkörpers (Mamo/Fishman 2001; Marshall/Katz 2002).

Der feministische und der postmoderne Diskurs bilden den intellektuellen Rahmen der neuen Aufmerksamkeit für den Körper, die Popularität des Themas ist allerdings kein bloß diskursiver Effekt. Wenn es stimmt, das wir in einer „Inszenierungsgesellschaft" (Willems/Jurga 1998) leben, dann kommt dem Körper eine hervorgehobene Bedeutung zu. Der Körper wird zur bevorzugten Projektionsfläche dessen, was Erving Goffman (1959) als „impression management" bezeichnet hat. Die „presentation of self in everyday life" erfolgt in wachsendem Maße als eine theatrale Inszenierung des Körpers. Als Folge dieser Bedeutungsaufwertung wird den Akteuren der Tendenz nach eine hoch aufmerksame, reflexive Zuwendung auf den eigenen Körper abverlangt. In den Körper und dessen Erscheinung muss investiert werden. In geschlechtersoziologischer Perspektive ist bemerkenswert, dass die Männer verstärkt in diesen Prozess involviert sind.

So betrachtet, drängt sich der Körper der Soziologie als Untersuchungsgegenstand geradezu auf. Die gegenwartsdiagnostische Dimension kommt auch in der folgenden geschlechtersoziologischen Betrachtung des Körpers zum Tragen. Diese ist in die folgenden Punkte untergliedert, welche die zentralen Fragestellungen der gegenwärtigen Diskussion und Forschung zum Verhältnis von Körper und Geschlecht widerspiegeln:

- korporale Materialiät und soziale Konstruktion von Geschlecht;
- kulturelle Codierung des Geschlechtskörpers;
- inkorporiertes Geschlechtswissen;
- postmoderne Neucodierungen des Geschlechtskörpers.

7.2 Korporale Materialiät und soziale Konstruktion von Geschlecht

Nichts verbürgt das Geschlecht, das man ist, mehr als der Körper, den man hat. Ob Frau, ob Mann – ‚das sieht man doch'. Aber was sieht man? Gewöhnlich nicht den nackten Körper, schon gar nicht die primären Geschlechtsmerkmale, die gemeinhin als ultimativer ‚Geschlechtsbeweis' gelten. Man sieht bekleidete, kulturell geformte Körper. Die Kleidung ist nur eine Dimension der kulturellen Formung. Die Art, das Haar zu tragen, die Benutzung von Kosmetika, die Accessoires, mit denen man sich umgibt, eine bestimmte Art, den Körper zu bewegen – all dies sind Dimensionen der kulturellen Formung des Körpers. Die Wahrnehmung des auf diese Weise kulturell erzeugten Körpers ist die Basis von Geschlechtszuschreibungen. Doch Geschlechtszuschreibung ist – zumindest in der okzidentalen Moderne – Genitalzuschreibung, wie Suzanne Kessler und Wendy McKenna (1978) in ihrer wegweisenden Arbeit zur sozialen Konstruktion von Geschlecht herausgestellt haben. Wir ‚wissen', dass jemand, die einen Rock trägt, eine Handtasche umhängen hat und deren Gesicht geschminkt ist, eine Vagina hat und jemand, der mit ‚männlichen' Attributen daherkommt, einen Penis. Noch das vermeintliche Hintertreiben dieses Wissens, die Travestie, funktioniert nur auf dessen Basis, weil die kulturellen Geschlechtszeichen und die (vermuteten) körperlichen Merkmale – deren Existenz können wir nur vermuten, denn wir sehen ja nicht, was der Transvestit ‚darunter' hat – ‚offenkundig' nicht zusammen passen.

Der Körper gilt gewöhnlich als der stärkste ‚Beweis' des Geschlechts – für ego wie für alter. Körperwahrnehmung und Geschlechtswahrnehmung lassen sich analytisch unterscheiden, im Alttag sind sie untrennbar miteinander verknüpft. Die physische Materialität macht den Körper zu einem Fluchtpunkt, der sich einer vollständigen Dekonstruktion der Geschlechtergrenzen zu widersetzen scheint.

Stefan Hirschauer (1993) hat gezeigt, dass sich dies in aller Klarheit dort beobachten lässt, wo auf den ersten Blick eine Dekonstruktion der Geschlechtsgrenzen stattfindet, wo die enge Kopplung von Geschlecht und Körper außer Kraft gesetzt zu sein scheint: am Fall des sog. Geschlechtswechsels von Transsexuellen. Transsexuelle Menschen berichten häufig, ihr Körper passe nicht zu dem Geschlecht, dem sie sich selbst zugehörig fühlen. Der Wunsch vieler Transsexueller nach einer operativen Umwandlung der primären Geschlechtsmerkmale verweist auf die hohe kulturelle Bedeutung, die dem Körper als geschlechtliche Sinnressource zukommt. Als Mann bzw. als Frau können sich die meisten Menschen nur fühlen, wenn sie einen ‚männlichen' bzw. einen ‚weiblichen' Körper haben. Hirschauer (1993: 288) bezeichnet die operative ‚Heilung' der Inkongruenz von materiellem Körper und Geschlecht als „Normalisierungstribut, den Transsexuelle entrichten", um sich ihres Geschlechts gewiss zu sein. Auf diese Weise stützen sie die ‚natürliche' Geschlechterordnung.

Das in der modernen Gesellschaft fest verankerte Wissen darum, dass das Geschlecht eines Menschen in dessen (biologischem) Körper lokalisiert ist, macht es jedoch nicht überflüssig, den Körper von Männern und Frauen unterschiedlich zu gestalten: gemäß einer Geschlechtstypik, die den sozialen Status von Männern und Frauen spiegelt. Das reicht von der Kleidung über die Haartracht bis hin zu buchstäblich ‚unter die Haut' gehenden Eingriffen der kosmetischen Chirurgie. Das Vertrauen in die Beweiskraft der (‚natürlichen') Physis scheint begrenzt zu sein. Gerade weil der Körper als der stärkste ‚Geschlechtsnachweis' gilt, ist es wichtig, ihn ‚stimmig' zu präsentieren, so dass er die Geschlechtzugehörigkeit in eindeutiger Weise verbürgt. Die Individuen entwickeln Körperstrategien, „soziosomatische Praxen" (Hirschauer 1989: 111), um – für die anderen und sich selbst – ein eindeutiger geschlechtlicher Körper zu sein. Das Unverständnis und die Abwehr, die Queer-Strategien entgegenschlagen, sind eine Reaktion auf die Absicht, die Eindeutigkeit aufzulösen. Das dekonstruktivistische Spiel mit den Geschlechtszeichen wird von den meisten nicht als befreiend wahrgenommen; es macht Angst.

Geschlechtlichkeit und Körperlichkeit stehen, dies hat die konstruktivistische Geschlechterforschung gezeigt, in einem engen wechselseitigen Verweisungszusammenhang. Darüber besteht in der Geschlechterforschung Konsens. Wie dieser Zusammenhang zu entschlüsseln ist, ist jedoch Gegenstand grundlegender Kontroversen. Gibt es einen geschlechtlichen Körper vorab des *doing gender*, unabhängig von den sozialen Gebrauchsweisen des Körpers im alltäglichen Handeln? Oder ist der geschlechtliche Körper durch und durch ein diskursiver und interaktiver Effekt? Könnten wir den Körper auch ganz anders geschlechtlich konstruieren, als wir dies im Rahmen einer langen kulturellen Tradition zu tun gewohnt sind? Könnten wir gar ganz darauf verzichten, den Körper mit einer geschlechtlichen Bedeutung zu versehen? Oder sind der kulturellen Konstruktion Grenzen gesetzt, die in der physischen Materialität des Körpers begründet liegen? Können wir einen Begriff von Geschlecht entwickeln, der nicht auf körperliche Phänomene wie Samenerguss, Menstruation, Gebärfähigkeit u.a. bezogen ist? Anders gewendet: Können wir solche Phänomene in einer anderen als einer geschlechtlichen Begrifflichkeit wahrnehmen und beschreiben?

Vermutlich nicht. Butler, gewissermaßen die ‚Kronzeugin' einer diskursiven Konstruktion des Körpers (Butler 1991), bemerkt in einer neueren Arbeit, die Geschlechterdifferenz sei weder völlig gegeben noch völlig konstruiert, sondern beides. Die Frage nach dem Verhältnis von Biologischem und Kulturellem müsse immer wieder gestellt werden, eine endgültige Antwort sei aber nicht zu erwarten (Butler 2004: 185f.). Vermutlich ziehen die Unterschiede der reproduktiven Funktionen von Frauen- und Männerkörpern zwangsläufig soziale Sinnanschlüsse nach sich. Welcher Sinn angeschlossen wird, ist damit nicht determiniert. Es ist jedoch keine Kultur bekannt, die auf eine Unterscheidung nach Geschlechtern verzichtet und deren Geschlechterklassifikation nicht auf die reproduktiven Unterschiede Bezug nimmt. Den primären Geschlechtsmerkmalen wird wegen ihrer reproduktiven Funktion ein anderer Stellenwert zugeschrieben als sonstigen körperlichen Merkmalen (z.B. der Haarfarbe). Sie erzwingen gewissermaßen eine andere Aufmerksamkeit. Weil sie „den Geschlechtsunterschied verdichten", sind die Geschlechtsorgane, so Pierre Bourdieu (1997a: 174), dazu „prädestiniert, ihn zu symbolisieren". Die physische Materialität der Körper ermöglicht es der sozialen Konstruktion von Geschlecht, auf eine außersoziale Gegebenheit zu verweisen, mit dem Effekt, dass die soziale Konstruiertheit unsichtbar wird. Der „*biologische* Unterschied zwischen dem männlichen und dem weiblichen Körper und ganz besonders der *anatomische* Unterschied zwischen den Sexualorganen" *erscheinen* „als unanfechtbare Rechtfertigung des gesellschaftlich konstruierten Unterschieds zwischen den Geschlechtern" (ebd.: 169; Herv. i.O.). Die sich anschließenden sozialen Unterscheidungen müssen freilich nicht diejenigen sein, die die Geschlechterordnungen moderner Gesellschaften kennzeichnen. „Etwas organisatorischer Aufwand wäre nötig, wenn auch unter modernen Bedingungen nicht allzu viel, wollte man spürbare soziale Folgen dieser körperlichen Gegebenheiten verhindern." (Goffman 1994: 106)

Der Umstand, dass die soziale Konstruktion von Geschlecht den physischen Dimorphismus nicht ignorieren kann, ist freilich nur die eine Seite der Medaille. Die andere besteht darin, dass wir den eigenen Körper nicht außerhalb einer bestimmten symbolischen Ordnung erfahren können. Körperliche Veränderungen während der Pubertät werden von Jungen und Mädchen nicht nur wegen der anatomischen Unterschiede des männlichen und des weiblichen Körpers unterschiedlich erfahren. Gleichermaßen von Bedeutung ist, dass die erste Regelblutung kulturell anders gerahmt ist als der erste Samenerguss (Kolip 1997: 81ff., 114ff.). Jene ist in der abendländischen Kultur deutlich stärker ambivalent besetzt als dieser. Während der erste Samenerguss als Ausdruck neuer Potenzen erfahren wird, wird die erste Menstruation „primär als Hygieneproblem verhandelt" (Flaake 1998: 51). Die Sozialordnung der Zweigeschlechtlichkeit – einschließlich der diese Ordnung kennzeichnenden Hierarchisierungen – ist der Rahmen subjektiver Körpererfahrung. Die „subjektive fühlbare Realität" (Villa 2000: 182), die der Körper ist, ist eine materiale *und* symbolische Realität. Die Geschlechterdifferenz hat ihre eigene somatische Kultur. Dieser Begriff bezeichnet „Kodes der guten Sitten für den Umgang mit dem Körper, der tief verinnerlicht und allen Mitgliedern einer bestimmten sozialen Gruppe gemeinsam ist" (Boltanski 1976: 154f.). Diese Kodes gelten gleichermaßen für das Erleben des eigenen und die Wahrnehmung des fremden Geschlechtskörpers wie für körpergebundene Geschlechtsdarstellungen.

7.3 Kulturelle Codierung des Geschlechtskörpers

Die kulturelle Codierung des Geschlechtskörpers ist insbesondere in Studien, die den populären wie den wissenschaftlichen Geschlechterdiskurs der modernen Gesellschaft zum Gegenstand haben, thematisiert worden (Frevert 1995; Honegger 1991; Laqueur 1992; List 1993). Demzufolge ist die somatische Kultur der Geschlechterdifferenz gemäß den polaren Schemata strukturiert, die das Verhältnis der Geschlechter in der Moderne bestimmt haben und die nur langsam an Bedeutung zu verlieren beginnen. Es sind die bekannten Polaritäten von Kultur versus Natur, Geist versus Körper, Rationalität versus Affektivität, Aktivität versus Passivität usw. Die Konstruktion des männlichen Körpers als leistungsfähiger, physisch effektiver und räumlich expansiver Körper, des weiblichen als ästhetischer, empfindsamer und sich zurück nehmender Körper folgt der Logik dieser Polaritäten. Die geschlechtlichen Körper stehen in einem Verhältnis der Hierarchie zueinander, das sich als sehr robust erweist.

Ein Merkmal dieser Hierarchie ist, dass (kulturelle) Körperlichkeit geschlechtlich ungleich verteilt ist. In der modernen bürgerlichen Gesellschaft war (und ist) es primär der weibliche Körper, dem Aufmerksamkeiten ganz unterschiedlicher Art zuteil werden – ästhetische und kontrollierende, anerkennende und abwertende. In der Rede vom ‚schönen Geschlecht' ist die Assoziation von Weiblichkeit mit Körperlichkeit in metaphorisch verdichteter Form festgehalten. Zugleich wird der weibliche Körper pathologisiert. Er wird „medizinischer Gegenstand par excellence" (Foucault 1978: 184). Dies setzt sich bis zur modernen Biomedizin fort (Duden 2002; Oudshoorn 2004). Trotz der Gleichsetzung von

Körperlichkeit und Weiblichkeit repräsentierte der männliche Körper (als menschlicher Körper) die (allgemeine) Norm, gegenüber dem der weibliche Körper als Abweichung, als unvollkommenerer Körper gesehen wurde (Sobiech 1994: 27).

Diese diskursive Konstruktion des weiblichen Körpers bleibt nicht folgenlos für die Wahrnehmung des Körpers durch die Subjekte. Vor dem Hintergrund der Pathologisierung des weiblichen Körpers, wie er folgenreich u.a. von der Medizin betrieben wird, wird ein Befund der Gesundheitsforschung verständlich, der zunächst widersprüchlich anmutet. Obwohl Frauen eine höhere Lebenserwartung als Männer haben und weniger von lebensbedrohenden chronischen Krankheiten betroffen sind, fühlen sie sich subjektiv kranker als Männer (Maschewsky-Schneider 1994).

Dies alles geschieht innerhalb einer symbolischen Ordnung, in der der Mann das Allgemeine repräsentiert und die Frau das Besondere. Gegenüber dem Allgemeinen der (männlichen) Vernunft ist das Besondere nicht zuletzt durch seine Körperlichkeit bestimmt. Körperlichkeit ist sozusagen ein zentraler ‚Marker' des weiblichen Geschlechts. Der Mann erscheint als „Souverän gegenüber seinem eigenen Körper" (List 1993: 132), über den er rational verfügt, die Frau wird als das ‚Andere der Vernunft' „zum Körper par excellence" (Löw 1997: 455). Die geschlechtlich ungleiche ‚Verteilung' von Körperlichkeit ist ein Fundament der hierarchisch strukturierten Geschlechterdifferenz.

In der seinerzeit noch jungen Soziologie findet sich dieses Verständnis in Ferdinand Tönnies' für die Entwicklung der Soziologie höchst einflussreicher, 1887 erschienener Schrift „Gemeinschaft und Gesellschaft". Der Tönniesschen Geschlechtertheorie liegt die Differenzierung zweier Willensformen zugrunde: Wesenwille und Kürwille. Darauf baut Tönnies seine Unterscheidung von Gemeinschaft und Gesellschaft auf. Der Wesenwille ist „das psychologische Äquivalent des menschlichen Leibes", „Prinzip der Einheit des Lebens", der Kürwille hingegen „ein Gebilde des Denkens selber, welchem daher nur in Beziehung zu seinem Urheber – das Subjekt des Denkens – eigentliche Wirklichkeit zukommt" (Tönnies 1979: 73). Tönnies formuliert einen Gegensatz von natürlicher Gegebenheit und artifizieller Konstruiertheit. Und in genau diesen Gegensatz stellt er das Verhältnis von Frau und Mann hinein. Dem Wesenwillen entsprechend hat die Frau ein unmittelbares Verhältnis zu den Dingen. „Wahrhaftigkeit und Naivität, Unmittelbarkeit und Leidenschaftlichkeit" verkörpernd ist sie der „in jedem Bezug natürlichere Mensch" (ebd.: 127). Der vom Kürwillen geprägte Mann hingegen ist in seinem planvollen Handeln der künstliche Mensch.

Es sind jedoch nicht nur die wissenschaftlichen Theorien und die kulturellen Deutungsmuster, die den Mann gleichsam ‚entkörpern'. Die alltägliche Praxis der Geschlechtsdarstellung ist ebenfalls daran beteiligt. Sinnfällig wird dies etwa anhand der nach Geschlecht unterschiedlichen Art, sich zu kleiden. Folgt man kulturhistorischen Studien zur Mode und Kleidung im 19. Jahrhundert, dann sind Schönheit und Mode weiblich konnotiert. Nicht der Mann hat schön zu sein, sondern die Dinge und Menschen, die ihn umgeben. Das bürgerliche Männerkleid entzieht sich dem Modediktat. Mode verweist auf den Körper und auf Geschlechtlichkeit, sie wurde im 19. Jahrhundert zum Inbegriff der Weiblichkeit. Wenn auch die Frauenkleider die weibliche Haut vielfach verbargen, so blieben die Körperformen doch sichtbar, während sich unter dem dunklen Sakko der Männer deren Körper nur mehr erahnen ließ. Die männliche Kleidung sollte die Bewegungsfreiheit des Trägers nicht behindern. Alle Hinweise auf die sexuelle Potenz des Mannes waren getilgt (Brändli 1996).

Bourdieu (1997b: 229) zufolge ist in der gegebenen Geschlechterordnung "die Frau als symbolisches Objekt konstituiert, dessen Sein (esse) ein Wahrgenommen-Sein (percipi) ist". Objekt der Wahrnehmung – durch Männer, aber auch durch Frauen – ist vor allem der weibliche Körper. Mehr als beim Mann ist Attraktivität bei der Frau an die physische Erscheinung gebunden – und an deren Bewertung durch den Mann (Flaake 1998). Dass Macht ‚sexy' macht, gilt trotz aller Veränderungen im Geschlechterverhältnis für Frauen deutlich weniger als für Männer. Vor diesem Hintergrund ist es verständlich, dass sich (bislang) Frauen weitaus häufiger als Männer um eine ästhetische Perfektionierung ihres Körpers bemühen und bereit sind, (viel) Geld und Zeit dafür zu investieren. Frauen nutzen Möglichkeiten der Körpermanipulation und -korrektur – von Kosmetikprodukten über Diäten bis hin zu kosmetischer Chirurgie – erheblich mehr als Männer (Ensel 1994; Franckenstein 1994). Allerdings holen die Männer in jüngster Zeit kräftig auf. Dull und West (1991) haben gezeigt, dass sowohl unter Ärzten und Ärztinnen als auch unter Patienten und Patientinnen die Überzeugung vorherrscht, kosmetische Chirurgie sei etwas Natürliches für Frauen, nicht aber für Männer. Die enge Assoziation von Weiblichkeit und Körperlichkeit lässt korrigierende Eingriffe in den Körper der Frau als deren legitimes Recht erscheinen. Insoweit von Frauen erwartet wird, dass sie ihr „impression management" vor allem über den Körper betreiben, werden ihnen Körpermanipulationen zugestanden, die bei Männern (bislang) verpönt sind.

Der Frauenkörper ist traditionell einem wesentlich größeren Repertoire an sozialen Vorschriften ausgesetzt als der Männerkörper. Schönheitsgebote gelten vor allem für Frauen. Frauen werden angehalten, sich mit den Medienbildern der idealen Frau zu vergleichen. Massenmediale Thematisierungen des weiblichen Körpers in Frauenzeitschriften und in jüngster Zeit auch in Inszenierungen der plastischen Chirurgie in TV-Sendungen wie „The Swan" oder „Extrem schön!" machen den Körper der Frau zu einem „öffentlichen Ort" (Duden 1991b). Sie vermitteln die Botschaft, dass nur diejenige eine richtige Frau ist, die den richtigen Körper hat, und dass es jede Frau schaffen kann, eine solche zu werden, wenn sie nur hart und konsequent daran arbeitet, den ‚richtigen' Körper herzustellen. Weibliche Identität wird an (harte) Körper-Arbeit gebunden, der Körper im Extremfall zu einem beliebig manipulierbaren Stoff (Villa 2008a).

7.4   Inkorporiertes Geschlechtswissen

Die kulturelle Codierung des Körpers bleibt diesem nicht äußerlich. Nicht nur in Form von chirurgischen Eingriffen geht Geschlecht gleichsam ‚unter die Haut'. Dies ist in dem Sinne zu verstehen, wie auch andere soziale Zugehörigkeiten (insbesondere Klassen-, Milieu- und ethnische Zugehörigkeit) sich in die Körper einschreiben. Bourdieu hat dies mit dem Konzept des Habitus vor allem mit Blick auf die Klassenzugehörigkeit dargelegt. Den sozialisierten Körpern eignet eine spezifische Gerichtetheit, eine Disposition, die weitgehend in Einklang mit den kulturellen Codierungen und Normen steht. „Männlichkeit und Weiblichkeit werden wesentlich dadurch erlernt, daß die Geschlechterdifferenz in Form einer bestimmten Weise, zu gehen, zu sprechen, zu stehen, zu blicken, sich zu setzen usw., den Körpern (vor allem durch die Kleidung) eingeprägt wird." (Bourdieu 2001: 181) Nancy Henley (1988: 205) berichtet von einer Studie über „Zusammenstoß-Vermeidungsstrategien an einem Fußgängerüberweg". Ein Ergebnis dieser Studie ist, „dass Frauen an anderen in einer ‚verkrampften' Art vorübergehen, d.h. ihren Körper von anderen fortdrehen. Männer neigen dazu, in einer ‚offenen' Haltung an anderen vorüberzugehen, d.h. ihren Körper anderen zuzuwenden." Diese Unterschiede sind nicht das Resultat bewusster Entscheidungen. Hier sind vorbewusste Handlungs- und Bewegungsroutinen am Werke, in denen sich ein inkorporiertes Geschlechtswissen geltend macht. Hier dokumentiert sich eine „tiefinnere Verwachsenheit des sozialisierten Körpers mit dem sozialen Körper, der ihn geschaffen hat" (Bourdieu 2001: 185f.).

Die ständige Wiederholung körperlicher Routinen formt einen Körper, der ‚mächtiger' ist als der rationale Verstand. Bemühungen um eine Veränderung tradierter Geschlechterverhältnisse scheitern auf der Ebene des Alltagshandelns häufig daran, dass die Gewohnheiten, die es zu überwinden gilt, in körperlichen Routinen habitualisiert sind. Die in Paarbeziehungen immer wieder zu beobachtende Tendenz, dass Frauen Hausarbeiten selbst verrichten, für die laut Absprache der Mann zuständig ist, hat mit der vorreflexiven Gerichtetheit der (geschlechtlich) sozialisierten Körper zu tun (Kaufmann 1994). Der Körper handelt gewissermaßen schneller, als der Verstand in der Lage ist, die Konsequenzen für das verabredete Geschlechterarrangement zu ermessen. Weil die Frauen es gelernt haben und gewohnt sind, aufzuräumen, zu spülen, zu waschen, zu bügeln, können sie es besser und müheloser als die in diesen Dingen oft unbeholfenen Männer und tun es dann auch. Sie verfügen über einen Vorsprung an inkorporiertem Wissen, das sich, so Kaufmann, als „negatives Kapital" erweist. Das Ganze spielt sich ab „in der Welt der Gesten, der Antriebe, im Schweigen der Gewohnheiten" und wird deshalb „von den Akteuren kaum wahrgenommen" (ebd.: 261), was die Wirkung verstärkt.

Ein Feld, auf dem sich gut beobachten lässt, wie sich die Geschlechterdifferenz in die Körper einschreibt, sind die unter Männern ausgetragenen ernsten Spiele des Wettbewerbs, in denen Bourdieu (1997a: 203) zufolge der männliche Habitus geformt wird. Diese Spiele reichen vom verbalen Wettstreit bis zu gewaltsamen Auseinandersetzungen. Viele von ihnen, auch solche unterhalb der Gewaltschwelle, beinhalten, dass die Akteure den eigenen Körper riskieren. Dies kennzeichnet vor allem die Spiele männlicher Jugendlicher. Diese erwerben ein inkorporiertes Wissen um die Logik der ernsten Spiele des Wettbewerbs, und sie lernen es, den Wettbewerb selbst zu lieben. Ein Besucher von Hardcore-Konzerten beschreibt den dort praktizierten Tanzstil, eine permanente Kollision sich gegenseitig rempelnder Körper, mit den Worten „ey, geht voll in die Fresse" und spricht in diesem Zusammenhang von „positiven Energien" (Inhetveen 1997: 235). In ähnlicher Weise erfahren Jungen die auf Schulhöfen und andernorts alltäglich zu beobachtenden Raufereien und Prügeleien. Sie selber sprechen von „Spaßkloppe". Das Spaßprügeln kann man begreifen als in den Bewegungen des Körpers fundiertes praktisches Erkennen des kompetitiven Modus der Herstellung und Darstellung von Männlichkeit. Dies erfolgt weitgehend in einem präreflexiven Modus. In den körperriskanten Praktiken erwerben die Akteure ein inkorporiertes Wissen um die Logik der ernsten Spiele des Wettbewerbs. Auf diese Weise eignen sie sich eine geschlechtstypische Position im sozialen Raum an (Meuser 2006c; vgl. auch Kap. 6.4).

7.5 Postmoderne Neucodierung des Geschlechtskörpers

So wie insgesamt die Geschlechterverhältnisse in Bewegung gekommen sind, so beginnt auch die geschlechtliche Codierung der Körper ihre vormalige polare Eindeutigkeit zu verlieren. Dies geschieht in zweifacher Weise: durch eine Ästhetisierung des männlichen Körpers und durch die Irritationen, die das heteronormativ-dichotome Körperverständnis durch queer-Strategien erfährt. Das eine findet innerhalb des gesellschaftlichen Mainstreams statt, das andere bleibt in der Regel auf Nischenkulturen begrenzt.

In der Inszenierungsgesellschaft erfährt der Körper generell eine Bedeutungsaufwertung. Besonders augenfällig aber ist, dass, wie die Männlichkeitsforschung zeigt, der Körper des Mannes davon nicht ausgespart bleibt. Die soziologische Bedeutung dessen erschließt sich vor dem Hintergrund der skizzierten Tradition der okzidentalen Moderne, Körperlichkeit mit Weiblichkeit zu identifizieren, den Mann hingegen zu ‚entkörpern'. Auf diese Tradition anspielend schreibt Thomas Laqueur (1992: 36), es sei wahrscheinlich nicht möglich, "eine Geschichte des männlichen Körpers und seiner Freuden zu schreiben, weil die historische Überlieferung in einer Kulturtradition zustande kam, in der eine solche Geschichte nicht nötig war." Setzt sich die gegenwärtig zu beobachtende Tendenz einer Ästhetisierung des männlichen Körpers fort, werden künftig HistorikerInnen ein reichhaltiges Material finden, auf deren Basis sie eine Kulturgeschichte des männlichen Körpers im 21. Jahrhundert schreiben könnten.

Die Massenmedien haben den männlichen Körper als (lukratives) Thema entdeckt. Zum einen erfährt der Blick auf den nackten männlichen Körper eine zunehmende Enttabuisierung. Sorgte in den 1980er Jahren ein Werbeplakat, das zum ersten Mal einen nackten Männerkörper zeigte, noch für Aufregung, so sind heute teilweise oder gänzlich unbekleidete Männer in der Werbung allgegenwärtig (Zurstiege 2001). Insbesondere in der Bewerbung von Kosmetika für Männer lässt sich dies beobachten. Damit werden öffentliche Körperstandards gesetzt, zu denen sich die realen Männerkörper ins Verhältnis setzen können und in wachsendem Maße auch müssen.

Zum anderen hat sich die Produktion von Körperwissen, deren Zielgruppe Männer sind, ungemein erhöht. Dies geschieht vor allem in Zeitschriften der Fitnesskultur („fit for fun") und in Lifestyle-Magazinen für Männer („Men's Health", „GQ") (Meuser 2001). In diesen Magazinen ist der den Geboten der Fitness und der Ästhetik unterworfene männliche Körper ein zentrales Thema. Sozialpsychologische Untersuchungen aus den siebziger Jahren, wie Männer und Frauen ihren Körper wahrnehmen, zeigen, dass Männer ihren Körper primär in der Dimension von Aktivität und Funktionalität wahrnehmen und Frauen den ihren in einer ästhetischen Dimension (Mishkind u.a. 1987: 41). Dies hat sich geändert. Die Sorge des Mannes um seinen Körper richtet sich nicht mehr nur auf dessen Funktionieren. Männlichkeit erscheint nun auch als eine Frage des ‚richtigen' sowie des richtig präsentierten Körpers. Hierzu muss der Körper (bzw. müssen bestimmte Partien desselben) gezielt bearbeitet und gestaltet sowie mit den geeigneten Accessoires ausgestattet werden. Die Botschaft lautet, dass ein im Sinne der medialen Vorgaben systematisch gestalteter Körper nicht nur das Selbstwertgefühl und die allgemeine Attraktivität des Mannes erhöht, sondern auch äußerst hilfreich, wenn nicht unbedingte Voraussetzung ist, um in sämtlichen Lebensreichen – intimen wie öffentlichen, privaten wie beruflichen – erfolgreich zu handeln. Der Druck, dem propagierten Ideal eines schlanken und zugleich kräftigen Körpers zu entsprechen, wächst (Grogan/Richards 2002; Hofstadler/Buchinger 2001: 235ff.).

Die Ästhetisierung des männlichen Körpers beinhaltet Praktiken, die bislang als den Frauen vorbehalten galten: Enthaarung des gesamten Körpers, Mani- und Pediküre, Gesichtsmasken, Benutzung von Augenbrauenstiften und vieles mehr. Auch lässt sich ein deutlicher Zuwachs der Nachfrage nach kosmetischer Chirurgie durch Männer feststellen, ebenfalls eine Zunahme von Essstörungen. Der Mann muss, so scheint es, nicht weniger als die Frau in seine körperliche Attraktivität investieren, um Beachtung bei den Angehörigen des anderen Geschlechts zu erlangen. Den Zumutungen eines perfekten Körpers ausgesetzt zu sein scheint nicht länger das durchaus zweifelhafte Privileg von Frauen zu sein. Sich diesen Zumutungen zu unterwerfen, muss freilich der Aufrechterhaltung männlicher Hegemonie nicht entgegenstehen. Kathy Davis (2002) meint, ein Mann, der sich einer kosmetischen Operation unterzieht, verletze die Norm der rationalen, entkörperten Männlichkeit und zeige ein Verhalten, das in unserer Kultur als weiblich gelte. Er handelte wie eine Frau. Gegen diese Einschätzung lässt sich einwenden, dass es nicht zuletzt mächtige, jeglicher ‚Effeminierung' unverdächtige Männer sind, die ihr körperliches Erscheinungsbild mittels plastischer Chirurgie einem gewünschten Ideal anpassen lassen. Silvio Berlusconi, von dem es heißt, seine Gesichtshaut sei gliftet und seine Kopfbehaarung implantiert, ist ein prominentes Beispiel. In einem nicht unerheblichen Sinne verbleibt die neue männliche Körper(oberflächen)gestaltung in einem traditionell männlich konnotierten Rahmen. Das Körperverständnis ist ein zutiefst instrumentalistisches.

Auch wird die Geschlechterdifferenz durch die Ästhetisierung des männlichen Körpers nicht nivelliert. Dem steht die folgende Beobachtung entgegen:

Das den Frauen massenmedial vermittelte Körperwissen enthält die Botschaft, jede Frau *müsse* an ihrem Körper arbeiten, um als ‚richtige' Frau anerkannt zu werden. Den Männern wird signalisiert, sie benötigten den ‚richtigen' Körper, um Erfolg zu haben, nicht aber, dass sie Gefahr liefen, ihre Männlichkeit zu verlieren, sollten sie den Idealkörper verfehlen. Die Deutungsmuster weisen einen feinen, aber nicht unerheblichen Unterschied auf: ‚Richtige' Frauen haben *vor allem* einen ‚richtigen' Körper. ‚Richtige' Männern haben *unter anderem* einen ‚richtigen' Körper. Die ästhetisierende Aufwertung des männlichen Körpers impliziert keine Reduktion des Mannes auf den Körper.

Gleichwohl verweist sie auf Veränderungen in den Geschlechterverhältnissen. Diese betreffen nicht nur die heterosoziale Dimension. Der Körper spielt eine wachsende Rolle auch in der homosozialen Dimension. Er ist zum „Schauplatz der Rangordnungskämpfe und Machtverteilungen zwischen Männern geworden" (Hofstadler/Buchinger 2001: 248). Über ihn lassen sich Distinktionsgewinne gegenüber anderen Männern erzielen. Er wird in einer anderen Weise als in den oben erwähnten körperriskanten Praktiken zu einem Einsatz in den ernsten Spielen des Wettbewerbs.

Der Verlust von Eindeutigkeit, welche die geschlechtliche Codierung der Körper durch die skizzierten Veränderungen des männlichen Körperverständnisses erfährt, bewegt sich auf der Ebene von für die Postmoderne typischen theatralen Inszenierungen. Diese begnügen sich mit der Oberfläche des Körpers, die es angemessen herzurichten gilt.

Die beschriebenen Formen der Neucodierung des Geschlechtskörpers verbleiben ferner innerhalb der heterosexuellen Matrix. Andere, geschlechter- und sexual*politisch* motivierte Versuche kritisieren die Ordnung der „Zwangsheterosexualtität" (Rich 1980) und das darin enthaltene dichotome Körperverständnis. Diese von der queer-Kultur (Hark 2008) formulierte Kritik, hat Vorläufer im Diskurs der Homosexualität zu Beginn des 20. Jahrhunderts. Markus Hirschfeld hatte eine Theorie der sexuellen Zwischenstufen entwickelt, mit der er die binäre Polarität von weiblichen und männlichen Körpern aufzubrechen versuchte (Lautmann 2002: 394f.). Gegenwärtig gehen Provokationen des binären Körperschemas vor allem von intersexuellen und transgeschlechtlichen Menschen aus, die sich der Sozialordnung der Zweigeschlechtlichkeit und dem darin implizierten Körperverständnis zu verweigern versuchen. Dieses Bemühen entspricht der postmodernen Tendenz zu einer „Pluralisierung und Verflüssigung von Identitäten" und einer „Auflösung bisheriger politischer und sozialer Leit-Differenzen" (Villa 2008b: 262). Hier steht die Leitdifferenz von männlich-weiblich zur Disposition. Die damit verbundene Dekonstruktion des dichotomen

Geschlechtskörpers hätte, so sie realisiert würde, gewiss eine radikale Neucodierung zur Folge, welche die Geschlechterordnung in ihren Grundfesten erschüttern würde. Dies ist bei der Neucodierung, die auf die Oberfläche des Männerkörpers begrenzt ist, nicht der Fall. Allerdings ist es wenig wahrscheinlich, dass die in subkulturellen Nischen beheimatete ‚queere' Körperpolitik Eingang in den gesellschaftlichen Mainstream finden wird. Das unterscheidet sie von der zuvor beschriebenen theatralen Körperaufwertung, die ihren Weg in die Massenkultur bereits gefunden hat.

8. Arbeit und Geschlecht – Perspektiven der Geschlechterforschung

Brigitte Aulenbacher

8.1 Einleitung

Arbeit ist eines der traditionsreichen Themen der Geschlechterforschung. Wann sich die Geschlechterforschung wie und mit welchen Ergebnissen damit beschäftigt hat, ist detailliert erforscht und dokumentiert (vgl. Aulenbacher 2010b; Aulenbacher/Wetterer 2009; Beer 1984; Gottschall 2000; Jürgens 2006; Wetterer 2002b). Eine Einführung üblichen Musters käme nicht umhin, viel aus diesen wissenschaftsgeschichtlichen, theoretischen und empirischen Bestandsaufnahmen zu wiederholen. Daher geht dieser Beitrag einen anderen Weg. Er lässt sich von den Fragen leiten: Was ist das Besondere daran, wie die Geschlechterforschung Arbeit in den Blick nimmt? In welcher Weise trägt sie damit zur Analyse der gesellschaftlichen Organisation von Arbeit und der Arbeitsteilung zwischen den Geschlechtern bei? Es handelt sich also um eine Einführung in Perspektiven auf Arbeit, welche die Geschlechterforschung auszeichnen. Nach einem kurzen Blick zurück (2.) werden gesellschafts- und subjekttheoretische Perspektiven auf die Organisation von Arbeit und die Arbeitsteilung zwischen den Geschlechtern vorgestellt (3.). Danach geht es um interaktions- und institutionentheoretisch orientierte Perspektiven dazu, wie in der Arbeit nach Geschlecht differenziert und wie Arbeit vergeschlechtlicht wird (4.). Abschließend wird exemplarisch gezeigt, wie sich der Wandel von Arbeit mit beiden Perspektiven in den Blick nehmen lässt (5.).

8.2   Arbeit als Forschungsgegenstand in der Soziologie und ihrer Frauenforschung

Die Frauen- und Geschlechterforschung hat sich unter anderem in Kritik an der herkömmlichen Wissenschaft herausgebildet (vgl. hierzu ausführlich Hark 2005). Sie wandte sich gegen Auslassungen und Verzerrungen, die in vorliegenden Betrachtungsweisen vorzufinden waren (vgl. auch Kap. 2). Dies gilt auch für das Thema Arbeit.

So kritisierte beispielsweise die international geführte Hausarbeitsdebatte in den 1970er und 1980er Jahren den Arbeitsbegriff der Marxschen Theorie. Entgegen ihres Anspruchs, einer ganzheitlichen Gesellschaftsanalyse den Weg zu weisen, konzentriere sie sich auf Lohnarbeit (vgl. Beer 1984). Weitere Arbeitsformen, insbesondere die Haus- und die Subsistenzarbeit und damit nicht zuletzt Arbeiten, die zumeist oder zumindest vielfach von Frauen geleistet werden, blieben außen vor (vgl. Beer 1983; Werlhof 1983b; auch Kap. 3). Dort, wo die Soziologie sich ausdrücklich nur der Erwerbsarbeit zuwandte, waren in anderer Weise Auslassungen und Verzerrungen zu bemerken: Indem sich die Arbeits- und Industriesoziologie (seinerzeit Betriebs- bzw. Industriesoziologie), was die industrielle Fertigung anging, vorrangig für wirtschaftlich starke, technologisch avancierte Branchen und Betriebe interessierte, nahm sie in erster Linie die Arbeit der dort beschäftigten einheimischen männlichen Mittelschicht in den Blick. Ähnliches galt für die Berufssoziologie mit ihrem Fokus auf qualifizierter Beschäftigung. Allerdings wiesen die entsprechenden Forschungen die geschlechtsbezogenen Konturen ihres Gegenstandes und ihrer Samples kaum aus. Oftmals verallgemeinerten sie stattdessen ihre Erkenntnisse. In Segmenten der Männerbeschäftigung vorgefundene Tendenzen wurden so nicht selten als bedeutsam für die Entwicklung von Arbeit insgesamt interpretiert (vgl. Aulenbacher 2010b). Die dortige oft im Normalarbeitsverhältnis regulierte Beschäftigung geriet damit unter der Hand auch zum soziologischen Normalmodell von Erwerbsarbeit. An ihm bemessen erschien die oftmals flexible und marginale Beschäftigung von Frauen dann als „defizitär", wenn sie denn überhaupt ins Blickfeld geriet (Müller 1984a; Beck-Gernsheim 1985). Der tertiäre Sektor, nicht zuletzt die Tätigkeiten in der öffentlichen Daseinsfürsorge, und damit ein ab den 1970er Jahren expandierender Bereich der Frauenbeschäftigung wurden erst spät zum Thema von Arbeits- und Industriesoziologie und sind bis heute vergleichsweise randständig geblieben. Die Familiensoziologie, um schließlich Auslassungen und Verzerrungen in noch anderer Hinsicht anzusprechen, hatte zwar die Privatsphäre im Blick. Allerdings nahm sie weniger die Arbeit, die zumeist von Frauen darin geleistet wurde, als vielmehr die Freizeit in den Blick, die sich in höherem Ausmaß für Männer mit ihr verband (vgl. Beck-Gernsheim 1980). Zusammenfassend lässt sich daher sagen: Die in erster Linie von Frauen verrichtete Arbeit wurde ebenso wie in der Gesellschaft auch in der Soziologie vergleichsweise wenig beachtet und geringschätzig betrachtet, auch wenn dies keineswegs im Sinne der jeweiligen Verfasser gewesen sein mag.

Angesichts solcher androzentrischen Orientierungen in der Soziologie sollte Frauenforschung oder Frauenarbeitsforschung, wie schon diese Bezeichnungen deutlich machen, zunächst einmal die Arbeitsverhältnisse von Frauen angemessen ins Blickfeld rücken. Die ersten Ansätze hierzu wurden nach ihren Standorten benannt. Es handelte sich um den der Entwicklungssoziologie entstammenden Bielefelder Ansatz mit Claudia von Werlhofs (1983a) Zeitdiagnose der „Hausfrauisierung" der Arbeit. Er prognostizierte, dass im Zuge der kapitalistischen Entwicklung Lohnarbeit weltweit an Bedeutung einbüßt. Ungeschützte Arbeitsverhältnisse nach dem Muster der unentgeltlichen Haus- und Subsistenzarbeit würden ausgeweitet werden (vgl. Werlhof 1983a; im Rückblick: Mies 2001). Der familien- und berufssoziologisch angeregte Münchner Ansatz mit Elisabeth Beck-Gernsheims (1980) und Ilona Ostners (1978) „Konzept des weiblichen Arbeitsvermögens" vertrat die These, dass Frauen qua Sozialisation und Arbeit in der Familie besondere Qualifikationen und Dispositionen entwickelten. Sie schlügen sich in ihren Berufswahlen nieder und beeinflussten das Profil von Frauenberufen. Umgekehrt wies Beck-Gernsheim (1980) die gesellschaftliche Normalvorstellung von Beruf als „Anderthalb-Personen-Beruf" nach. Er denke die familiale Unterstützung der Berufstätigen, in der Regel dann Männer, durch meist Frauen mit. Der industriesoziologisch geprägte Frankfurter Ansatz von Christel Eckart, Ursula G. Jaerisch und Helgard Kramer (1979) erforschte, wie die Bedingungen zustande kommen, welche Frauenarbeit kennzeichnen. Es wirkten die vorrangige Orientierung von Frauen auf die Familie, ihr daher eher instrumenteller Bezug auf die Erwerbsarbeit, ihr betriebsseitiger Einsatz und ihre Marginalisierung in der Interessenvertretung zusammen. Demgegenüber stellte der Hannoveraner Ansatz das Theorem der „doppelten Vergesellschaftung" von Frauen in Erwerbs- und Hausarbeit auf, das federführend von Regina Becker-Schmidt (1980, 1983) entwickelt wurde. Erwerbs- und Hausarbeit wurden darin in gesellschafts- und subjekttheoretischer Perspektive in ihrer Eigenständigkeit und Bezogenheit erforscht.

All diese Ansätze wurden in Konkurrenz zueinander entwickelt. Manche Herangehensweisen, Thesen und Diagnosen waren umstritten. Vieles ist heute überholt (vgl. Frerichs 1984; Gottschall 2000; Knapp 1987, 1990; Ostner 1990; Wetterer 1992a). Für unseren Kontext sind sie nennenswert, weil sie neben oder verbunden mit der Hausarbeitsdebatte den ganzheitlichen Blick auf Arbeit begründet haben, der die Geschlechterforschung bis heute auszeichnet. Er beinhaltet, über die Erwerbsarbeit hinaus weitere Arbeitsformen entgegen ihrer mangelnden gesellschaftlichen und soziologischen Wertschätzung als gleichermaßen bedeutend in den Blick zu nehmen. Ferner gehört dazu, sie je für sich zu betrachten und danach zu fragen, wie sie ineinandergreifen und aneinander profiliert werden oder, allgemeiner, zueinander in Relation gesetzt werden. War es dabei seinerzeit vor allem um die Situation von Frauen gegangen, gerieten ab Ende der 1980er Jahre das Geschlechterverhältnis und die Geschlechterbeziehungen mit in den Blick (vgl. zu dieser Entwicklung Aulenbacher 2010b; auch Becker-Schmidt 2000).

8.3 Die gesellschaftliche, biografische und alltägliche Organisation von Arbeit im Geschlechterverhältnis

Aus dem Spektrum der frühen Ansätze wurde die Organisation von Arbeit im Geschlechterverhältnis insbesondere vom Hannoveraner Ansatz weiterführend betrachtet (vgl. Becker-Schmidt 2002, 2003, 2007b). Ergänzende Erkenntnisse kamen außerdem aus dem aus der Lebenslaufforschung stammenden „Institutionenansatz" (vgl. Krüger 1995, 2001; Becker-Schmidt/Krüger 2009) wie aus dem der Modernisierungsforschung verbundenen Konzept „Alltägliche Lebensführung" (Projektgruppe Alltägliche Lebensführung 1995; Kudera/Voß 2000). Sie schließen, was ihr Standbein in der Geschlechterforschung angeht, an das Theorem der „doppelten Vergesellschaftung" (Becker-Schmidt 1983) an (vgl. Krüger 1995; Jurczyk/Voß 1995). Umgekehrt nimmt der Hannoveraner Ansatz auf die Lebenslaufforschung Bezug (vgl. Becker-Schmidt 1998; Becker-Schmidt/Krüger 2009). Das vorrangige Erkenntnisinteresse in den hier zu betrachtenden Ausschnitten aller drei Ansätze richtet sich auf die Arbeitsteilung zwischen den Geschlechtern, die im Kontext der gesellschaftlichen Verfasstheit von Arbeit diskutiert wird. Sie zeigen, wie gesellschaftlich getrennt organisierte Arbeiten alltäglich und biografisch miteinander „verknüpft" oder, theoretisch formuliert, „vermittelt" werden, welche Bedeutung Geschlecht hierfür hat und welche Auswirkungen dies für Frauen und Männer zeitigt (Becker-Schmidt 1991, 1998; vgl.

Jurczyk/Voß 1995; Krüger 1995; zur ausführlichen Diskussion der Ansätze: Aulenbacher 2005; Dackweiler 1995; Gottschall 2000).

Im Theorem der „doppelten Vergesellschaftung" von Frauen in Haus- und Erwerbsarbeit, um mit dem von Becker-Schmidt (1980, 1983, 1987) entwickelten, grundlegenden Ansatz zu beginnen, sind die Begriffe „Widerspruch" und „Ambivalenz" zentral, wenn es um die Frage nach der gesellschaftlichen und geschlechtlichen Arbeitsteilung geht. Hausarbeit und Erwerbsarbeit seien gegeneinander, aber auch in sich widersprüchlich strukturiert (vgl. Becker-Schmidt 1980, 1983). Ihre Widersprüchlichkeit ist darin begründet, dass Existenzsicherung unter bestehenden gesellschaftlichen Verhältnissen in andere übergeordnete „Leitlinien" (Kapitalverwertung, Rationalisierung etc.) eingebunden ist (Becker-Schmidt 1991). Dies erzeugt widersprüchliche Anforderungen. Die Befriedigung kindlicher Bedürfnisse in der Hausarbeit beispielsweise kollidiert mit der Bedienung industrieller Zeitstrukturen in der Erwerbsarbeit, welche außerdem auf den Haushalt übergreifen (vgl. Becker-Schmidt 2003: 114ff.). Wenngleich die Arbeitsformen also strukturell unvereinbar sind, müssen sie doch vereinbart werden. Im Rahmen der „doppelten Vergesellschaftung" von Frauen in Haus- und Erwerbsarbeit, also durch die Art und Weise, wie Frauen gesellschaftlich in beide Arbeitsformen eingebunden sind (vgl. Becker-Schmidt 1991: 388ff.), werde diese Vereinbarungsleistung insbesondere ihnen zugemutet. Dies gehe hinsichtlich ihrer Erfahrungen und Dispositionen mit „Ambivalenzen" und „Ambivalenzkonflikten" einher: „Eines ist zu wenig – beides ist zuviel." (Becker-Schmidt/Knapp/Schmidt 1984) Auch für Männer lässt sich im Zusammenhang von Haus- und Erwerbsarbeit durchaus von einer „doppelten Vergesellschaftung" sprechen, allerdings nicht in gleicher Weise (vgl. Gottschall 2000: 233ff.; Aulenbacher 2005: 45ff.). Sie erfolgt weniger widersprüchlich und ist daher auch weniger ambivalent, da sich Haus- und Erwerbsarbeit für sie eher einkommens- als arbeitsvermittelt verbinden lassen, so etwa als vollzeitberufstätiger Familienernährer mit darauf gründendem Freizeitanspruch.

Solche Geschlechterarrangements, in denen Frauen mehr und Anderes leisten als Männer, sind nicht nur das Ergebnis individueller Aushandlungen. Ihnen liegt nach Becker-Schmidt (1998: 102ff.) „sozialer Zwang" zu Grunde, dem sich die Einzelnen nicht ohne Weiteres entziehen können. Dieser „soziale Zwang" lässt sich mit Helga Krügers (1995; 2001) Arbeiten im Hinblick auf verschiedene gesellschaftliche Institutionen, insbesondere Schule, Arbeitsmarkt, Familie, Staat, und ihr Ineinandergreifen präzisieren. Sie regulieren die Art und Weise, wie die Gesellschaft ihren reproduktiven Belangen insgesamt nachkommt. Und sie binden Menschen mit Wirkung auf ihre Existenzsicherung in die Gesellschaft ein. Dies war historisch über lange Zeit damit verbunden, Frauen und Männer gleich und ungleich zu stellen, und auch heute ist Ungleichheit noch nicht überlebt (vgl. Krüger 2001: 74ff.). Im Lebenslauf von Frauen schlage sich diese Ungleichstellung dahingehend nieder, dass sich, beispielsweise im Falle von Bildungs- und Erwerbschancen, Nachteile aufaddieren, bei Männern hingegen Vorteile. Beides führt dann zu ungleichen Ausgangsbedingungen, wenn es um die Aushandlung von Arbeitsteilungen in Geschlechterbeziehungen geht, etwa in der Frage, wer Elternurlaub nimmt, wer Karriere macht (vgl. Krüger 1995: 197ff.). Das Ergebnis solcher Aushandlungen wird im Konzept „Alltägliche Lebensführung" von Karin Jurczyk und G. Günter Voß (1995) folgendermaßen beschrieben: Während bei Frauen in sich widersprüchliche „Ensembles" der verrichteten Arbeiten vorherrschen, sie also auch wenig passförmige Tätigkeiten miteinander vereinbaren, handelt es sich bei Männern um gradlinigere Fügungen ihrer gesellschaftlichen Positionen in Familie, Erwerb, Ehrenamt, Zivilgesellschaft. Einbezogen wird neben den verschiedenen Arbeitsformen als eigenständige Anforderung außerdem die Organisation des Alltags.

Auch Becker-Schmidt (2002, 2003, 2007b) erweitert ihre Betrachtungen, indem sie der Haus- die Eigenarbeit zur Seite stellt und die Subsistenzarbeit einbezieht. Ferner nimmt sie das ehrenamtliche Engagement mit auf. In diesem Engagement werden Geschlechterarrangements aus den anderen Arbeitsformen weiter geführt, da, nach Gisela Notz (2004), eher ungratifizierte, vergleichsweise wenig einflussreiche Arbeiten in erster Linie von Frauen, gratifizierte und vergleichsweise einflussreiche Arbeiten in erster Linie von Männern erbracht werden.

Was im Konzept „Alltägliche Lebensführung" für die „Arbeit des Alltags" (Jurczyk/Rerrich 1993) gesagt ist, wird von Becker-Schmidt (2007b) dann in gesellschaftstheoretischer Perspektive thematisiert. Ihr zufolge hat Arbeit unter bestehenden gesellschaftlichen Verhältnissen, also aufgrund der für den Kapitalismus notwendigen Trennung von Arbeitsformen und ihrer individuell wie gesellschaftlich erforderlichen erneuten „Verknüpfung" (Becker-Schmidt 1991, 1998), „Ensemblecharakter" (Becker-Schmidt 2003, 2007). Diese „Verknüpfungen" werden, wie mit der Lebenslaufforschung und dem Konzept „Alltägliche Lebensführung" schon angesprochen, durch institutionell verankerte, biografisch eingebettete, alltäglich gelebte Geschlechterarrangements geleistet. Welche Arbeiten in diesem Rahmen wie von Frauen oder von Männern erbracht werden und wie die damit verbundenen Relationen zwischen den Geschlechtern aussehen, dies variiert, so Becker-Schmidt (2002, 2003), historisch und im internationalen Vergleich erheblich. Über alle Unterschiede hinweg ist das „Arbeitsensemble" der Frauen ihr zufolge bislang jedoch widersprüchlicher als dasjenige der Männer (vgl. Becker-Schmidt 2003, 2007b). Das Ausmaß der Widersprüchlichkeit zeigt dieser Betrachtungsweise nach dann an, ob und inwiefern wir es unbenommen von Gleichstellungstendenzen in vielen gesellschaftlichen Bereichen (vgl. hierzu auch Kap. 11) nach wie vor mit strukturierter Geschlechterungleichheit zu tun haben (vgl. Becker-Schmidt 2003, 2007b, 2008b).

Die empirische Basis der in diesem Abschnitt angesprochenen Untersuchungen geht auf die späten 1970er bis frühen 1990er Jahre zurück. Sie nimmt Entwicklungen auf, die für die fordistischen Industriegesellschaften kennzeichnend waren, etwa die Herausbildung eines über lange Zeit stabilen Institutionengefüges aus Normalarbeitsverhältnis, Familie nach dem Familienernährer- und Hausfrauenmodell, Wohlfahrtsstaat. Seine zeitgleich bestehende staatssozialistische Modifikation in Form von Normalarbeitsverhältnis, Kleinfamilie nach dem Doppelversorgermodell, Versorgungsstaat spielte keine Rolle (vgl. hierzu Nickel 1995; Dölling 2003; im selbstkritischen Rückblick Jurczyk/Rerrich 2009). Über diese zeit- und wissenschaftsgeschichtliche wie regionale Bindung gehen die Ansätze aber auch hinaus. Zum einen sind die jüngeren Arbeiten auch als Interventionen in die aktuelle Geschlechter- und Arbeitsforschung verfasst worden und haben außerdem Forschungsrichtungen wie die neue Haushaltsforschung mit angestoßen. Zum anderen gründet die hier herausgearbeitete Kernargumentation zum „Ensemblecharakter" der Arbeit (Becker-Schmidt 2007b) und zur Widersprüchlichkeit der verschiedenen Arbeitsformen auf einer grundlegenden Reflexion kapitalistischer Strukturprinzipien und ist von daher aktuell. Wie die Widersprüche heute aussehen, in welchem Ausmaß sie sich stellen, in welchem Umfang sie Frauen und Männer betreffen und inwiefern sie mit „Ambivalenzen" und „Ambivalenzkonflikten" einhergehen, ist eine empirisch zu beantwortende Frage.

8.4 Die Herstellung der Geschlechterdifferenz und die Vergeschlechtlichung von Arbeit

Die hier vorzustellenden Arbeiten sind vor allem in den 1990er Jahren entstanden. Sie sind zeitgeschichtlich davon geprägt, dass ökonomische und sozialstrukturelle Entwicklungen, darunter die formalrechtliche Gleichstellung der Geschlechter, die gestiegene Frauenerwerbstätigkeit und die Vervielfältigung der

Lebensformen, die fordistischen Arrangements bereits nachhaltig zersetzt hatten. Und so ist es nicht zufällig, dass zu einem Zeitpunkt, zu dem die bisherige Geschlechterordnung ihre vermeintliche Selbstverständlichkeit eingebüßt hatte, sozialkonstruktivistische Ansätze an Bedeutung gewinnen konnten, die danach fragen, in welcher Weise Geschlecht überhaupt ordnungsbildende Bedeutung erlangen kann. Allerdings wird dieser zeitgeschichtliche Kontext in diesem Forschungsstrang selbst wenig in seiner Bedeutung für die eigene Erkenntnisposition reflektiert (vgl. kritisch Aulenbacher 2005; Becker-Schmidt 2008b; Gottschall 2000).

In diesen Ansätzen geht es vor allem um die Herstellung der Geschlechterdifferenz (vgl. auch Kap. 4) und nur in Verbindung damit um die Analyse der Organisation und Ausgestaltung von Arbeit. Diese Perspektive schließt zunächst an das Interpretative Paradigma in der Variante der Ethnomethodologie (vgl. Garfinkel 1967) und der Soziologie der Interaktionsordnung (Goffman 1994) an und somit an eine interaktionstheoretische und eine institutionentheoretisch erweiterte Betrachtungsweise (vgl. im Rückblick Wetterer 2009a; vgl. Kap. 4). In der deutschsprachigen Diskussion wurde sie von Regine Gildemeister und Angelika Wetterer (1992a) vor allem gegen zwei der zuvor vorgestellten Ansätze der Geschlechterforschung profiliert: So wurde das berufs- und familiensoziologisch angeregte Konzept des „weiblichen Arbeitsvermögens" als „differenztheoretischer" Ansatz klassifiziert (vgl. Wetterer 1992a: 18f.). Es wurde dahingehend kritisiert, dass mit ihm zwar die gesellschaftliche und soziologische Betrachtung von Frauen als defizitär überwunden werden sollte, indem Differenzen betont und positiv konnotiert werden. Es schreibe auf diesem Wege Frauen aber substanzielle Eigenschaften zu, wodurch stereotype Vorstellungen von Weiblichkeit letztlich erneut bedient und reifiziert werden (vgl. Wetterer 1992a; auch Knapp 1987, 1990). Der gesellschafts- und subjekttheoretisch orientierte Hannoveraner Ansatz wurde von Wetterer (1992a: 15ff.) als „hierarchietheoretisch" klassifiziert, insofern er zwar die Ungleichheiten zwischen den Geschlechtern, nicht aber die Differenzierung nach Geschlecht hinterfrage, die ihnen zugrunde liegt. Gildemeisters und Wetterers (1992a) eigener Ansatz zielte demgegenüber auf die analytische „Rekonstruktion" und die analytisch-politische „Dekonstruktion" der Geschlechterdifferenz, welche der Hierarchisierung der Geschlechter dieser Betrachtungsweise nach zugrunde liegt (Wetterer 1992a: 31; vgl. ausführlich zu diesen Profilierungen Aulenbacher 2005: 79ff.).

Mit der Kategorie des doing gender, um nun die für unseren Kontext bedeutsamen Ausschnitte des sozialkonstruktivistischen Ansatzes vorzustellen, wird erfasst, dass sich Menschen in einer zweigeschlechtlich geordneten Gesell-

schaft nahezu unvermeidlich als Frauen oder Männer darstellen und wahrnehmen. Geschlecht ist in dieser Lesart eine Klassifikation, die in der alltäglichen
Interaktion immer wieder auf's Neue hervorgebracht wird. An diese Betrachtungsweise anschließende systemtheoretisch angeregte Ansätze betonen im Weiteren dann die Kontingenz dieses Geschehens, indem sie Geschlecht als emer-
gente Kategorie der Interaktion fassen, die aber keineswegs sozial bedeutsam
werden müsse. Es handele sich bei Geschlecht vielmehr um ein „kontingentes
Ordnungskriterium" (Pasero 1995), das kontextbezogen Geltung erlangt oder
auch nicht (vgl. Heintz/Nadai 1998; Heintz 2007; kritisch auch Aulenbacher
2010a; auch Kap. 3 und 9). Stefan Hirschauer (2001) spricht in Erweiterung von
Perspektiven des interpretativen Paradigmas neben dem doing gender zudem
von undoing gender. Damit bringt er auf den Begriff, dass Geschlecht „sozial
vergessen" werden kann (Hirschauer 2001: 208ff.). Solche Überlegungen, wonach Geschlecht nicht immer relevant ist, aber doch immer wieder auf's Neue
relevant gemacht werden kann, werden von Wetterer (2002b) als „Neutralisierung" bzw. „Aktualisierung" der Geschlechterdifferenz in ihren Ansatz integriert, wobei ihr Hauptaugenmerk der Art und Weise gilt, wie Geschlecht soziale
Geltung erlangt. Geschlecht gilt ihr dabei als inhaltlich äußerst variable Klassifikation, die darum flexibel in nahezu allen Kontexten und auf allen Ebenen zum
Zwecke der Differenzierung zum Einsatz gelangen kann (vgl. Wetterer
2002b:179). Was als männlich oder weiblich gilt, variiert, so zeigt sie am Beispiel der Geschichte von Professionen, der Etablierung von Berufsbildern und
der Arbeitsteilung in verschiedenen Beschäftigungsfeldern. Stabil bleibt einzig,
dass differenziert wird – von Gayle Rubin (1975) in anderem Kontext als „sameness taboo" gefasst. Diese ordnungsbildende Bedeutung der Geschlechterdifferenz sei dabei jedoch nicht unbedingt ersichtlich. Sei die Geschlechterdifferenz erst einmal institutionalisiert, beispielsweise in Form von Frauen- und
Männerberufen, dann sei ihre Herstellung der Wahrnehmung entzogen. Sie erscheint dann im Sinne von Erving Goffmans (1994) Begriff der „institutionellen
Reflexivität" als natürlich gegeben und in dieser Weise selbstverständlich (vgl.
Kap. 4).

Arbeit wird in diesem Zusammenhang als ein Medium begriffen, durch welches nach Geschlecht differenziert wird. Dies wurde von Candice West und Don
Zimmerman (1987) plakativ beschrieben als: „Doing gender while doing work"
und später von ihr und Sarah Fenstermaker (2001) erweitert zum doing difference, wobei insbesondere das doing ethnicity einbezogen worden ist. Und umgekehrt wird Arbeit der ursprünglichen Betrachtungsweise nach vergeschlechtlicht.
Bei Cynthia Cockburn (1983, 1988) bedeutete dies in erster Linie, dass Arbeit

als Frauen- oder Männerarbeit etabliert wird. Gildemeister und Wetterer (1992a: 222) haben mit besonderem Augenmerk auf Umbruchsituationen darüber hinaus gezeigt, dass auch eine „Umschrift der Differenz" erfolgen kann, etwa in Form der alltäglichen Umwertung von Tätigkeiten und eines historischen „Geschlechtswechsels" von Berufen. Als männlich etikettierte Tätigkeiten und Berufe werden verbunden mit veränderten Arbeitsteilungen Frauen zugeordnet und umgekehrt. Differenzierungen gehen dieser Betrachtungsweise nach außerdem mit Hierarchisierungen einher. So gehe die Feminisierung von Arbeit bzw. von Berufen tendenziell mit Abwertung einher, Maskulinisierungsprozesse verbänden sich tendenziell mit Aufwertung. In verschiedenen Arbeitskonstellationen lassen sich bei Frauen, so zeigen die Studien von Bettina Heintz u.a (1997) und Angelika Wetterer (2002b), daher Strategien feststellen, mit denen sie die Differenz minimieren wollen, während Männer tendenziell Unterschiede herausstellen und sie damit zu verstärken versuchen. Insofern tragen Frauen und Männer dem Zusammenhang von Differenzierung und Hierarchisierung nach Geschlecht in Gestalt der Auf- und Abwertung von Arbeit entsprechend der Positionen Rechnung, die sie darin einnehmen (vgl. Wetterer 1995b: 237ff.).

In Studien im Schnittpunkt von Geschlechterforschung, Arbeits- und Industriesoziologie wie Organisationssoziologie sind sozialkonstruktivistische Perspektiven in erster Linie angewandt worden, um die Vergeschlechtlichung von Arbeit und von Organisationsbereichen aufzuzeigen bzw. die entstandene „Unordnung" der Geschlechter (Kutzner 2003) in den Blick zu nehmen (vgl. Aulenbacher 2010b; Gildemeister/Wetterer 2007). Sie lassen sich aber auch mit den zuvor ausgeführten gesellschafts- und subjekttheoretischen Perspektiven auf die gesellschaftliche, biografische und alltägliche Organisation von Arbeit verbinden. Doing gender ist dann als Vorgehen zu begreifen, das dazu beiträgt, Arbeitsteilungen nach Geschlecht zu begründen und zu legitimieren (vgl. Aulenbacher 2005: 94ff.). Wie diese Perspektiven herangezogen werden (können), um aktuelle Arbeitssituationen zu untersuchen, wird nun exemplarisch gezeigt.

8.5   Perspektiven der Geschlechterforschung auf den Wandel von Arbeit

Als exemplarische Felder, in denen die vorgestellten Perspektiven forschungsleitend sind oder auf die ich sie anlege, greife ich die Erwerbsarbeit in der Wirtschaft und im öffentlichen Sektor wie die Haushaltsarbeit heraus. Dass nicht alle Perspektiven für alle Felder gleichermaßen angesprochen werden, hat nichts mit ihrer Brauchbarkeit zu tun. Es gibt zum einen wieder, dass sie nicht überall in gleichem Umfang angelegt werden, und spiegelt zum anderen meine Auswahl der Beispiele nach dem Kriterium, dass sich die eine oder die andere Perspektive daran besonders gut illustrieren lässt.

8.5.1   Widersprüche und Ambivalenzen: Das Beispiel Wirtschaft

In wirtschaftlichen Kernsektoren und zukunftsträchtigen neuen Dienstleistungsfeldern, damit in Bereichen „entgrenzter" und „subjektivierter" Arbeit (vgl. zu diesen Begriffen Kratzer/Sauer 2003, 2007; Kleemann/Matuschek/Voß 2002; kritisch Aulenbacher 2005; Becker-Schmidt 2007b; Jürgens 2006) können, gleichsam als Ergebnis der Bildungsexpansion, selbstverständlicher gewordener Erwerbs- und Karriereorientierungen und neuer Gleichstellungspolitiken insbesondere junge, hoch qualifizierte Frauen in historisch neuem Ausmaß Fuß fassen (vgl. hierzu Frey 2007; Funder/Dörhofer/Rauch 2005; Kutzner 2003; Nickel/Hüning/Frey 2008). Angesichts der anhaltenden Ungleichverteilung von Haus-, wie weiterer privater Betreuungs- und Pflegearbeit zwischen Frauen und Männern einerseits, des gegenüber solchen Belangen gleichgültigen ganzheitlichen Zugriffs der Betriebe auf die Beschäftigten andererseits erweisen sich diese neuen Arbeitsverhältnisse, so vor allem Hildegard M. Nickel, Hasko Hüning und Michael Frey (2008) für Frauen jedoch als widersprüchlicher und ambivalenter als für Männer. In der Folge zeichnen sich auf ihrer Seite frühere Ausstiege und geringere Aufstiege oder aber Bemühungen ab, um den Preis der Überverausgabung von Kräften dennoch beruflich voranzukommen (vgl. die Befunde und Interpretationen von Eichmann 2010; Lange/Szymenderski/Klinkhammer 2005; Nickel/Hüning/Frey 2008, Frey 2004, 2007; Pongratz/Voß 2003; Schraps/Hoff 2005; Voß/Weiß 2005). Die damit verbundene Leistungsorientierung lässt Frauen wie schon öfter in der Geschichte der Erwerbsarbeit unversehens zu unfreiwilligen Pionierinnen der Rationalisierung werden (vgl. Aulenbacher 2005), indem widersprüchliche Anforderungen und Ambivalenzen in effizientes Arbeiten umgesetzt werden, verbunden mit Einbußen hinsichtlich ihrer sonstigen Lebensqualität.

Auch für Männerbeschäftigung lassen sich für diese Beschäftigungsfelder bekannte und neue Muster in der Bewältigung von Anforderungen herausstellen (vgl. die einschlägigen Beiträge in Aulenbacher/Ziegler 2010). Neben den Befunden von Hans J. Pongratz und G. Günter Voß (2003), die darauf hindeuten, dass Männer sich zumindest, wenn sie noch im Normalarbeitsverhältnis beschäftigt sind, trotz der Veränderungen der Arbeitswelt nach wie vor besser abgesichert sehen als Frauen und daher auch Leistung zurückhalten, zeigt sich in weiteren Untersuchungen, dass sie in gewisser Weise zu freiwilligen Pionieren der Rationalisierung werden. „Hegemoniale Männlichkeit", so Michael Meuser (2009a nach Connell; auch Lengersdorf/Meuser 2010), wird in den entsprechenden Positionen nicht zuletzt darüber generiert, dass die wirtschaftliche Unbeständigkeit, mit der Unternehmen unter den gegenwärtigen finanz- und realwirtschaftlichen Vorzeichen zu kämpfen haben (vgl. Dörre/Brinkmann 2005), in erfolgsversprechende und zukunftsgerichtete Projekte überführt wird (vgl. auch Aulenbacher 2009a). Dies geschieht im Rahmen der „ernsten Spiele" des Wettbewerbs (Meuser 2006b im Anschluss an Pierre Bourdieu), die Männer unter sich spielen, z.B. im oberen Management. Für solche Positionen deuten die Befunde von Raewyn Connell (2010a, 2010b) darauf hin, dass im Hintergrund des vollen beruflichen Engagements rhetorisch modernisierte Geschlechterbeziehungen im Privaten stehen, die mit einer nahezu vollständigen Entlastung von Hausarbeits- und Familienbelangen einhergehen. Dies bedeutet nicht, dass hier keine Widersprüchlichkeiten zwischen den Anforderungen auftreten, die verschiedene Lebensbereiche stellen. Aber es sind nicht die Widerspruchs- und Ambivalenzerfahrungen, die sich im Falle der zuvor beschriebenen Beschäftigungssituation von Frauen zeigen.

Probleme der Vereinbarkeit von Erwerb und Familie haben allerdings durchaus auch Männer erreicht, dann nämlich, wenn sie sich, wie Sylka Scholz (2009) zeigt, in der Kinderbetreuung engagieren. Die Vereinbarungsbestrebungen sind allerdings eher im Rahmen partnerschaftlicher Orientierungen motiviert und gehorchen also weniger der Not. Zudem sind sie weitgehend entlastet von Hausarbeit im engeren Sinne und von Pflege, die in erster Linie von Frauen geleistet werden.

Forschungen zur Prekarisierung der Arbeits- und Lebensverhältnisse, welche die Entwicklungen in traditionellen oder neuen atypischen Beschäftigungsformen bzw. wenig aussichtsreichen und gering gratifizierten Tätigkeiten in den Blick nehmen, weisen schließlich auf noch andere Tendenzen hin. So wird die bisherige Arbeitsteilung zwischen Frauen und Männern in Frage gestellt, weil ihr, etwa im Falle prekär beschäftigter Familienernährerinnen und ihrer arbeitslosen Partner, ihre Grundlagen entzogen sind (vgl. Völker 2006). Oder das Normalarbeitsverhältnis und eine traditionelle Paarbeziehungen werden gerade aufgrund dessen als Wunschvorstellungen wieder reaktiviert (vgl. Bereswill

2007a; Dörre 2007). In historischer Perspektive sind hier zudem in Bezug auf Frauen neue Widerspruchskonstellationen zu verzeichnen. Die Familienernährerin neuen Musters, die diesen Status der prekären Beschäftigung oder der Arbeitslosigkeit ihres Partners ‚verdankt' und dabei oftmals selbst prekär beschäftigt ist (vgl. Klenner 2009), hat wenig mit ihrem fordistischen Vorfahren gemeinsam. Sein Status als Familienoberhaupt war mit einer vergleichsweise gradlinigen Fügung von Erwerbsarbeit, Versorgtsein und Freizeit verbunden. Ihr Status geht damit einher, sich und andere existenziell zu sichern, indem Erwerbs- und Hausarbeit wie weiteres Engagement miteinander vereinbart werden.

8.5.2 Widersprüche und Umschriften: Das Beispiel des öffentlichen Sektors

In manchen Bereichen lässt sich eine besondere Verschärfung der Widersprüche innerhalb der Erwerbsarbeit feststellen. Professionalität und Karrieren in Wissenschaft, Bildung, sozialer Arbeit, Gesundheitswesen, wo hohes Engagement um der Sache willen zum Selbstverständnis gehören und ganzheitliche Arbeitsvollzüge zur Erfolgswahrscheinlichkeit der Arbeit beitragen, sind seit geraumer Zeit durch forcierte Rationalisierungsprozesse herausgefordert (vgl. Riegraf/Aulenbacher/Kirsch-Auwärter/Müller 2010; Riegraf/Kuhlmann/Theobald 2009; Wendt 1995; Wilken 2000). Sie beschneiden die bisherigen Arbeitsvollzüge, gehen mit Deregulierungs- und Abwertungstendenzen und der Ausweitung prekärer Beschäftigung einher.

Zeitgleich führen in der Hochschule forcierte Gleichstellungsbestrebungen dazu, die von ihrer Tradition her männliche Domäne Wissenschaft in neuem Umfang für Frauen zu öffnen. In historischer Perspektive lässt sich hier zweifellos eine „Umschrift der Differenz" (Wetterer 1992a) erkennen, welche als Abwertung, forcierte Prekarisierung und Feminisierung eines vor rund hundert Jahren noch exklusiv männlichen und hoch reputierten Beschäftigungsbereiches vollzogen wird, wobei dies jedoch nicht friktionslos verläuft (vgl. Aulenbacher/Riegraf 2010, 2010a).

In den Semiprofessionen im Gesundheits- und Pflegebereich und damit in angestammten Bereichen von qualifizierter, gleichwohl gering gratifizierter Frauenarbeit, in denen die ganzheitliche Arbeitsorganisation traditionell mit einem breiten Zugriff auf auch vermeintlich extrafunktionale Qualifikationen einherging, werden Arbeitsvollzüge in einem Ausmaß taylorisiert, dass der fürsorgliche Charakter der Arbeit zerstört wird (vgl. Butterwegge 2008; Kelle 2007;

Riegraf/Kuhlmann/Theobald 2009). Im Zuge dieser Entwicklung nimmt die prekäre Beschäftigung zu und werden qualifizierte Arbeitskräfte durch solche ohne (anerkannte) Ausbildung ersetzt. Die Widersprüche zwischen notwendig ganzheitlichen und tayloristisch organisierten Arbeitsvollzügen zu bearbeiten, wird, so vor allem Karin Gottschall (2008, 2009), zum informellen, damit ungratifizierten Bestandteil der Arbeit (vgl. auch Kelle 2007; Tepe/Gottschall/Kittel 2009). Zeitgleich findet eine Neuzusammensetzung der Belegschaften statt, bei der ausgebildete durch angelernte, einheimische durch migrantische Arbeitskräfte ersetzt werden (vgl. die Befunde in Riegraf/Kuhlmann/Theobald 2009). Neue Arbeitsanforderungen werden hier mit neuen Arbeitsteilungen nach Ethnie und in dieser Weise einer „Umschrift der Differenz" (Wetterer 1992a) verbunden.

8.5.3 Doing gender and doing ethnicity while doing work: Das Beispiel Privathaushalt

Parallel zur beschriebenen Rationalisierung der Erwerbsarbeit ist auch eine Reorganisation von Hausarbeit zu vermerken. Sie lässt sich, mit Birgit Geissler (2002), Helma Lutz (2007, 2010) und Maria S. Rerrich (2006) auf ein breites Ursachenspektrum von veränderten Lebensstandards bis zu Entlastungswünschen angesichts der Anforderungen aus der Erwerbsarbeit oder mangelnden Betreuungsangeboten für Angehörige aufschlüsseln. Eine weit verbreitete Form, diese Situation zu bearbeiten, besteht darin, Haus-, Betreuungs-, Pflegearbeit als bezahlte Arbeit zu delegieren. Sie wird nicht ausschließlich, aber doch zu wesentlichen Teilen an Migrantinnen vergeben. Es entstehen im Spektrum von legaler bis illegaler Beschäftigung, von live-in und Au-pair bis stundenweiser Aushilfe neue Beschäftigungsformen und -verhältnisse (vgl. Gather/Geissler/Rerrich 2002; Lutz 2007, 2010). Diese Umverteilung und -organisation von Arbeit hält, so bereits Karin Jurczyk und G. Günter Voß (1995) die bisherige Arbeitsteilung zwischen den Geschlechtern im Privathaushalt stabil, indem diejenige zwischen Frauen verändert wird. Arbeit wird dabei neu gewertet und gewichtet, wobei geschlechts- und ethniebasierte Zuschreibungen zwischen ‚Arbeitgeberin' und ‚Arbeitnehmerin' im Sinne des doing gender und doing ethnicity begründen und legitimieren, wer sie verrichtet (vgl. die Beispiele und Interpretationen in Hess 2005; Lutz 2007; Rerrich 2006).

8.6 Fazit

Wird der Wandel der Arbeit mit Perspektiven der Geschlechterforschung abge-
steckt, so lässt sich zeigen, dass sich die Rationalisierung und Reorganisation
verschiedener Bereiche mit neuen Arbeitsteilungen nach Geschlecht und Ethnie
verbindet. In den hier herangezogenen Befunden deutet sich an, dass sich dabei
– unbenommen der vorangeschrittenen Geschlechtergleichheit in vielen Bereichen – erneut ungleiche Arbeitsteilungen zwischen den Geschlechtern und Differenzierungen unter Frauen und Männern je für sich herausbilden.

9. Geschlechterdifferenzen und -ungleichheiten in Organisationen

Brigitte Aulenbacher und Birgit Riegraf

9.1 Einleitung

Ein erster Blick in Organisationen – seien es Unternehmen, Verwaltungen, Universitäten – zeigt, dass Geschlecht in vielfältiger Hinsicht bedeutsam ist: Der Anteil von weiblichen Beschäftigten nimmt mit steigenden Hierarchieebenen in der Organisation ab. Tätigkeitsfelder sind oftmals nach Geschlecht getrennt. Auch gilt: „Enter most organizations and you enter a world of sexuality" (Hearn/Parkin 1987: 3f.; vgl. auch Müller 1993). Und letzeres betrifft nicht lediglich Bereiche, in denen mit Sexualität Geschäfte gemacht werden, sondern auch Beziehungen am Arbeitsplatz. Während diese augenscheinlichen geschlechterbezogenen Phänomene in der herkömmlichen organisationssoziologischen Forschung kaum Thema sind, stehen sie in der feministischen Organisationssoziologie im Zentrum des Interesses.

Ausgehend von angloamerikanischen Ansätzen der späten 1970er Jahre hat sich ein beachtlicher Forschungsstrang herausgebildet, der Organisationen in doppelter Perspektive in den Blick nimmt: „Organisational processes are central to the understanding of gender relations, and concomitantly, that organizations are gendered" (Witz/Savage 1992: 3). Stellvertretend für diese Ansicht vieler GeschlechterforscherInnen steht die von Anne Witz und Mike Savage (1992: 8) formulierte Überzeugung: „Hence, in order to understand forms of gender inequality it is essential to see how organisational forms structure and are themselves structured by gender." Die Vorstellung einer durch und durch vergeschlechtlichten Organisation bleibt allerdings auch nicht unwidersprochen. Die Gegenposition lautet, dass Organisationen aus sich heraus von Geschlecht absehen. VertreterInnen dieser Position fragen folglich, warum Männer und Frauen in Organisationen trotzdem ungleich gestellt sind (vgl. im Überblick Aulenbacher/Fleig/Riegraf 2010; Funder 2004; Hearn 2009; Hofbauer/Holtgrewe 2009; Müller 1993; Wilz 2002, 2004; Witz/Savage 1992).

Der folgende Beitrag führt in den Forschungsstrang zu Geschlecht und Organisation ein (vgl. auch Kap. 8). Dabei werden zwei Fragen verfolgt: Wie nehmen Ansätze am Schnittpunkt von Organisations- und Geschlechterforschung in den Blick, dass Geschlecht in Organisationen relevant ist? Zu welchen Erkenntnissen gelangen die Arbeiten mit ihrer jeweiligen Perspektive?

Im ersten Schritt werden die Pionierstudien der 1970er und 1980er Jahre betrachtet (2.). Im nächsten Schritt werden die seit Ende der 1980er Jahre entwickelten Theorien der Gendered Organization einschließlich des Subdiskurses um Sexualität und Organisation vorgestellt (3.). Anschließend werden akteurs- und institutionentheoretische Weiterungen der organisationssoziologischen Konzeptionen diskutiert (4.). Im letzten Schritt werden beispielhaft für gegenwärtige Kontroversen system-, strukturationstheoretische und poststrukturalistische Interpretationen vorgestellt (5.). Ein kurzes Fazit schließt den Beitrag ab (6.).

9.2   Grundlegungen im Schnittpunkt von Organisations- und Geschlechterforschung

In ihrem in den 1970er Jahren erschienenen und inzwischen zum Klassiker gewordenen Buch „Men and Women of the Cooperation" analysiert Rosabeth Moss Kanter (1977b) mit Hilfe von Max Webers Bürokratietheorie (vgl. hierzu im Kontext der Organisationsforschung Brentel 1999: 223ff.; zur feministischen Kritik an Weber Bologh 1990) und mit Bezug auf Erkenntnisse aus der Minderheitenforschung die Prozesse, die zur Unterrepräsentanz weiblicher Beschäftigter auf Führungsebenen führen (vgl. Riegraf 1996). Sie geht davon aus, dass formale Strukturen moderner Organisationen zweckorientiert und unabhängig von den gesellschaftlich zugeschriebenen Eigenschaften, Merkmalen und Kompetenzen und damit auch des Geschlechts der Beschäftigten funktionieren. Eine zusätzliche und entscheidende Annahme ist, dass sich die misslichen Situationen von Frauen in Führungspositionen nicht grundsätzlich von denjenigen anderer gesellschaftlicher Minderheitengruppen unterscheiden. Dass Geschlecht in Organisationen trotz der angenommenen Neutralität der Strukturen offensichtlich eine Rolle spielt, wertet die Autorin dahingehend, dass vormoderne patriarchale Relikte informell weiter wirken. Gesellschaftliche Stereotypisierungen nähmen informell Einfluss auf das Organisationsgeschehen und behinderten den Aufstieg von Frauen in Führungspositionen (vgl. Kanter 1977b: 73ff.). Kanter schließt daraus: Lösen sich gesellschaftliche Stereotypisierungen im voranschreitenden gesellschaftlichen Rationalisierungsprozess auf und komme es zu einer weiteren quantitativen Integration von Frauen in Führungspositionen, seien ihnen auch betriebliche Machtpositionen zugänglich (Kanter 1977a: 971). Geschlecht spielte dann in Organisationen keine Rolle mehr. Sie folgert: „What looks like sex differences may really be power differences" (Kanter 1977b: 9), was im Folgenden genauer ausgeführt wird.

Nach Kanter (1977b) unterliegen Frauen in Führungspositionen aufgrund ihrer Minderheitenposition einer besonderen Aufmerksamkeit (Visibilität). Dies bedeutet, dass ihre Präsenz nicht allein unter der Perspektive des Anforderungsprofils (Leistung) gesehen wird, sondern sie werden immer auch und vor allem unter dem Aspekt von Geschlechtlichkeit wahrgenommen und bewertet. In der Minderheitenposition sind weibliche Führungskräfte „konfrontiert mit machtvollen, unhinterfragten stereotypen Wahrnehmungen all ihrer Handlungen" (Müller 1995: 115). Solange sie in der Minderheit bleiben, müssen weibliche Führungskräfte besondere Leistungen bringen, um ihre Anwesenheit in einem für sie als untypisch geltenden Bereich zu rechtfertigen. Zugleich müssen sie ihre Weiblichkeit kontrollieren, um nicht zu eng mit ihrem Geschlecht in Verbindung gebracht zu werden, was immer auch die Abwertung ihrer Kompetenz bedeuten würde, da Weiblichkeit nicht mit Professionalität gleichgesetzt wird. Kanter (1977b: 240; 1977a: 966) geht in ihrer Untersuchung davon aus, dass eine quantitative Erhöhung des „Minderheitengeschlechts" den Widerspruch zwischen Professionalität, Status und Weiblichkeit auflöst: Überschreitet die Anzahl der Frauen in Führungspositionen die 15-Prozent-Marke, verlassen Frauen den Minderheitenstatus und partizipieren ebenso wie Männer an der betrieblichen Macht. Erhöht sich der Anteil über 30 Prozent, ist eine stabile Durchmischung zwischen der Minderheiten- und der Mehrheitsgruppe möglich und Machtpositionen sind gleichwertig verteilt (vgl. auch Allmendinger/Hackman 1993).

Kritikerinnen bezweifeln, dass die Autorin mit der Annahme, Organisationen seien grundsätzlich geschlechtsneutral, deren empirisch offensichtliche Vergeschlechtlichung hinreichend erfassen kann (vgl. Ferguson 1984; Pringle 1989). Zwei Themen stehen dabei im Zentrum der Auseinandersetzung: Zum einen wird in Frage gestellt, dass sich Ausschlussprozesse in dem Sinne als geschlechtsneutral darstellen, dass alle Minderheiten gleichen oder sehr ähnlichen (Macht)Prozessen ausgesetzt sind. Rosemary Pringle (1989) vertritt im Anschluss an die Diskurstheorie die Gegenthese, dass die Vergeschlechtlichung von Organisationen durchgängig ist und deshalb Geschlechtszuweisungen nicht ohne weiteres mit Zuweisungen an Minderheitengruppen vergleichbar sind. Im

Gegensatz zu Kanter wird Macht bei Pringle nicht als feste Größe definiert, die sich aus der formalen Hierarchiestruktur der Organisationen speist, welche letztlich geschlechtsneutral sind. Vielmehr wird Macht bei ihr zum wesentlichen Bestandteil der Geschlechterbeziehungen. Strukturen und Diskurse in Organisationen sind demnach durch männliche Lebenskontexte, Erfahrungen und Orientierungen grundlegend dominiert. Dies betrifft die Arbeitsplatzbeschreibungen ebenso wie Arbeitsplatzbeziehungen. Weibliche Lebenskontexte, Erfahrungen und Orientierungen werden demgegenüber in Organisationen abgewertet oder ausgeschlossen. Die Höherbewertung des männlichen und die Abwertung des weiblichen Lebenskontextes seien in die formellen und informellen Organisationsstrukturen eingelassen und unauflöslich miteinander verwoben (vgl. Pringle 1989: 88). Zum anderen gilt Kanters Überlegung inzwischen als widerlegt, dass allein ein quantitativer Anstieg zu einer Auflösung geschlechtsspezifischer Stereotypen und Segregationen führt (im Überblick: Yoder 1991). Jutta Allmendinger und Richard Hackmann (1994) kommen in ihrer Untersuchung zur geschlechtsspezifischen Segregation in Symphonieorchestern angesichts der Thesen von Kanter zu einem zunächst überraschenden Ergebnis. Sie zeigen, dass durch eine quantitative Zunahme von Frauen in Organisationen sich geschlechtliche Trennungslinien nicht auflösen, sondern neue Segmentationslinien entstehen, was in diesem Untersuchungsfeld zugleich mit Abwertungsprozessen der mehrheitlich von Frauen besetzten Tätigkeitsbereiche einhergeht. Eine Erhöhung des Anteils der weiblichen Beschäftigten führt also zunächst zu verstärkten Polarisierungen und Spannungen zwischen den Geschlechtern, die vor allem von männlichen Beschäftigten initiiert werden und die Funktionsfähigkeit von Organisationen zumindest phasenweise behindern. Es scheinen also noch andere Mechanismen als die von Kanter beschriebenen in Organisationen für Geschlechterungleichheiten verantwortlich zu sein.

9.3   Theorien der Gendered Organization und der Subdiskurs um Sexualität und Organisation

Die Theorien der Gendered Organization und der Subdiskurs um Sexualität und Organisation, die seit den 1980er Jahren entwickelt worden sind, gehen noch einen Schritt weiter als die im letzten Kapitel skizzierten Pionierstudien. Den Ansatzpunkt bildet ebenfalls das bereits genannte, zu diesem Zeitpunkt in der Soziologie zwar schon vielfach kritisierte und relativierte, aber doch nie vollständig zur Seite gelegte Verständnis, wonach Organisationen formal, rational und unpersönlich sind (vgl. hierzu Brentel 1999: 223ff.). Weiterführender als in den vorgestellten Pionierstudien wird dieses Organisationsverständnis im Schnittpunkt von Organisations- und Geschlechterforschung nun aber ganz fundamental zur Diskussion und auch zur Disposition gestellt. Und zugleich wird mit diesem Schritt eine grundlegende Auseinandersetzung mit den unterschiedlichen, in der Soziologie vorfindbaren Organisationsbegriffen eingeläutet (vgl. Hofbauer/Holtgrewe 2009; Rastetter 1994; Savage/Witz 1992; Wilz 2002; Müller/Riegraf/Wilz 2010).

In modernen Organisationen manifestiert sich, so Daniela Rastetter (1994: 92), „ein gesellschaftlich fundierter Rationalitätsglauben". Organisationale Verfahren sind in dem Sinne formal, rational und unpersönlich, als sie gesellschaftlichen Rationalitätsvorstellungen verpflichtet oder davon geprägt sind. Zugleich handelt es sich der Autorin nach jedoch um eine ideologieträchtige, nämlich Herrschaft verschleiernde Fiktion. Diese Herrschaftsverhältnisse, insbesondere androzentrische Orientierungen und Suprematieansprüche, damit verbunden außerdem kapitalistische Verwertungsimperative und Rationalisierungsmaxime, und die Art und Weise, wie sie sich in Organisationen geltend machen, stehen im Zentrum ihres Ansatzes und der Theorien der Gendered Organization (vgl. die Überblicke bei Acker 2010; Hearn 2009; Müller 1993; Witz/Savage 1992). Die folgende Grundargumentation, die von Joan Acker (1990) aufgebracht und von Ursula Müller (1993) in den deutschsprachigen Raum überführt wurde, ist den Theorien der Gendered Organization weitgehend gemeinsam.

Organisationen werden im Zusammenhang mit Trennungen gesellschaftlicher Sphären, insbesondere derjenigen von Öffentlichkeit und Privatheit wie von Erwerbs- und Hausarbeit in den Blick genommen. Im Bereich des Öffentlichen angesiedelt gälten moderne, mit der Industriegesellschaft und dem Kapitalismus entstandene Organisationen gesellschaftlich als Orte der Rationalität und Asexualität, während Emotionalität und Sexualität – außer in ihrer vermarkteten Form etwa als Prostitution, Pornografie etc. (vgl. vor allem Rastetter 1994) – ihren alleinigen Ort in der Privatheit zu haben scheinen. Dies verbindet sich, so Acker (1990), Müller (1993: 104) und Rastetter (1994: 31ff.), mit Blick auf die Trennung von Erwerbs- und Hausarbeit, mit einem Normalmodell von Arbeitskraft, welches asexuell erscheint, implizit jedoch männlich konnotiert ist. Männer werden dadurch unter der Hand zum vermeintlich asexuellen Maßstab des normalen Organisationsmitglieds, an dem bemessen ausschließlich Frauen als Geschlecht erscheinen. Solchermaßen sexualisiert scheint der Platz von Frauen außerhalb der formal, rational und unpersönlich erscheinenden Organisation, im Privaten, zu liegen. Ihre Einbeziehung in Organisationen mutet dann dysfunktional an (vgl. auch Hearn/Parkin 1987; Savage/Witz 1992). Rastetter (1994: 119) spitzt dies nochmals zu, wenn sie feststellt, dass moderne Organisationen eine „historisch-gesellschaftlich spezifische Verkörperung männlicher Herrschaft" darstellen, deren „mystifizierte Asexualität und Rationalität ... als Ausdruck hegemonialer Männlichkeit" verstanden werden kann. Acker (1990) spricht mit ähnlichem Bedeutungsgehalt von einer „gendered substructure" und Yvonne Benshop und Hans Dooreward (1998) von einem „gendered subtext" der modernen Organisation.

Theorien der Gendered Organization richten ihre Aufmerksamkeit also auf den inneren Zusammenhang zwischen der gesellschaftlichen Verfasstheit von Organisationen, Geschlecht und Sexualität. So, wie sie diesen Zusammenhang herausarbeiten, müssen Organisationen als unhintergehbar vergeschlechtlicht angesehen werden (vgl. Aulenbacher 2005, 2010a; Wilz 2002). Vor diesem Hintergrund nehmen sie das Organisationsgeschehen dann in höchst unterschiedlicher Weise in den Blick. Die bedeutendsten Betrachtungsweisen seien im Folgenden umrissen.

Acker (1990) geht davon aus, dass Geschlecht über die soeben angesprochene Grundstruktur von Organisationen hinaus in vierfacher Weise bedeutsam ist: Erstens macht sich Geschlecht in den Organisationsstrukturen bemerkbar. Dabei hat Acker in erster Linie die Arbeitsteilungen im Blick. Männer seien entsprechend ihrer Freistellung von und Frauen entsprechend ihrer Hauptzuständigkeit für Hausarbeit auch in Organisationen ungleich positioniert, Männer auf den oberen und Frauen auf den unteren Stufen der Hierarchie. Zweitens geht sie davon aus, dass Geschlecht sich über die Arbeitsteilung vermittelt in der Ausbildung subjektiver Vorstellungen und Verhaltensrepertoires der Organisationsmitglieder niederschlägt. Drittens mache Geschlecht sich in alltäglichen Interaktionen geltend, in denen sich die Organisationsmitglieder als Männer und Frauen wahrnehmen und ansprechen. Viertens spiele Geschlecht in der symbolischen Ordnung von Organisationen eine Rolle. Damit sind nicht zuletzt die organisationsinternen Diskurse gemeint, in denen Geschlecht direkt oder indirekt zum Thema wird. Ihr Hauptaugenmerk gilt allerdings manifesten Geschlechterungleichheiten, später auch in der Verbindung mit Ungleichheiten nach Schicht und Ethnie, wie sie in Fragen der Lohnungleichheit, ungleicher Arbeitsteilungen, ungleichem Zugang zu Führungspositionen etc. zum Tragen kommen (vgl. Acker 2010; auch Kap. 8).

Angesichts des weiter oben mit Müller (1993) und Rastetter (1994) bereits angesprochenen Phänomens der Desexualisierung von Organisationen und der Sexualisierung von Frauen spüren Witz und Savage (1992) der Bedeutung von Sexualität für das Organisationsgeschehen genauer nach (vgl. auch Hearn/Parkin 1987). Sie kommen zu dem Ergebnis, dass Heterosexualität als „tacit structuring principle" von Organisationen zu begreifen ist und Sexualität ebenso wie Geschlecht bzw. in Verbindung damit eine „resource" für das Handeln der Organisationsmitglieder darstellt (Witz/Savage 1992:52). Dabei können Männer Heterosexualität eher für sich kapitalisieren, sei es in ihrer Abgrenzung gegenüber der gesellschaftlich nicht gleichermaßen angesehenen Homosexualität, sei es in der Sexualisierung von Frauen. Sexuelle Belästigung am Arbeitsplatz, die ungleich öfter von Männern als von Frauen ausgeübt wird, ist das offensichtlichste Beispiel. Die Sexualität von Frauen hingegen wird stärker als diejenige von Männern im Rahmen von Arbeitsteilungen, -anforderungen und -beziehungen kapitalisiert, etwa in der Veranschlagung von körperlicher Attraktivität bei Stellenbesetzung und in der Berufsausübung. Entgegen der weiter oben angesprochenen, vermeintlichen Dysfunktionalität von Frauen für die Organisation wird ihre Sexualität hier hochfunktional genutzt. Arlie Hochschild (1990) hat ähnliche Phänomene am Beispiel der „Gefühlsarbeit" von Stewardessen untersucht. Überhaupt lässt sich, etwa auch mit Rastetter (1994, 2008), für die Kapitalisierung von Emotionalität eine vergleichbare Konstellation aufzeigen wie für diejenige von Sexualität. Ganz grundsätzlich gilt, wie sich beispielsweise auch an der Diskussion um Frauen in Führungspositionen zeigen lässt (vgl. hierzu Aulenbacher/Riegraf 2008), dass Frauen in anderer Weise als Männer in Organisationen angehalten sind, mit Geschlecht umzugehen, es zu betonen, zu verleugnen, zu übergehen oder zu managen, sei es durch die Kleiderwahl, sei es durch Verhaltensweisen (vgl. Rastetter 1994). Im Kontext dieser Forschungen steht zudem das Konzept von Witz (1990) der „embeddedness" und des „embodiments" von Organisationen. In diesem Konzept geht sie über die bis hierhin aufgeführten Aspekte hinaus und geht der Frage nach, wie das Organisationsgeschehen verkörpert wird und wie in Organisationen historisch und bereichsspezifisch besondere Formen von Körperlichkeit hervorgebracht werden. Ein die Industriegeschichte durchziehendes Beispiel ist die körperliche Schwerarbeit, ein aktuell verstärkt thematisiertes Beispiel ist die Körperkultur des Managements (vgl. Connell 2010a; Meuser 2007b; vgl. Kap. 7).

Die skizzierten Ansätze bauen auf empirischen Befunden auf, die teilweise bis in den 1980er Jahre zurückreichen. Seither sind gesellschaftliche Veränderungen zu vermerken: Homosexualität wird weniger verleugnet. Frauen sind in

Führungspositionen präsenter als zuvor. Überhaupt stehen geschlechtliche Zuweisungen und Zuschreibungen in neuer Weise zur Diskussion und Disposition. Zeitgleich zu diesen Prozessen, so Jeff Hearn (2009), lösen sich außerdem Organisationen bisherigen Musters zusehends auf, beispielsweise im Bereich der transnational agierenden Unternehmen. Daher bilanziert er die Theorien der Gendered Organizations, den Subdiskurs um Sexualität und Organisation und außerdem die Forschung zu Organisation und Gewalt unter der Frage, wie sich all diese Entwicklungen mit ihnen in den Blick nehmen lassen. In ihrer Anwendung auf das aktuelle Organisationsgeschehen zeigt er dann, dass die Auflösung von Geschlechterkonstruktionen und Organisationsgrenzen männliche Herrschaft keineswegs außer Kraft setzt. Sie etabliere sich vielmehr über Organisationsgrenzen hinweg und werde weniger greifbar, als sie es in den vorherigen Arbeits- und Machtverteilungen nach Geschlecht gewesen war. Diese neuen Formationen bezeichnet er als „transnationale Patriarchien", welche das wirtschaftliche und gesellschaftliche Geschehen heute womöglich noch stärker nach männlichem Maß gestalten, als es Organisationen bisherigen Zuschnitts und männliche Führung des bisherigen Musters vermochten (vgl. im Kontext der Arbeitsforschung auch Meuser 2009a; Scholz 2009).

Schließlich ist festzuhalten, dass die Theorien der Gendered Organization anhaltend den Ausgangspunkt weiterer Ansätze im Schnittpunkt von Organisations- und Geschlechterforschung bilden. Dazu gehören zum einen Forschungen, die sich mit Organisationswandel und Gleichstellungspolitik befassen. Zum anderen gehören dazu Forschungen, die sich theoretisch und empirisch der Frage annehmen, inwiefern Geschlecht, wenngleich die Geschlechterhierarchie historisch für die Verfasstheit und die Ausrichtung von Organisationen als unhintergehbar angesehen werden muss, im alltäglichen Geschehen doch auch bedeutungslos sein kann.

9.4 Akteurs- und institutionentheoretische Weiterungen im Hinblick auf die Gleich- und Ungleichstellung der Geschlechter in Organisationen

Kathy E. Ferguson (1984), eine weitere Pionierin der Forschung zu Organisation und Geschlecht, vertrat im Gegensatz zu Kanter (1977b) die Position, dass die Vergeschlechtlichung von Organisationen im Rahmen klassischer Organisationsstrukturen schlicht nicht veränderbar ist. Im Gegenteil, in diesem Rahmen würden Anliegen, Lebenskontexte und Erfahrungen von Frauen immer überformt werden. Die von Ferguson vertretene Position über die Reformunfähigkeit von Organisationen wurde in den 1990er Jahren scharf kritisiert und verworfen. Anlass waren zwei seit Ende der 1980er Jahre vollzogene Entwicklungen, die dazu führten, das Organisationsgeschehen in seiner Potenzialität für die Gleichstellung der Geschlechter in den Blick zu nehmen: Es handelt sich zum einen um den Sachverhalt, dass Frauenförder- und Gleichstellungsmaßnahmen nach einigen Anlaufschwierigkeiten überhaupt und noch dazu in nennenswertem Umfang eingeführt werden konnten und durchaus Veränderungen in Organisationen herbeiführten – wenn auch nicht in der gewünschten Radikalität (vgl. Brumlop/Hornung 1994; vgl. Kap. 11). Zum anderen handelt es sich darum, dass im Zuge vor allem ökonomischer Flexibilisierungs- und sozialer Pluralisierungstendenzen auch bis dato starre organisationale Strukturen und Verfahren beweglicheren Arrangements Platz machten. In diesem Kontext stellt beispielsweise Yvonne Due Billing (1999) genau umgekehrt zu Ferguson (1984) die Frage, wie sich in Organisationen und durch organisationale Veränderungen Fortschritte auf dem Weg zur Geschlechtergleichheit erzielen lassen.

Mit solchen Fragen befassen sich akteurs- und institutionentheoretische Zugänge. Auch diese Ansätze wenden sich gegen die in der Weberschen Tradition stehenden Vorstellungen, dass Organisationsentwicklungen das Ergebnis rationaler Entscheidungen sind, um sich mit den entsprechenden organisationssoziologischen Zugängen auseinanderzusetzen und sie für ihre Erkenntnisinteressen zu nutzen.

Birgit Riegraf (1996) nimmt mit dem mikropolitischen Ansatz von Günter Ortmann u.a. (1990) und der strategischen Organisationsanalyse von Michel Crozier und Erhard Friedberg (1979) das subtile Zusammenspiel von geschlechtsspezifischen Macht- und Herrschaftskonstellationen am Beispiel der Entwicklung und Ausgestaltung von Gleichstellungsmaßnahmen in den Blick (vgl. auch Riegraf 2000; Kutzner 2003). Organisationen werden aus dieser Perspektive als soziale und politische Gebilde begriffen, in denen Interessen artikuliert, Konflikte ausgetragen und Koalitionen gebildet werden. Diese Verhandlungskonstellationen befragt die Autorin auf Handlungsoptionen, aber auch -restriktionen bei der Gestaltung von Gleichstellungsprozessen. Handeln und Entscheidungen in Organisationen werden nicht als ausschließlich von ökonomischen Zwängen geleitet begriffen. Es sind vielmehr „komplexe und spezifische Entscheidungs-, Aushandlungs- und Kompromissbildungsprozesse in Organisationen" (Riegraf 1996: 11) zu berücksichtigen, wenn Gleichstellungspolitiken erfolgreich implementiert werden sollen. So existiere innerhalb ökonomisch, organisatorisch und technologisch eingegrenzter Handlungskorridore ein hohes Maß an Entscheidungs- und Entwicklungskontingenz. Diese Handlungs- und Gestaltungsspielräume werden von Akteuren und Akteursgruppen wahrgenommen, genutzt, erweitert oder begrenzt. Allerdings treten sie in solche mikropolitischen Aushandlungen mit ungleicher, auch nach Geschlecht verteilter Definitionsmacht darüber ein, was als nicht verhandelbarer Sachzwang gesetzt wird oder aber als verhandel- und damit auch veränderbar gilt (vgl. Riegraf 1996; auch Kutzner 2003). Dies erklärt dann auch, warum Gleichstellungspolitiken in verschiedenen Organisationen auf ganz unterschiedliche Weise und in unterschiedlichem Umfang umgesetzt werden oder aber auch gar nicht zu Geltung gelangen. Während mit einer solchen Perspektive die Aushandlungsprozesse in Akteurskonstellationen innerhalb von Organisationen in den Blick geraten, betrachten neo-institutionalistische Analysen Wandlungs- und Lernprozesse von Organisationen (vgl. hierzu Riegraf 2000) aus einer anderen Perspektive.

Neo-institutionalistische Analysen werden insbesondere von Müller (2010) für die Frage von Geschlecht und Organisation aufgenommen (vgl. außerdem Heintz 2007). Sie beschäftigen sich ebenfalls mit Modernisierungsprozessen und mit Fragen organisationalen Wandels. Sie betrachten die Organisationen als Akteure und überschreiten auf diese Weise die Ebene der Verhandlungssysteme von Organisationsmitgliedern. Auf die Frage zum Zusammenhang von Geschlecht und Organisation angewandt, betrachten sie Gleichstellungsmaßnahmen, anders als mikropolitische Zugänge, vor allem unter legitimatorischen Gesichtspunkten. Demnach entwickeln Organisationen formal-rationale Strukturen, um sich gegenüber der Organisationsumwelt Legitimation zu beschaffen und nicht zur möglichst effizienten Bearbeitung organisationaler Probleme. Formale Strukturen bringen dieser Betrachtungsweise nach also Mythen zum Ausdruck. Vieles in Organisationen geschieht, weil Organisationen zeigen müssen, dass sie den in der Gesellschaft etablierten – institutionalisierten – Ansprüchen an Solidarität, Rationalität und Modernität genügen. Indem Organisationen diese Mythen aufgreifen, kopieren und zeremoniell zum Ausdruck bringen, wird eine Strukturähnlichkeit zwischen Organisation und Gesellschaft hergestellt. Das bedeutet nach Müller (2010) in Bezug auf Gleichstellungsmaßnahmen: Es werden Programme entwickelt, Kommissionen gebildet oder Richtlinien, die zwar die Formalstruktur berühren, aber die tatsächlichen Aktivitätsstrukturen in den Organisationen nicht unbedingt verändern. Gesellschaftlichen Veränderungen wird damit in spezifischer Weise Rechnung getragen: Es kommt, so die These von John Meyer und Brian Rowan (1992), zu einer Entkopplung einer nach außen sichtbaren Formalstruktur (auf der Veränderungsbereitschaft signalisiert wird und die sich an veränderte Umwelterwartungen anpasst) und der inneren Aktivitätsstruktur (auf der unbeeindruckt business as usual praktiziert wird). Mit diesem Konzept lassen sich, so Müller (2010), widersprüchliche Gleichstellungsstrategien in Organisationen und das Auseinanderklaffen zwischen durchaus fortschrittlichen Programmen und mangelnder Umsetzung erklären (vgl. auch Franke-Pfeil/Müller/Wilz 2007). Während Organisationen gesellschaftliche Gleichheitsforderungen durch entsprechende Programme bedienen und damit ihr Engagement nach außen sichtbar machen, kann beispielsweise eine „asymmetrische Geschlechterkultur" (Müller 1989) innerhalb der eigenen Reihen deren Einlösung durchaus behindern.

In dieser wie auch der weiteren gleichstellungsbezogenen Debatte (vgl. Kirsch-Auwärter 1996; Wetterer 2003) herrscht weitgehend Einigkeit darüber, dass sich die Stellung der Geschlechter durch die bislang praktizierten Maßnahmen nicht in dem von der Frauenbewegung angestrebten Maße geändert hat. Anders als bei Ferguson (1984), für die die Unverträglichkeit von Organisation und Gleichstellungsansprüchen gesetzt war, wird jedoch genauer nachgefragt, inwieweit sich verschiedene gleichstellungpolitische Maßnahmen mit organisationalen Logiken vertragen oder eben auch nicht (vgl. auch Kap. 11). So führt Michael Meuser (2004a) aus, dass sich das von der Frauenbewegung entwickelte Konzept der Frauenförderung eher gegen organisationale Strukturen und Logiken bewegt. Das im Rahmen europäischer Richtlinien implementierte Konzept des Gender Mainstreaming bewege sich eher gleichgerichtet dazu. Heike Kahlert (2005) arbeitet heraus, dass in Rationalisierungskonzepten wie dem New Public Management und im Gender Mainstreaming ähnliche Logiken am Werk sind. Außerdem liegen Vergleiche der verschiedenen geschlechterpolitischen Maßnahmen mit dem Konzept des Managing Diversity vor, das von vornherein auf organisationalen Logiken basiert (vgl. hierzu Andresen/Koreuber/Lüdke 2009). Festzustellen ist durchaus im Sinne von Ferguson (1984), dass gleichstellungspolitische Ansprüche im Rahmen von Rationalisierungsprozessen transformiert werden; aus politisch motivierter Frauenförderung kann in der organisationsinternen Umsetzung ein betriebswirtschaftlich umgesetztes Gleichstellungscontrolling werden (vgl. auch Aulenbacher 2005: 114ff.). Anders als seinerzeit liegen im Schnittpunkt von Organisations- und Geschlechterforschung mit den soeben genannten Studien heute aber zahlreiche Erkenntnisse dazu vor, warum dies wie erfolgt und was dennoch machbar ist (vgl. Kap. 11).

9.5   Kontroversen um die Verfasstheit von Organisationen und die Bedeutung von Geschlecht

Im Zuge der Ausdifferenzierung des Forschungsstrangs zu Geschlecht und Organisation liegen, so lässt sich nun rekapitulieren, nicht nur empirische Befunde zu ganz verschiedenen Ausschnitten des Organisationsgeschehens vor, sondern auch vielfältige theoretische Zugänge (vgl. Aulenbacher/Fleig/Riegraf 2010; Funder 2004; Hofbauer/Holtgrewe 2009; Wilz 2002; 2004). Damit verbunden ist die anfängliche und grundsätzliche Frage danach, ob Organisationen vergeschlechtlicht sind und wie Geschlecht in Organisationen Geltung erlangt, erneut und in neuer Weise auf die wissenschaftliche Tagesordnung getreten.

Der Ausgangspunkt der heutigen Diskussion ist zunächst einmal empirischer Art. In zahlreichen Studien wird festgestellt, dass Geschlecht im alltäglichen Organisationsgeschehen nicht immer und überall bedeutsam sein muss, sondern kontextbezogen Geltung erlangt oder auch nicht (vgl. zuerst Heintz/Nadai 1998; zu neueren empirischen Studien Gildemeister/Wetterer 2007). Wie dieses Phänomen zu interpretieren ist, wird jedoch kontrovers verhandelt. Dies liegt nicht zuletzt daran, dass hier Ansätze aufeinander treffen, die in ihrem Organisationsverständnis unvereinbar sind. Dies sei exemplarisch für systemtheoretische, strukturationstheoretische und poststrukturalistische Zugänge aufgezeigt (vgl. hierzu auch Aulenbacher 2010a; Riegraf 2010; Wilz 2004; auch Kap. 3 und 4).

Systemtheoretischen Ansätzen wohnt ein Verständnis von Organisation als formal und unpersönlich inne, allerdings anders als den zuerst vorgestellten frühen Studien nicht als rational (vgl. zu diesen Unterschieden Brentel 1999: 223ff.). Demnach inkludieren Organisationen ihre Mitglieder in Form von Rollen und „ohne Ansehen der Person" (Heintz 2007) nach funktionalen Kriterien. Nicht das Geschlecht führt also beispielsweise zur Einstellung einer Person in ein Wirtschaftsunternehmen oder zu ihrer Rekrutierung als Führungskraft, sondern ob sie erwarten lässt, dass sie die funktionalen Belange der Organisation bedient. Nicht Geschlecht berechtigt zum Studium an einer Universität, sondern der Nachweis der Hochschulreife. In dieser Perspektive ist dann zu fragen, warum Geschlecht in Organisationen dennoch Bedeutung erlangt, also Männer und Frauen beispielsweise nicht gleichermaßen für Führungspositionen in Betracht gezogen werden. Eine einflussreiche Argumentation ist von Ursula Pasero (1995) zugrundegelegt und von Christine Weinbach (2004: 126ff.; Weinbach/Stichweh 2001) und Bettina Heintz (2007) weiter ausgearbeitet worden (vgl. im Überblick Aulenbacher 2010a). Sie geht davon aus, dass die eigene und die andere Person im „Bewusstseinssystem" unvermeidbar als Mann oder als Frau wahrgenommen werden. Diese Wahrnehmung erfolge mittels gesellschaftlicher Semantiken, zu denen Geschlechterstereotypen gehören, etwa diejenigen der Hausfrau, der Karrierefrau usw. (vgl. Weinbach 2004: 31ff.). Im „Interaktionssystem" erlangt sie, sobald sie im Rahmen der geltenden Konventionen kommuniziert wird (vgl. Pasero 2003), soziale Geltung (vgl. Pasero 1995; auch Heintz 2007). Dies kann im „Organisationssystem" dort belangvoll werden, wo Person und Funktion aufeinander treffen, etwa in der „Stelle" (Wilz 2002) oder der „Rolle" (Weinbach 2004). Dort kann Geschlecht entscheidende Bedeutung erlangen (vgl. Pasero 1995; auch Heintz 2007). So kann aus dem Pool eingegangener Bewerbungen um eine Stelle im Rahmen der weiteren organisationalen Inklusionsbedingungen (Heintz 2007), gegen funktionale Belange (Pasero 2003) oder in einer allein funktional nicht entscheidbaren Konstellation (Tacke 2007) eine Besetzung nach Geschlecht erfolgen. Kriterien, die als sekundär gelten oder dem informellen Organisationsgeschehen zugeordnet werden (vgl. Weinbach 2006; Tacke 2007), in diesem Falle Geschlecht, spielen dieser Betrachtungsweise nach also in die primär funktional orientierte, formelle Entscheidungsfindung von Organisationen hinein. Sie werden, so die Prognose, aber tendenziell bedeutungslos werden (vgl. Weinbach 2006; vgl. Pasero 2003).

Sylvia Wilz' (2002) strukturationstheoretische Analyse des Zusammenhangs von Organisation und Geschlecht schließt genau gegenteilig zur systemtheoretischen Analyse an Theorien der Gendered Organization an (vgl. Aulenbacher 2010a). Damit begreift sie Organisationen zwar als grundsätzlich vergeschlechtlicht, fragt aber dann, wie Geschlecht darüber hinaus situativ relevant gemacht oder aber irrelevant werden kann. Im Anschluss an Anthony Giddens (1992) unterscheidet Wilz (2002: 30ff., 265ff.) in ihrer Analyse des Organisationsgeschehens zwischen den Ebenen der Strukturen (beispielsweise horizontale und vertikale Arbeits- und Funktionsteilungen), der Modalitäten (insbesondere Diskurse, Leitbilder, Deutungen usw.) und der Subjekte (im Hinblick auf die Verinnerlichung des Organisationsgeschehens). Diese Ebenen sind der Autorin zufolge in ihren Ausprägungen zwar nicht unabhängig voneinander, stehen aber auch nicht notwendig in Übereinstimmung miteinander. Gleichstellungsdiskurse einer Organisation und die praktizierte Arbeitsteilung zwischen Frauen und Männern können beispielsweise weit auseinander liegen. Auf allen Ebenen, so die Autorin, lassen sich nun geschlechtsbasierte und geschlechtneutrale Elemente finden; sie können auf jeder Ebene für sich und übergreifend „kontingent gekoppelt" werden, wodurch Geschlecht dann relevant gemacht wird oder auch nicht. Eine Führungsposition beispielsweise steht geschlechtsneutral Männern wie Frauen offen, wird aber Männern zugewiesen, wenn die Personalverantwortlichen sich mit entsprechenden Deutungen durchsetzen (vgl. entsprechende Befunde bei Wilz 2002).

Poststrukturalistischen Ansätzen zufolge schließlich werden Ungleichheiten, Differenzierungen und Diskriminierungen und Nichtanerkennungsmomente aufgrund Geschlechts, aber auch des Alters oder der Ethnie durch organisationale Wissensordnungen, vielfältige Praktiken und Strukturen im Rahmen von Organisationen „hervorgebracht", und sie konstituieren diese zugleich. Eine Unterscheidung zwischen formeller und informeller Organisationsebene ist – in diesem Punkt den Theorien der Gendered Organization durchaus ähnlich – aus dieser Perspektive irrelevant. Geschlechtliche Arbeitsteilungen, vergeschlechtliche Autoritätszuweisungen oder Prozesse und Praktiken von Emotionen, die Geschlechtszuweisungen nach sich ziehen, seien in Organisationen eng und unauflösbar miteinander verwoben (vgl. Burell 1988; Copper 1989, auch: Weiskopf 2003). Organisationen werden als Machtsysteme begriffen und Macht wird in Systemen geteilter Sinnkonstruktionen und Bedeutungszuweisungen verortet. Sie stärken die vorherrschenden Ideen und bringen alternative Vorstellungen zum Schweigen (Burell 1988; Riegraf 2010). Geschlechtliche Identitäten können jedoch nicht als gegeben vorausgesetzt werden, so dass deren Effekte in Organisationen lediglich entdeckt und untersucht werden müssten. Vielmehr wird gefragt, wie geschlechtliche oder ethnische Identitäten über symbolische Wissensordnungen, Metaphern und kulturelle Codes, über Zuweisungs-, Sinn- und Unterscheidungssysteme in Organisationen und im Rahmen von Organisationen hervorgebracht werden. Solche in der Regel nicht bewusste symbolische Ordnungen, kulturelle Codes und Sinnhorizonte kommen in unterschiedlichsten menschlichen Praktiken, die in Zeit und Räumen differieren, zum Ausdruck und werden zu Orten der Konstitution von Wirklichkeit (vgl. Cooper/Burrell 1988). In dieser Weise werden Identitäten – anders als in den Theorien der Gendered Organization – als strikt kulturell konstruiert betrachtet und zugleich „verflüssigt" (Stäheli 2000).

9.6   Fazit

Rückblickend lässt sich der vorgestellte Forschungsstand als differenzierte Erschließung des Themas Organisation durch die Geschlechterforschung interpretieren. Die Pionierstudien arbeiten dabei noch weitgehend mit klassischen soziologischen Organisationsbegriffen, formulieren aber auch bereits Zweifel an deren Tragfähigkeit. Theorien der Gendered Organization stellen zentrale gesellschaftliche und zugleich soziologische Denkfiguren, wonach Organisationen formal, rational und unpersönlich sind, in Frage und analysieren, wie organisationale Entwicklungen und Differenzierungen nach Geschlecht einander beeinflussen. Akteurstheoretische und neo-institutionalistische Ansätze eröffnen Perspektiven auf die Komplexität des Organisationsgeschehens, wobei Gleichstellungspolitiken ins Zentrum rücken. Systemtheoretische, strukturationstheoretische und poststrukturalistische Betrachtungsweisen stehen beispielhaft für die theoretische Ausdifferenzierung von Forschung zum Thema Organisation und Geschlecht und können, wenn sie miteinander konfrontiert werden, für die weitere grundlagentheoretische Auseinandersetzung um den Begriff von Organisation und das Wirken von Geschlecht fruchtbar gemacht werden. Außerdem zeigen all diese Forschungen in empirischer Hinsicht auf, auf welch komplexe Weise sich Geschlecht in Organisationen geltend macht und das Organisationsgeschehen wie das Profil von Organisationen prägt.

10. Geschlecht, Politik, Staat

Birgit Riegraf

10.1 Einleitung

Die von der Geschlechterforschung angestoßenen Diskussionen über den Zusammenhang von Geschlecht, Politik und Staat veränderten die lange Zeit geltenden Politik- und Staatskonzepte grundlegend. Über die politischen Aktionen der zweiten Frauenbewegung seit den 1970er Jahren und über die theoretischen Auseinandersetzungen mit klassischen Politik- und auch Staatsformen konnten blinde Flecken im gesellschaftlichen Prozess und im wissenschaftlichen Verständnis aufgezeigt werden. Mehr oder weniger unreflektierte Geschlechterkonstruktionen in den Politik- und Staatskonzeptionen wurden aufgedeckt, die geschlechtsspezifischen Logiken im politischen Prozess und in den unterschiedlichen Handlungsfeldern des Staates konnten aufgezeigt, aber auch eigene Konzeptionen über das Zusammenspiel von Geschlecht, Politik und Staat vorgelegt werden. Die Bereiche, die in der Gesellschaft als politisch relevant und damit als politisch gestaltbar gelten, wurden schließlich erheblich ausgeweitet bzw. verändert. Im Zentrum der Auseinandersetzung standen von Beginn an vor allem zwei Themen: Zum einen ging es um es die Konstruktionen von Geschlecht, die der herkömmlichen Grenzziehung zwischen Privatheit und Öffentlichkeit zu Grunde lagen und die den Begriff des Politischen wesentlich markierten. Zum anderen stand zur Diskussion, inwiefern der Staat ein Koalitionspartner bei der Herstellung von Geschlechtergerechtigkeit (z.B. über Gleichstellungsprogramme) sein kann. Beide Themen werden in den folgenden Ausführungen im Zentrum stehen.

10.2   Konzeptionen von Öffentlichkeit und Privatheit

Am Anfang der Diskussion zum Verhältnis von Geschlecht, Politik und Staat stand die Kritik, dass sich in den herkömmlichen Theorieansätzen nicht widerspiegele, dass die Geschlechter in unterschiedlicher Weise in öffentliche, politische und staatliche Meinungsbildungs- und Entscheidungsprozesse integriert werden. Ein wichtiger Bezugspunkt der Theorien über politische Macht- und Herrschaftsprozesse und über die Aufgaben und Funktionen des Staates stellt die strikte Trennung der Gesellschaft in einen öffentlichen und in einen privaten Bereich dar. Diese Trennung geht auf die liberalen Vertragstheorien zurück, in denen das Recht der einzelnen Gesellschaftsmitglieder auf Privatheit eine zentrale Prämisse bildet. Die Konzeption des Gesellschaftsvertrages in liberalen Theorien sieht es vor, dass die Bürger und Bürgerinnen in der politischen Sphäre die gesellschaftlichen Handlungsregeln festlegen und im Austausch für die Einhaltung der Regeln den Schutz des Staates (z.B. ihres privaten Eigentums) genießen. In der privaten Sphäre sollen die individuellen Besonderheiten und die ganz individuellen Vorstellungen von einem guten Leben verwirklicht werden können (vgl. Benhabib 1989; Rawls 1975). Über die Grenzziehung von Privatheit und Öffentlichkeit wird zugleich festgelegt, welche Themen in der Gesellschaft als politisch verhandelbar gelten, welche Bereiche politischem und staatlichem Einfluss unterliegen sollen und welche Belange als ausschließlich private Angelegenheiten zu betrachten sind, die vor politischen und gesellschaftlichen Übergriffen, staatlichen Regulierungen und politischen Kontrollen geschützt werden müssen (z.B. die Religionsangehörigkeit oder die sexuellen Orientierung). Im öffentlichen Bereich, der „political" oder „civil society" werden demnach die Bedingungen der „Allgemeinheit" festgelegt. Diese Konstruktion über Privatheit und Öffentlichkeit führte dazu, dass auch politische und theoretische Analysen lediglich „öffentliche" Macht-, Willensbildungs- und Entscheidungsprozesse ins Zentrum stellten, während die „privaten" Bereiche nicht als ihre originären Aufmerksamkeits- und Untersuchungsgegenstände definiert wurden, weil sie als „unpolitisch" gelten.

In der liberalen Theorie ist die Annahme zentral, dass die Entstehung politischer Herrschaft und die Entstehung des Staates auf einen Gesellschaftsvertrag zurückgeht, der zwischen gleichgestellten und souveränen Individuen im Rahmen fairer Verfahren und auf der Grundlage der gleichberechtigten Teilnahme ausgehandelt und geschlossen wird. Die Festlegung der Regeln des gesellschaftlichen Zusammenlebens findet demnach im öffentlichen Raum als politischer

Verhandlungsprozess statt, wobei die Verhandlungssituation in der Theorie als fiktive Ausgangssituation und als Metapher eingeführt wird. Die Vertragsteilnehmer werden zugleich als rational handelnde Gesellschaftsmitglieder gedacht, deren ideale Handlungsorientierungen und -regeln durch affekt- und emotionsfreie Vernunft bestimmt sind und sie sich – so zumindest in einigen Ausprägungen – dem allgemeinen Interesse verpflichtet sehen. Im politischen Teil der Gesellschaft werden also die Regeln des gesellschaftlichen Zusammenlebens, der gesellschaftlichen Handlungskoordination und der Güterteilung verhandelt und festgelegt, die die rationale Grundlage der institutionellen gesellschaftlichen Ordnung, wie beispielsweise dem Recht bilden und politische Macht und staatliche Herrschaft legitimieren. Diese Regeln und Verteilungsprinzipien beanspruchen aufgrund des angenommenen fairen Verfahrens beim Aushandlungsprozess moralische Verbindlichkeit und werden von den Gesellschaftsmitgliedern als gerecht angesehen (vgl. Benhabib 1989; Riegraf 2005, 2007).

Vor allem us-amerikanische Theoretikerinnen deckten bereits früh die Weiblichkeits- und Männlichkeitskonstruktionen auf, die in diese liberale Theoriekonzepten eingewoben sind. Weiblichkeit wird mit dem privaten Bereich der Familie, der Besonderheiten des Lebens, der Emotionen und der körperlichen Bedürfnisse gleichgesetzt, der wiederum nicht als Gegenstand politischer Aushandlungen und staatlicher Regulierungen definiert wird. „Die bürgerliche Welt errichtete eine moralische Arbeitsteilung zwischen Vernunft und Gefühl, sie setzte Männlichkeit mit Vernunft und Weiblichkeit mit Gefühl, Begehren und den Bedürfnissen des Körpers gleich. Die Verherrlichung des öffentlichen Bereichs der mannhaften Tugenden und der Staats-Bürgerschaft als Unabhängigkeit, Allgemeinheit und leidenschaftsloser Vernunft brachte mit sich, dass die Privatsphäre der Familie als der Ort geschaffen wurde, auf den Emotionen, Empfindungen und körperliche Bedürfnisse beschränkt bleiben müssten. Die Allgemeinheit des Öffentlichen beruht also auf dem Ausschluss der Frauen, die dafür verantwortlich sind, sich um den Privatbereich zu kümmern, und denen die leidenschaftslose Vernunft und die Unabhängigkeit fehlt, die von guten Staatsbürgern verlangt werden" (Young 1993: 272). Die damit einhergehenden Vorstellungen des Privaten und die Konzentration von politischen Analysen auf den öffentlichen Sektor führten dazu, dass Geschlechterungleichheiten (z.B. in der Familie) in theoretischen und politischen Konzeptionen nicht in den Blick kamen. Die liberalen Vorstellungen von Öffentlichkeit und Privatheit standen vor allem im Laufe der 1980er Jahre in der Diskussion, als die Frauenbewegung beispielsweise forderte, Vergewaltigung in der Ehe als Straftatbestand aufzunehmen und sie nicht als private Angelegenheit zweier gleichwertiger Partner zu begreifen, aus der sich der Staat und die Gesellschaft herauszuhalten habe (vgl. Kap. 6, 11).

In ihrem Klassiker „The Sexual Contract" verdeutlich Carol Pateman (1988) die den Theorien zugrunde liegenden Geschlechterkonstruktionen und versucht darüber hinaus eine theoretische Bestimmung des Begriffs „Patriarchat" (vgl. auch Pateman 1996, 1994, 1992). Pateman zeigt, dass die „private" und „öffentliche" Sphäre bereits in der Entstehungsphase moderner Gesellschaften grundlegend miteinander verflochten sind. Aber lediglich eine, nämlich die „öffentliche" Sphäre korrespondiere mit den „bürgerlichen" Freiheiten und erweckte in der weiteren Betrachtung Aufmerksamkeit. Die private Sphäre hingegen, blieb demnach ohne theoretische und politische Relevanz. Damit könne nicht erfasst werden, so Pateman, dass die gesellschaftlichen Unterordnungen zwischen den Geschlechtern über die Zuweisung von Frauen in die „private" Sphäre besiegelt werde. Diese Zuweisung führe aber in die direkte und individuelle Abhängigkeit der Frauen von Männern. Pateman führt aus, dass die liberale Idee des Gesellschaftsvertrages nicht den Geschlechtervertrag thematisiere, der Frauen aus den Vertragsverhandlungen ausschließt, der aber zugleich eine nicht sichtbare Voraussetzung bei liberalen Theoretikern, wie Hobbes, Locke und Rousseau bilde. Aus dieser Perspektive untersucht Pateman neben dem Ehevertrag auch den Arbeits-, den Prostitutions- und den Leihmuttervertrag.

Die politische Sphäre muss demnach als vergeschlechtlicht betrachtet werden, da die Verhandlungen in der öffentlichen Sphäre keineswegs geschlechtsneutral sind und die Entstehung des Staates in den Vertragstheorien nicht als Vertrag zwischen freien und gleichen Individuen gedacht werden kann, sondern der Gesellschaftsvertrag muss nach Pateman als Verhandlungsresultat zwischen freien und gleichen Familienvätern betrachtet werden. Bürger als „masters of family" unterstellen sich dem Schutz des Staates; Frauen erhalten demgegenüber den Schutz nicht vom Staat, sondern über die Institution der Familie (vgl. Pateman 1988: 91ff.). Frauen werden auf diesem Wege nicht zu souveränen und mündigen Bürgerinnen in der bürgerlichen Gesellschaft, die ihre Interessen in der öffentlichen Sphäre vertreten können und in der Lage sind ihre Vorstellungen von einem guten Leben im „privaten" Bereich zu verwirklichen. Die Geschichte und das Wesen der bürgerlichen Gesellschaft kann nach Pateman nicht adäquat erfasst werden, wenn nicht auch die „zweite Hälfte der Geschichte" erzählt wird, aus der hervorgeht, wie die patriarchalen Rechte der Männer über die Frauen begründet werden (Pateman 1994: 78f.). Pateman kritisiert nicht nur die strikte Trennung zwischen dem privaten und dem öffentlichen Bereich, sondern sie führt auch aus, dass staatliches Handeln männliche Interessen widerspiegelt und abstützt.

Im Laufe der Diskussion über den Zusammenhang von Geschlecht, Staat und Politik wurde deutlich, dass die öffentliche und politische Sphäre geschlechtsstrukturiert ist, der Staat keine interessenlose Instanz bildet, sondern staatliches Handeln auf gesellschaftliche Macht- und Dominanzkonstellationen im Geschlechterverhältnis basiert, diese (re)produziert und auch in liberalen Gesellschaften der private Bereich – je nach den existierenden Macht- und Herrschaftsverhältnissen nicht nur für Frauen, sondern auch für andere Gesellschaftsgruppen – kein geschützter und herrschaftsfreier Raum darstellt, in denen die Gesellschaftsmitglieder unabhängig von ihrem Geschlecht oder ihrer sozialen und kulturellen Herkunft ihre Vorstellungen von einem guten Leben entfalten können. Diese Diskussion differenzierte sich im Laufe der Jahre weiter aus. Ein zentraler Strang konkretisierte die Debatte und widmete sich der Entstehung des modernen Wohlfahrtsstaates und seiner Bedeutung für die Schaffung und die Aufrechterhaltung asymmetrischer Geschlechterverhältnisse (vgl. O'Connor 1996; Theobald 1999; Fischer/Riegraf/Theobald 2002). Die skizzierte Diskussion erhält angesichts der Umgestaltung des Wohlfahrtsstaates und der Privatisierung bislang staatlicher Aufgaben gegenwärtig erneut Aktualität (Riegraf 2005b; Riegraf/Kuhlmann/Theobald 2009).

10.3 „Frauenfeindlicher" versus „frauenfreundlicher" Staat

Die Kritik an den herkömmlichen Politik- und Staatskonzeptionen lassen sich an den Argumentationsfiguren des „frauenfeindlichen" versus „frauenfreundlichen" Wohlfahrtsstaates konkretisieren, die den Ausgangspunkt für differenziertere Analysen zum Verhältnis von Geschlecht, Politik und Staat bilden. Beide Positionen legen einen Ausschnitt des gegenseitigen Konstitutionsverhältnisses frei, konnten jedoch für sich genommen die komplexen Beziehungen nicht vollständig erfassen. Die beiden Stränge lassen sich holzschnittartig wie folgt gegenüberstellen (vgl. bspw. Sauer 2003; 2001a; 2001b; Kreisky 1995; 1994):

Vor allem britische und westdeutsche TheoretikerInnen vertraten in den 1980er Jahren in Anlehnung an marxistische Theorien und in Abgrenzung zu den skizzierten liberalen Vorstellungen lange Zeit die Perspektive des „frauenfeindlichen" Staates (z.B. Jessop 1997; Fraser 1994; 2001; Lenz 1995; Gümen

1997; Hark/Genschel 2003). „In countries with strong class affiliations and an tradition of class-based political actions like Britain, feminist writings was dominated by Marxist analysis of the state as an oppressive instrument of the ruling (capitalist) class. Marxist feminists add the ‚women question' to the class question in capitalist societies by emphasising the role of the state as mediator between the two different but complementary system of patriarchy and capitalism" (Wilson 1977: 9; vgl. auch Eisenstein 1979). Aus dieser Perspektive ist der Wohlfahrtsstaat selbst „the crux of the problem" (Witz/Savage 1992: 6), da seine kapitalistischen Organisations- und Steuerungsformen existentiell auf modernisierte patriarchale Unterdrückungsverhältnisse angewiesen sind.

Vor allem die „alten" Hausarbeitsdebatten machten demnach sichtbar, dass gesellschaftlich notwendige, aber unbezahlte Haus- und Fürsorgearbeiten (z.B. zur Versorgung alter und kranker Familienmitglieder) oder Erziehungsleistungen (vor allem im Kleinkindalter) für die Existenz des Wohlfahrtsstaates der Nachkriegszeit zentral war bzw. ist (Lewis/Ostner 1994). Aus diesem Grunde bilde der Wohlfahrtsstaat der Nachkriegszeit um das mittelschichtsorientierte Modell der Kleinfamilie herum ein dichtes Geflecht staatlicher Politiken, Programme und Administrationen sowie gesellschaftlicher Institutionen von der Schule bis zur Krankenversicherung aus. Wohlfahrtsstaatliche Regulierungen zur Familien-, Sozial- oder Bildungspolitik sicherten das Modell der „Hausfrauenehe" (d.h. ein männlicher Familienernährer in einem Normalarbeitsverhältnis mit einer Hausfrau) finanziell ab, zogen zugleich die Grenze zwischen dem öffentlichen und privaten Bereich und bildeten damit zentrale Instrumente für die Zuweisung der Geschlechter in die jeweiligen Sphären. Andere Lebensentwürfe und -orientierungen werden über vielfältige ökonomische und symbolische Mechanismen normativ und materiell (z.B. über das soziale Absicherungssystem) an den Rand gedrängt und abgewertet (vgl. Riedmüller 1980; Beer 1990; Kulawik 1997; Fraser 1994; Fraser 2001). Gerade in wirtschaftlich schwierigen Entwicklungsphasen waren es die Vorstellungen der Kleinfamilie und das Bild der Frau als „Organisatorin" der Privatsphäre, die immer wieder neu aktualisiert und über staatliche Maßnahmen reproduziert wurden, um den Arbeitsmarkt zu entlasten (Leitner/Ostner/Schratzenstaller 2004; Leitner 2006). Um die Funktionsfähigkeit der sozialen Systeme und die Stabilität des gesellschaftlichen Geschlechtermodells materiell abzusichern wurden (Ehe)Frauen systematisch entmutigt (z.B. über Steuermodelle) eine eigenständige, familienunabhängige finanzielle Absicherung über Erwerbsarbeit aufzubauen, was ihre Abhängigkeit vom Familieneinkommen und von sozialstaatlichen Transferzahlungen erhöhte.

Demgegenüber entstanden vor allem in skandinavischen Ländern, wie Schweden und Dänemark Arbeiten, die dem Staat mit weniger Misstrauen begegneten. „In countries with a strong tradition of welfare state policies, there has been less resistance to dealing with the state. In Australia and Scandinavia for example, a positive value has been placed on state intervention, and the state has been more clearly seen as an arena for bargaining among interests" (Rai 1996: 6). Zwar wurden auch in diesen Ansätzen die Kopplung des Wohlfahrtsstaates mit dem Modell der traditionellen Kernfamilie kritisiert. Zugleich wurde dem Wohlfahrtsstaat jedoch Handlungs- und Gestaltungsmöglichkeiten zugestanden, die nicht in ökonomischen und patriarchalen Interessen aufgehen und die es im Sinne der Geschlechtergerechtigkeit zu nutzen gelte. Die politische Einflussnahme auf staatliches Handeln – also Staatsfeminismus – wurde als zentrales Vehikel zum Abbau asymmetrischer Geschlechterverhältnisse begriffen (vgl. bspw. Theobald 1999). Aus dieser Perspektive erscheinen Parteipolitik, modernes Recht oder staatliche Sozialpolitik nicht nur als Herrschaftsinstrument, sondern sie beinhalten ebenfalls wichtige Potentiale, um Gewaltbeziehungen zwischen den Geschlechtern, „weibliche" Armut oder Abhängigkeiten vom (Ehe)Mann zu verändern und bislang als privat geltende Angelegenheiten als politische zu entlarven. Parteipolitik, modernes Recht oder staatliche Sozialpolitik bilden demnach nützliche Instrumente aus, durch die über politische Allianzen und Einflussnahmen der Abbau von Geschlechterasymmetrien vorangetrieben werden kann. Über die Nutzung von politischen Handlungs- und Gestaltungsmöglichkeiten würden Frauen zu aktiv handelnden Subjekten und könnten darüber den Status der passiven, abhängigen und regulierten Staatssubjekte überwinden (vgl. Dahlerup 1990; Borchorst/Siim1994; Borchorst/Siim 1987; Sauer 2001b).

Wichtiger Ansatzpunkt dieser Diskussionsrichtung war die Erkenntnis, dass sich die (Re)Produktion der traditionellen Kleinfamilie und die damit zusammenhängenden sozialen, materiellen und politischen Ungerechtigkeiten zwischen den Geschlechtern und innerhalb der Geschlechter mit zunehmender Expansion des Wohlfahrtsstaates nicht widerspruchsfrei vollzogen habe. Maßnahmen zur Verwirklichung normativer Ziele des Wohlfahrtsstaates, wie die Herstellung von Verteilungsgerechtigkeit oder Chancengleichheit seien durchaus an politische Forderungen der Frauenbewegung nach der Herstellung von Geschlechtersymmetrie (z.B. über Gleichstellungsprogramme) anschlussfähig und wirken in diesem Sinne. Staatliche Programme (z.B. im Bereich der Bildungspolitik) führten zu mehr sozialer Mobilität, weichen also bis dahin existierende "harte" Klassen- und einige Geschlechterschranken zumindest auf. Zugleich sei die Expansion öffentlich abgesicherter sozialer Dienstleistungen in den OECD-Ländern seit den 1960er Jahren mit dem Anstieg von weiblichen Beschäftigten einhergegangen und habe weiblichen Beschäftigten einen regulären Zugang in relativ gut abgesicherte und vergleichsweise gut qualifizierte Beschäftigungssegmente erleichtert, vor allem in Sektoren wie Erziehung, Gesundheit und Bildung. Die Transferleistungen des Staates an Sach- und Dienstleistungen an private Haushalte in Form von Kindergeld, Sozialhilfe, Renten, öffentlichen Pensionen, Kranken-, Unfall- und Erwerbslosenversicherung, sowie Ausgaben für Bildungsleistungen, Leistungen für den sozialen Wohnungsbau usw. nahmen seit den 1960ziger Jahren zu. Sie entlasteten von vormals im privaten Kreis der Familie und ehrenamtlichen Einrichtungen des „dritten Sektors" ausgeführten Tätigkeiten, wie Altenpflege oder Krankenpflege. Mit der staatlichen Übernahme von Reproduktionsleistungen verschieben sich nicht nur die Grenzen zwischen privaten und öffentlichen Bereichen, sondern es verändern sich auch die Bedingungen, unter denen die Arbeit in den beiden Sphären erbracht wird. Dabei unterscheidet sich der Umfang des Ausbaus staatlicher Dienstleistungsangebote zwischen den Wohlfahrtsstaaten und bewegt sich zwischen Schweden als Referenzland für einen weit ausgebauten sozialen Dienstleistungssektor und hoher Erwerbstätigkeit von Frauen und Deutschland als Repräsentanten für einen ausgeprägten am traditionellen Familienbild orientierten Wohlfahrtsstaat, der Frauen z.B. durch die Organisation und das Wirken von familialen Anliegerinstitutionen (Born u.a. 1996), die eine nur begrenzt erwerbstätige Hausfrau und Mutter voraussetzen, nicht aus der Verantwortung Familienarbeit entlässt, was ihnen am ehesten noch eine Integration in die Erwerbssphäre über Teilzeitbeschäftigungen ermöglicht (vgl. Riegraf/Theobald 2010; Theobald 1999; Daly 1994; Meyer 1994).

In den letzten Jahrzehnten trägt die vergleichende Wohlfahrtsstaatsforschung wesentlich dazu bei, die polarisierte Diskussion zum „frauenfeindlichen" versus „frauenfeindlichen" Staat zu überwinden. Die Ergebnisse der ländervergleichenden Wohlfahrtsstaatsanalyse zeigen, dass sich keine allgemein gültigen Muster von Wohlfahrtsstaaten und Geschlechterverhältnissen herauskristallisieren lassen, vielmehr zeigen sich substantielle Unterschiede zwischen den Wohlfahrtsstaaten und der jeweiligen Ausgestaltung des Verhältnisses von Geschlecht, Öffentlichkeit und Staat (vgl. bspw. Riegraf/Theobald 2010; Theobald 2009; Oorschot u.a. 2007; Auth 2006; Meyer 1994; Langan/Ostner 1992).

Die Entstehung und die Struktur unterschiedlicher Wohlfahrtsstaatstypen und der damit verbundenen Geschlechterregimes, die jeweilige Ausgestaltung des Staates als Regulierungs- und Verteilungsinstanz sind demnach das Resultat einer Kombination historischer Entwicklungen, kultureller Leitbilder (z.B. Gleichheitsvorstellungen), institutioneller Rahmenbedingungen (z.B. das politische System) sowie politischer Konstellationen und der Einflussnahmen kollektiver Akteure (z.B. der Frauen- oder Gewerkschaftsbewegung) auf die Politikgestaltung (bspw. Pfau-Effinger 2000). Jane Lewis und Ilona Ostner (1994) nehmen die unterschiedliche Ausprägung des Familienernährermodells zum Ausgangspunkt und entwickeln eine Typologie von Wohlfahrtsstaaten. Sie analysieren dabei, wie die einzelnen Dimensionen der öffentlichen und privaten Sphäre in länderspezifische Mischungsverhältnisse gesetzt werden. Als Vergleichsindikatoren dienen das Ausmaß der Müttererwerbstätigkeit, der Grad der eigenständigen oder abgeleiteten sozialen Sicherung von Frauen und die Quantität und Qualität öffentlicher Betreuungsleistungen. Unter der Berücksichtigung von unbezahlter Arbeit im sog. Reproduktionsbereich konzipieren Ostner und Lewis ein Breadwinner-Modell, welches drei grundlegende Typen umfasst und wonach sich die Wohlfahrtsstaaten klassifizieren lassen: das schwache, das moderate und das starke Breadwinner-Modell (Langan/Ostner 1991: 306ff). Es lassen sich also sehr unterschiedliche länderspezifische Ein- und Ausschließungen der Geschlechter als Eltern, Erwerbstätige, Ehefrauen und Ehemänner und Staatsbürgerinnen und Staatsbürger identifizieren.

Seit den 1980er Jahren befinden sich die Organisations- und Steuerungsmuster der keynesianischen Wohlfahrtsstaaten in den OECD-Ländern in einer tief greifenden Umbauphase, in der es auch zu einer radikalen Neuorganisation des Verhältnisses zwischen Staat, Markt und Gesellschaft (wie dem Dritten Sektor und der Familie) kommt. „New Public Management" heißt das Schlagwort, hinter dem sich Suchprozesses nach veränderten staatlichen Organisations- und Steuerungsmustern verbergen. Während die Ausweitung des Wohlfahrtsstaates seit den 1960er Jahren von Debatten über „Marktversagen", „Verteilungsgerechtigkeit" oder „Chancengleichheit" getragen wurden, finden die gegenwärtigen Umstrukturierungen vor dem Hintergrund von Diskussionen über „Staatsversagen", „Finanzierbarkeitsgrenzen sozialer Sicherungssysteme" und über die verheerenden Folgen „bürokratischer Bevormundungen" statt, die mit Forderungen nach einem Rückbau des vermeintlich überdimensionierten Staates verbunden werden. Die Implikationen der Wandlungsprozesse für die Geschlechterverhältnisse in den Wechselbeziehungen mit anderen Ungleichheitslagen in den einzelnen Ländern sind noch weitgehend unbearbeitet (vgl. Aulenbacher/Riegraf 2009c).

10.4   Von der autonomen Frauenbewegung zum Staatsfeminismus: Die Entwicklung in Deutschland/West

Den eingangs skizzierten Argumentationsfiguren des frauenfeindlichen versus frauenfreundlichen Staates entsprachen die Ansatzpunkte einer außerhalb und innerhalb der Institutionen agierenden Frauenbewegung. Der erste Strang setzte auf politische Gestaltungswege über autonome Politikstrategien, in neuen und alternativen Lebensformen und in Selbsthilfeinitiativen jenseits staatlicher Interventionen und marktwirtschaftlicher Abhängigkeit. Der zweite Strang setzte auf parteipolitisches Engagement und verbandspolitische Aktionen, um den Staat zur Übernahme geschlechterpolitischer Fragestellungen zu bewegen und zu einer Verschiebung der Machtkonstellationen im klassischen Politikgeflecht beizutragen. Standen sich die beiden politischen Positionen zunächst unversöhnlich gegenüber, lösten sich im Zuge der Erfahrungen der Frauenbewegung und den sich ausdifferenzierenden Staatsdiskussionen die polarisierten Sichtweisen allmählich auf (vgl. Kap. 11).

Die frühe zweite Frauenbewegung hegte ein tiefes Misstrauen gegenüber traditionellen parteipolitischen Machtstrategien und gegen die herkömmlichen Mittel staatlicher Intervention (vgl. bspw. Gerhard 2009, 2001, 1999): Das Moto der zweiten deutschen Frauenbewegung der 1970er Jahre, das „Private ist politisch" deckte den fehlenden staatlichen Schutz vor Übergriffen im als „privat" gekennzeichneten Raum und fehlende Abwehrrechte von Frauen auf. In diesem Slogan wurden die Abhängigkeitsverhältnisse im privaten Bereich thematisiert und es wurde gefordert, Themen, wie „Hausarbeit", „Sexualität" oder „Gewalt gegen Frauen" als öffentliche anzuerkennen (vgl. bspw. Holland-Cunz 2003a; Fraser 2001; Sauer 2001b; Rosenberger 1998; Pauder-Studer 1996). Dabei ging es in den meisten Ansätzen nicht um die Auflösung der privaten Sphäre, sondern es ging vor allem darum, dass alle Gesellschaftsmitglieder in gleicher Weise ihre Vorstellungen von einem guten Leben im privaten Bereich verwirklichen können (Pauder-Studer 2000; Nagl-Docekal 2001).

In dieser Phase entstanden Klein- und Selbsterfahrungsgruppen z.B. im Rahmen von Frauenhäusern, in denen Frauen ihre individuellen Erfahrungen austauschten (z.B. in der Hausarbeit, in der Verhütung und in der Sexualität), sie als kollektive Erlebnisse erkannten und auf Unterdrückungszusammenhänge zurückgeführt wurden. Eine politische Bewegung entstand, die sich in ihren Ideen an basisdemokratischen Vorstellungen orientierte. Politische Aktionen, Konferenzen oder Sommeruniversitäten wurden angestoßen (vgl. bspw. Lenz 2009, 2002; Holland-Cunz 2003a). Die zweite Welle der (west)deutschen Frauenbewegung in den 1970er Jahren wandte sich also gegen herkömmliche Politikvorstellungen und gegen den Staat. „Gleichzeitig mit der Wiederentdeckung einer eigenen Geschichte und Kultur der Frauen wie der Frauenbewegung wurde systematisch Institutionenkritik geübt, wurden Recht und Gesetz, Politik und Staat Gegenstand feministischer Analysen" (Gerhard 2001: 22).

Im Laufe der 1980er Jahre veränderten sich die politischen Strategien und wissenschaftlichen Perspektiven auf den Staat auch in der westdeutschen Frauenbewegung allmählich. Im Laufe der Zeit wurden die Erfolge, aber auch die Begrenztheiten der jeweiligen Strategien deutlich. Im Kontrast zu der zugespitzten „patriarchale Kontinuität"- versus „Staatsfeminismus"-Debatte entstanden Analysen, die die politischen Prozesse und den Staat in seinen widersprüchlichen, prozesshaften und kontextgebundenen Entwicklungen genauer in den Blick nehmen und auch stärker international vergleichend arbeiten. Zum einen rückte die lange Zeit vorherrschende These der funktionalen Verbindung zwischen dem strukturellen Patriarchat und der kapitalistischen Produktionsweise zunehmend in den Hintergrund. Zum anderen stellten soziale Ungleichheiten und politische Differenzen zwischen Frauen die Frauenbewegung und die Geschlechterforschung vor neue Herausforderungen. Konfrontiert mit eigenen, wenn auch begrenzten und stets prekären Erfolgen, aber auch mit der Erfahrung eingeengter materieller und politischer Handlungs- und Gestaltungsspielräume jenseits staatlicher Unterstützung und mit der Wahrnehmung von Grenzen der Solidaritätspotentiale von Frauen verschiedener sozialer Herkünfte, unterschiedlicher sexueller Orientierungen und kulturellen Hintergründen und nicht zuletzt mit den zunehmend länderübergreifenden Debatten über die Einflussmöglichkeiten und -erfolge von „Femokrats", d.h. von Frauen, die die Geschlechterverhältnisse über ein Engagement in den staatlichen Institutionen verändern wollen, wie sie vor allem aus Ländern wie Australien und Schweden vorlagen, veränderten den Blick auf das staatliche Handeln allmählich. Im Folgenden werden zwei Ansätze vorgestellt, die sich weiterführend mit dem Verhältnis von Geschlecht, Politik und Staat auseinandersetzen.

10.5   Politik der Differenz und staatliche Interventionen: Zwei Bestimmungen

Nancy Fraser geht „einen Schritt weiter in der feministischen Wohlfahrtsstaats-diskussion, indem sie nämlich den Staat aus den Bedürfnissen der Zivilgesell-schaft heraus zu erklären sucht und die Form des Staatsapparates mit der Struk-tur des Patriarchats diskursiv verknüpft" (2001: 13; vgl. auch Fraser/Honneth 2003; Fraser 2001, Kap. 3). Sie plädiert für einen „perspektivischen Dualismus", in dem Kritik an staatlichem Handeln mit der Forderung nach einer gerechten staatlichen Umverteilung zwischen den Geschlechtern einher geht. Fraser geht auf der einen Seite davon aus, das „die Begriffe, die zur Beschreibung des sozia-len Lebens verwendet werden, Kräfte sind, die an der Gestaltung des sozialen Lebens auch aktiv beteiligt sind. In der politischen Auseinandersetzung geht es also wesentlich darum, die gesellschaftliche Wirklichkeit zu definieren und noch nicht artikulierte Bestrebungen und Bedürfnisse der Menschen zu interpretieren" (Fraser/Gordon 2001: 182). Fraser begreift beispielsweise wohlfahrtsstaatliche Politiken und sozialstaatliche Programme als „institutionalisierte Interpretati-onsmuster", die die Stellung der Gesellschaftsmitglieder z.B. als „Familiener-nährer", als „abhängige" oder „schützenswerte" Sozialhilfeempfänger und -in-nen erst hervorbringen. Bedürfnisse, Identitäten und Interessen, die das System sozialer Sicherung den Betroffenen vorgibt, sind demnach interpretierte Bedürf-nisse, Identitäten und Interessen, die sich in staatliche Programme und bürokrati-sche Mechanismen übersetzen und durch diese wiederum erzeugt werden. Über staatliche Apparate und bürokratische Regelungen werden Rechte von Menschen gewährt oder verweigert. Am Beispiel der USA betrachtet Fraser die Entstehung des Wohlfahrtsstaates und filtert die impliziten Normen und stillschweigenden Voraussetzungen von wohlfahrtsstaatlichen Programmen heraus. Sozialstaatliche Programme, die auf Frauen zielen, sind demnach Programme, die Bedürfnis-nachweise erfordern, Frauen familialisieren und nicht individualisieren, wie dies bei Männern der Fall ist. Frauen werden über die wohlfahrtsstaatlichen Pro-gramme zu Sozialhilfeempfängerinnen und Klientinnen, Männer zu Sozialversi-cherten und „sozialen Staatsbürgern" „gemacht" (Gordon/Fraser 2001). Fraser plädiert aber zugleich sich für eine Politik der staatlichen Umverteilung sowie für eine Politik der Anerkennung unterschiedlicher Lebensentwürfe im politi-schen Prozess (Fraser/Honneth 2003). Sie fordert eine „transformative Umver-teilung" (Fraser 2001: 53), die auch eine gründlich Umstrukturierung bisheriger Macht- und Herrschaftsverhältnisse beinhaltet (auch: Lettow 2006).

Iris Marion Young setzt sich mit dem Problem auseinander „dass universalistische Konzeptionen des Staatsbürgerstatus und demokratischer Rechte Gefahr
laufen, Unterschiede in den sozialen Lebensverhältnissen und kulturellen Hintergründen bestimmter Bevölkerungsgruppen nicht gerecht zu werden" (Becker-
Schmidt/Knapp 2000: 115ff.). Sie beschäftigt sich mit der Frage, wie eine gerechte Gesellschaft und soziale Gerechtigkeit in modernen Gesellschaften angesichts pluralistischer Lebensverhältnisse und differenter kultureller Hintergründe
von Bevölkerungsgruppen überhaupt aussehen kann (vgl. Young 1990; 1993;
1995; 1996). Gerade in pluralistischen Gesellschaften müssten angemessene Ge-
rechtigkeitskonzeptionen die partikularen und historischen Erfahrungen unterschiedlicher gesellschaftlicher Gruppen systematisch berücksichtigen und an deren Missachtungs- und Entwertungserfahrungen ansetzen. Nach Young ist dazu
eine aktive und funktionsfähige „Zivilgesellschaft" unabdingbar. Um diese Zivilgesellschaft zu schaffen, plädiert sie dafür, staatliche Entscheidungsprozesse
zu dezentralisieren und sie für unterschiedliche zivilgesellschaftliche Gruppen
zu öffnen, um damit der Heterogenität von Identitäten und solche Interessen in
der Öffentlichkeit zum Durchbruch zu verhelfen, die durch geltende staatliche
und übliche politische und institutionelle Verfahren Missachtung und Abwertung
erfahren. In Auseinandersetzung mit den Forderungen us-amerikanischer politischer Bewegungen, wie der Frauenbewegung, der Befreiungsbewegung der
Schwarzen, der Schwulen- und Lesbenbewegung oder der Queer-Bewegung
nach Gerechtigkeit im Sinne der Anerkennung ihrer Differenz nach gleicher gesellschaftlicher Partizipation und angemessener politischer Repräsentation entwickelt Young das Modell einer heterogenen Öffentlichkeit. Sie fordert Räume
für die Integration unterschiedlicher gesellschaftlicher Gruppen in öffentlichen
Entscheidungsprozessen zu schaffen, in denen der gegenseitige Respekt und die
Anerkennung von Differenz vorherrscht. So einleuchtend die Forderung von
Young nach zivilgesellschaftlichem Engagement ist, so provoziert sie doch eine
Reihe von Einwänden gegen eine harmonische Vorstellung der heterogenen Öffentlichkeit im Sinne von Young, die wiederum auf den Staat als zentrale Instanz
bei der Herstellung von Geschlechtergerechtigkeit verweist und auf die Notwendigkeit der politischen Einflussnahme auf staatliches Handeln im Sinne der Geschlechtergerechtigkeit (Riegraf 2007; 2005b):
    Erstens bilden funktionsfähige zivilgesellschaftliche Gruppen ihre „Wir-
Identitäten" über Grenzziehungen nach außen. Die Gemeinschaften entwickeln
die Tendenz zur Homogenität, entfalten eigene exklusive „Identitäten" und
schotten sich gegenüber Anforderungen der Außenwelt ab. Solche Gemeinschaften sind nicht immer gleichstellungsfreundlich. Sie sind anfällig für Intoleranz,

ausschließende Denk- und Verhaltenweisen, möglicherweise für verschiedene Spielarten des Rassismus, Sexismus und Fremdenfeindlichkeit.

Zweitens müssen mangelndes Beteiligungsinteresse und mangelnde Beteiligungsmöglichkeiten z.b. durch die Einbindung in die Care-Anforderungsstrukturen von Kindererziehungs- und Pflegeaufgaben, die nach wie vor zwischen den Geschlechtern ungleich verteilt sind, insbesondere weniger privilegierter und wenig gut organisierter Bevölkerungsgruppen berücksichtig werden. In solchen Situationen kann es zu einer Dominanz der privilegiertesten, mächtigsten und am leichtesten organisierbaren in der Regel durch weiße „männliche" Mitglieder der akademischen Mittelschicht dominierten Gruppen kommen.

Beide Autorinnen beleuchten jeweils einen Ausschnitt des gegenseitigen Konstitutionsverhältnisses von Geschlecht, Politik und Staat.

10.6 Ausblick

Seit den 1980er Jahren kommt es in den OECD-Ländern zu einem weitreichenden Neuzuschnitt wohlfahrtsstaatlicher Versorgungsmodelle, um unter veränderten gesellschaftlichen Rahmenbedingungen, wie z.b. restriktive Finanzen und Globalisierungsprozesse, öffentliche Versorgungsangebote auch weiterhin für weite Bevölkerungsgruppen abzusichern. Es kommt zu einer Neukonstitution von Geschlecht, Politik und Staat unter sich wandelnden gesellschaftlichen Bedingungen. In die neuen Diskurse z.b. zum aktivierenden Staat sind Versprechen eingelagert, individuelle Kreativitätspotenziale, Beteiligungschancen und Handlungsspielräume durch den Abbau staatlicher Interventionen zu fördern. Ob die Umwandlung staatlicher Organisations- und Steuerungsregelungen zu mehr Mitgestaltungspotential der unterschiedlichen gesellschaftlichen Gruppen im Sinne von Young führt, ist dabei noch offen. In den Umstrukturierungsprozessen werden auch Grenzziehungen zwischen privaten und staatlichen privaten Leistungen neu zugeschnitten. Dies lässt auch veränderte Differenzierungslinien zwischen den Geschlechtern vermuten. Auf jeden Fall kann die angestrebte Rücknahme staatlicher Regelungen zentrale Errungenschaften im Geschlechterverhältnis der Nachkriegszeit, wie Gleichstellungsregelungen oder Umverteilungspolitiken gefährden. Eine Umverteilungspolitik zugunsten von mehr Geschlechtergerechtigkeit im Sinne von Fraser wird durch diese Entwicklungen eher unwahrscheinlich.

III.   Stand der Forschung und Perspektiven

11. Geschlechterforschung und Gleichstellungspolitik. Von der Frauenförderung zum Diversity Management

Michael Meuser und Birgit Riegraf

Die Nachbarschaftsbeziehungen zwischen Frauen- und Geschlechterforschung, Frauenbewegung und institutionalisierter Geschlechterpolitik waren und sind immer wieder Gegenstand systematischer wissenschaftlicher Analysen und theoretischer Diskussionen in der Geschlechterforschung, aber auch heftiger politischer Debatten zwischen GeschlechterforscherInnen und GleichstellungspolitikerInnen (vgl. bspw. Riegraf/Plöger 2009; Hark 2005; Holland-Cunz 2005; Gerhard 2001). Ihnen wird eine enge, nie gleichgültige, aber stets komplizierte und spannungsgeladene Verbindung bescheinigt. Von einem gemeinsamen Ausgangspunkt in den 1970er Jahren gingen Frauen- und Geschlechterforschung und Frauenbewegung in den folgenden Jahrzehnten getrennte Wege. Dabei erzielten beide – trotz aller Schwierigkeiten und Begrenztheiten – durchaus Erfolge in den jeweiligen Sphären (vgl. Mischau/Oechsle 2003). Die Prozesse der Institutionalisierung und Professionalisierung der Frauen- und Geschlechterforschung im Wissenschaftssystem und wesentlicher Teile der Frauenbewegung im politischen System führten allmählich zum Aufbau und zur Wahrung einer zunehmenden Distanz. Sicherlich ist und war die Gegenüberstellung zwischen Bewegung und Forschung nie so eindeutig, wie dies viele Analysen über das Verhältnis von Politik, Bewegung und Forschung nahe legen. Dennoch waren die Aufspaltungen zwischen Frauen- und Geschlechterforschung und Frauenbewegung, die Ausdifferenzierungen und deutlichen Distanzierungen eine Voraussetzung dafür, die jeweiligen Bezugssystem durch die Integration der Kategorie Geschlecht verändern zu können. Die Differenzierung und Distanzierung ist Ausdruck der Anerkennung der jeweilig unterschiedlichen Rationalitäten, die im wissenschaftlichen und politischen System vorherrschen. Um Bestätigungen und Anerkennung im jeweils relevanten Feld zu erhalten, ist zumindest eine teilweise Akzeptanz der jeweils gültigen Routinen und Regeln nötig. Barbara Holland-Cunz beschreibt das Verhältnis zwischen Frauen- und Geschlechterforschung und Frauenbewegung schließlich zu Beginn der Jahrtausendwende als ein „unsystematisches, unbewusstes, unreflektiertes, unentschiedenes ‚Nebeneinander‘" (Holland-Cunz 2003a: 15). Angelika Wetterer konstatiert angesichts dieser Entwicklung eine zunehmende Distanz. Grenzgängerinnen zwischen den gesellschaftlichen Sphären seien eine Ausnahme geworden (Wetterer 2005).

In den letzten Jahren erhält allerdings die Beziehung zwischen Frauen- und Geschlechterforschung, politischer Bewegung und institutionalisierter Geschlechterpolitik durch Politiken, Strategien und Gleichstellungsinstrumente wie Gender Mainstreaming und Gender Diversity und durch Nachfragen nach Gender-Wissen, Gender-Beratung und Gender-Expertise bei Entscheidungsprozessen in Politik, Verwaltung oder Wirtschaft eine erneute Aktualität. An diese Entwicklungen schließen sich folgende Fragen an: Kommt es angesichts veränderter Gleichstellungspolitiken, Strategien und Instrumente zu einer erneuten Annäherung, Kooperation und Kommunikation zwischen Geschlechterforschung, Bewegung und Politik? Wie können die Verknüpfungen zwischen Geschlechterpolitik, Frauen- und Geschlechterforschung und Gesellschaft überhaupt gedacht werden? Wie würde sich eine engere Kommunikation zwischen Wissenschaft und Politik auf die Produktion des wissenschaftlichen Wissens zu Geschlecht auswirken? Aber auch: Welches handlungs-, praxis- und politikrelevante Wissen zu Geschlecht findet sich in der Geschlechterforschung? Soll und kann die Frauen- und Geschlechterforschung überhaupt handlungs-, praxis- und politikrelevantes Wissen für Entscheidungsprozesse in Politik, Wirtschaft und Gesellschaft zur Verfügung stellen? Und umgekehrt: Welches Geschlechterwissen wird überhaupt für Entscheidungsprozesse in Politik, Wirtschaft und Verwaltung nachgefragt?

11.1   Beginn einer komplizierten Liaison

Die Entstehungsgeschichte der institutionalisierten Frauen- und Geschlechterforschung ist in Westdeutschland eng mit der politischen Bewegung verbunden. Die Frauen- und Geschlechterforschung nahm ihren Ausgangspunkt in der außeruniversitären Bewegung und verschaffte sich beispielsweise über den Weg der autonomen Seminare allmählich einen Platz an den Universitäten. Seit den 1980er Jahren werden in Deutschland Professuren für Frauen- und Geschlechterforschung eingerichtet. In den ersten Jahren waren die Forschungsfelder und die

Interessenschwerpunkte der GeschlechterforscherInnen noch eng an den Themen der Frauenbewegung orientiert. So standen beispielsweise Diskussionen zur geschlechtsspezifischen Arbeitsteilung, über Lohn für Hausarbeit, Gewalt gegen Frauen oder die Debatte zum Paragraphen 218 im Zentrum. Zu diesem Zeitpunkt forderten Wissenschaftlerinnen wie Maria Mies eine enge Verbindung zwischen Politik und Wissenschaft ein: Wissenschaftliche Erkenntnis sollte im Dienste der Frauenbewegung stehen. Frauenforschung müsse das Ziel verfolgen, gesellschaftliche Verhältnisse „von unten" „nach oben" zu erforschen und für die Belange der Frauen „von unten" bewusst Partei ergreifen „ weil deren und die eigene Betroffenheit überhaupt der Grund für eine Forschung ist" (Werlhof u.a. 1988: 27; Holland-Cunz 2003a; vgl. auch Kap. 5). Nach zum Teil heftigen Auseinandersetzungen, die sich auch heute noch in der Zeitschrift „Beiträge zur feministischen Theorie und Praxis" zurückverfolgen lassen, hat sich die Geschlechterforschung allmählich von einem Verständnis von Forschung distanziert, das sich im Dienste der politischen Bewegung sieht. Die politische Relevanz von Forschung liegt demnach nicht darin, Handlungsanleitung im Sinne praktischer Politikberatung zu geben, sondern darin, dass sie „als Wissenschaft und ‚offenes Denken' Einsicht in die Komplexität der Geschlechterverhältnisse vermittelt, in die vielfältigen Zusammenhänge zwischen symbolisch-kulturellen Konstruktions-, Aneignungs- und Repräsentationsweisen zu ‚Differenz' und Prozessen sozialer Strukturierung, Differenzierung und ‚Hierarchisierung'" (Knapp/ Wetterer 1995: 36). Im Laufe der Jahre und im Zuge der Institutionalisierung und Professionalisierung distanzierten sich nicht nur die GeschlechterforscherInnen und die Geschlechterpolitikerinnen voneinander, sondern die theoretischen Diskussionen in der Geschlechterforschung differenzierten sich weiter aus und werden auf einem Niveau geführt, dass ihre politische Relevanz zumindest nicht mehr unmittelbar erkennbar ist. Aber auch die Strategien der Frauenbewegung und Gleichstellungspolitiken änderten sich und die Legitimations- und Begründungsmuster für die Einführung von Gleichstellungsmaßnahmen sind in der Auseinandersetzungen in der politischen Sphäre weiter ausformuliert worden.

11.2 (Frauen)Gleichstellungspolitik: Ein Blick zurück

In den 1970er Jahren orientierte sich die Frauenbewegung in Westdeutschland zunächst an basisdemokratischen Vorstellungen; gemäß des Selbstverständnisses als autonomer Bewegung wandte sie sich in dieser Zeit gegen etablierte partei-politische Strategien, eingefahrene Willensbildungs-, Entscheidungs- und Aus-handlungsprozesse und vorherrschende staatliche Regulierungen. Über gezielten Rechtsbruch wurden die herrschenden Standards von Recht und Gerechtigkeit herausgefordert. So weigerten sich die Beschäftigten in den ersten Frauenhäu-sern, die betroffenen Frauen nach den geltenden bürokratischen Regeln als Sozi-alhilfefälle einzustufen und beharrten darauf, die gewalttätigen Ehemänner über rechtliche Regelungen zu stigmatisieren (Gerhard 2001). Auch die Diskussion um den Paragraphen 218 und die Selbstanzeigenkampagne in der Zeitschrift „Stern" mit dem Titel „Ich habe abgetrieben" geben Zeugnis von dieser Form der außerparlamentarischen Opposition. Im Laufe der Jahre begab sich ein we-sentlicher Teil der Frauenbewegung mit einigem Erfolg und veränderten politi-schen Strategien auf einen „frauenpolitischen Marsch durch die Institutionen" (Holland-Cunz 2003a:166f).

In den meisten Bundesländern wurden Ende der 1970er, Anfang der 1980er Jahre frauenpolitische Einrichtungen (Gleichstellungsstellen) etabliert, entweder als eigenständige, unmittelbar der Landesregierung unterstellte Behörden oder als Referate innerhalb eines Ministeriums, zumeist des Sozialministeriums (Krautkrämer-Wagner 1983: 18ff.). Die Initiative hierzu sowie der politische Druck gingen nicht unwesentlich von in politischen Parteien organisierten Frau-en aus (Cordes 2008: 918). Die ersten Gleichstellungsrichtlinien und -gesetze wurden in den 1980er Jahren auf Länderebene verabschiedet. Große Kommunen richteten in dieser Zeit kommunale Gleichstellungsstellen ein. Nicht nur im öf-fentlichen Sektor, sondern auch in privaten Unternehmen wurden Frauenbeauf-tragte eingestellt und Frauenförderpläne konzipiert. Anfang der 1990er Jahren entwickelten in Deutschland ca. 100 und zumeist Großunternehmen Gleichstel-lungsmaßnahmen. Vor allem an Strategien, Maßnahmen und Instrumenten, die von Unternehmen entwickelt wurden, entzündete sich deutliche Kritik an den Ausgestaltungen, der Wirksamkeit und der Reichweite der Maßnahmen und In-strumente. Die betrieblichen Gleichstellungsmaßnahmen seien unverbindlich formuliert und drehten sich lediglich um Vereinbarkeits- und Aufstiegsfragen, andere Benachteiligungsdimensionen wie geschlechtspezifische Lohnungleich-heiten würden nicht aufgenommen und die Maßnahmen und Instrumente richteten sich lediglich an Frauen aus dem mittleren bis oberen Management. Verbindlicher und anders als die Frauenförderpläne in den Unternehmen umfasst(e) die Gleichstellungspolitik in den öffentlichen Einrichtungen jedoch eine größere Vielzahl von Instrumenten und Maßnahmen (Brumlop/Hornung 1994).

In den 1990er Jahren entstanden in der Republik flächendeckend Bundes- und Landesgesetze; Frauenförderpläne wurden in den öffentlichen Einrichtungen entwickelt (Behörden, Universitäten, Schulen, Krankenhäuser usw.), Gleichstellungsstellen aufgebaut und Frauenbeauftragte bzw. Gleichstellungsbeauftragte ernannt.[33] Sie entfalteten ihre Wirkungen in den Kommunen und öffentlichen Organisationen, wie den Universitäten. In den Parteien wurden Frauenquoten und -quoren diskutiert und teilweise eingeführt. Ein neues Politikfeld, institutionalisierte Frauenpolitik, entstand. Im Zuge der allmählichen Integration von Gleichstellungspolitik nahmen auch vielfältige Ansprüche und Anforderungen an politische und bürokratische Verfahrensregeln zu. Nicht mehr Flugblattaktionen oder Rechtsbruch, sondern die Arbeitssituation in den Verwaltungen und gesetzlich vorgegebene Richtlinien und Verfahrensroutinen bestimmten immer mehr die Anforderungen an GleichstellungspolitikerInnen. Diese zunehmende Etablierung führte zu Irritationen und Spannungen im Verhältnis von (autonomer) Frauenbewegung und (staatlicher) Frauenpolitik. Mechthild Cordes (1996: 27) beschreibt dies als einen Konflikt zwischen dem „autonome[n] Flügel" und dem „intergrative[n] Flügel" der Frauenbewegung. Der autonome Flügel artikulierte Zweifel, ob eine in die Strukturen der öffentlichen Verwaltung eingebundene Frauenpolitik, die sich notgedrungen an die männlich geprägten Strukturen und Strategien des Politikbetriebs anpassen muss, in der Lage ist, Interessen von Frauen auch gegen die Organisationen zu vertreten, in denen die Frauenbeauftragten beschäftigt sind. Institutionalisierte Frauenpolitik, so die Befürchtung, sei zu einer Politik der Konflikteindämmung genötigt.[34] Die Protagonistinnen der institutionalisierten Frauenpolitik hingegen argumentierten, die Ziele der Frauenbewegung ließen sich „nur aus einer Position innerhalb des Systems" (Cordes 1996: 29), durch Teilhabe an der Macht, realisieren. Der in angelsächsischen Ländern und in den Institutionen der EU gebräuchliche Begriff „femocrats" (Franzway u.a. 1989) verweist auf die doppelte Orientierung institutionalisierter Frauenpolitik: sowohl feministischer Politik als auch bürokratischen Imperativen

---

33 Für einen Überblick vgl. Cordes 1996: 85ff.
34 Gegen die Gründung der „Bremischen Zentralstelle für die Verwirklichung der Gleichberechtigung der Frau" im Jahr 1982 demonstrierten Frauen mit Transparenten, auf denen „Bürokratisierung schafft keine Emanzipierung" oder „Karrierefrauen – ihr habt nicht unser Vertrauen" zu lesen war (Krautkrämer-Wagner 1983: 19).

verpflichtet zu sein. Frauenpolitische Interessen sollen nicht gegen staatliche Institutionen durchgesetzt, sondern, unter Nutzung institutioneller Mechanismen
und Strukturen, in jene hineingetragen werden.

Frauengleichstellungspolitik zielt vor allem auf eine Gleichstellung im Feld
der Erwerbsarbeit. Frauenförderpläne, Qualifizierungsmaßnahmen für berufstä-
tige wie für beurlaubte Frauen, gezielte Motivation von Frauen, sich auf Auf-
stiegspositionen zu bewerben, „familienfreundliche" Arbeitszeiten, um die Vereinbarkeit von Beruf und Familie zu ermöglichen, und nicht zuletzt Quotenregelungen. Insbesondere diese sind, unabhängig davon, ob es sich um ‚harte' oder
‚weiche' Quoten handelt, zum Gegenstand zum Teil heftiger politischer Auseinandersetzungen geworden. Die öffentliche Wahrnehmung von Frauengleichstellungspolitik war und ist – wegen der kontroversen Diskussionen – weitgehend auf die Auseinandersetzung um die Angemessenheit und Gerechtigkeit von
Quoten fokussiert. Inzwischen gilt im öffentlichen Dienst in Deutschland, mit
einigen Variationen in den Bundesländern, eine ‚weiche' bzw. ‚qualifizierte'
Quotenregelung.[35] Diese schreibt vor, dass, wenn in einem bestimmten Bereich
weniger Frauen als Männer beschäftigt sind, Frauen bei Einstellungen und Be-
förderungen dann bevorzugt werden sollen, wenn sie die gleiche Qualifikation
wie ihre männlichen Mitbewerber aufweisen. Trotz des Qualifikationsvorbehalts
mach(t)en Gegner dieser Regelung geltend, deren Umsetzung hätte zur Folge,
dass nicht die für eine Stelle jeweils am besten geeignete Person ausgewählt
würde (Pfarr 1985: 92f.). Personalverantwortliche und Vorgesetzte fürchteten
zudem – durchaus nicht zu Unrecht –, ihr (mikropolitischer) Entscheidungsspiel-
raum werde durch solche Regelungen eingeschränkt (Meuser 1989: 71ff.; vgl.
auch: Riegraf 1995). Wie die policy-Forschung zeigt, muss jede innovative Politik, unabhängig von ihrem Inhalt, mit Widerständen rechnen (Holland-Cunz
1996; Riegraf 1995). Routinen in Entscheidungsprozessen in Organisationen
werden in Frage gestellt, eingespielte Arrangements und etablierte Einflusszonen
sind gefährdet.[36] Gleichstellungspolitik stellt jedoch nicht nur organisationsspe-
zifische Entscheidungsprozesse, Routinen und Regelungen zur Disposition, sondern darüber hinausgehende kulturelle Werte und Selbstverständlichkeiten. Sie
will eine Grundordnung moderner Gesellschaften, die Geschlechterordnung,
verändern und stößt deswegen auf grundlegendere Widerstände als andere Formen innovativer Politik.

---

35   Zur Unterscheidung verschiedener Arten von Quoten vgl. Cordes 1996: 130ff.
36   Zur Bedeutung mikropolitischer (Macht-)Konstellationen für die Umsetzung von Gleichstel-
     lungspolitik vgl. Riegraf 1996.

11.3   Warum Gleichstellungsmaßnahmen? Rechts- und moralphilosophische Diskussionen

Die Quotenregelungen sind ein Gegenstand rechts- und moralphilosophischer Diskussionen (Gräfrath 1992; Rössler 1993a). Diese thematisieren vor allem das Paradoxon, dass die Gleichheit der Geschlechter über den Weg einer gezielten und temporären Ungleichbehandlung erreicht werden soll. Im konkreten Fall gereicht die Bevorzugung einer Frau zwangsläufig dem gleich qualifizierten Mann zum Nachteil, dessen berufliche Chancen wegen seiner Geschlechtszugehörigkeit zumindest temporär beschnitten werden. Der in den USA geprägte Begriff der positiven Diskriminierung verweist auf diesen Sachverhalt. Den Quotenregelungen liegt eine systemische Logik zugrunde, welche die soziale Lage von Personengruppen miteinander vergleicht und auf Basis dieses Vergleichs Maßnahmen zugunsten einzelner Mitglieder der gesellschaftlich benachteiligten Personengruppe ergreift, welche wiederum auf Kosten einzelner Mitglieder der gesellschaftlichen bevorzugten Personengruppe gehen. Hinreichender Anlass für die Bevorzugung einer Frau ist ein statistisch feststellbares Ungleichgewicht zwischen dem Anteil an der Bevölkerung und dem Anteil an den Beschäftigten in einer Branche, einem bestimmten Ressort, einer bestimmten Laufbahnstufe. Dies wurde und wird von vielen, gerade auch von vielen (nicht nur männlichen) Entscheidungsträgern und Beschäftigten in der öffentlichen Verwaltung, als zutiefst ungerecht angesehen (Meuser 1992).

Diese Einschätzung resultiert nicht zuletzt daraus, dass die Quotenregelungen im Spannungsfeld zweier unterschiedlicher Gerechtigkeitslogiken stehen. Den Quotenregelungen liegt die Logik einer kompensatorisch-redistributiven Kollektivgerechtigkeit zugrunde. Die gesellschaftliche Benachteiligung von Frauen im Feld der Erwerbsarbeit, festgemacht an deren Unterrepräsentanz in bestimmten Berufen und in Führungspositionen, soll durch die Bevorzugung von gleich qualifizierten Frauen bei Stellenbesetzungen (Schritt für Schritt) kompensiert werden. Dieser systemischen Gerechtigkeitslogik steht die Logik einer Individualgerechtigkeit entgegen, welche die Konsequenzen einer Entscheidung allein mit Blick auf die Individuen betrachtet, nicht aber auf die sozialen Kollektivitäten, denen diese angehören. Durch den Qualifikationsvorbehalt der Quotenregelungen wird das meritokratische Prinzip, demzufolge diejenige Person die Stelle erhalten soll, die sie aufgrund ihrer Qualifikation und Leistung verdient, zwar nicht außer Kraft gesetzt; es wird aber ein "leistungsunabhängiges, ,unverdientes' Kriterium" (Rössler 1993b: 21) zusätzlich eingeführt, nämlich Geschlecht.

Kompensatorische Maßnahmen erfahren in unserer Gesellschaft in der Regel dann Zustimmung, wenn es um den Ausgleich eines erlittenen Schadens geht. Handelt es sich um Gruppen, wird die Zustimmung zu diesem Prinzip im Allgemeinen an die Bedingung geknüpft, dass alle Gruppenmitglieder den Schaden erlitten haben, um dessen Kompensation es geht (Edwards 1987: 118). Dass jede einzelne Frau, die von Maßnahmen der positiven Diskriminierung profitiert, im Laufe ihrer Karriere benachteiligt worden ist, ist jedoch ebensowenig anzunehmen wie, dass der Mann, der im konkreten Fall zurückstehen muss, persönlich als Verursacher von Unrecht haftbar gemacht werden kann. Insofern diese Bedingungen nicht eingefordert werden, geht das Modell der kompensatorisch-redistributiven Kollektivgerechtigkeit über das gängige Prinzip korrektiver Gerechtigkeit hinaus (Rössler 1993b: 17f.). Es verstößt gegen ein kulturell tief verankertes Gerechtigkeitsdenken und -empfinden, und das erklärt die moralische Konnotation des verbreiteten Widerstands gegen Quotenregelungen. Insbesondere in den Organisationen stößt eine Auswahlentscheidung zugunsten einer Frau auf moralische Empörung, wenn sie, was allerdings selten der Fall ist, mit Verweis auf die Quotenregelung erfolgt.

Die Frauengleichstellungspolitik hat es nicht geschafft, die systemische Logik, die der Gleichstellungsgesetzgebung zugrunde liegt, sowie einen kollektivitätsorientierten Gerechtigkeitsdiskurs neben der Logik der Individualgerechtigkeit in den Organisationen zu verankern. „Es lässt sich insgesamt eine Strategie feststellen, die zu einer Individualisierung eines politischen Konfliktes und zu einer Abwehr jeglichen gesetzlichen Zwanges führt" (Rudolph/Schirmer 2004: 100). Insofern hat die Frauengleichstellungspolitik nur wenig Organisationsveränderung bewirkt. Sowohl ihre Akzeptanz in der Gesellschaft und in den Organisationen als auch ihre Wirksamkeit sind gering (Cordes 2008: 919f.). Und in dieser Hinsicht lässt sich die Geschichte der Gleichstellungspolitik nur begrenzt als eine Erfolgsgeschichte erzählen.

11.4 Gleichstellungspolitiken im öffentlichen und privaten Sektor: State of the art

In der zweiten Hälfte der 1990er Jahre sind die Diskussion in der Gleichstellungspolitik weniger durch die Auseinandersetzungen um verbindliche Quoten bestimmt. Vielmehr rückten zwei andere Strategien und ihr Verhältnis zu gleichstellungspolitischen Forderungen in den Mittelpunkt. Beide Strategien unterscheiden sich erheblich bezüglich ihres Entstehungskontextes, der jeweiligen Ansatzpunkte und ihren Zielrichtungen, gemeinsam ist ihnen allerdings, dass sie lediglich vage und unverbindlich ausformuliert sind. An den beiden Strategien lassen sich deutliche Verschiebungen in der Ausrichtung der gleichstellungspolitischen Diskussionen skizzieren: Es sind dies die Strategien des Gender Mainstreaming und Managing Diversity (vgl. Riegraf 2009).

11.4.1 Gender Mainstreaming

Das Verhältnis von *Gender Mainstreaming* zur Frauengleichstellungspolitik wurde und wird kontrovers diskutiert (Meuser/Neusüß 2004a). Während die ProtagonistInnen dieses Ansatzes ihn als komplementär zu dem weiterhin existierenden Feld der Frauengleichstellungspolitik verstehen, ist in deren Reihen die Befürchtung verbreitet, Gender Mainstreaming ginge auf Kosten von Frauengleichstellungspolitik und schwächte deren Position, u.a. durch eine Umverteilung der für Gleichstellungspolitik zur Verfügung stehenden knappen finanziellen Ressourcen zugunsten von Gender Mainstreaming. Die feministische Kritik moniert, Gender Mainstreaming enthalte keine klaren inhaltlichen Zielsetzungen und Vorgaben, sei noch weniger als die bislang institutionalisierte Frauenpolitik herrschaftskritisch orientiert, ermögliche somit allenfalls eine „Gleichstellung light" und habe möglicherweise sogar restaurative Wirkungen (Meuser/Neusüß 2004b: 10). Gegen diese Kritik steht die Erwartung, eine konsequente Implementation von Gender Mainstreaming bedeute „weit mehr als den Versuch, durch antidiskriminatorische Politik Gleichheit für Frauen durchzusetzen: Die Strukturen selbst, welche die Ungleichheit immer wieder produzieren, sollen umgestaltet werden" (Pinl 2002: 4). Gemäß dieser Einschätzung steht die geschlechtliche Grundordnung moderner Gesellschaften zur Diskussion.

Die Ursprünge des Konzeptes gehen auf die dritte Weltfrauenkonferenz 1985 in Nairobi, insbesondere aber auf die vierte Weltfrauenkonferenz 1995 in

Peking zurück. Es hat mithin einen frauen- und auch einen entwicklungspoliti-
schen Entstehungshintergrund. Im Amsterdamer Vertrag von 1997 wurde Gender Mainstreaming als obligatorische gleichstellungspolitische Strategie für die
Mitgliedsstaaten der EU festgelegt und mit der Unterzeichnung des Amsterdamer Vertrages verpflichtet sich die Bundesregierung Deutschland zur Einführung von Gender Mainstreaming (Frey 2004; Riegraf/Zimmermann 2005; Klein
2006: 76ff.). Gemäß der Definition des Europarats meint Gender Mainstreaming
„the (re)organisation, improvement, development and evaluation of policy processes, so that a gender equality perspective is incorporated in all policies at all
levels and at all stages, by the actors normally involved in policy-making"
(Council of Europe 1998: 15). Gender Mainstreaming wird als eine Quer-
schnittsaufgabe verstanden: Potentiell sind alle Mitglieder einer Organisation
(nicht nur die Gleichstellungsbeauftragte und deren Mitarbeiterinnen) auf allen
Ebenen der Hierarchie als gleichstellungspolitische Akteure angesprochen, ferner müssen alle Maßnahmen, Programme und Entscheidungen auf ihre gleichstellungspolitischen Implikationen hin befragt werden. Der Fokus von Gleichstellungspolitik erweitert sich mit Gender Mainstreaming nicht zuletzt in der
Hinsicht, dass Männer wie Frauen sowohl als geschlechterpolitische Akteure als
auch als potentielle Adressaten involviert sind (Döge 2002).[37]

Mit Gender Mainstreaming soll Geschlechtergleichheit "in das Gesamtver-
fahren der Entwicklung einer jeden Maßnahme genauso hineingenommen werden wie ... Sachgerechtigkeit, Machbarkeit und Kosten" (Höyng 2002: 217). Geschlechtergleichheit steht *der Programmatik nach* auf einer Stufe mit völlig un-
strittigen Kriterien von Verwaltungshandeln, vor allem mit dem zentralen Kriterium der Sachgerechtigkeit. Eine Gender-Analyse müsste demnach genauso rou-
tinemäßig erfolgen wie die Erstellung eines Haushaltsplans (Woodward 2001:
16). Das unterscheidet das Konzept des Gender Mainstreaming deutlich von
Frauengleichstellungspolitik, die auf bestimmte Maßnahmen fokussiert und begrenzt ist. Vor diesem Hintergrund lässt sich sagen, dass Geschlechterpolitik
sich vom Rand der Organisation in deren Zentrum verlagert. Geschlechtergleichheit wird aus dem "Ghetto der Frauenprojekte" (Verloo 2001: 6) bzw. der

---

37 Diese doppelte Adressierung, die zur Folge haben kann, dass Maßnahmen zugunsten von
    Männern entwickelt werden, ist ein Anlass für die feministische Kritik, Gender Mainstreaming
    habe restaurative Tendenzen. Ein Beispiel hierfür ist der anhaltende Streit darüber, ob es ange-
    sichts der schlechteren schulischen Abschlüsse und Leistungen von Jungen im Sinne der Ge-
    schlechtergleichheit notwendig sei, Fördermaßnahmen für Jungen zu entwickeln. Die feminis-
    tische Kritik daran verweist darauf, dass die die Schule mit schlechteren Abschlüssen verlas-
    senden jungen Männer zehn Jahre später in der Regel deutliche Karrierevorteile gegenüber
    gleichaltrigen Frauen aufweisen.

„marginalisierten ‚Frauenecke'" (Lewalter/Geppert/Baer 2009: 126) herausge-
löst. Geschlechterfragen treten, so Silke Roth (2004: 47) an die Stelle von „Frau-
eninteressen".

Während die Gleichstellungsbeauftragten und -stellen trotz ihrer Einbindung
in das Gefüge der Organisationen „den Machtzentren der Organisation eher fern
standen und ihren Machtmechanismen eher fremd blieben" (Kirsch-Auwärter
2002: 109), sollen gleichstellungspolitische Initiativen – dies ist zumindest die
Idee von Gender Mainstreaming – nunmehr aus den Machtzentren selbst kommen. Zeichnete sich Frauengleichstellungspolitik durch eine mehr oder minder
starke Widerständigkeit gegen das „System" aus, so gilt Gender Mainstreaming
als mehr oder minder anschlussfähig an das „System" (Koall/Bruchhagen 2002:
116). Gender Mainstreaming weist einige Übereinstimmungen mit dem Ansatz
des „New Public Management" auf, der für eine Reorganisation der öffentlichen
Verwaltung gemäß den Prinzipien des Managements von Unternehmen steht
(Wetterer 2005: 8ff.; Riegraf 2007). Mit Gender Mainstreaming sollen Gleich-
stellungsziele in Organisationsziele umformuliert werden. Dies hat dann u.a. zur
Folge, dass die Semantik von Gender Mainstreaming sich mitunter völlig von
derjenigen der Frauengleichstellungspolitik unterscheidet (Schmidt 2005: 70)
und dass eine Professionalisierung von Geschlechterpolitik in Gang gekommen
ist (s.u.).

Im Vergleich mit Frauengleichstellungspolitik, insbesondere mit dem Instrument der Quotenregelung, ist Gender Mainstreaming ein unbestimmtes Konzept. Es ist eine gleichstellungspolitische Strategie, die kein klar definiertes
gleichstellungspolitisches Ziel hat. Ute Behning (2004) zufolge ist es genau
deswegen geeignet für die Europäische Union. Es ist kompatibel mit den unterschiedlichen gleichstellungspolitischen Philosophien der EU-Mitgliedsstaaten,
sowohl mit differenztheoretischen als auch mit gleichheitstheoretischen Ansätzen. Es ist anschlussfähig für unterschiedliche Interessen; wie es verstanden und
implementiert wird, wird in den Organisationen entschieden. Dies hat – neben
dem Umstand, dass es Teil eines europäischen Vertragswerks ist – die Akzeptanz in den Organisationen befördert. Sie ist höher als die der Frauengleichstellungspolitik.[38] Gender Mainstreaming ist kompatibel mit bereits in den 1970er
Jahren begonnenen Veränderungen der Organisation der öffentlichen Verwaltung: von einer „legislatorischen Programmierung" zu einer „Selbststeuerung"

---

38 Metz-Göckel, Roloff und Sattari (2003: 7) stellen – mit Blick auf die Hochschulen – fest,
    „dass sehr viel offener und bereitwilliger über die Möglichkeiten der Implementation von GM
    geredet wird, als dies im Rückblick für die Frauenfördergrundsätze galt."

(Hegenbarth 1980). Während das zentrale Prinzip öffentlicher Verwaltung traditionell die Verpflichtung auf vorgegebene Regeln ist, basiert das neue Prinzip darauf, selbst definierte Ziele zu erreichen, z.B. in Gestalt von Zielvereinbarungen. Die Quotenregelungen entsprechen dem Typus der „Konditionalprogrammierung", während Gender Mainstreaming eine Form der „Zweckprogrammierung" darstellt[39], welche mit größeren Möglichkeiten der Selbststeuerung verbunden ist. Die Interpretationsherrschaft über das Programm bleibt weitgehend in den Händen der Organisationsmitglieder, insbesondere der Führungsebene.

Die Unbestimmtheit des Konzepts ist Anlass für die Kritik, niemand wisse genau, was Gender Mainstreaming eigentlich ist. In einer Studie über die Implementation von Gender Mainstreaming in der Europäischen Kommission hat Verena Schmidt (2005) gezeigt, dass es vielfältige Überschneidungen mit anderen Gleichstellungspolitiken gibt und dass klare Abgrenzungen im Implementationsfeld fehlen. Obwohl die Interpretationshoheit weitgehend in den Organisationen liegt, ist der Grad der Institutionalisierung von Gender Mainstreaming gering. Zwar gibt es keine (offen artikulierte) Opposition, wie dies bei anderen gleichstellungspolitischen Regelungen durchaus üblich ist, aber, mit Ausnahme einer Minderheit von gleichstellungspolitischen ProtagonistInnen und AktivistInnen, auch kein spezifisches Commitment, vielmehr eine Haltung der Indifferenz.

Die Offenheit des Konzepts hat zur Folge, dass es konkurrierende Interpretationen gibt, welche Ziele und Orientierungen Gender Mainstreaming hat. Barbara Stiegler zufolge steht es in einem engen Verhältnis zu Frauenpolitik; sie macht den Erfolg von Gender Mainstreaming von dem Fortbestehen einer starken Frauenpolitik abhängig. Peter Döge sieht hingegen die Gefahr, dass Gender Mainstreaming auf Gleichstellungspolitik reduziert wird; er plädiert dafür, Frauen und Männer gleichermaßen einzubinden (Döge/Stiegler 2004). Alison Woodward (2004: 89) begreift Gender Mainstreaming als einen „alternativen Denkansatz", der Frauen „nicht als unterdrückte Gruppe [darstellt], sondern als Partner in einem ungerechten Geschlechter-Vertrag, der unter Einbeziehung von Männern neu verhandelt werden muss". Männerpolitische Aktivisten monieren, Gender Mainstreaming sei oft nichts anderes als eine Fortführung bisheriger Frauengleichstellungspolitik unter einem neuen Label, und argumentieren, dieser Ansatz meine etwas anderes als „Women Mainstreaming" (Rosowski 2003). Gender Mainstreaming hat das Feld der Gleichstellungspolitik insofern geöffnet, als nun Kämpfe um Definitionsmacht stattfinden, an denen beide Geschlechter

---

39   Zur Unterscheidung der beiden Typen der Verwaltungsprogrammierung vgl. Luhmann 1971.

beteiligt sind. Dies ist bei Frauengleichstellungspolitik anders. Hier sind Männer von vornherein aus dem Spiel.

11.4.2 Managing Diversity

Gender Mainstreaming ist seit dem Amsterdamer Vertrag für die Institutionen des öffentlichen Dienstes obligatorisch und wird zumindest dergestalt umgesetzt, dass die Geschlechter-Dimension bei der Darstellung der Aktivitäten von Ministerien, Behörden, Ämtern usw. berücksichtigt wird.[40] Über den öffentlichen Dienst hinaus spielt Gender Mainstreaming allenfalls in einigen zivilgesellschaftlichen Organisationen eine Rolle (Weg 2005). In privatwirtschaftlichen Unternehmen gibt es, wenn überhaupt, nur eine verhaltene Resonanz (Jung 2004). In dieser Sphäe hat ungefähr zeitgleich der Ansatz des Managing Diversity Fuß gefasst. Während sich die Gender Mainstreaming nicht in den marktwirtschaftlichen Bereich hinaus ausbreiten konnte, wird das Managing Diversity inzwischen auch in der öffentlichen Verwaltung übernommen und als Argumentations- und Begründungsrahmen genutzt (Bührmann 2005: 83; von Braunmühl 2009: 59).

Managing Diversity ist eine in den 1990er Jahren in den USA entwickelte betriebswirtschaftliche Strategie im Rahmen des „Human Ressource Management". Die Deutsche Gesellschaft für Diversity Management begreift Diversity als „das Schlüssel-Thema des Managements", es steigere „den Unternehmenserfolg durch erhöhte Produktivität und verbesserte Position auf dem Markt."[41] Es ist ein „Konzept zur produktiven Nutzung sozialer Differenzen" (Bruchhagen/Koall 2008: 931; Riegraf 2008). Neben Geschlecht gelten die ethnische Zugehörigkeit, die Zugehörigkeit zu einem sozialen Milieu, die sexuelle Orientierung, die Generationenzugehörigkeit und potentiell eine Vielzahl weiterer sozialer Merkmale als Diversity-relevante Kriterien. Die Vorstellung verabschiedend, eine heterogene Belegschaft sei dysfunktional für den Erfolg eines Unternehmens, wird Verschiedenheit als betriebswirtschaftlich nutzbare Ressource verstanden. Eine kulturell diverse Belegschaft könne schneller auf Marktanforderungen reagieren als eine homogene (Bendl 2007: 11). Geschlecht wird in diesem Kontext zu einer Humanressource, auf die das Unternehmen zurückgreifen kann, wenn es zur Steigerung des Unternehmenserfolgs als sinnvoll erscheint.

---

40 Zur Umsetzung auf Bundesebene vgl. Lewalter/Geppert/Baer 2009.
41 http://www.diversity-gesellschaft.de/ (6.2.2009)

Die Relevanz von Managing Diversity als gleichstellungspolitische Strategie wird sehr unterschiedlich eingeschätzt wird. ProtagonistInnen des Ansatzes, die zugleich in der Geschlechterforschung verankert sind, schreiben ihm ein emanzipatorisches Potential zu (Bruchhagen/Koall 2002, 2007; Krell 2008, 2009). Unter GeschlechterforscherInnen und Gleichstellungspolitikerinnen überwiegt jedoch eine skeptische Haltung (Soiland 2009; Stiegler 2004: 28ff.; von Braunmühl 2009). Diese bezieht sich auf zwei Aspekte: darauf, dass Geschlecht nur eine Diversity-relevante Dimension unter vielen ist, mithin die Gefahr einer Vernachlässigung von Geschlecht besteht, und auf den betriebswirtschaftlichen Entstehungs- und Begründungskontext. Dass letztere Skepsis nicht unbegründet ist, zeigt sich daran, dass von betriebswirtschaftlicher Seite mitunter die Differenz zwischen „der klaren wirtschaftlichen Orientierung von Diversity" und Gleichstellungspolitik betont wird (Stuber 2004: 20). So befürchtet Stiegler (2004: 30), dass „maskuline Haltungen", wenn sie dem Unternehmensziel dienen, „eher verstärkt als abgebaut" werden. Allerdings sieht sie für den öffentlichen Dienst in dem Ansatz das Potential einer „Erweiterung der Gleichstellungsstrategien [...], solange die bisherigen Bemühungen der Frauenförderung unterstützt werden" (ebd.: 31). Die Kritik am Konzept des Managing Diversity betrifft vor allem dessen ökonomische Rationalität. Dieses Konzept repräsentiert gewissermaßen paradigmatisch die Tendenz zu einer zunehmenden Ökonomisierung von Gleichstellungspolitik, in die auch andere Ansätze einbezogen sind, insbesondere der des Gender Mainstreaming (Meuser 2009c). Gleichstellung, so die Befürchtung von Wetterer (2005: 9), wird in einen neoliberalen Begründungszusammenhang gestellt und hat nur noch dann eine Chance, „wenn sie sich bezahlt macht".

11.4.3 Gender Mainstreaming und Managing Diversity: Eine kritische Diskussion

Mit den Strategien des Gender Mainstreaming und Managing Diversity erfährt Gleichstellungspolitik einen Gestaltwandel, der vor allem durch zwei aufeinander bezogene Entwicklungen bedingt ist: die Ökonomisierung der Begründungslogik und die Professionalisierung von Geschlechterpolitik. Sie unterscheiden sich deutlich in der Zielrichtung von der klassischen Gleichstellungspolitik und sie unterscheiden sich im Grad der Verbindlichkeit vor allem im Vergleich zur Gleichstellungsmaßnahme der Quote. Zusammen haben diese Entwicklungen der

Tendenz nach eine Abkopplung der Gleichstellungspolitik vom geschlechtertheoretischen Diskurs zur Folge.

Mit Gender Mainstreaming und stärker noch mit Managing Diversity hat sich die Semantik von Geschlecht im geschlechterpolitischen Diskurs verändert. Auch wenn dies von vielen ProtagonistInnen, insbesondere des Gender Mainstreaming, nicht intendiert sein mag, so erlauben es faktisch beide Ansätze, von Geschlecht und Geschlechterverhältnissen zu sprechen, ohne dies in Kategorien sozialer Ungleichheit zu tun. Die Semantik sozialer Ungleichheit wird durch eine Semantik kultureller Differenz ersetzt. Beiden Ansätze wird vorgehalten, sie unterschlügen die politischen Implikationen der Kategorie Geschlecht (Bereswill 2004; Wetterer 2002a). Frauengleichstellungspolitik richtet den Blick auf die sozialen Ungleichheitslagen von Frauen, auf Benachteiligungen und Diskriminierungen. Frauen werden als eine „spezielle Problemgruppe begriffen" (Bührmann 2005: 77), deren, im Vergleich zu Männern, defizitäre soziale Lage es zu verbessern gilt. Das ist im Kern die Programmatik von Maßnahmen der Frauenförderung. Indem Managing Diversity, wie beschrieben, Geschlecht als eine Humanressource begreift, rückt der Aspekt der sozialen Ungleichheit in den Hintergrund bzw. geht gänzlich verloren. In dem Maße, in dem Gender Mainstreaming *in der Implementationspraxis* an diese Logik anschließt, derzufolge sich Geschlecht mehr als ein Merkmal von Personen denn als eine gesellschaftliche Strukturkategorie darstellt, tritt hier der ökonomische Begründungsrahmen in Konkurrenz zu der Perspektive auf soziale Ungleichheit, die bei der Entwicklung dieses Ansatzes zweifelsohne im Vordergrund gestanden hatte. Die Begründungen, die von Bundes- und Landesregierungen und -ministerien sowie von Institutionen, die Kurse anbieten, in denen das zur Umsetzung von Gender Mainstreaming notwendige Wissen vermittelt werden soll, ins Feld geführt werden, weshalb Organisationen diesen Ansatz verfolgen sollen, bemühen häufig eine ökonomischen Logik; sie stellen den Nutzen heraus, den die Organisationen haben, nicht den Aspekt der sozialen bzw. der Geschlechtergerechtigkeit (Bereswill 2004; Meuser 2005b).

Die ökonomische bzw. betriebswirtschaftliche Perspektive auf Geschlecht ist auf sog. geschlechtsspezifische Fähigkeiten und Kompetenzen gerichtet – bzw. darauf, was gängigen Erwartungen zufolge als typisch weiblich bzw. typisch männlich gilt. Die stereotypen Zuschreibungen werden nicht aufgebrochen, vielmehr wird gefragt, welcher Nutzen für die Organisation sich aus den Unterschieden von Männern und Frauen ziehen lässt. Die Geschlechter werden auf diese Unterschiede festgelegt. Sie nicht zu nutzen, erzeuge „Opportunitätskosten" (Stuber 2004: 136). Diese Positivierung der Geschlechterdifferenz begreift die geschlechtliche Arbeitsteilung gleichsam als eine ‚natürliche Ordnung‘ und setzt sie strategisch als ein Element des Human Ressource Management ein, wohingegen Frauengleichstellungspolitik auf ein Aufbrechen dieser Arbeitsteilung zielt.

Vor dem Hintergrund geschlechtertheoretischer Analysen sticht eine typische Schlagseite des Diskurses von Geschlecht als Humanressource ins Auge. Ein zentrales Merkmal des Geschlechterdiskurses der bürgerlichen Gesellschaft ist die Gleichsetzung von Geschlecht mit Weiblichkeit (Honegger 1991; Frevert 1995). Ähnliches geschieht in der Rede von Geschlecht als Humanressource. Die den Organisation zur Nutzung anempfohlenen Humanressourcen erweisen sich recht einseitig als solche von Frauen. In der einschlägigen betriebswirtschaftlichen Literatur ist, wenn die Gender-Ressourcen spezifiziert werden, nur von weiblichen Ressourcen die Rede. Geschlecht wird als eine personale Ressource von Frauen wahrgenommen. „Die Unternutzung weiblicher Humanressourcen stellt […] sowohl aus betriebswirtschaftlicher wie volkswirtschaftlicher Sicht eine Verschwendung dar.“ (Osterloh/Folini 2002: 126) Sog. ‚soft skills‘ und ‚soziale Kompetenzen‘ werden als bedeutsam für den Organisationserfolg entdeckt, und sie gelten als knappes Gut. Vermutet werden diese Kompetenzen, den üblichen Geschlechterstereotypen folgend, bei Frauen. Die Positivierung der Geschlechterdifferenz geht einher mit einer „Positivierung des ‚Weiblichen‘“ (Knapp 1998: 75).

Vom Ungleichheitsdiskurs mehr oder minder entkoppelt, werden Gender Mainstreaming und Managing Diversity zu Instrumenten der Modernisierung von Organisationen. ProtagonistInnen von Gender Mainstreaming stellen dies – neben dem erwarteten Gleichstellungseffekt – als einen zentralen Nutzen heraus (Ahrens/Kletzing/Kühl 2004; Döge 2001; Tondorf 2001). Während im Kontext von Gender Mainstreaming argumentiert wird, Gleichstellungsdefizite stünden einer Modernisierung der öffentlichen Verwaltung entgegen, verzichtet der Diversity-Diskurs vielfach auf eine politische Begründung. Für Unternehmen gewinnt Diversity Bedeutung als sog. „weicher Standortfaktor" in der Konkurrenz um qualifiziertes Personal. Gleichstellung ist ein zwar nicht unerwünschter, jedoch kein intendierter Effekt.

Die akademische Geschlechterforschung hat beide Ansätze von Beginn an mit großer Skepsis verfolgt. Aus der Perspektive einer sozialkonstruktivistischen Geschlechtertheorie kritisieren Regine Gildemeister und Günther Robert (2003) sowie Wetterer (2002a), Gender Mainstreaming befestige die Unterscheidung in ‚die‘ Frauen und ‚die‘ Männer und falle damit hinter die geschlechtertheoretische Einsicht zurück, dass es Männer und Frauen als in sich homogene Genusgruppen nicht gibt. Gender Mainstreaming entpuppe sich „bei genauerer Betrachtung recht schnell als Re-Aktivierung tradierter zweigeschlechtlicher Denk- und Deutungsmuster [...] und nicht als deren Verabschiedung oder gar Unterminierung" (Wetterer 2002a: 129). Es sei mit Sicherheit eines nicht: dekonstruktivistisch. Statt die üblichen Geschlechtskategorisierungen zu hinterfragen, werde Gender Mainstreaming vielmehr die im Alltag übliche Methode „des Vergleichens der Geschlechter und des Findens von Geschlechtsunterschieden in bislang ungeahnter Weise perfektionieren und deshalb genau das finden, wonach es sucht" (ebd.: 144). Diese Kritik lässt sich ebenso an Managing Diversity adressieren. Zwar scheint dieser Ansatz auf den ersten Blick die Festschreibung von Geschlechterdifferenzen insofern aufzubrechen, als neben Geschlecht auch andere soziale Zugehörigkeiten in den Blick genommen werden. Dies kann in der Tat eine Dezentrierung von Geschlecht zur Folge haben. Geschlecht ist anders als bei Gender Mainstreaming keine omnirelevante Kategorie. Wenn allerdings Geschlecht als Diversityfaktor relevant wird, dann erfolgen ontologisierende Zuschreibungen (Soiland 2009: 37).

Die Zweifel, denen sich bereits die institutionalisierte Frauengleichstellungspolitik konfrontiert sah, dass die Gleichstellungspolitik sich von ihren feministischen Wurzeln entferne, werden noch stärker mit Blick auf Gender Mainstreaming und Managing Diversity artikuliert. Anlass sind hier die oben skizzierte Entkopplung vom Diskurs sozialer Ungleichheit und die durch „die zunehmende Verschränkung zwischen geschlechterpolitischen Argumentationsfiguren und betriebswirtschaftlichen Logiken" bewirkte Entpolitisierung (Bereswill 2004: 53). Geschlecht werde zu einer marktförmigen Größe gemacht wird, die von den Subjekten je nach Nachfrage flexibel im Sinne einer Selbstoptimierung auf dem Arbeitsmarkt angeboten werden kann und muss. Das feministische „Ideal der Selbstbefreiung und Selbstbestimmung" drohe zur „Gestalt eines unermüdlich sich selbst modellierenden Homo Oeconomicus" zu mutieren (ebd.: 65). Der herrschaftskritische Impetus der Frauenbewegung ginge verloren. Die Veränderung von Geschlechterverhältnissen wird, so Tove Soiland (2009: 47), „in die Verfügungsmacht der Einzelnen" übertragen, strukturelle Probleme erscheinen als individuell lösbar.

Noch stärker als Gender Mainstreaming schließt Managing Diversity an den Individualismus neoliberaler Wirtschaftspolitik an (Bendl 2007: 24). Gemäß der „Logik des reinen Marktes" (Bourdieu 1998b: 111) geht es nicht mehr darum, Ungleichheiten zu verringern, sondern Humankapital zu bilden, das die Marktfähigkeit der Subjekte stärkt. Zu dieser Logik passt es, dass Managing Diversity nicht unterschiedslos alle Eigenschaften von Individuen als Humanressourcen behandelt, sondern nur die, die am Markt nachgefragt werden. Auch scheint es, dass Organisationen Managing Diversity vor allem als eine Strategie verstehen, mit der geeignete Personen für Führungsaufgaben rekrutiert werden können, nicht aber als eine Strategie, die für die gesamte Belegschaft relevant ist (von Braunmühl 2009: 60). Auf diese Weise ist es möglich, dass Managing Diversity dazu beiträgt, soziale Unterschiede innerhalb der Genusgruppen zu befördern.[42]

Gender Mainstreaming und Managing Diversity haben eine Professionalisierung von Geschlechterpolitik in Gang gesetzt. Die Einführung von aus dem Human Ressource Management stammenden Steuerungsinstrumenten lässt eine Nachfrage nach einer spezifischen Gender-Expertise entstehen, „die gleichstellungspolitische Fragen vor allem als Management- und Verwaltungsprobleme begreift, für deren Lösung es keine soziale Bewegung, kein politisches Subjekt mehr braucht, sondern Gender-Expertinnen" (Wetterer 2005: 5). Gender-Wissen und Gender-Kompetenz werden von einer Vielzahl von Institutionen vermittelt. Das Spektrum der Anbieter reicht von universitären Studiengängen über Einrichtungen der Erwachsenenbildung bis zu Unternehmensberatungen. Welches Gender-Wissen vermittelt wird, das variiert von Anbieter zu Anbieter. Der Professionalisierungsprozess stellt sich nicht zuletzt als ein Kampf verschiedener Akteursgruppen um Definitionsmacht dar, wer für sich erfolgreich Gender-Kompetenz reklamieren kann. Der Frauenbewegung kommt in diesem Kampf keine privilegierte Position zu; sie ist ein ‚Player' neben anderen. Auch betreten Männer als Anbieter von Gender-Wissen das gleichstellungspolitische Feld (Meuser 2005b).[43] Während die Rekrutierung von Gleichstellungsbeauftragten in hohem Maße mit Blick auf das frauenpolitische Engagement der Bewerberinnen erfolgt(e), wird von BewerberInnen für die Stelle einer/s „Gender Change Manager" oder „Diversity Manager" ein spezifisches, kodifiziertes und über Zertifikate testiertes Kompetenzprofil erwartet.

Was sich bereits im Verhältnis von Frauengleichstellungspolitik und Geschlechterforschung anbahnte, ein zunehmendes Auseinanderdriften beider, setzt sich im Zuge der Professionalisierung von Geschlechterpolitik in verstärktem Maße fort. Es entstehen unterschiedliche Bestände von Geschlechterwissen, die nur noch schwer miteinander zu vermitteln sind (Wetterer 2005). Wenn GeschlechterforscherInnen von Gender reden und wenn GeschlechterpolitikerIn-

---

42 Es fügt sich damit in eine Tendenz, die Annette Henninger, Christine Wimbauer und Anke Supra (2007: 72) für die aktuelle Familienpolitik diagnostiziert haben: die Tendenz zu einer „‚exklusiven Emanzipation' hoch qualifizierter Frauen".

43 Hier zeigen sich Parallelen zu Professionalisierungsprozessen anderer Berufsfelder. Zum Verhältnis von Profession und Geschlecht vgl. Wetterer 1992b.

nen, Unternehmerverbände oder Diversity Manager das tun, dann benutzen sie zwar denselben Begriff, meinen aber nicht unbedingt das Gleiche. Die Gleichheit des Vokabulars verdeckt, dass es sich um zwei völlig verschiedene Kontexte handelt (Degele 2003b). Wissenschaft und Politik unterliegen unterschiedlichen Rationalitäten und sind von unterschiedlichen Relevanzen bestimmt. Dieser Spannung entgeht auch Geschlechterpolitik nicht. Hier manifestiert sich ein grundsätzliches Dilemma im Verhältnis von Wissenschaft und Politik, das allerdings nur aus der Perspektive der Wissenschaft als Dilemma erscheint. Die Praxis pflegt sich nicht um die wissenschaftliche Begründungslogik zu kümmern; sie wählt nach eigenen Kriterien aus dem „Fundus" wissenschaftlicher Konzepte diejenigen aus, die den eigenen (mikropolitischen) Zielen dienlich sind, und formt sie so um, dass sie den im Anwendungsfeld geltenden Bedingungen gerecht werden. Die „Trivialisierung", welche die wissenschaftlichen Konzepte dabei aus wissenschaftlicher Perspektive erfahren, scheint der Preis zu sein, der für die Verwendung zu zahlen ist (Beck/Bonß 1984; Wingens 1988).

Wenn, um eine häufig kritisierte Praxis exemplarisch aufzugreifen, in vielen Gender-Trainings und sonstigen Gender Mainstreaming-Veranstaltungen Wert darauf gelegt wird, dass die Veranstaltung von einem gemischten Team (Frau und Mann) geleitet wird, dann stellt sich dies aus geschlechtertheoretischer Sicht zu Recht als symbolische Reifizierung der Sozialordnung der Zweigeschlechtlichkeit dar. Konfrontiert mit den Bedürfnissen, Erwartungen und vor allem Widerständen derjenigen, die „gegendert" werden sollen, ist es oft die einzige Lösung, um Zugang zur Klientel und Akzeptanz für das geschlechterpolitische Anliegen zu finden – und auch, um deutlich zu machen, dass Geschlecht mehr meint als Frauen. So kommt Wetterer (2007b: 171), die die reifizierende Wirkung von Gender Mainstreaming herausgestellt hat, zu dem Schluss: „Womöglich stünde die Thematisierung geschlechtlicher Disparitäten heute ohne Gender Management, Gender Controlling und Gender Benchmarking überhaupt nicht mehr auf der Tagesordnung."

11.5 Ausblick

Im Laufe der Diskussionen über die Reichweite, Wirksamkeit und die Grenzen von gleichstellungspolitischen Strategien, wie denen des Gender Mainstreaming und des Diversity Managements, ist es in der Geschlechterforschung immer

208 Geschlechterforschung und Gleichstellungspolitik

fragwürdiger geworden, wie das komplexe wissenschaftliche (Reflexions-)Wissen zur Kategorie Geschlecht in die gesellschaftliche Praxis der Geschlechterpolitik übersetzt wird, auf welche Wissensbestände der Geschlechterforschung überhaupt Bezug genommen wird und wie die Nachfrage nach handlungsrelevantem Geschlechterwissen auf die wissenschaftliche Wissensproduktion zu Geschlecht zurückwirkt (Riegraf 2009). In der Analyse der Wirksamkeit, der Reichweite und der Grenzen von Gleichstellungspolitiken kommt beispielsweise Wetterer (2002a) aus Sicht der Geschlechterforschung zu der Einschätzung, dass durch die Konzentration der Gleichstellungspolitik auf die Strategien des Gender Mainstreaming und Gender Diversity andere Geschlechterpolitiken, wie die Quoten, die die Machtfrage im Geschlechterverhältnis konsequent stellen, aus dem Blick geraten. Auch hätten sich die Diskussionen, die in der gleichstellungspolitischen Praxis durch diese Engführung enständen, inzwischen weit von den Debatten und Thematisierungen der Geschlechterforschung entfernt. Die Wege, die die kritischen WissenschaftlerInnen und praxis-orientierten Gender-ExpertInnen beschritten, würden auch weiterhin in andere Richtungen führen.

Vor allem in der am Sozialkonstruktivismus orientierten Diskussion über das Verhältnis von Forschung und Politik entwickelt sich ‚Geschlechterwissen' zu einer Schlüsselkategorie, um die Kommunikationsbarrieren zwischen theoretischem und politischem Wissen zu analysieren. Um sich dem Begriff anzunähern, nutzt Wetterer die Potentiale wissenssoziologischer und wissenschaftssoziologischer Diskurse und entwickelt diese weiter (Wetterer 2009b, 2008, 2007b; Müller 2009). Wetterer geht davon aus, dass sich nicht nur die Geschlechterforschung und die Gleichstellungspolitiken in den letzten Jahren erneut weiter voneinander entfernt haben, sondern dass inzwischen auch eine erhebliche Distanz zwischen dem Geschlechterwissen besteht, das in den unterschiedlichen gesellschaftlichen Sphären entwickelt wurde und vorhanden ist. Vor dieser Hintergrundannahme entfaltet Wetterer eine Topographie des Geschlechterwissens. Sie unterscheidet drei Spielarten: das Gender-Expertenwissen der gleichstellungspolitischen Akteure, das wissenschaftliche Geschlechterwissen von WissenschaftlerInnen und das alltagsweltliche Wissen der Gesellschaftsmitglieder. Demnach beziehen sich Gender-ExpertInnen auf die Geschlechtunterschiede zwischen ‚den Frauen' und ‚den Männern', um die Unterschiede als Ansatzpunkte für Gleichstellungspolitik zu nutzen und liefen dabei Gefahr, das „kulturelle System der Zweigeschlechtlichkeit" (Hagemann-White 1993) immer wieder neu zu reaktivieren. Genau diese Dichotomien zwischen Männern und Frauen würden in der Geschlechterforschung aber inzwischen grundlegend kritisiert und zumindest theoretisch dekonstruiert. Beide Wissenssysteme hätten sich wiederum weit entfernt vom alltäglichen Geschlechterwissen der ‚normalen' Gesellschaftsmitglieder. Die jeweiligen Wissensarten unterscheiden sich nach Wetterer qualitativ durch die Einbindung in die jeweilige gesellschaftliche Praxis der in diesen Feldern vorherrschenden Handlungslogiken, Anforderungen und Routinen. Demnach sind für verschiedene Typen von Wissen unterschiedliche Wirklichkeitskonstruktionen handlungsrelevant; Anerkennungsregeln gelten in einem Bezugssystem nur für jeweils einen Typus von Wissen und sind nicht übertragbar (Müller 2009). Diese Differenzierungen dürfen bei Annäherungen nun nicht übersehen werden, so kann mit Wetterer argumentiert werden, sonst besteht die Gefahr, dass die Geschlechterforschung die Handlungslogiken, Anforderungen und Routinen der wissenschaftsexternen Bereiche übernimmt und durch die aufgebrochene Distanz zugleich ihre Kritikfähigkeit einbüßt (Riegraf 2009). Und umgekehrt handelte sich eine an der Logik der Geschlechterforschung orientierte Geschlechterpolitik das Problem ein, den Bezug zu ihren AdressatInnen zu verlieren. Oder positiv gewendet: Vielleicht ist gerade die Distanz zwischen den akademischen GeschlechterforscherInnen und den gleichstellungspolitischen AkteurInnen eine zentrale und notwendige Voraussetzung für einen fruchtbaren Austausch zwischen den einzelnen Wissenssphären, indem sie es ermöglicht, wechselseitig voneinander zu profitieren und gleichsam füreinander einzustehen.

12. Intersektionalität – Die Wiederentdeckung komplexer sozialer Ungleichheiten und neue Wege in der Geschlechterforschung

Brigitte Aulenbacher

Seit Anfang dieses Jahrhunderts werden komplexe soziale Ungleichheiten in der europäischen und darunter der deutschsprachigen Geschlechterforschung unter dem Begriff der Intersektionalität verhandelt.[44] Wenngleich dieser Begriff seither eine rasante Konjunktur erfahren hat, so ist er doch keineswegs neu. Er ist zu Ende der 1980er Jahre in den USA aufgebracht worden. Was die frühen Protagonistinnen des Gedankens angeht, lässt sich dieser Ungleichheitsdiskurs sogar bis auf die Bürgerrechtsbewegung in den USA der 1960er Jahre zurückverfolgen (vgl. den Überblick bei Knapp 2005; für die angloamerikanische Diskussion Andersen/Collins 2004).

Sein neuerlicher und nunmehr auch in Europa zu verzeichnender Aufschwung ist jedoch weniger Reminiszenzen an jene bewegten Zeiten geschuldet als vielmehr im Kontext gegenwärtiger Entwicklungen zu sehen. Zu nennen sind die nach dem Zusammenbruch des Staatssozialismus erfolgten Grenzöffnungen und die weltweiten Migrationsbewegungen historisch so noch nicht gekannten Ausmaßes, welche die „Festung Europa" (Sassen 1996) trotz zeitgleicher partieller Grenzschließungen in neuer Weise an ihre wechselvollen Ein- und Auswanderungs- und ihre Kolonialgeschichte erinnern (vgl. Han 2005; Morokvasic-Muller 2003). Außerdem ist die europäische Integration hervorzuheben, bei der

---

44 Über Intersektionalität zu schreiben, beinhaltet auch, Begriffe aufzunehmen, die in verschiedenen Kontexten nicht unproblematisch sind, so z.B. die Rede von Schwarzen, wenn AfroamerikanerInnen gemeint sind. Ich habe mich entschieden, die Begriffe so aufzunehmen, wie sie in den jeweiligen Diskursen verwandt werden. Die politische Selbstbeschreibung als schwarz im Nachhinein zu verändern, hieße in diesem Beispielfall auch, die Aussagen zu verfälschen. Auch bewegen wir uns mit diesem Thema über Zeitspannen hinweg, in denen Begriffe dazugekommen sind oder aber zur Seite gelegt wurden. So ist in den frühen Texten etwa von Diskriminierung nach „sex" die Rede; das heutige „gender" wurde erst langsam Thema. Schließlich ist der Begriff Rasse unvermeidbar, der im amerikanischen und deutschen Kontext jedoch ganz unterschiedlich zu betrachten ist. Solche Begriffsprobleme werden punktuell mit angesprochen.

mit verschiedenen Richtlinienprogrammen Gleichstellungspolitiken in neuer Weise auf der politischen Agenda stehen (vgl. Verloo 2006; Yuval-Davis 2006; vgl. auch Kap. 11). In diesem zeitgeschichtlichen Kontext hat die europäische und deutschsprachige Geschlechterforschung Intersektionalität zum Thema gemacht und Intersektionalitätsforschung zum Programm erhoben (vgl. Davis 2008; Knapp 2005).

Angesichts der zeit- und wissenschaftsgeschichtlichen Spanne von den 1960er Jahren bis heute erstaunt es nicht, dass das, was gegenwartsbezogen unter Intersektionalität verhandelt wird, nur noch sehr bedingt mit denjenigen Sachverhalten zu tun hat, die die frühen Protagonistinnen des Gedankens, vor allem Black Feminists, aber auch Vertreterinnen weiterer ethnischer Minderheiten in den USA, im Blick hatten. Daher soll nun zuerst die Geschichte des Intersektionalitätsgedankens erinnert werden (1.). Danach werden westeuropäische Forschungen zu Geschlecht und sozialen Ungleichheiten angesprochen, die in ihrem Kern zwar abgeschlossen sind, aber nachwirken (2.). Anschließend wird die Diskurskonstellation betrachtet, in der der Intersektionalitätsgedanke wiederentdeckt worden ist (3.) Darauf folgend geht es um die Frage, wie Intersektionalitätsforschung unter den gegenwärtigen zeit- und wissenschaftsgeschichtlichen Vorzeichen betrieben wird, wobei der Beitrag sich auf die programmatischen Diskussionen konzentriert (4.).

12.1 Vom Consciousness Raising zum Begriff der Intersektionalität im Black Feminism der 1960er bis 1990er Jahre

Der Gedanke, dass verschiedene soziale Ungleichheiten in modernen Gesellschaften in spezifischer Weise miteinander verquickt sind, wird bereits in „A Black Feminist Statement" ausgeführt, das im Nachhinein als bedeutender Gründungstext der Intersektionalitätsforschung interpretiert wird. Es wurde von The Combahee River Collective (1982) verfasst, eines der Selbstbeschreibung nach über Jahre losen und doch stabilen Zusammenschlusses von politisch engagierten, schwarzen Feministinnen, Sozialistinnen, Lesben, die der Bürgerrechtsbewegung der 1960er Jahre und den sich ausdifferenzierenden sozialen Bewegungen der 1970er Jahre verbunden waren. Sie kritisieren die amerikanische Gesellschaft als ein System, das nach den Regeln des weißen Mannes funktioniert, und stellen sich mit ihrer Benennung nach einem der bedeutendsten Orte der SklavInnenaufstände in die Tradition des Widerstands schwarzer Frauen. „Contemporary Black feminism is the outgrowth of countless generations of personal sacrifice, militancy, and work by our mothers and sisters." (The Combahee River Collective 1982: 14; vgl. 13ff.)

Das vorgelegte „Statement" ist eine Bilanz der Gruppenaktivitäten. Diese Aktivitäten waren im Kern durch Consciousness Raising geprägt und reichten vom ersten Erfahrungsaustausch über politische Aktionen bis zur Publikation der Ergebnisse, mit der dann Breitenwirkung erzielt werden sollte, wobei als Adressatin zwar auch, aber nicht an erster Stelle an die Wissenschaft gedacht war (vgl. The Combahee River Collective 1982: 18). Unter Consciousness Raising wird eine federführend von der neuen Frauenbewegung entwickelte Form der Bewusstmachung und Bewusstwerdung von Sachverhalten verstanden, die als private Belange erscheinen, aber gesellschaftlich hervorgebracht und politisch bedeutsam sind, ganz gemäß dem bekannten Motto: „Das Private ist politisch." (Vgl. für den Black Feminism Collins 1990: 221ff.; auch Kap. 2 und 6) Entsprechend handelt es um einen Text, der die Erfahrungen mit Unterdrückung und die Erfahrungen in sozialen Bewegungen in einen weiteren gesellschaftlichen Kontext stellt: „The most general statement of our politics at the present time would be that we are actively committed to struggling against racial, sexual, heterosexual, and class oppression and see as our particular task the development of an integrated analysis and practice based upon the fact that the major systems of oppression are interlocking. The synthesis of these oppressions creates the conditions of our lives. As Black women we see Black feminism as the logical political movement to combat the manifold and simultaneous oppressions that all women of color face." (The Combahee River Collective 1982: 13)

Im Ergebnis dieses Vorgehens spricht The Combahee River Collective schwarze Frauen als diejenigen an, die von dreifacher Unterdrückung nach „sex, race, class" betroffen sind und deren Befreiung darum zugleich die Abschaffung all dieser Herrschaftsverhältnisse bedeutet. Allerdings und, gleichsam als Kehrseite der Unterdrückungserfahrung, könnten sich schwarze Frauen nur unter erschwerten Bedingungen organisieren, da sie über wenig Ressourcen, sei es in Bezug auf Einkommen, sei es in Bezug auf Bildung, verfügten, Unterdrückung auch mit psychischer Beschädigung einhergehe und sie zudem Gefahr liefen, sich durch feministisches Engagement in der Black Community zu isolieren (vgl. The Combahee River Collective 1982: 18).

Überhaupt stehen Unterdrückungserfahrungen und potenzielle Bündniskonstellationen, aber auch gesellschaftstheoretische und gesellschaftliche Entwürfe

aus Sicht dieser politischen Aktivistinnen in einem Spannungsverhältnis. Der
Feminismus sei in seinen dominanten Ausprägungen an den Belangen weißer
Mittelschichtfrauen orientiert, in Bewegungen wie derjenigen der Black Panthers
oder dem Black Nationalism, müssten sich schwarze Frauen gegen den Sexismus
zur Wehr setzen. Während der Kapitalismus rassistisch und sexistisch ist, seien
Gegenentwürfe, wie sie etwa vom Marxismus angedacht sind, zwar hinsichtlich
der Unterdrückungsverhältnisse nach Klasse emanzipatorisch gerichtet, aber
nicht im Hinblick auf soziale Diskriminierungen nach Geschlecht und Rasse
(vgl. The Combahee River Collective 1982: 15ff.).

Diese Konstellation von „sex, race, class" wird im hier angesprochenen
Zeitraum zum einen nicht ausschließlich von schwarzen Frauen angesprochen,
sondern auch von weiteren Women of Color, die dies ebenfalls mit der Kontu-
rierung eines neuen Feminismus verbinden, beispielsweise des „Chicana Feminism" (etwa Garcia 1991). Gleichwohl ist der Black Feminism richtungsweisend
für die Diskussion um Intersektionalität gewesen (vgl. die Bilanzen von Davis
2008: 20ff.; Ludvig 2003: 52ff.). Zum anderen finden sich auch zu jener Zeit
nicht ausschließlich Reflexionen, die dem Consciousness Raising gedankt sind,
sondern auch bereits ausgearbeitete wissenschaftliche Analysen wie etwa die
Arbeit von Angela Davis (1982) zur Verquickung von Rassismus und Sexismus
in der Sklaverei und ihrer Bedeutung für den Kapitalismus, und epistemologische Betrachtungen zum Black Feminism (vgl. Collins 1990). Auch der Begriff
der Intersektionalität entstammt der wissenschaftlichen Diskussion.

Der Begriff der Intersektionalität wurde im rechtswissenschaftlichen Kontext von Kimberle Crenshaw (1998; auch 1991) geprägt. Er wurde von ihr als
Metapher eingeführt, mit der sie veranschaulicht, dass sich in der amerikanischen Gesellschaft verschiedene „Achsen" (axis) sozialer Ungleichheit, in erster
Linie nach „sex, race, class", überkreuzen, entlang derer Privilegierungen oder
Diskriminierungen verlaufen (vgl. Crenshaw 1998: 314f.). Gegenstand ihrer Er-
örterungen sind die amerikanische Antidiskriminierungsgesetzgebung und die
danach erfolgte Rechtsprechung, die sie an Beispielfällen ausführt. Sie zeigt auf,
dass es in diesem Rahmen zwar möglich ist, gegen Diskriminierung nach „sex"
oder „race" zu klagen, aber Klagen gegen Diskriminierung nach „sex" *und* „race" bis dato leergelaufen sind. Wenngleich immer alle Formen der Diskriminierung zusammenwirken, sei der rechtliche Rahmen („framework") lediglich in der
Lage, eine Achse sozialer Ungleichheit aufzunehmen. Ihr Fazit lautet: Das Anti-
diskriminierungsgesetz ist nicht in der Lage, der gesellschaftlichen Situation
schwarzer Frauen als einer derjenigen Gruppen, die unter Mehrfachunterdrü-
ckung leiden, angemessen zu begegnen (Crenshaw 1998: 322ff.). Deren Situati-

on wiederum sieht sie ähnlich wie The Combahee River Collective zudem dadurch verschärft, dass sie durch das Raster sozialer Bewegungen, ausdrücklich genannt: des weißen Mittelschichtsfeminismus, fallen. Auch könnten sie der Kreuzung der Achsen sozialer Ungleichheit nicht aus dem Weg gehen oder sich individuell zur Wehr setzen, wie Crenshaw am Beispiel eines Clubs illustriert. Er gewährt als Ausdruck seiner vormaligen Exklusivität, wonach ausschließlich Männer zugelassen waren, Frauen nur durch den Hintereingang Zutritt. Was immer schwarze Frauen tun, wenn sie sich gegen diese Diskriminierung zur Wehr setzen wollten, würde ihnen nicht nur als Frauen, sondern auch als Schwarze zugerechnet. Weigern sie sich, als Frau die Hintertür zu nehmen, gerate dies unversehens zum unangemessenen Verhalten von Schwarzen (vgl. Crenshaw 1998: 330).

Es gibt, wie Avtar Brah und Ann Phoenix (2004) im Bereich von Gender, Minority und Ethnic Studies herausarbeiten, im englischsprachigen Raum in den 1980er und 1990er Jahren eine breite Forschung, die an diese frühen Arbeiten zur Intersektionalität angeschlossen hat, aber im Weiteren vor allem Differenzen und Ungleichheiten zwischen Frauen thematisiert.

12.2 Geschlecht und soziale Ungleichheiten in westeuropäischen Forschungen der 1980er und 1990er Jahre

Zeitgleich zur soeben skizzierten amerikanischen Intersektionalitätsforschung waren auch in der westeuropäischen und darunter der deutschsprachigen Forschung komplexe soziale Ungleichheiten Thema, zum einen in der Frauen- und Geschlechterforschung, zum anderen zwischen ihr und der Ungleichheitsforschung.

In der Frage nach dem Zusammenwirken verschiedener Herrschaftsformen sei für die Frauen- und Geschlechterforschung die von der Niederländerin Anja Meulenbelt stammende (1988) Studie „Scheidelinien" hervorgehoben, die sich in einer Weise mit dem Ineinandergreifen von Kapitalismus, Rassismus und Sexismus befasst, die große Ähnlichkeiten mit den zuvor vorgestellten Intersektionalitätsforschungen aufweist. Mit Blick auf die Ungleichheiten zwischen den Geschlechtern und Differenzen innerhalb eines Geschlechts sind für die deutsche Diskussion insbesondere der Ansatz von Regina Becker-Schmidt und Gudrun-

Axeli Knapp (1987), mit Blick auf das Zusammenspiel von Klasse und Geschlecht der Sammelband von Ursula Beer (1987) und im Hinblick auf die „drei-
fache Vergesellschaftung" in Erwerbsarbeit, Familie und Nation die Arbeiten
von Ilse Lenz zu nennen (1995, 1997). Diesen und weiteren Ansätzen der sei-
nerzeitigen Diskussion ist eine gesellschafts- und/oder subjekttheoretische Orientierung eigen, welche die deutschsprachige Frauen- und Geschlechterforschung jener Zeit stark prägte (vgl. auch Kap. 2 und 3). In den 1990er Jahren
wurde diese Strömung von kultur- und interaktionstheoretischen sozialkonstruktivistischen Ansätzen an den Rand gedrängt, wobei auch hier, wie es zuvor
schon für die Intersektionalitätsforschung angesprochen worden ist, die Frage
nach Ungleichheiten zwischen den Geschlechtern gegenüber derjenigen nach
Differenzen zwischen Frauen an Bedeutung verlor (vgl. hierzu Klinger 2003;
Knapp 1992, 2001; Kap. 4). Nichtsdestotrotz wurden auch gesellschafts- und
subjekttheoretische Perspektiven anhaltend weiter entwickelt und wurden sozialkonstruktivistische Perspektiven einzubeziehen gesucht (vgl. insbesondere
Lenz 2000b). Unter dem Vorzeichen des „social returns", der in der Geschlechterforschung seit etwa 2000 auf den vorherigen „cultural turn" gefolgt ist, sind
Vertreterinnen dieser Forschung mit federführend in der Diskussion um Intersektionalität geworden. Dabei „versteht es sich von selbst, dass der erneute Rich-
tungswechsel keine Rückkehr zu einem status quo ante sein kann. Dies verbieten
nicht nur die eigenen Lernprozesse, sondern auch die gesellschaftlichen Veränderungen selbst" (Klinger/Knapp 2008b: 11f.).

Unter dem Titel „Geschlecht und soziale Ungleichheiten" rekonstruiert Karin Gottschall (2000) für den deutschsprachigen Raum die Geschichte der
Ungleichheits- und die Geschichte der Frauen- und Geschlechterforschung von
ihrem jeweiligen Beginn an. Sie zeigt dabei en Detail, dass Geschlecht bei den
Klassikern der Soziologie und in der daran anschließenden Ungleichheitsforschung immer wieder auch eine Rolle gespielt hat, aber nie von durchgängiger
oder gar systematischer Bedeutung war (vgl. zu den Klassikern auch Cyba 2000;
Meuser 1998). Umgekehrt hat die Kategorie Klasse in der Frauen- und Geschlechterforschung zwar eine Rolle gespielt, aber ein elaboriertes Verständnis
von Klasse oder Schicht hat sie nicht (vgl. kritisch auch Frerichs 1997).

Diese wechselseitige Distanz war in den 1980er Jahren durch die von Groß-
britannien ausgehende Gender and Class-Debatte, die im weiteren dann auch unter deutscher und österreichischer Beteiligung geführt worden ist, für mehrere
Jahre einer Kontroverse gewichen. Sie ist ausführlich von Eva Cyba (2000:
13ff.) bilanziert worden. Für unseren Kontext sind daraus folgende Punkte interessant: Im Kontext dieser Debatte sind einerseits Arbeiten entstanden, die sys-

tematisch nach der Verschränkung von Klasse und Geschlecht gefragt, sie empirisch erforscht und auf dieser Grundlage festgestellt haben, dass die Bedeutung von geschlechts- und schichtbasierten Ungleichheiten kontextbezogen sehr variieren kann (vgl. vor allem Frerichs 1997; Kreckel 1992). Andererseits hat sich ein unüberwindbarer theoretischer Dissens zwischen Frauen- und Geschlechterforschung und Ungleichheitsforschung herausgestellt. Die Frauen- und Geschlechterforschung thematisierte entweder patriarchale Herrschaft als gleichrangiges Herrschaftsverhältnis neben kapitalistischer Herrschaft oder Geschlechterherrschaft als historisch konstitutiv für die kapitalistische Gesellschaft und somit als prägend für das Kapitalverhältnis (vgl. bilanzierend Cyba 2000). Die Ungleichheitsforschung begriff, wie von Reinhard Kreckel (1991, 1992) pointiert herausgearbeitet und in einzelnen Aspekten auch vertreten worden ist, vertikale Verteilungen von Einkommen und Gütern ausschließlich als Ausdruck von Klasse und Schicht und das Kapitalverhältnis als „primäre Asymmetrie" in den gesellschaftlichen Verhältnissen, während Geschlecht als sekundäres Herrschaftsverhältnis, als „askriptives Merkmal" oder als „horizontale", also die Schichten und Klassen durchziehende „Disparität", angesehen wurde (vgl. zu den Unterschieden zwischen den Forschungssträngen auch Aulenbacher 1994, 2008). Die Debatte wurde an diesem Punkt seinerzeit abgebrochen (vgl. Cyba 2000). Auch wurde der Begriff der Klasse, an dem in dieser Debatte festgehalten worden war, in der weiteren Entwicklung der Ungleichheitsforschung aufgeweicht, ersetzt oder auch verabschiedet (vgl. im Überblick Ritsert 1998).

Im gegenwärtigen Diskurs um Intersektionalität treffen die Geschlechter- und die Ungleichheitsforschung nun erneut aufeinander, ohne auf den „status quo ante" zurückzugehen (Klinger/Knapp 2008b). Er wirkt aber nach.

Festzuhalten ist an dieser Stelle und als Zwischenfazit, dass der Intersektionalitätsgedanke die europäische und deutschsprachige Diskussion, was die Auseinandersetzung mit komplexen sozialen Ungleichheiten und mit ihrer Thematisierung in der Soziologie angeht, vor dem Hintergrund einer ganz eigenen Wissenschaftsgeschichte erreicht hat.

12.3 „Travelling Theory" – Die Ankunft des Intersektionalitätsgedankens im deutschsprachigen Diskurs nach den 1990er Jahren

Gudrun-Axeli Knapp (2005) rekonstruiert die Ankunft des Intersektionalitätsgedankens in der deutschsprachigen Diskussion als Ankunft einer „travelling theory", also eines Ansatzes, der einem anderen zeitlichen und regionalen Kontext entstammt, als es derjenige ist, in dem er nun angewandt wird. In diesem Abschnitt geht es darum, die Konstellationen seiner Ankunft zu betrachten, wie sie unter zeitgeschichtlichen Aspekten einleitend angesprochen worden sind. Sie interessieren nun vor allem unter wissenschaftsgeschichtlichen Aspekten.

Die 1990er Jahre sind nach Knapp (2005: 69) in der Geschlechterforschung von der zuvor schon als „cultural turn" (Klinger/Knapp 2008b) angesprochenen Wende geprägt. Postmoderne, kulturtheoretische und sozialkonstruktivistische Ansätze geben in der angloamerikanischen, aber auch in der deutschsprachigen Forschung den Ton an. Damit habe sich eine Abwendung von makro- und Hinwendung zu mikrosoziologischen Forschungen und eine Abwendung von Fragen sozialer Ungleichheit zugunsten der Thematisierung von Differenzen im Sinne von Vielfalt oder Diversität verbunden. Welcher Stellenwert der Thematisierung sozialer Ungleichheiten zukommt, ist für die Autorin die Frage, an der sich die Diskurse scheiden (vgl. auch Kap. 11).

Im Zentrum habe sich in den Gender Studies der Diversity-Diskurs als „unübersichtliches Dispositiv" (Knapp 2005, 70) herausgebildet, das sich aus Multikulturalismus, Minority und Ethnic Studies speist. Er und die entsprechende Einrichtung von Forschungsrichtungen und -zentren seien in Verbindung mit Konzepten wie Diversity Management zum Wettbewerbsfaktor der Hochschulen in der Umstrukturierung der Wissenschaftslandschaft geworden. Im Windschatten dieses Diskurses bewegt sich die kritische Wissenschaft mit Fragen sozialer Ungleichheit, die sich zu ihrer Legitimation aber ebenfalls der „Rhetorik der Verschiedenheit" (Knapp 2005: 70) bedienen müsse. Letzteres fördere zugleich ein Problem zu Tage, das mit der Übersetzung von Ungleichheit in Vielfalt einhergehe: Der Klassenbegriff sperre sich dagegen und falle heraus. Es blieben im vom Diversitygedanken geprägten Diskurs letztlich Differenzen nach Geschlecht und Ethnie übrig, ergänzt um weitere Differenzen, insbesondere nach Alter und sexueller Orientierung, die in eine im Grunde endlose Reihung von Verschiedenheiten eingebunden werden (vgl. hierzu kritisch auch Klinger 2003). In dieser Diskurskonstellation liest Knapp (2005: 71) die Wiederentdeckung des Intersektionalitätsgedankens, wie er im Black Feminism zugrundegelegt worden ist, als Aufforderung, die Frage nach sozialen Ungleichheiten neu aufzuwerfen. Diese Position ist nicht unwidersprochen: Implizit wird ihr widersprochen, wenn Diversität und Intersektionalität insbesondere im politiknahen Kontext ohne Weiteres nebeneinander gestellt werden, um Vielfalt *und* Ungleichheit anzusprechen (vgl. beispielsweise Verloo 2006; Yuval-Davis 2006). Im Kontext der Gesellschaftsanalyse kritisieren Sibylle Hardmeier und Dagmar Vinz (2007: 28f.) zwar, dass dem Konzept von Diversity ein ausgewiesener theoretischer Bezug noch fehlt; ihn sehen sie im kulturwissenschaftlichen Spektrum aber als möglich an. Und auch jetzt bereits sei Diversityforschung als Beitrag zur Gesellschaftsanalyse zu veranschlagen, da sie die sozialstrukturellen Veränderungen „moderner und globalisierter Gesellschaften" (Hardmeier/Vinz 2007: 28) beschreibe und „einen normativen Gehalt transportiert, der dem Konzept der Intersektionalität eher fremd ist, und zudem präskriptiv Regeln zum Umgang mit Vielfalt impliziert" (Hardmeier/Vinz 2007: 29).

Wenngleich die Wiederentdeckung des Intersektionalitätsdiskurses von Knapp (2005) als Aufforderung interpretiert wird, Fragen sozialer Ungleichheit neu zu stellen, so ist dies ihrer Ansicht nach aber dennoch nicht ohne Weiteres möglich: Zum einen bedürfe es einer neuen begrifflichen Reflexion. Die Begriffe gender, race, class, die nun aus dem Amerikanischen in der deutschsprachigen Forschung angekommen sind, seien nicht ohne Weiteres aufnehmbar. Sie seien in den USA und auch in der dortigen Intersektionalitätsforschung in erster Linie Positions- und Identitätsbegriffe und in ihrem Bedeutungsgehalt nicht den Begriffen vergleichbar, die in der europäischen sozialphilosophischen und soziologischen Tradition gesellschaftstheoretische und ungleichheitssoziologische Anwendung finden (vgl. Knapp 2005: 72). Auch sei die Kategorie Rasse vor dem Hintergrund der deutschen Geschichte kaum verwendbar, sondern liege die Herausforderung eher in ihrer „Unmöglichkeit" (Knapp 2005: 73). Zum anderen treffe der Intersektionalitätsgedanke auf Barrieren im Stand der Forschung: In der Geschlechterforschung stoße er auf „liegengebliebene theoretische ‚Baustellen'" (Knapp 2005: 72), womit die Autorin die angesprochene Abkehr von gesellschaftstheoretischen Fragen in den 1990er Jahren meint. Für die Ungleichheitsforschung spricht sie die bereits genannte Verabschiedung des Klassenbegriffs als Problem an (vgl. insbesondere Klinger/Knapp 2007; auch Knapp 2005). Schließlich werden die im vorherigen Abschnitt bereits angesprochenen „sich wechselseitig ergänzenden Ausblendungen" (Knapp 2005: 76) genannt, wonach die Geschlechterforschung Klasse und die Ungleichheitsforschung Geschlecht nicht systematisch aufnehmen.

Der Intersektionalitätsgedanke erreicht, so das Fazit Knapps (2005: 76ff.), die deutschsprachige Diskussion zu einem Zeitpunkt, zu dem diese weder institutionell noch vom Stand der Forschung her darauf vorbereitet ist. Darin liegt ihr zufolge die Herausforderung, die es produktiv aufzunehmen und zu bewältigen gilt. Ziel müsse es sein, soziologischen Betrachtungsweisen den Weg zu bereiten, die alle „Achsen" der Differenz und Ungleichheit und die verschiedenen Analyseebenen – Gesellschaft, Institutionen, Interaktionen – systematisch in Rechnung stellen (Knapp 2005: 71).

12.4 Intersektionalität als Programmatik soziologischer Geschlechterforschung: Ausdifferenzierungen, Erweiterungen, Grenzüberschreitungen

Ein Blick zurück an den Beginn der Intersektionalitätsforschung und dieses Artikels zeigt also, wie ein von einer sozialen Bewegung benanntes Problem im rechtswissenschaftlichen Kontext auf den Begriff gebracht worden ist und Jahre später und über Kontinente hinweg die deutschsprachige Soziologie erreicht hat. Wird nun betrachtet, was in der soziologischen Geschlechterforschung seither geschehen ist, so lässt sich feststellen, dass Gudrun-Axeli Knapps (2005) Lesart von Intersektionalität als programmatische Herausforderung des Fachs in gewisser Weise auch einer Handhabung entspricht, die sich bei anderen Autorinnen der Geschlechterforschung findet und die in zweifacher Weise für Ausdifferenzierungen in der Intersektionalitätsforschung sorgt.

Zum einen handelt es sich um eine Ausdifferenzierung im Umgang mit den Kategorien gender, race, class, auf die Leslie McCall (2005: 1772ff.) unter methodologischen Aspekten hingewiesen hat. Sie unterscheidet zwischen der „anticategorial", „intracategorial" und „intercategorial complexity" in der Intersektionalitätsforschung und spricht damit verschiedene Forschungszugänge und -stände an. Demnach kommt die antikategoriale Analyse postmodernen und poststrukturalistischen Theorien entgegen, welche die Kategorien selber zu dekonstruieren suchen (vgl. McCall 2005: 1777). Intrakategoriale Betrachtungen legten den Schwerpunkt auf Differenzierungen innerhalb sozialer Gruppen, wobei die Autorin hier vor allem empirische Studien im Blick hat (vgl. McCall 2005: 1782). Interkategoriale Analysen nähmen in erster Linie die Beziehungen zwischen sozialen Gruppen und wechselnde Konflikt- und Ungleichheitskonstellationen in den Blick, wobei die Autorin selbst hier wesentlich vergleichende Forschung anspricht (vgl. McCall 2005:1786f.). Den zuletzt genannten Zugang reklamieren Klinger und Knapp (2007: 26ff., 36f.; Knapp 2005: 74f.) zudem für die gesellschaftstheoretische Diskussion als den weiter führenden Weg. In Übereinstimmung mit weiten Teilen der Geschlechterforschung begreifen sie dabei Geschlecht, Ethnie und Klasse als relationale Kategorien, als Zuweisungen und Zuschreibungen also, die nicht für sich genommen existieren, sondern nur in Relation zu einem Anderen. Mann lässt sich nur in Relation zu Frau bestimmen usw. Im Anschluss an die ältere Kritische Theorie thematisieren sie außerdem die Gesellschaft als Relation; dies wird gleich noch deutlicher.

Zum anderen handelt es sich, wie gerade mit der Bezugnahme auf postmoderne und poststrukturalistische Ansätze und die ältere Kritische Theorie schon angedeutet worden ist, bei der Überführung des Intersektionalitätsgedankens in eine programmatische Neuorientierung der Soziologie und/oder ihrer Geschlechterforschung um seine Anwendung im Rahmen bestehender Denktraditionen, die auf diese Weise zugleich revidiert, weiterentwickelt oder auch zu Gegenpositionen herangezogen werden. Im Ergebnis dieser theoretischen Ausdifferenzierung finden wir ein breites Spektrum intersektioneller Analysen, aber auch Kritik daran. Fünf *Ausdifferenzierungen* greife ich heraus (vgl. für eine Übersicht über den Forschungsstand auch die Sammelbände von Klinger/Knapp 2008a; Klinger/Knapp/Sauer 2007; vgl. auch Kap. 3).

Klinger und Knapp (2007) sehen, erstens, die Soziologie durch den Intersektionalitätsgedanken zu einer grundlagentheoretischen Neuorientierung herausgefordert. In ihrem Rahmen sind die zuvor schon angesprochenen „Ausblendungen" (Knapp 2005: 76) zu beheben. Der Weg dorthin ist in epistemologischer Hinsicht als Reflexion der Soziologie auf ihre Kategorien zu verstehen. Dem entsprechen in gesellschaftstheoretischer Perspektive herrschafts- und damit selbstkritische „Re-Visionen der Europäischen Moderne" (Knapp 2008: 140), welche deren andro- und eurozentrische kapitalistische Entwicklung in zweifacher Weise in den Blick nehmen: Es ist zum einen das Binnengefüge der einzelnen nationalstaatlich verfassten Gesellschaften zu betrachten, also die Art und Weise, wie gesellschaftlich getrennte Bereiche, etwa Öffentlichkeit/Privatheit, Erwerbsarbeit/Hausarbeit, Ökonomie/Kultur usw., in herrschaftsförmiger Weise zueinander in Relation gesetzt worden sind (vgl. hierzu Klinger 2003; auch Becker-Schmidt 2007a, 2008; Lenz 2000b). Zum anderen ist in den Blick zu nehmen, dass die Etablierung moderner Gesellschaften nicht nur in Abgrenzung, sondern auch in Ausbeutung anderer, nicht selten als traditional etikettierter Gesellschaft erfolgt ist, wobei der Bogen von der Kolonialzeit bis zu den heutigen Globalisierungsprozessen gespannt wird (vgl. Knapp 2008: 141ff.). In diesem Rahmen plädiert Klinger (2003, 2008; vgl. teilweise ähnlich auch Becker-Schmidt 2008a) zudem dafür, die gesellschaftstheoretische mit einer subjekttheoretischen Perspektive zu verbinden und nimmt damit zugleich eine diskurspolitische Intervention in der Frage vor, mit wie vielen Kategorien sozialer Differenz und Ungleichheit wir es zu tun haben. Was die Strukturgeber moderner Gesellschaften angeht, sind es ihrer Auffassung nach drei: Geschlecht, Rasse, Klasse. Differenzen und Ungleichheiten zwischen den Subjekten sind hingegen vielfältiger. Dem widersprechen beispielsweise Patricia Purtschert und Katrin Meyer (2010) mit dem Hinweis, dass damit die erreichte Pluralität moderner Gesellschaften nicht zureichend eingefangen werde.

Genau gegenläufig zur bislang skizzierten Aufnahme des Intersektionalitätsgedankens meldet, zweitens, Christine Weinbach (2008) aus systemtheoretischer Perspektive „Zweifel" an, dass hier eine Weiterentwicklung soziologischer Forschung erreicht werden kann. Mit der Systemtheorie verweist sie darauf, dass für die „Inklusion" der Individuen in die moderne Gesellschaft die funktionale Differenzierung und damit verbunden die Rollendifferenzierung zentral sind und nicht Differenzkategorien wie Geschlecht, Ethnie und Schicht. Soziale Ungleichheiten nach Geschlecht, Ethnie, Schicht können zwar entstehen, aber sie müssen es nicht. Daher sei es verfehlt, solche Differenzkategorien vorweg theoretisch zu setzen. Vielmehr sei zu fragen, „ob und inwieweit sich der Zugang der Individuen zu einem bestimmten Gesellschaftsbereich an partikularistischen Personenmerkmalen *statt* an universalistischen Rollenprinzipien ausrichtet" (Weinbach 2008: 174). Fragen sozialer Ungleichheit sind demnach in erster Linie empirische Fragen, die sich in modernen Gesellschaften stellen, insofern gegen deren universalistische, also für alle Gesellschaftsmitglieder geltenden Prinzipien verstoßen werden kann und wird.

Sarah Fenstermaker und Candice West (2001) formulieren, drittens, eine Ausdifferenzierung ihres Ansatzes, der dem Interpretativen Paradigma in der Variante der Ethnomethodologie und der Soziologie der Interaktionsordnung verpflichtet ist. Sie erweitern die Kategorie des Doing Gender, mit der analysiert wird, wie Menschen sich in alltäglichen Interaktionen als Mann oder Frau darstellen und wahrnehmen und wie die Geschlechterdifferenz hierdurch hergestellt wird und ordnende Bedeutung erlangt, zum Doing Difference. Damit wollen sie alltägliche Differenzsetzungen nach Schicht und Ethnie mit aufnehmen.

Einer in der Bourdieuschen Tradition stehenden praxeologischen Perspektive ist, viertens, Nina Degeles und Gabriele Winkers (2008; auch Winker/Degele 2009) Mehrebenenansatz verpflichtet. Sie unterscheiden zwischen der „Strukturebene" gesellschaftlicher Reproduktion, der „Repräsentationsebene" im Hinblick auf die symbolische Ordnung und der „Identitätsebene" hinsichtlich der AkteurInnen (Degele/Winker 2008: 198ff.). „Auf all diesen Ebenen spielen Differenzierungen, Naturalisierungen und Hierarchisierungen eine zentrale Rolle. Denn auf der Grundlage von Differenzkategorien konstruieren Individuen unterschiedlichste Identitäten und reproduzieren verschiedenartige symbolische Repräsentationen und damit gleichzeitig materialisierte Strukturen." (Degele/Winker 2008: 200) Wie dies geschieht, variiert den Autorinnen zufolge historisch, ist aber immer eingebunden in die „Regulation der kapitalistischen Akkumulationslogik" (Degele/Winker 2008: 2000).

Fünftens sei die Biografieforschung noch angesprochen. Im Schnittpunkt von Soziologie und Sozialpsychologie geht es hier, etwa in den Arbeiten von Floya Anthias (2003) um Narrationen zu Geschlecht, Ethnie, Schicht, in dem Beitrag von Helma Lutz und Kathy Davis (2005) um die Frage, wie sich Geschlechter- und Biografieforschung in intersektioneller Perspektive systematisch aufeinander beziehen lassen.

Insbesondere die drei zuletzt genannten Betrachtungsweisen, die auf die Analyse der Mikroebene alltäglicher Interaktionen, der Mesoebene der Institutionen und biografischer Konstruktionsprozesse zielen, wurden auch empirisch fruchtbar gemacht, beispielsweise in Forschung im Schnittpunkt von Migrations-, Geschlechter- und Arbeits- bzw. neuer Haushaltsforschung (vgl. Bednarz-Braun/Heß-Meining 2004; Hess 2005; Lutz 2007).

Neben diesen Ausdifferenzierungen der soziologischen Geschlechterforschung durch die Aufnahme des Intersektionalitätsgedankens und seine Rückbindung an soziologische Theorietraditionen sind außerdem *Erweiterungen* zu nennen. Sie beziehen sich zum einen auf die Wiederentdeckung von Theorien. So wird in der aktuellen Forschung die southern theory (wieder)entdeckt, in der sich, wie Raewyn Connell (2009a) bilanziert, frühe Auseinandersetzungen mit Männlichkeit finden, die heute durchaus als intersektionelle Ansätze verstanden werden können. Zum anderen ziehen vormals randständige Themen verstärkte Aufmerksamkeit auf sich (vgl. den Sammelband von Apitzsch/Jansen 2003). So wird die Kolonialgeschichte neu Thema auch in der Soziologie (vgl. Walgenbach 2005) oder es wird der modernen Hervorbringung von Geschlecht und Ethnie auf den Grund gegangen (vgl. Müller 2003).

Schließlich sind im Zusammenhang mit der Aufnahme des Intersektionalitätsgedankens in der Geschlechterforschung *Grenzüberschreitungen* festzustellen. Angesichts der wissenschaftsgeschichtlichen Entwicklung und des Plädoyers für eine grundlagentheoretische Erneuerung der Soziologie ist es nicht erstaun-

lich, dass dies hinsichtlich der Gesellschaftstheorie und der Ungleichheitsforschung der Fall ist. Hier kommen VertreterInnen der verschiedenen Stränge und
darin verschiedener theoretischer Richtungen zusammen (vgl. den Sammelband
von Klinger/Knapp/Sauer 2007; für die Ungleichheitsforschung etwa Bieling
2007; Kohlmorgen 2004, 2007). Bearbeitet wird die Frage, in welcher Weise
Klasse, Geschlecht und Ethnie im Kontext der gegenwärtigen gesellschaftlichen
Entwicklung bedeutsam sind und wie dies soziologisch einzufangen ist. Die
Gender and Class-Debate spielt dabei keine Rolle mehr, der mit ihr zur Seite gelegte Dissens um den Stellenwert der Kategorien Klasse, Geschlecht und nun
auch Ethnie in der Gesellschaft und in der Soziologie ist aber wieder da (vgl.
hierzu Aulenbacher 2008). Offen ist, wie weitreichend die Diskussion darüber
dieses Mal sein wird.

13. Schlussbemerkung

Was haben Leserinnen und Leser erfahren, die das Terrain der Geschlechterforschung auf den voran gegangenen Seiten mit uns abgeschritten haben? Diese Frage muss letztlich jede und jeder für sich beantworten. Als Verfasserinnen und Verfasser des Buches wünschen wir uns jedoch zum einen, dass deutlich geworden ist, welch langjähriger, innovativer, breit gefächerter Forschung es bedurfte, eine vermeintliche Selbstverständlichkeit unseres Alltagslebens zu hinterfragen: Dass wir uns entweder als Männer oder Frauen durch diese Gesellschaft bewegen oder, wenn dies nicht der Fall bzw. eindeutig erkennbar ist, Irritation hervorrufen. Indem Geschlechterforscherinnen und -forscher, so lässt sich bilanzieren, darauf insistiert haben, Geschlecht als analytische Kategorie in die Soziologie einzuführen, konnten sie deren Erkenntnisstand nutzbar machen, um die entsprechenden sozialen Zuweisungen und Zuschreibungen als solche sichtbar zu machen. Zugleich haben sie den Forschungsstand dabei erweitert und korrigiert. Dies führte in der innerwissenschaftlichen Diskussion dazu, dass in einigen Forschungsrichtungen die Theoriebestände, das Methodenwissen und die als gesichert geltenden Erkenntnisse ordentlich in Unordnung gerieten. Zumindest waren Vertreterinnen und Vertreter verschiedener Forschungsrichtungen gefordert, die theoretischen, methodologischen und methodischen Prämissen ihres Denkens zu überprüfen. Das bedeutet nicht, dass sie diese Herausforderung auch immer angenommen haben. Erkenntnisse der Geschlechterforschung sind zwar Teil des soziologischen Wissenskanons geworden, aber sie gehören noch nicht gleichermaßen selbstverständlich dazu wie manche andere Forschungsstränge und -strömungen, sondern müssen auch gegen die herrschenden Lehren etabliert werden. In der Sache haben Erkenntnisse der Geschlechterforschung deutlich gemacht, dass Geschlechterdifferenzen und -ungleichheiten keine natürlichen Ursachen haben, sondern in ihrer heutigen Gestalt mit der Moderne hervorgebracht worden sind und im Rahmen ihrer Geschlechterordnung immer wieder aufs Neue Geltung erlangen. Sie haben ferner gezeigt, wie Geschlecht zusammen mit weiteren Kategorien sozialer Differenzierung und Ungleichheit als Platzanweiser

wirkt und, mehr noch, die Gestalt der modernen Gesellschaft, ihre Entwicklungsrichtungen und ihre Beziehungen zu weiteren Gesellschaften beeinflusst. Zum
anderen, um auf unsere Frage zurückzukommen, wünschen wir uns, dass die
Vielfalt der Ansätze zumindest erahnt werden kann, mit denen die Geschlechterforschung sich in die innerwissenschaftliche Diskussion begibt und ihren Erkenntnisinteressen nachgeht.

Wie können Leserinnen und Leser das Gelesene vertiefen? In dieser Frage
empfehlen wir, unserem Blick zurück auf die verschiedenen Stationen zu folgen,
die die Geschlechterforschung theoretisch, methodologisch, methodisch und ge-
genstandsbezogen zu dem gemacht haben, was sie heute ist. In jedem Kapitel
beginnen wir mit der Erörterung von, im wahrsten Sinne des Wortes, grundlegenden Texten. Sie lohnen auch heute noch der Lektüre entweder, weil die darin
auffindbaren Herangehensweisen keineswegs überholt sind oder weil sie Einblick in die zeitgeschichtlichen Kontexte gewähren, die die Geschlechterforschung geprägt haben. Wir haben bewusst darauf verzichtet haben, einzelne
Grundlagentexte hervorzuheben. Das liegt daran, dass je nach Blickwinkel und
eigenem Vertiefungsinteresse für alle Kapitel weit mehr als eine Empfehlung
auszusprechen gewesen wäre. Stattdessen empfehlen wir, sich für jeden The-
menkomplex, bezogen auf je eigene Fragestellungen, die Texte zusammenzustel-
len, die die ersten Überlegungen, entscheidenden Weichenstellungen und zu-
kunftsgerichteten Perspektiven der Geschlechterforschung aufzeigen. Sie sollten
von unserer einführenden Darstellung her mühelos zu finden sein.

Wie kann mit unserer Einführung in die Geschlechterforschung gearbeitet
werden? Über ein interessiertes Durchstreifen und punktuelles Vertiefen hinaus,
kann das Buch auch genutzt werden, um systematisch in zentrale Themen der
Geschlechterforschung einzusteigen – beispielsweise im Rahmen von Vorlesun-
gen und als Vorbereitungslektüre zu Seminaren oder außeruniversitären Veran-
staltungen. Es vermittelt Überblicks- und Hintergrundwissen und bietet damit
eine Grundlage für Spezialisierungen in dem einen oder dem anderen Gegen-
standsbereich.

Literatur

Acker, Joan. 1990. Hierarchies, Jobs, Bodies: A Theory of Gendered Organizations. *Gender & Society* 2: 139-158.

Acker, Joan. 2010. Geschlecht, Rasse und Klasse in Organisationen – Die Untersuchung von Ungleichheit aus der Perspektive der Intersektionalität. *Feministische Studien* 28, 1: 86-98.

Ahrens, Petra, Uta Kletzing und Jutta Kühl. 2004. Instrumente von Gender Mainstreaming in der Verwaltungspraxis. In *Gender Mainstreaming. Konzepte, Handlungsfelder, Instrumente*, Hrsg. Michael Meuser und Claudia Neusüß, 306-320. Bonn: Bundeszentrale für politische Bildung.

Allmendinger, Jutta und Richard J. Hackman. 1994. Akzeptanz oder Abwehr? Die Integration von Frauen in professionelle Organisationen. *Kölner Zeitschrift für Soziologie und Sozialpsychologie* 46, 2: 238-258.

Althoff, Martina, Mechthild Bereswill und Birgit Riegraf. 2001. *Feministische Methodologien und Methoden. Traditionen, Konzepte, Dispute.* Opladen: Leske & Budrich.

Andersen, Margaret L. und Patricia Hill Collins. 2004. *Race, Class, And Gender. An Anthology.* Binghamton: Wadsworth Publishing Company.

Andresen, Sünne, Mechthild Koreuber und Dorothea Lüdke. (Hrsg.). 2009. *Gender und Diversity: Albtraum oder Traumpaar? Interdisziplinärer Dialog zur „Modernisierung" von Geschlechter- und Gleichstellungspolitik.* Wiesbaden: VS Verlag für Sozialwissenschaften.

Anthias, Floya. 2003. Erzählungen über Zugehörigkeit. In *Migration, Biographie und Geschlechterverhältnisse*, Hrsg. Ursula Apitzsch, M. Mechtild Jansen (unter Mitarbeit von Christine Löw), 20-39. Münster: Westfälisches Dampfboot.

Anthias, Floya, und Nira Yuval-Davis. 1983. Contextualizing Feminism: Gender, Ethnic and Class Division. *Feminist Review* 15: 62-75.

Aulenbacher, Brigitte. 1994. Das Geschlechterverhältnis als Gegenstand von Ungleichheitsforschung. In *Gesellschaft im Übergang, Perspektiven kritischer Soziologie*, Hrsg. Christoph Görg, 141-156. Darmstadt: Wissenschaftliche Buchgesellschaft.

Aulenbacher, Brigitte. 2005. *Rationalisierung und Geschlecht in soziologischen Gegenwartsanalysen.* Wiesbaden: VS Verlag für Sozialwissenschaften.

Aulenbacher, Brigitte. 2007a. Vom fordistischen Wohlfahrts- zum neoliberalen Wettbewerbsstaat, Bewegungen im gesellschaftlichen Gefüge und in den Verhältnissen von Klasse, Geschlecht und Ethnie. In *Achsen der Ungleichheit – Achsen der Differenz*,

Verhältnisbestimmungen von Klasse, Geschlecht, Rasse/Ethnizität, Hrsg. Cornelia Klinger, Gudrun-Axeli Knapp und Birgit Sauer, 42-55. Frankfurt a.m./New York: Campus Verlag.

Aulenbacher, Brigitte. 2007b. Geschlecht als Strukturkategorie. Über den inneren Zusammenhang von moderner Gesellschaft und Geschlechterverhältnis. In *Geschlechterdifferenzen – Geschlechterdifferenzierungen, Ein Überblick über gesellschaftliche Entwicklungen und theoretische Positionen, Hagener Studientexte zur Soziologie*, Hrsg. Sylvia Marlene Wilz, 139-166. Wiesbaden: VS Verlag für Sozialwissenschaften.

Aulenbacher, Brigitte. 2008. Auf gute Nachbarschaft? Über Bewegungen im Verhältnis von Soziologie und Geschlechterforschung. In Soziologie und Geschlechterforschung, Hrsg. Johanna Hofbauer und Angelika Wetterer, *Österreichische Zeitschrift für Soziologie* 4: 9-27.

Aulenbacher, Brigitte. 2009a. Die soziale Frage neu gestellt, Gesellschaftsanalysen der Prekarisierungs- und Geschlechterforschung. In *Prekarität, Abstieg, Ausgrenzung. Die soziale Frage am Beginn des 21. Jahrhunderts*, Hrsg. Robert Castel und Klaus Dörre, 65-77. Frankfurt a.m./New York: Campus Verlag.

Aulenbacher, Brigitte. 2009b. Arbeit, Geschlecht und soziale Ungleichheiten, Perspektiven auf die Krise der Reproduktion und den Wandel von Herrschaft in der postfordistischen Arbeitsgesellschaft. *Arbeits- und Industriesoziologische* Studien *(AIS) der Sektion Arbeits- und Industriesoziologie in der DGS 2*: 61-78, www.ais-studien.de.

Aulenbacher, Brigitte. 2010a. Falsche Gegensätze und vermeintlicher Konsens, Eine diskurspolitische Intervention in Sachen ‚Organisation, Geschlecht, Kontingenz'. *Feministische Studien* 28, 1: 109-120.

Aulenbacher, Brigitte. 2010b. Rationalisierung und der Wandel von Erwerbsarbeit aus der Genderperspektive. In *Handbuch Arbeitssoziologie*, Hrsg. Fritz Böhle, G. Günter Voß und Günther Wachtler. Wiesbaden: VS-Verlag für Sozialwissenschaften.

Aulenbacher, Brigitte, und Mechthild Bereswill. 2008. Gesellschaft – ein traditionsreiches und neu aufgenommenes Thema der Geschlechterforschung. Schwerpunkt der *Zeitschrift für Frauenforschung & Geschlechterstudien* 26, Heft 3+4.

Aulenbacher, Brigitte, Mechthild Bereswill, Martina Löw, Michael Meuser, Gabriele Mordt, Gabriele, Reinhild Schäfer und Sylka Scholz (Hrsg.) 2006. *FrauenMänner-Geschlechterforschung, State of the Art*. Münster: Westfälisches Dampfboot (2. Aufl. 2009).

Aulenbacher, Brigitte, Anne Fleig, und Birgit Riegraf. 2010. Organisation, Geschlecht, soziale Ungleichheiten. Schwerpunktheft *Feministische Studien* 28, 1.

Aulenbacher, Brigitte, und Birgit Riegraf (Hrsg.). 2009a. *Erkenntnis und Methode: Geschlechterforschung in Zeiten des Umbruchs*. Wiesbaden: VS Verlag für Sozialwissenschaften.

Aulenbacher, Brigitte, und Birgit Riegraf. 2008. Sondermodell Frau oder: Der lange Weg zur „F-Klasse", Geschlechterbilder in Managementkonzepten und –ratgebern. In *aktiv – kompetent – mittendrin. Frauenbilder in der Welt der Arbeit*, Hrsg. Helga Schwitzer, Christiane Wilke und Mechthild Kopel, 211-223. Hamburg: VSA.

Aulenbacher, Brigitte, und Birgit Riegraf. 2009b. Zeiten des Umbruchs – Zeit zur Reflexion. Einleitung. In *Erkenntnis und Methode. Geschlechterforschung in Zeiten des Umbruchs*, Hrsg. Brigitte Aulenbacher und Birgit Riegraf, 9-23. Wiesbaden: VS Verlag für Sozialwissenschaften.

Aulenbacher, Brigitte, und Birgit Riegraf. 2009c. Markteffizienz und Ungleichheit – Zwei Seiten einer Medaille? Klasse/Schicht, Geschlecht und Ethnie im Übergang zur postfordistischen Arbeitsgesellschaft. In *Arbeit, Diagnosen und Perspektiven der Geschlechterforschung*, Hrsg. Brigitte Aulenbacher und Angelika Wetterer, 230-248. Münster: Westfälisches Dampfboot.

Aulenbacher, Brigitte, und Birgit Riegraf. 2010. The New Entrepreneurship in Science and Changing Gender Arrangements, Approaches and Perspectives. In *Gender-Change in Academia: Re-Mapping the Fields of Work, Knowledge, and Politics from a Gender Perspective*, Hrsg. Birgit Riegraf, Brigitte Aulenbacher, Edit Kirsch-Auwärter und Ursula Müller. Wiesbaden: VS Verlag für Sozialwissenschaften (im Druck).

Aulenbacher, Brigitte, und Tilla Siegel. 1993. Industrielle Entwicklung, soziale Differenzierung, Reorganisation des Geschlechterverhältnisses. In *Soziale Ungleichheit und Geschlechterverhältnisse,* Hrsg. Petra Frerichs und Margareta Steinrücke, 65-98. Opladen: Leske & Budrich.

Aulenbacher, Brigitte, und Angelika Wetterer (Hrsg.). 2009. *Arbeit, Perspektiven und Diagnosen der Geschlechterforschung.* Münster: Westfälisches Dampfboot.

Aulenbacher, Brigitte, und Meinrad Ziegler (Hrsg.). 2010. Arbeit in Alltag, Biografie und Gesellschaft. Schwerpunktheft *Österreichische Zeitschrift für Soziologie* 35, Heft 2.

Auth, Diana. 2006. Wohlfahrtstaat, Geschlechterverhältnis und Pflegearbeit. In *Die Neuverhandlung sozialer Gerechtigkeit,* Hrsg. Ursula Degener und Beate Rosenzweig, 341-358. Wiesbaden: VS Verlag für Sozialwissenschaften.

Baron, Bettina, und Helga Kotthoff (Hrsg.). 2001. *Gender in Interaction. Perspectives on femininity and masculinity in ethnography and discourse.* Amsterdam/Philadelphia: John Benjamins Publishing Company.

Baumann, Zygmunt. 1995. *Postmoderne Ethik.* Hamburg: Hamburger Edition.

Baur, Nina. 2009. Von der Quali-/Quanti-Debatte zum Methoden-Mix. Reichweite und Ertrag methodischer Zugriffe am Beispiel der Vorstellungen von familiärer Arbeitsteilung. In *Erkenntnis und Methode. Geschlechterforschung in Zeiten des Umbruchs,* Hrsg. Brigitte Aulenbacher und Birgit Riegraf, 119-143. Wiesbaden: VS Verlag für Sozialwissenschaften.

Baurmann, Michael C. 1987. Männergewalt. Erscheinungsformen und Dimensionen von Gewalt gegen Frauen und Mädchen. *Vorgänge* 26: 50-60.

BauSteineMänner (Hrsg.). 1996. *Kritische Männerforschung. Neue Ansätze in der Geschlechtertheorie.* Berlin/Hamburg: Argument Verlag.

Beauvoir, Simone de. 1992. *Das andere Geschlecht.* Sitte und Sexus der Frau (1949). Reinbeck: Rowohlt.

Beck, Ulrich, und Wolfgang Bonß. 1984. Soziologie und Modernisierung. Zur Ortsbestimmung der Verwendungsforschung. *Soziale Welt* 35: 381-406.

Beck-Gernsheim, Elisabeth. 1980. *Das halbierte Leben, Männerwelt Beruf – Frauenwelt Familie*. Frankfurt a.m.: Fischer Taschenbuch Verlag.

Becker, Ruth, und Beate Kortendiek. 2004. *Handbuch Frauen- und Geschlechterforschung. Theorie, Methoden, Empirie*. Wiesbaden: VS Verlag für Sozialwissenschaften.

Becker-Schmidt, Regina. 1980. Widersprüchliche Realität und Ambivalenz: Arbeitserfahrungen von Frauen in Fabrik und Familie. *Kölner Zeitschrift für Soziologie und Sozialpsychologie* 32: 705-725.

Becker-Schmidt, Regina. 1983. Widerspruch und Ambivalenz: Theoretische Überlegungen. Methodische Umsetzungen. Erste Ergebnisse zum Projekt „Probleme lohnabhängig arbeitender Mütter". In *Arbeitsleben – Lebensarbeit. Konflikte und Erfahrungen von Fabrikarbeiterinnen*, Hrsg. Regine Becker-Schmidt, Uta Brandes-Erlhoff, Mechthild Rumpf und Beate Schmidt, 13-43. Bonn: Neue Gesellschaft.

Becker-Schmidt, Regina. 1985. Probleme einer feministischen Theorie und Empirie in den Sozialwissenschaften. *Feministische Studien* 4: 93-104.

Becker-Schmidt, Regina. 1987a. Die doppelte Vergesellschaftung – die doppelte Unterdrückung: Besonderheiten der Frauenforschung in den Sozialwissenschaften. In *Die andere Hälfte der Gesellschaft. Soziologische Befunde zu geschlechtsspezifischen Formen der Lebensbewältigung. Österreichischer Soziologentag 1985*, Hrsg. L. Unterkircher und I. Wagner, 10-25. Wien: Verlag des Österreichischen Gewerkschaftsbundes.

Becker-Schmidt, Regina. 1987b. Frauen und Deklassierung, Geschlecht und Klasse. In *Klasse Geschlecht. Feministische Gesellschaftsanalyse und Wissenschaftskritik*, Hrsg. Ursula Beer, 187-235. Bielefeld: AJZ-Verlag.

Becker-Schmidt, Regina. 1991. Individuum, Klasse und Geschlecht aus der Perspektive der Kritischen Theorie. In *Die Modernisierung moderner Gesellschaften, Verhandlungen des 25. Deutschen Soziologentages in Frankfurt am Main 1990*, Hrsg. Wolfgang Zapf, 383-394. Frankfurt a.M./New York: Campus Verlag.

Becker-Schmidt, Regina. 1994. Diskontinuität und Nachträglichkeit. Theoretische und methodische Überlegungen zur Erforschung weiblicher Lebensläufe. In *Erfahrung mit Methode. Wege sozialwissenschaftlicher Frauenforschung*, Hrsg. Angelika Diezinger, Hedwig Kitzer und Ingrid Anker, 155-182. Freiburg: Kore.

Becker-Schmidt, Regina. 1995. Homomorphismus. Autopoietische Systeme und gesellschaftliche Rationalisierung. In *Diese Welt wird völlig anders sein. Denkmuster der Rationalisierung*, Hrsg. Brigitte Aulenbacher und Tilla Siegel, 99-119. Pfaffenweiler: Centaurus.

Becker-Schmidt, Regina. 1998. Trennung, Verknüpfung, Vermittlung: zum feministischen Umgang mit Dichotomien. In *Kurskorrekturen. Feminismus zwischen Kritischer Theorie und Postmoderne*, Hrsg. Gudrun-Axeli Knapp, 84-125. Frankfurt a.M./New York: Campus Verlag.

Becker-Schmidt, Regina. 2000. Frauenforschung, Geschlechterforschung, Geschlechterverhältnisforschung. In *Feministische Theorien zur Einführung*, Hrsg. Regina Becker-Schmidt, Gudrun-Axeli Knapp, 14-62. Hamburg: Junius.

Becker-Schmidt, Regina. 2001. Was mit Macht getrennt wird, gehört gesellschaftlich zusammen. Zur Dialektik von Umverteilung und Anerkennung in Phänomenen sozialer Ungleichstellung. In *Soziale Verortung der Geschlechter, Gesellschaftstheorie und feministische Kritik*, Hrsg. Gudrun-Axeli Knapp und Angelika Wetterer, 91-131. Münster: Westfälisches Dampfboot.

Becker-Schmidt, Regina. 2002. Theorizing Gender Arrangements. In *Gender and Work in Transition, Globalization in Western, Middle and Eastern Europe*, Hrsg. Regina Becker-Schmidt, 25-48. Opladen: Leske & Budrich.

Becker-Schmidt, Regina. 2003. Umbrüche in Arbeitsbiografien von Frauen: Regionale Konstellationen und globale Entwicklungen. In *Achsen der Differenz. Gesellschaftstheorie und feministische Kritik II*, Hrsg. Gudrun-Axeli Knapp und Angelika Wetterer, 101-132. Münster: Westfälisches Dampfboot.

Becker-Schmidt, Regina. 2007a. „Class", „gender", „ethnicity", „race": Logiken der Differenzsetzung, Verschränkung von Ungleichheitslagen und gesellschaftliche Strukturierung. In *Achsen der Ungleichheit, Zum Verhältnis von Klasse, Geschlecht und Ethnizität*, Hrsg. Cornelia Klinger, Gudrun-Axeli Knapp und Birgit Sauer, 56-83. Frankfurt a.M./New York: Campus Verlag.

Becker-Schmidt, Regina. 2007b. Geschlechter- und Arbeitsverhältnisse in Bewegung. In *Arbeit und Geschlecht im Umbruch der modernen Gesellschaft, Forschung im Dialog, Hrsg.* Brigitte Aulenbacher, Maria Funder, Heike Jacobsen, und Susanne Völker, 250-268. Wiesbaden: VS Verlag für Sozialwissenschaften.

Becker-Schmidt, Regina. 2008a. Wechselbezüge zwischen Herrschaftsstrukturen und feindseligen Subjektpotentialen, Überlegungen zu einer interdisziplinären Ungleichheitsforschung. In *ÜberKreuzungen, Fremdheit, Ungleichheit, Differenz*, Hrsg. Cornelia Klinger, Gudrun-Axeli Knapp, 112-136. Münster: Westfälisches Dampfboot.

Becker-Schmidt, Regina. 2008b. Gesellschaftliche Transformationsprozesse, soziale Ungleichheit und Geschlecht. In *Gesellschaft – ein traditionsreiches und neu aufgenommenes Thema der Geschlechterforschung*, Hrsg. Brigitte Aulenbacher und Mechthild Bereswill. Schwerpunkt der *Zeitschrift für Frauenforschung & Geschlechterstudien*. 26, 3+4: 38-56.

Becker-Schmidt, Regina, und Helga Bilden. 1991. Impulse für die qualitative Sozialforschung aus der Frauenforschung. In *Handbuch Qualitative Sozialforschung. Grundlagen, Konzepte, Methoden und Anwendungen,* Hrsg. Uwe Flick, Ernst v. Kardoff, Heiner Keupp, Lutz v. Rosenstiel und Stephan Wollf, 23-30. München: Beltz PVU.

Becker-Schmidt, Regina, Uta Brandes-Erlhoff, Marva Karrer, Mechthild Rumpf und Beate Schmidt. 1982. *„Nicht wir haben die Minuten, die Minuten haben uns." Zeitprobleme und Zeiterfahrungen von Arbeiterinnen in Fabrik und Familie.* Bonn: Neue Gesellschaft.

Becker-Schmidt, Regina, Uta Brandes-Erlhoff, Mechthild Rumpf und Beate Schmidt. 1983. *Arbeitsleben – Lebensarbeit. Konflikte und Erfahrungen von Fabrikarbeiterinnen.* Bonn: Neue Gesellschaft.

Becker-Schmidt Regina, und Gudrun-Axeli Knapp.1995. *Das Geschlechterverhältnis als Gegenstand der Sozialwissenschaften.* Frankfurt a.m./New York: Campus Verlag.

Becker-Schmidt, Regina, und Gudrun-Axeli Knapp. 1987. *Geschlechtertrennung – Geschlechterdifferenz, Suchbewegungen sozialen Lernens.* Bonn: Neue Gesellschaft.

Becker-Schmidt, Regina, und Gudrun-Axeli Knapp. 2000. *Feministische Theorien zur Einführung.* Hamburg: Junius Verlag.

Becker-Schmidt, Regina, Gudrun-Axeli Knapp und Beate Schmidt. 1984. *Eines ist zuwenig – beides ist zuviel. Erfahrungen von Arbeiterfrauen zwischen Familie und Fabrik.* Bonn: Neue Gesellschaft.

Becker-Schmidt, Regina, und Helga Krüger. 2009. Krisenherde in gegenwärtigen Sozialgefügen: Asymmetrische Arbeits- und Geschlechterverhältnisse – vernachlässigte Sphären gesellschaftlicher Reproduktion. In *Arbeit, Perspektiven und Diagnosen der Geschlechterforschung,* Hrsg. Brigitte Aulenbacher und Angelika Wetterer, 12-41. Münster: Westfälisches Dampfboot.

Bednarz-Braun, Iris, und Ulrike Heß-Meining. 2004. *Migration, Ethnie und Geschlecht. Theorieansätze – Forschungsstand – Forschungsperspektiven.* Wiesbaden: VS Verlag für Sozialwissenschaften.

Beer, Ursula. 1983. Marx auf die Füße gestellt? Zum theoretischen Entwurf von Claudia v. Werlhof. *Zeitschrift für kritische Sozialwissenschaft (Prokla)* 50: 22-37.

Beer, Ursula. 1984. *Theorien geschlechtlicher Arbeitsteilung.* Frankfurt a.M./New York: Campus Verlag.

Beer, Ursula. 1987. *Klasse Geschlecht, Feministische Gesellschaftsanalyse und Wissenschaftskritik,* 187-235. Bielefeld: AJZ Verlag.

Beer, Ursula. 1990. *Geschlecht, Struktur, Geschichte. Soziale Konstituierung des Geschlechterverhältnisses.* Frankfurt a.M./New York: Campus.

Beer, Ursula. 1991. Zur Politischen Ökonomie der Frauenarbeit. In *Die versteinerten Verhältnisse zum Tanzen bringen. Beiträge zur marxistischen Theorie heute,* Hrsg. Thomas Brüsemeister, 254-263. Berlin: Dietz.

Beer, Ursula, und Jutta Chalupsky. 1993. Vom Realsozialismus zum Privatkapitalismus, Formierungstendenzen im Geschlechterverhältnis. In *Transformationen im Geschlechterverhältnis, Beiträge zur industriellen und gesellschaftlichen Entwicklung,* Hrsg. Brigitte Aulenbacher und Monika Goldmann, 184-230. Frankfurt a.M./New York: Campus Verlag.

Behning, Ute. 2004. Implementation von Gender Mainstreaming auf europäischer Ebene: Geschlechtergleichstellung ohne Zielvorstellung? In *Gender Mainstreaming. Konzepte, Handlungsfelder, Instrumente,* Hrsg. Michael Meuser und Claudia Neusüß, Claudia, 122-134. Bonn: Bundeszentrale für politische Bildung.

Behnke, Cornelia, und Michael Meuser. 1999. *Geschlechterforschung und qualitative Methoden.* Opladen: Leske & Budrich.

Bendl, Regine. 2007. Betriebliches Diversitymanagement und neoliberale Wirtschaftspolitik – Verortung eines diskursiven Zusammenhangs. In *Diversity Outlooks. Managing Diversity zwischen Ethik, Profit und Antidiskriminierung*, Hrsg. Iris Koall, Verena Bruchhagen und Friederike Höher, 10-28. Hamburg: Lit Verlag.

Benhabib, Seyla. 1989. Der verallgemeinerte und der konkrete Andere. Ansätze zu einer feministischen Moraltheorie. In *Denkverhältnisse. Feminismus und Kritik*, Hrsg. Elisabeth List und Herlinde Studer. Frankfurt a.M.: Suhrkamp Verlag.

Benshop, Yvonne, und Hans Dooreward. 1998. Covered by Equality: The Gender Subtext of Organization. *Organization Studies* 19: 787-805.

Bereswill, Mechthild. 2004. "Gender" als neue Humanressource? Gender Mainstreaming und Geschlechterdemokratie zwischen Ökonomisierung und Gesellschaftskritik. In *Gender Mainstreaming. Konzepte, Handlungsfelder, Instrumente*, Hrsg. Michael Meuser und Claudia Neusüß, Claudia, 52-70. Bonn: Bundeszentrale für politische Bildung.

Bereswill, Mechthild. 2006. Männlichkeit und Gewalt. Empirische Einsichten und theoretische Reflexionen über Gewalt zwischen Männern im Gefängnis. *Feministische Studien* 24: 242-255.

Bereswill, Mechthild. 2007a. Sich auf eine Seite schlagen. Die Abwehr von Verletzungsoffenheit als gewaltsame Stabilisierung von Männlichkeit. In *Dimensionen der Kategorie Geschlecht: Der Fall Männlichkeit*, Hrsg. Mechthild Bereswill, Michael Meuser und Sylka Scholz, 101-118. Münster: Westfälisches Dampfboot.

Bereswill, Mechthild. 2007b. Abweichendes Verhalten und Geschlecht – eine vielschichtige Beziehung. In *Gender Mainstreaming – ein Konzept für die Straffälligenhilfe?*, Hrsg. Gabriele Kawamura-Reindl, Lydia Halbhuber-Gassner, und Cornelius Wichmann, 35-51. Freiburg: Lambertus.

Bergmann, Jörg. 2000. "Ethnomethodologie". In *Qualitative Sozialforschung. Ein Handbuch*, Hrsg. Uwe Flick, Ernst v. Kardorff und Ines Steinke, 118-135. Reinbek: Rowohlt.

Bieling, Hans-Jürgen. 2007. Die neue politische Ökonomie sozialer Ungleichheit. In *Achsen der Ungleichheit – Achsen der Differenz, Verhältnisbestimmungen von Klasse, Geschlecht, Rasse/Ethnizität*, Hrsg. Cornelia Klinger, Gudrun-Axeli Knapp, und Borgit Sauer, 100-115. Frankfurt a.M./New York.

Bilden, Helga, und Bettina Dausien. 2006. *Sozialisation und Geschlecht. Theoretische und methodologische Perspektiven*. Opladen & Farmington Hills: Verlag Barbara Budrich

BKA. 2009. *Polizeiliche Kriminalstatistik 2008*. 56. Ausgabe. Wiesbaden: Bundeskriminalamt.

Bleich, Anet, Ulla Jansz, und Selma Leydesdorff. 1984. „Lob der Vernunft". In *Beiträge zur feministischen Theorie und Praxis*: 26-34.

Bock, Gisela. 1983. Historische Frauenforschung: Fragestellungen und Perspektiven. In *Frauen suchen ihre Geschichte*, Hrsg. Karin Hausen. München: C.H. Beck.

Böhnisch, Lothar, und Reinhard Winter. 1993. *Männliche Sozialisation. Bewältigungsprobleme männlicher Geschlechtsidentität im Lebenslauf.* Weinheim/München: Juventa Verlag.

Bohnsack, Ralf. 2003. *Rekonstruktive Sozialforschung. Einführung in qualitative Methoden.* 5. Aufl. Opladen: Leske & Budrich.

Bohnsack, Ralf, Peter Loos, Burkhard Schäffer, Klaus Städler und Bodo Wild. 1995. *Die Suche nach Gemeinsamkeit und die Gewalt der Gruppe.* Hooligans, Musikgruppen und andere Jugendcliquen. Opladen: Leske & Budrich.

Bologh, Roslyn Wallach. 1990. *Love or Greatness, Max Weber and masculine thinking – A feminist Inquiry.* London: Unwin Hyman Ltd.

Boltanski, Luc. 1976. Die soziale Verwendung des Körper. In *Zur Geschichte des Körpers,* Hrsg. Dietmar Kamper und Volker Rittner, 138-183. München.

Borchorst, Anette. 1994. Welfare State Regimes, Women Interests and the EC. In *Gendering Welfare States,* Hrsg. Diane Sainsbury, 150-169. London: Sage.

Borchorst, Anette, und Birte Siim. 1987. Women and the advanced Welfare State – a new Kind of Patriarchal Power? In *Women and the State. The shifting Boundaries of Public and Private,* Hrsg. Anne Sasson, 128-157. London: Hutchinson.

Born, Claudia, Helga Krüger und Dagmar Lorenz-Meyer. 1996. *Der unentdeckte Wandel:* Annäherungen an das Verhältnis von Struktur und Norm im weiblichen Lebenslauf. Berlin: Edition Sigma.

Bourdieu, Pierre. 1987. *Sozialer Sinn. Kritik der theoretischen Vernunft.* Frankfurt a.M.: Suhrkamp Verlag.

Bourdieu, Pierre. 1997a. Die männliche Herrschaft. In *Ein alltägliches Spiel. Geschlechterkonstruktion in der sozialen Praxis,* Hrsg. Irene Dölling und Beate Krais, 153-217. Frankfurt a.M: Suhrkamp Verlag.

Bourdieu, Pierre. 1997b: Eine sanfte Gewalt. Pierre Bourdieu im Gespräch mit Irene Dölling und Margareta Steinrücke. In *Ein alltägliches Spiel. Geschlechterkonstruktion in der sozialen Praxis,* Hrsg. Irene Dölling und Beate Krais, 218-230. Frankfurt a.M.: Suhrkamp Verlag.

Bourdieu, Pierre. 1998a. *Praktische Vernunft. Zur Theorie des Handelns.* Frankfurt a.M.: Suhrkamp Verlag.

Bourdieu, Pierre. 1998b. *Gegenfeuer. Wortmeldungen im Dienste des Widerstands gegen die neoliberale Invasion.* Konstanz: UVK.

Bourdieu, Pierre. 2001. *Meditationen. Zur Kritik der scholastischen Vernunft.* Frankfurt a.M.: Suhrkamp Verlag.

Bourdieu, Pierre, und Loïc J. D. Wacquant. 1996. *Reflexive Anthropologie.* Frankfurt a.M.: Suhrkamp Verlag.

Brah, Avtar, und Anne Phoenix. 2004. Ain't I A Woman? Revisiting Intersectionality, *Journal of International Women's Studies* 5: 75-86.

Brändli, Sabina. 1996. „... die Männer sollten schöner geputzt sein als die Weiber". Zur Konstruktion bürgerlicher Männlichkeit im 19. Jahrhundert. In *Männergeschichte – Geschlechtergeschichte. Männlichkeit im Wandel der Moderne,* Hrsg. Thomas Kühne, 101-118. Frankfurt a.M./New York: Campus Verlag.

Braun, Christina von, und Inge Stephan (Hrsg.). 2005. *Gender@Wissen. Ein Handbuch der Gender-Theorien.* Wien/Köln/Weimar: Böhlau-Verlag.

Braunmühl, Claudia von. 2009. Diverse Gender – Gendered Diversity: Eine Gewinn- und Verlust-Rechnung. In *Gender und Diversity: Albtraum oder Traumpaar? Interdisziplinärer Dialog zur „Modernisierung" von Geschlechter- und Gleichstellungspolitik,* Hrsg. Sünne Andresen, Mechthild Koreuber und Dorothea Lüdke, 53-64. Wiesbaden: VS-Verlag für Sozialwissenschaften.

Breidenstein, Georg, und Helga Kelle. 1998. *Geschlechteralltag in der Schulklasse. Ethnographische Studien zur Gleichaltrigenkultur.* Weinheim/München: Juventa.

Brentel, Helmut. 1999. *Soziale Rationalität, Entwicklungen, Gehalte und Perspektiven von Rationalitätskonzepten in den Sozialwissenschaften.* Opladen/Wiesbaden: Westdeutscher Verlag.

Brooks, Abigail. 2007. Feminist Standpoint Epistemology: Building Knowledge and Empowerment Through Women's Lived Experience. In *Feminist Research Practice,* Hrsg. Sharlene Nagy Hesse-Biber und Patricia Lina Leavy, 53-82. Thousand Oakes: Sage.

Brownmiller, Susan. 1978. *Gegen unseren Willen. Vergewaltigung und Männerherrschaft.* Frankfurt a.M.: Fischer Verlag.

Bruchhagen, Verena, und Iris Koall. 2002. Lust und Risiko in der Arbeit mit Verschiedenheit. Wissenschaftliche Weiterbildung „Managing Gender & Diversity". *Zeitschrift für Frauen und Geschlechterstudien* 20. No. 3. 2002: 111-128.

Bruchhagen, Verena, und Iris Koall. 2007. Loosing Gender-Binarity? Winning Gender Complexity! Intersektionelle Ansätze und Managing Diversity. *Journal Netzwerk Frauenforschung NRW* 22: 32-42.

Bruchhagen, Verena, und Iris Koall. 2008. Managing Diversity. Ein (kritisches) Konzept zur produktiven Nutzung sozialer Differenzen. In *Handbuch Frauen- und Geschlechterforschung,* Hrsg. Ruth Becker und Beate Kortendiek, 931-938 (2. Aufl.). Wiesbaden: VS Verlag für Sozialwissenschaften.

Brück, Brigitte, Heike Kahlert, Marianne Krüll, Helga Milz, Astrid Osterland, und Ingeborg Wegehaupt-Schneider. 1992. *Feministische Soziologie. Eine Einführung.* Frankfurt a.M./New York: Campus.

Brückner, Margrit. 1983. *Die Liebe der Frauen. Über Weiblichkeit und Mißhandlung.* Frankfurt a.M.: Verlag Neue Kritik.

Brückner, Margrit. 2002. Gewalt im Geschlechterverhältnis – Möglichkeiten und Grenzen eines geschlechtertheoretischen Ansatzes zur Analyse „häuslicher Gewalt". In *Gender und soziale Praxis,* Hrsg. Margit Göttert und Karin Walser, Karin, 15-37. Königstein/Ts.: Ulrike Helmer Verlag.

Bruhns, Kirsten. 2002. Gewaltbereitschaft von Mädchen – Wandlungstendenzen des Geschlechterverhältnisses? In *Gewaltverhältnisse. Feministischen Perspektiven auf Geschlecht und Gewalt,* Hrsg. Regina-Maria Dackweiler und Reinhild Schäfer, 171-197. Frankfurt a.M./New York: Campus-Verlag.

Bruhns, Kirsten. 2003. Mädchen in gewaltbereiten Jugendgruppen: Gewaltbereitschaft als Geschlechterkonstruktion. In *Geschlecht – Gewalt – Gesellschaft*, Hrsg. Siegfried Lamnek und Manuela Boatcă, Manuela, 215-230. Opladen: Leske & Budrich.

Bruhns, Kirsten, und Svendy Wittmann. 2002. *„Ich meine, mit Gewalt kannst du dir Respekt verschaffen".* Mädchen und junge Frauen in gewaltbereiten Jugendgruppen. Opladen: Leske & Budrich.

Brumlop, Eva, und Ursula Hornung. 1994. Betriebliche Frauenförderung - Aufbrechen von Arbeitsmarktbarrieren oder Verfestigung traditioneller Rollenmuster? In *Arbeitsmarkt für Frauen 2000 - Ein Schritt vor oder ein Schritt zurück? Kompendium zur Erwerbstätigkeit von Frauen. Beiträge zur Arbeitsmarkt und Berufsforschung, 179,* Hrsg. Petra Beckmann, Petra und Gerd Engelbrech, 836-875. Nürnberg: IAB.

Brush, Lisa D.. 1990. Violent Acts and Injurious Outcomes. In Married Couples: Methodological Issues in the National Survey of Families and Households. *Gender & Society* 4: 56-67.

Bublitz, Hannelore. 2006. Sehen und Gesehenwerden – Auf dem Laufsteg der Gesellschaft. Sozial- uns Selbsttechnologien des Körpers. In *body turn. Perspektiven der Soziologie des Körpers und des Sports,* Hrsg. Robert Gugutzer, 341-361. Bielefeld: transcript.

Bublitz, Hannelore. 2010. *Judith Butler zur Einführung.* Hamburg: Junius-Verlag. (3. ergänzte Aufl.).

Buchen, Sylvia. 2004. Standortbestimmung und Selbstvergewisserung der Geschlechterforschung als Einführung. In *Gender methodologisch. Empirische Forschung in der Informationsgesellschaft vor neuen Herausforderungen,* Hrsg. Sylvia Buchen, Cornelia Helfferich und Maja S. Maier, 11-18. Wiesbaden: VS Verlag für Sozialwissenschaften.

Buchen, Sylvia, Cornelia Helfferich, und Maja S. Maier (Hrsg.). 2004. *Gender methodologisch. Empirische Forschung in der Informationsgesellschaft vor neuen Herausforderungen.* Wiesbaden: VS Verlag für Sozialwissenschaften.

Budde, Gunilla-Friederike. 2004. Alles bleibt anders, Die Institution der „Familie" zwischen 1945 und 1975 im deutsch-deutschen Vergleich. In *Verharrender Wandel, Institutionen und Geschlechterverhältnisse,* Hrsg. Maria Oppen und Dagmar Simon, 69-98. Berlin: edition sigma.

Budde, Jürgen. 2005. *Männlichkeit und gymnasialer Alltag. Doing Gender im heutigen Bildungssystem.* Bielefeld: Transcript-Verlag.

Buford, Bill. 1992. *Geil auf Gewalt. Unter Hooligans.* München/Wien: Hanser-Verlag.

Bührmann, Andrea D.. 2005. Plädoyer für eine ‚geregelte Deregulierung' zur Implementierung von Work-Life-Balance in Führungspositionen. Managing Diversity und Gender Mainstreaming im Spiegel aktueller empirischer Forschungsergebnisse. *Zeitschrift für Frauenforschung und Geschlechterstudien* 23. No. 3. 2005: 74-88.

Bührmann, Andrea, Angelika Diezinger und Sigrid Metz-Göckel (Hrsg.). 2000. *Arbeit – Sozialisation – Sexualität. Zentrale Felder der Frauen- und Geschlechterforschung.* Wiesbaden: Verlag für Sozialwissenschaften.

Burell, Gibson. 1988. Modernism, Post Modernism and Organizational Analysis 2: The Contribution of Michel Foucault. *Organization Studies* 9, 2: 221-235.

Butler, Judith. 1991. *Das Unbehagen der Geschlechter.* Frankfurt a.M.: Suhrkamp Verlag.

Butler, Judith. 1993. Kontingente Grundlagen: Der Feminismus und die Frage der „Postmoderne". In *Der Streit um Differenz*, Hrsg. Seyla Benhabib, Judith Butler, Drucilla Cornell und Nancy Fraser, Nancy, 31-58. Frankfurt a. M.: Fischer-Verlag.

Butler, Judith. 1997. *Körper von Gewicht. Die diskursiven Grenzen des Geschlechts.* Frankfurt a.M.: Suhrkamp.

Butler, Judith. 2004. *Undoing Gender.* New York: Routledge

Butterwegge, Christoph. 2007. Rechtfertigung, Maßnahmen und Folgen einer neoliberalen (Sozial-)Politik. In *Kritik des Neoliberalismus,* Hrsg. Christoph Butterwegge, Bettina Lösch und Ralf Ptak unter Mitarbeit von Tim Engartner, 135-219. Wiesbaden: Verlag für Sozialwissenschaften.

Campbell, Anne. 1984. *The Girls in the Gang. A Report from New York City.* Oxford: Clarendon Press.

Casale, Rita, und Barbara Rendtorff (Hrsg.). 2008. *Was kommt nach der Genderforschung. Zur Zukunft der feministischen Theoriebildung.* Bielefeld: Transcript Verlag.

Cockburn, Cynthia. 1983. *Brothers: Male Dominance and Technological Change.* London: Pluto Press.

Cockburn, Cynthia. 1988. *Die Herrschaftsmaschine. Geschlechterverhältnisse und technisches Know-how.* Berlin, Hamburg: VSA-Verlag für das Studium der Arbeiterbewegung.

Collins, Patricia Hill. 1990. *Black Feminist Thought: Knowledge, Consciousness, and the Politics of Empowerment.* New York: Routledge.

Combahee River Collective. 1982. *A* Black Feminist Statement. In *But Some of Us Are Brave. Black Women's Studies,* Hrsg. Gloria T. Hull, Patricia Scott und Barbara Smith, 13-22. Old Westbury: The Feminist Press.

Connell, R.W. 1987. *Gender and Power. Society, the Person and Sexual Politics.* Cambridge: Polity.

Connell, Robert W. 1999. *Der gemachte Mann. Konstruktion und Krise von Männlichkeiten.* Opladen: Leske & Budrich.

Connell, Robert W. 2000. *Der gemachte Mann. Männlichkeitskonstruktionen und Krise der Männlichkeit,* 2. Aufl. Opladen: Leske & Budrich.

Connell, Raewyn. 2009a. Der Sprung über die Kontinente hinweg – Überlegungen zur Entwicklung von Erkenntnismethoden und Ansätzen in der Männlichkeitsforschung. In *Erkenntnis und Methode. Geschlechterforschung in Zeiten des Umbruchs,* Hrsg. Brigitte Aulenbacher und Birgit Riegraf, 81-99. Wiesbaden: Verlag für Sozialwissenschaften.

Connell, Raewyn. 2009b. *The Machine in the Tower Block: Finance Capital & Corparate Masculinities,* Paper presented in the Workshop: „Studying Masculinity in Life History", Johannes Kepler Universität Linz am 3.4.2009.

Connell, Raewyn. 2010a Im Innern des gläsernen Turms. Die Konstruktion von Männlichkeiten im Finanzkapital. *Feministische Studien* 28, 1: 8-24.

Connell, Raewyn. 2010b. Lives of the businessmen, Reflections on life-history method and contemporary hegemonic masculinity. *Österreichische Zeitschrift für Soziologie* 35, 2: 54-71.

Connell, R.W., und James W. Messerschmidt. 2005. Hegemonic Masculinity. Rethinking the Concept. *Gender & Society* 19, 2005: 829-859.

Cook, Judith A., und Mary Margaret Fonow. 1984. Methoden feministischer Soziologie in den Vereinigten Staaten. *Das Argument* 26: 57-69.

Cooper, Robert. 1989. Modernism, Post Modernism and Organizational Analysis 3: The Contribution of Jacques Derrida. *Organization Studies* 10, 4: 479-502.

Cooper, Robert, und Gibson Burrell. 1988. Modernism, Postmodernism and Organizational Analysis: An Introduction. *Organization Studies*, 9, 1: 91-112.

Cordes, Mechthild. 1996. *Frauenpolitik: Gleichstellung oder Gesellschaftsveränderung.* Ziele Institutionen – Strategien. Opladen: Leske & Budrich.

Cordes, Mechthild. 2008. Gleichstellungspolitiken: Von der Frauenförderung zum Gender Mainstreaming. In *Handbuch Frauen- und Geschlechterforschung,* Hrsg. Ruth Becker und Beate Kortendiek, 916-924 (2. Aufl.). Wiesbaden: VS-Verlag für Sozialwissenschaften.

Council of Europe. 1998. *Gender Mainstreaming: Conceptual Framework, Methodology and Presentation of Good Practices.* Strasbourg: Council of Europe EG-S-MS (98) 2.

Crenshaw, Kimberle Williams. 1991. Mapping the Margins: Intersectionality, Identity Politics, and Violence Against Women of Color. *Stanford Law Review* 43(6): 1241-1299.

Crenshaw, Kimberle Williams. 1998. Demarginalizing the Intersection of Race and Sex: A Black Feminist Critique of Antidiscrimination Doctrine, Feminist Theory, and Antiracist Politics. In *Feminism and Politics,* Hrsg. Anne Phillips, 314-343. Oxford/New York: Oxford University Press.

Crozier, Michel, und Erhard Friedberg. 1979. *Macht und Organisation. Die Zwänge kollektiven Handelns.* Königstein/Ts.: Athenäum-Verlag.

Cyba, Eva. 2000. *Geschlecht und soziale Ungleichheit. Konstellationen der Frauenbenachteiligung.* Opladen: Leske & Budrich.

Cyba, Eva. 2004. Patriarchat. Wandel und Aktualität. In *Handbuch Frauen- und Geschlechterforschung,* Hrsg. Ruth Becker und Beate Kortendiek, 15-20. Wiesbaden: VS-Verlag für Sozialwissenschaften.

Dackweiler, Regina. 1995. *Ausgegrenzt und Eingemeindet. Die neue Frauenbewegung im Blick der Sozialwissenschaften.* Münster: Westfälisches Dampfboot.

Dahlerup, Drude. 1990. Strategien auf dem Weg von einer kleinen zu einer großen Minderheit – Frauen in der skandinavischen Politik. In *Vater Staat und seine Töchter. Studien zur politischen Kultur,* Hrsg. Barbara Schaeffer-Hegel, Heidi Kopp-Degethoff. Pfaffenweiler: Centaurus-Verlag.

Daly, Mary. 1994. Comparing Welfare States. In *Gendering welfare states,* Hrsg. Diane Sainsbury. London: Sage.

Dausien, Bettina. 1994. Biographieforschung als „Königinnenweg"? Überlegungen zur Relevanz biographischer Ansätze in der Frauenforschung. In *Erfahrung mit Methode. Wege sozialwissenschaftlicher Frauenforschung*, Hrsg. Angelika Diezinger, Hedwig Kitzer und Ingrid Anker, 129-153. Freiburg: Kore.

Dausien, Bettina. 1996. *Biographie und Geschlecht. Zur biographischen Konstruktion sozialer Wirklichkeit in Frauengeschichten.* Bremen: Donat.

Dausien, Bettina. 2009. Differenz und Selbst-Verortung – Die soziale Konstruktion von Geschlecht in Biographien als Forschungskonzept. In *Erkenntnis und Methode. Geschlechterforschung in Zeiten des Umbruchs*, Hrsg. Brigitte Aulenbacher und Birgit Riegraf, 157-177. Wiesbaden: VS Verlag für Sozialwissenschaften.

Davis, Angela. 1982. *Rassismus und Sexismus. Schwarze Frauen und Klassenkampf in den USA.* Berlin: Elefanten Press.

Davis, Kathy. 1996. Editorial. The Body. *European Journal of Women's Studies 3:* 195-197.

Davis, Kathy. 2002. ‚A Dubious Equality': Men, Women and Cosmetic Surgery. *Body & Society* 8: 49-65.

Davis, Kathy. 2008. Intersectionality in Transatlantic Perspective. In *ÜberKreuzungen, Fremdheit, Ungleichheit, Differenz,* Hrsg. Cornelia Klinger und Gudrun-Axeli Knapp, 19-35. Münster: Westfälisches Dampfboot.

Degele, Nina. 2003a. Happy together: Soziologie und Gender Studies als paradigmatische Verunsicherungswissenschaften. *Soziale Welt* 54: 9-29.

Degele, Nina. 2003b. Anpassen oder unterminieren: Zum Verhältnis von Gender Mainstreaming und Gender Studies. *Freiburger Frauen Studien* 12: 79-102.

Degele, Nina. 2008. Gender/Queer Studies. Eine Einführung. In *„Basiswissen Soziologie"*, Hrsg. Christian Dries und Dominique Schirmer. München: Fink UTB.

Degele, Nina, und Dominique Schirmer. 2004. Selbstverständlich heteronormativ: Zum Problem der Reifizierung in der Geschlechterforschung. In *Gender methodologisch. Empirische Forschung in der Informationsgesellschaft vor neuen Herausforderungen,* Hrsg. Sylvia Buchen, Cornelia Helfferich und Maja S. Maier, 107-122. Wiesbaden: VS Verlag für Sozialwissenschaften.

Degele, Nina, und Gabriele Winker. 2008. Praxeologisch differenzieren. Ein Beitrag zur intersektionalen Gesellschaftsanalyse. In *ÜberKreuzungen. Fremdheit, Ungleichheit, Differenz,* Hrsg. Cornelia Klinger und Gudrun-Axeli Knapp. Münster: Westfälisches Dampfboot.

Degele, Nina, und Gabriele Winker. 2009. *Intersektionalität.* Zur Analyse sozialer Ungleichheiten. Bielefeld: Transcript-Verlag.

DeVault, Marjorie. 1990. Talking and Listening from Women's Standpoint: Feminist Strategies for Interviewing and Analysis. *Social Problems* 37: 96-116.

DeVault, Marjorie L. und Glenda Gross. 2007. Feminist Interviewing. Experience, Talk, and Knowledge. In *Handbook of Feminist Research. Theory and Praxis*, Hrsg. Sharlene Nagy Hesse-Biber, 173-197. Thousand Oaks: Sage.

Diezinger, Angelika. 2000. Arbeit im weiblichen Lebenszusammenhang: Geschlechtshierarchische Arbeitsteilung als Ursache der Geschlechterungleichheit. In *Arbeit –*

Sozialisation – Sexualität. Zentrale Felder der Frauen- und Geschlechterforschung, Hrsg. Andrea Bührmann, Angelika Diezinger und Sigrid Metz-Göckel, 15-102. Wiesbaden: Verlag für Sozialwissenschaften.

Diezinger, Angelika, Hedwig Kitzer, und Ingrid Anker (Hrsg.). 1994. *Erfahrung mit Methode. Wege sozialwissenschaftlicher Frauenforschung.* Freiburg: Kore.

Dobash, Rebecca E., und Russel P. Dobash. 1979. *Violence against Wives: A Case against the Patriarchy.* New York: The Free Press.

Dobash, Rebecca E., und Russel P. Dobash. 2002. Gewalt in heterosexuellen Partnerschaften. In *Internationales Handbuch der Gewaltforschung,* Hrsg. Wilhelm Heitmeyer und John Hagan, 921-941. Wiesbaden: Westdeutscher Verlag.

Dobash, Russell P., R. Emerson Dobash, Margo Wilson und Martin Daly. 1992. The Myth of Sexual Symmetry in Marital Violence. *Social Problems* 39: 71-91.

Döge, Peter. 2001. Gender-Mainstreaming als Modernisierung von Organisationen. Ein Leitfaden für Frauen und Männer. *IAIZ-Schriften,* Bd. 2. Berlin: IAIZ.

Döge, Peter. 2002. „Managing Gender". Gender Mainstreaming als Gestaltung von Geschlechterverhältnissen. *Aus Politik und Zeitgeschichte* B33-34/2002: 9-16.

Döge, Peter, und Barbara Stiegler. 2004. Gender Mainstreaming in Deutschland. In *Gender Mainstreaming. Konzepte, Handlungsfelder, Instrumente,* Hrsg. Michael Meuser, Michael und Claudia Neusüß, 135-157. Bonn: Bundeszentrale für politische Bildung.

Dölling, Irene. 2003. Zwei Wege gesellschaftlicher Modernisierung. Geschlechtervertrag und Geschlechterarrangements in Ostdeutschland in gesellschafts-/modernisierungstheoretischer Perspektive. In *Achsen der Differenz, Gesellschaftstheorie und feministische Kritik II,* Hrsg. Gudrun-Axeli Knapp und Angelika Wetterer, 73-100. Münster: Westfälisches Dampfboot.

Dölling, Irene. 2005. Ostdeutsche Geschlechterarrangements in Zeiten des neoliberalen Gesellschaftsumbaus. In *Irritation Ostdeutschland. Geschlechterverhältnisse seit der Wende,* Hrsg. Eva Schäfer u.a., 16-34. Münster: Westfälisches Dampfboot.

Dölling, Irene, und Beate Krais. 2007. Pierre Bourdieus Soziologie der Praxis: ein Werkzeugkasten für die Frauen und Geschlechterforschung. In *Prekäre Transformationen. Pierre Bourdieus Soziologie der Praxis und ihre Herausforderungen für die Frauen- und Geschlechterforschung,* Hrsg. Ulla Bock, Irene Dölling und Beate Krais, 12-37. Göttingen: Wallstein.

Dölling, Irene, und Susanne Völker. 2008. Prekäre Verhältnisse, erschöpfte Geschlechterarrangements – eine praxeologische Perspektive auf Strategien sozialer Kohäsion. Schwerpunkt *Zeitschrift für Frauenforschung und Geschlechterstudien* 3 und 4: 57-71.

Dörr, Gisela. 1996. *Der technisierte Rückzug ins Private. Zum Wandel der Hausarbeit.* Frankfurt a.M./New York: Campus Verlag

Dörre, Klaus. 2007. Prekarisierung und Geschlecht, Ein Versuch über unsichere Beschäftigung und männliche Herrschaft in nachfordistischen Arbeitsgesellschaften. In *Arbeit und Geschlecht im Umbruch der modernen Gesellschaft, Forschung im Dia-*

log, Hrsg. Brigitte Aulenbacher u.a., 285-301. Wiesbaden: VS-Verlag für Sozialwissenschaften.

Dörre, Klaus, und Ulrich Brinkmann. 2005. Finanzmarktkapitalismus. Triebkraft eines flexiblen Produktionsmodells? In *Finanzmarktkapitalismus. Analysen zum Wandel von Produktionsregimen,* Hrsg. Paul Windorf, 85-116. Wiesbaden: VS-Verlag für Sozialwissenschaften.

Doucet, Andrea, und Natasha Mauthner. 2008. Qualitative Interviewing and Feminist Research. In *The Sage Handbook of Social Research Methods,* Hrsg. Pertti Alasuutari, Leonard Bickman und Julia Brannen, 328-343. Thousand Oakes: Sage.

Duden, Barbara. 1991a. *Geschichte unter der Haut.* Ein Eisenacher Arzt und seine Patientinnen um 1730. Stuttgart: Ernst Klett

Duden, Barbara. 1991b. *Der Frauenleib als öffentlicher Ort.* Vom Mißbrauch des Begriffs Leben. Hamburg: Luchterhand.

Duden, Barbara. 2002. Entkörperung der Moderne. Zur Genese des diagnostischen (Frauen-)Körpers zwischen Nachkrieg und heute. In *Konfigurationen des Menschen: Biowissenschaften als Arena der Geschlechterpolitik,* Hrsg. Ellen Kuhlmann und Regine Kollek, 121-133. Opladen: Leske & Budrich.

Duden, Barbara. 2008. Frauen-„Körper": Erfahrung und Diskurs (1970-2004). In *Handbuch Frauen- und Geschlechterforschung,* Hrsg. Ruth Becker und Beate Kortendiek, 593-607 (2. Aufl.). Wiesbaden: VS-Verlag für Sozialwissenschaften.

Due Billing, Yvonne. 1994. Gender and Bureaucracies – A Critique of Ferguson's ‚The Feminist Case Against Bureaucracy'. *Gender, Work and Organization* 1, No. 4, October 1994: 179-193.

Duerr, Hans-Peter. 1993. *Obszönität und Gewalt. Der Mythos vom Zivilisationsprozess.* Frankfurt a.M.: Suhrkamp Verlag.

Dull, Diana, und Candace West. 1991. Accounting for Cosmetic Surgery: The Accomplishment of Gender. *Social Problems* 38: 54-70.

Eckart, Christel, Ursula G. Jaerisch und Helgard Kramer. 1979. *Frauenarbeit in Familie und Fabrik. Eine Untersuchung von Bedingungen und Barrieren der Interessenwahrnehmung von Industriearbeiterinnen.* Frankfurt a.M., New York: Campus.

Eckert, Roland, Christina Reis und Thomas A. Wetzstein. 2000. *„Ich will halt anders sein wie die anderen". Abgrenzung, Gewalt und Kreativität bei Gruppen Jugendlicher.* Opladen: Leske & Budrich.

Edwards, John. 1987. *Positive Discrimination, Social Justice, and Social Policy.* London/New York: Tavistock.

Ehrenreich, Barbara, und Arlie Russell Hochschild. 2007. Die weibliche Seite der Globalisierung. In *Generation Global. Ein Crashkurs,* Hrsg. Ulrich Beck, 134-151. Frankfurt a.M.: Suhrkamp

Eichler, Margrit. 1997. Feminist Methodology. *Current Sociology* 45: 9-36.

Eichmann, Hubert. 2010. Erwerbszentrierte Lebensführung in der Wiener Kreativwirtschaft. *Österreichische Zeitschrift für Soziologie* 35, 2: 72-88.

Eisenstein, Zillah R. (Hrsg.). 1979. *Capitalist Patriarchy and the Case for Socialist Feminism.* New York: Monthly Review Press.

Engel, Antke. 2008. Geschlecht und Sexualität. Jenseits von Zweigeschlechtlichkeit und Heteronormativität. In *Poststrukturalistische Sozialwissenschaft*, Hrsg. Stephan Moebius und Andreas Reckwitz, 330-346. Frankfurt a.m.: Suhrkamp Verlag.

Engelfried, Constance. 1997. *Männlichkeiten. Die Öffnung des feministischen Blicks auf den Mann*. Weinheim/Müchen: Juventa.

Ensel, Angelica. 1994. Chirurg – Dramaturg – Demiurg. Männliche Schöpfungsphantasien und die Herstellung von Identitäten in der schönheitschirurgischen Geschlechterbeziehung. *Zeitschrift für Frauenforschung* 12, 4: 106-114.

Ernst, Waltraud. 2003. Feministische Effekte. Erkenntnisprozesse für Veränderungen der Wirklichkeit. In *Feministische ErkenntnisProzesse. Zwischen Wissenschaftstheorie und politischer Praxis*, Hrsg. Renate Niekant und Uta Schuchmann, 68-79. Opladen: Leske & Budrich.

Faulstich-Wieland, Hannelore, Martina Weber, und Katharina Willems. 2004. *Doing Gender im heutigen Schulalltag. Empirische Studien zur sozialen Konstruktion von Geschlecht in schulischen Interaktionen*. Weinheim, München: Juventa.

Featherstone, Mike, und Mike Hepworth. 1991. The Mask od Ageing and the Postmodern Life Course. In: *The Body. Social Process and Cultural Theory*, Hrsg. Mike Featherstone, Mike Hepworth und Bryan S. Turner, 371-389. London: Sage.

Feministische Studien. 1993. *Kritik der Kategorie „Geschlecht"*, Jg. 11, Heft 2.

Fenstermaker, Sarah und Candace West. 2001. „Doing Difference" revisited. Probleme, Aussichten und der Dialog in der Geschlechterforschung *Kölner Zeitschrift für Soziologie und Sozialpsychologie* Sonderheft 41: 236 – 249.

Ferguson, Kathy. 1984. *The Feminist Case Against Bureaucracy*. Philadelphia: Temple University Press

Fischer, Ute L., Birgit Riegraf und Hilde Theobald. 2002. *Staatstransformation der Nachkriegszeit: Wege zu einem frauenfreundlicheren Staat?* In *Geschlechterverhältnisse im sozialen Wandel*, Hrsg. Bettina Fritsche, Claudia Nagode und Eva Schäfer. Opladen: Leske & Budrich.

Flaake, Karin. 1998. Weibliche Adoleszenz – Neue Möglichkeiten, alte Fallen? Widersprüche und Ambivalenzen in der Lebenssituation und den Orientierungen junger Frauen. In *Die ungleiche Gleichheit. Junge Frauen und der Wandel im Geschlechterverhältnis*, Hrsg. Mechtilf Oechsle und Birgit Geissler, 43-65. Opladen: Leske & Budrich.

Flick, Uwe. 2005. Qualitative Research in Sociology in Germany and the US – State of the Art, Differences and Developments [47 paragraphs]. In: *Forum Qualitative Sozialforschung/Forum:Qualitative Social Research*, *6* (3), Art. 23, http://nbn-resolving.de/urn:nbn:de:0114-fqs0503230.

Foucault, Michel. 1978. *Dispositive der Macht*. Berlin: Merve.

Franckenstein, Frauke. 1994. Cher – eine zwielichtige Ikone der Schönheitschirurgie. Eine medizinethnologische Betrachtung der Politik am Frauenkörper. *Zeitschrift für Frauenforschung* 12, 4: 115-124.

Franzway, Suzanne, Dianne Court und Robert W. Connell. 1989. *Staking a Claim. Feminism, Bureaucracy and the State*. Cambridge/Oxford: University Press.

Fraser, Nancy. 1992. Was ist kritisch an der Kritischen Theorie? Habermas und die Geschlechterfrage. In *Feministische Vernunftkritik*, Hrsg. Ilona Ostner und Klaus Lichtblau, Klaus, 99-146. Frankfurt a.M./New York: Campus-Verlag.

Fraser, Nancy. 1994. Die Frauen, die Wohlfahrt und die Politik der Bedürfnisinterpretation. In *Widerspenstige Praktiken*, Hrsg. Nancy Fraser, 222-248. Frankfurt a.M.: Suhrkamp-Verlag.

Fraser, Nancy (Hrsg.). 2001. *Die halbierte Gerechtigkeit*. Frankfurt a.M.: Suhrkamp-Verlag.

Fraser, Nancy. 2003. Soziale Gerechtigkeit im Zeitalter der Identitätspolitik, Umverteilung, Anerkennung und Beteiligung. In *Umverteilung oder Anerkennung? Eine politisch-philosophische Kontroverse*, Hrsg. Nancy Fraser und Axel Honneth, 13-128. Frankfurt a.M.: Suhrkamp-Verlag.

Fraser, Nancy, und Linda Gordon. 2001. "Abhängigkeit" im Sozialstaat. Genealogie eines Schlüsselbegriffs. In *Die halbierte Gerechtigkeit*, Hrsg. Nancy Fraser. Frankfurt a.M.: Suhrkamp-Verlag.

Fraser, Nancy, und Axel Honneth. 2003. *Umverteilung oder Anerkennung? Eine politisch-philosophische Kontroverse*. Frankfurt a.M.: Suhrkamp-Verlag.

Fraser, Nancy, und Linda Nicholson. 1988. Social Criticism without Philosophy: An Encounter between Feminism and Postmodernism. *Theory, Culture & Society* 5: 373-394.

Frauen und Wissenschaft. 1976. *Frauen und Wissenschaft*. Beiträge zur Berliner Sommeruniversität für Frauen 1976. Berlin: Frauenoffensive.

Frerichs, Petra. 1983. Arbeitssituation und Lebenszusammenhang von Industriearbeiterinnen. Eine Literaturstudie zur subjektiven Bedeutung der Erwerbstätigkeit und zur Interessenvertretung von Frauen im Betrieb. In *Institut zur Erforschung sozialer Chancen. Arbeitsmaterialien* Nr. 4. Köln: Institut zur Erforschung sozialer Chancen.

Frerichs, Petra. 1997. *Klasse und Geschlecht I, Arbeit. Macht. Anerkennung. Interessen*. Opladen: Leske & Budrich.

Frevert, Ute. 1995. *„Mann und Weib, und Weib und Mann". Geschlechter-Differenzen in der Moderne*. München: Beck.

Frey, Michael. 2004. Ist der „Arbeitskraftunternehmer" weiblich? „Subjektivierte" Erwerbsorientierungen von Frauen in Prozessen betrieblicher Diskontinuität. In: *Arbeit* 13 (4): 61-77.

Frey, Michael. 2007. Wandel betrieblicher Geschlechterpolitik durch Vermarktlichung und Subjektivierung von Arbeit – „Riskante Chancen" für Frauen. In *Arbeit und Geschlecht im Umbruch der modernen Gesellschaft: Forschung im Dialog*, Hrsg. Brigitte Aulenbacher, Maria Funder, Heike Jacobsen und Susanne Völker, 165-182. Wiesbaden: VS-Verlag für Sozialwissenschaften.

Frey, Regina. 2004. Entwicklungslinien: Zur Entstehung von Gender Mainstreaming in internationalen Zusammenhängen. In *Gender Mainstreaming. Konzepte, Handlungsfelder, Instrumente*, Hrsg. Michael Meuser und Claudia Neusüß, 24-39. Bonn: Bundeszentrale für politische Bildung.

Funder, Maria. 2004. (K)ein Ende der Geschlechterungleichheit? Arbeit und Geschlecht als Medien der Inklusion und Exklusion in Organisationen. In *Hauptsache Arbeit? Feministische Perspektiven auf den Wandel von Arbeit,* Hrsg. Dagmar: Baatz, Clarissa Rudolph und Ayla Satilmis, 47-69. Münster: Westfälisches Dampfboot.

Funder, Maria, Steffen Dörhöfer und Christian Rauch (Hrsg.). 2005. *Jenseits der Geschlechterdifferenz? Geschlechterverhältnisse in der Informations- und Wissensgesellschaft.* München und Mering: Rainer Hampp Verlag.

Galtung, Johann. 1975. *Strukturelle Gewalt. Beiträge zur Friedens- und Konfliktforschung.* Reinbek: Rowohlt.

Garcia, Alma M. 1991. The Development of the Chicana Feminist Discourse, 1970-1980. In *The Social Construction of Gender,* Hrsg. Judith Lorber und S.A. Farrell, 269-287. Newbury Park/London/New Delhi: Sage.

Garfinkel, Harold. 1967. *Studies in Ethnomethodology.* Cambridge: University Press.

Gather, Claudia, Birgit Geissler und Maria S. Rerrich (Hrsg.). 2002. *Weltmarkt Privathaushalt. Bezahlte Haushaltsarbeit im globalen Wandel.* Münster: Westfälisches Dampfboot (2. Aufl. 2008).

Geissler, Birgit. 2002. Die Dienstleistungslücke im Haushalt. Der neue Bedarf nach Dienstleistungen und die Handlungslogik der privaten Arbeit. In *Weltmarkt Privathaushalt, Bezahlte Haushaltsarbeit im globalen Wandel,* Hrsg. Claudia Gather, Birgit Geissler und Maria S. Rerrich, 30-49. Münster: Westfälisches Dampfboot.

Gemünden, Jürgen. 2003. Gewalt in Partnerschaften im Hell- und Dunkelfeld. Zur empirischen Relevanz der Gewalt gegen Männer. In *Geschlecht – Gewalt – Gesellschaft,* Hrsg. Siegfried Lamnek und Manuela Boatcă, 333-353. Opladen: Leske & Budrich.

Gerhard, Ute. 1990. Patriarchatskritik als Gesellschaftsanalyse. Ein nicht erledigtes Projekt. In *Feministische Erneuerung von Wissenschaft und Kunst. Teilband 2: Dokumentation des Symposiums „Frauenforschung und Kunst von Frauen",* Hrsg. Arbeitsgemeinschaft Interdisziplinäre Frauenforschung und –studien, 65-80. Pfaffenweiler: Centaurus Verlagsgesellschaft.

Gerhard, Ute. 1999. *Atempause. Feminismus als demokratisches Projekt.* Frankfurt a.M.: Fischer.

Gerhard, Ute. 2001. Frauenbewegung – Frauenforschung – Frauenpolitik. In *Zwischen Emanzipationsvision und Gesellschaftskritik. (Re)Konstruktion der Geschlechterordnung,* Hrsg. Ursula Hornung, Ursula, Sedef Gümen und Sabine Weilandt, 21-39. Münster: Westfälisches Dampfboot.

Gerhard, Ute. 2009. *Frauenbewegung und Feminismus. Eine Geschichte seit 1789.* Frankfurt a.M.: Fischer Verlag.

Giddens, Anthony. 1992. *Die Konstitution der Gesellschaft. Gründzüge einer Theorie der Strukturierung.* Frankfurt a.M./New York: Campus Verlag.

Gildemeister, Regine. 2000a. Soziale Konstruktion von Geschlecht: Fallen, Missverständnisse und Erträge einer Debatte. In *Geschlecht, Ethnizität, Klasse. Zur sozialen Konstruktion von Hierarchie und Differenz,* Hrsg. Claudia Rademacher und Peter Wiechens, 65-90. Opladen: Leske & Budrich.

Gildemeister, Regine. 2000b. Geschlechterforschung (gender studies). In *Qualitative Forschung. Ein Handbuch*, Hrsg. Uwe Flick, Ernst von Kardorff und Ines Steinke, 213-223. Reinbek: Rowohlt.

Gildemeister, Regine. 2004a. Doing Gender: Soziale Praktiken der Geschlechterunterscheidung. In *Handbuch Frauen- und Geschlechterforschung. Theorie, Methoden, Empirie,* Hrsg. Ruth Becker und Beate Kortendiek, 132-141. Wiesbaden: VS Verlag für Sozialwissenschaften.

Gildemeister, Regine. 2004b. Geschlechterdifferenz – Geschlechterdifferenzierung: Beispiele und Folgen eines Blickwechsels in der empirischen Geschlechterforschung. In *Gender methodologisch. Empirische Forschung in der Informationsgesellschaft vor neuen Herausforderungen,* Hrsg. Sylvia Buchen, Cornelia Helfferich und Maja S. Maier, 27-45. Wiesbaden: VS Verlag für Sozialwissenschaften.

Gildemeister, Regine. 2006. Konstruktion von Geschlecht. In: *Interdependenzen. Geschlecht, Ethnizität und Klasse.* Virtuelles Seminar der Humboldt-Universität-Berlin, Justus-Liebig-Universität- Gießen und Christian-Albrecht-Universität Kiel, http://www.wupb.de/documents/Soziale-Konstruktion-von-Geschlecht.pdf.

Gildemeister, Regine. 2007. Soziale Konstruktion von Geschlecht: „Doing gender". In *Geschlechterdifferenzen – Geschlechterdifferenzierungen. Ein Überblick über gesellschaftliche Entwicklungen und theoretische Positionen,* Hrsg. Sylvia M. Wilz, 167-198. Wiesbaden: VS Verlag für Sozialwissenschaften.

Gildemeister, Regine. 2008. Doing Gender. Soziale Praktiken der Geschlechterunterscheidung. In *Handbuch Frauen- und Geschlechterforschung,* Hrsg. Ruth Becker und Beate Kortendiek, 137-145 (2. Aufl.). Wiesbaden: VS-Verlag für Sozialwissenschaften.

Gildemeister, Regine, und Günther Robert. 2003. Politik und Geschlecht. Programmatische Gleichheit und die Praxis der Differenzierung. In *Der Begriff des Politischen,* Hrsg. Arnim Nassehi und Markus Schroer, 217-239. Baden-Baden: Nomos-Verlag.

Gildemeister, Regine, und Angelika Wetterer. 1992. Wie Geschlechter gemacht werden. Die soziale Konstruktion der Zweigeschlechtlichkeit und ihre Reifizierung in der Frauenforschung. In *TraditionenBrüche. Entwicklungen feministischer Theorie,* Hrsg. Gudrun-Axeli Knapp und Angelika Wetterer, 201-254. Freiburg: Kore.

Gildemeister, Regine, und Angelika Wetterer (Hrsg.). 2007. Erosion oder Reproduktion geschlechtlicher Differenzierungen? Widersprüchliche Entwicklungen in professionalisierten Berufsfeldern und Organisationen. Münster: Westfälisches Dampfboot.

Gilligan, Carol. 1982. *Die andere Stimme. Lebenskonflikte und Moral der Frau.* München: Piper Verlag.

Glaser, Barney, und Anselm L. Strauss. 1967. *The Discovery of Grounded Theory. Strategies for Qualitative Research.* Chicago: Aldine Transaction.

Godelier, Maurice. 1973. System, Struktur und Widerspruch im „Kapital". *Internationale marxistische Diskussion 8.*

Goffman, Erving. 1959. *The Presentation of Self in Everyday Life.* New York: The Overlook Press.

Goffman, Erving. 1994. *Interaktion und Geschlecht.* Frankfurt a.M./New York: Campus Verlag.

Goffman, Erving. 2001. Das Arrangement der Geschlechter. In *Interaktion und Geschlecht,* Hrsg. Hubert Knoblauch, 105-158. Frankfurt a.M.: Campus Verlag.

Goldner, Virginia, Peggy Penn, Marcia Sheinberg und Gillian Walkerm. 1992. Liebe und Gewalt: geschlechtsspezifische Paradoxe in instabilen Beziehungen. *Familiendynamik* 17: 109-140.

Gottschall, Karin. 1995. Geschlechterverhältnis und Arbeitsmarktsegregation. In *Das Geschlechterverhältnis als Gegenstand der Sozialwissenschaften,* Hrsg. Regina Becker-Schmidt und Gudrun-Axeli Knapp, 125-162. Frankfurt a.M./New York: Campus Verlag.

Gottschall, Karin. 1998. Doing Gender While Doing Work? Erkenntnispotentiale konstruktivistischer Perspektiven für eine Analyse des Zusammenhangs von Arbeitsmarkt, Beruf und Geschlecht. In *FrauenArbeitsMarkt. Der Beitrag der Frauenforschung zur sozio-ökonomischen Theorieentwicklung,* Hrsg. Birgit Geissler, Friederike Maier und Birgit Pfau-Effinger, 63-94. Berlin: edition sigma.

Gottschall, Karin. 2000. *Soziale Ungleichheit und Geschlecht, Kontinuitäten und Brüche, Sackgassen und Erkenntnispotentiale im deutschen soziologischen Diskurs.* Opladen: Leske & Budrich.

Gottschall, Karin. 2008. Soziale Dienstleistungen zwischen Informalisierung und Professionalisierung – oder: der schwierige Abschied von deutschen Erbe sozialpolitischer Regulierung. *Zeitschrift für Arbeitsforschung, Arbeitsgestaltung und Arbeitspolitik,* 17, 4, 2008: 254-267.

Gottschall, Karin. 2009. Der Staat und seine Diener: Metamorphosen eines wohlfahrtsstaatlichen Beschäftigungsmodells. In *Wohlfahrtsstaatlichkeit in entwickelten Demokratien, Herausforderungen, Reformen und Perspektiven,* Hrsg. Herbert Obinger und Elmar Rieger, 461-491. Frankfurt a.M./New York: Campus Verlag.

Gräfrath, Bernd. 1992. *Wie gerecht ist die Frauenquote? Eine praktisch-philosophische Untersuchung.* Würzburg: Königshausen & Neumann Verlag.

Grogan, Sarah, und Helen Richards. 2002. Body Image. Focus Groups with Boys and Men. *Men and Masculinities* 4: 219-232.

Groß, Melanie. 2008. *Geschlecht und Widerstand. post.../queer.../linksradikal...* Münster: Ulrike Helmer Verlag.

Groß, Melanie, und Gabriele Winker (Hrsg.). 2007. *Queer-, Feministische Kritiken neoliberaler Verhältnisse.* Münster: Unrast Verlag.

Groß, Melanie, und Gabriele Winker. 2009. Queer-|Feministische Praxen in Bewegung. In *Erkenntnis und Methode. Geschlechterforschung in Zeiten des Umbruchs,* Hrsg. Brigitte Aulenbacher und Birgit Riegraf, 51-64. Wiesbaden: VS Verlag für Sozialwissenschaften.

Gugutzer, Robert (Hrsg.). 2006. *body turn. Perspektiven der Soziologie des Körpers und des Sports.* Bielefeld: transcript-Verlag.

Gümen, Sedef. 1997. Grenzziehungen zwischen Frauen in der Einwanderungsgesellschaft BRD. In *Differenz und Integration: die Zukunft moderner Gesellschaften. 28.*

Kongreß der Deutschen Gesellschaft für Soziologie – Dresden, Hrsg. Karl-Siegfried Rehberg. Opladen: Leske & Budrich.

Habermas, Jürgen. 1981. *Theorie des kommunikativen Handelns, 2 Bde..* Frankfurt a.m.: Suhrkamp Verlag.

Hagemann-White, Carol. 1983. Gewalt. In *Frauenhandlexikon. Stichworte zur Selbstbestimmung,* Hrsg. Johanna Beyer, Franziska Lamott und Birgit Meyer, 114-118. München: Beck Verlag.

Hagemann-White, Carol. 1984. *Sozialisation: weiblich-männlich.* Opladen: Leske & Budrich.

Hagemann-White, Carol. 1993. Die Konstrukteure des Geschlechts auf frischer Tat ertappen? Methodische Konsequenzen einer theoretischen Einsicht. *Feministische Studien* 2: 68-78.

Hagemann-White, Carol. 2002a. Gewalt im Geschlechterverhältnis als Gegenstand sozialwissenschaftlicher Forschung und Theoriebildung: Rückblick, gegenwärtiger Stand, Ausblick. In *Gewaltverhältnisse. Feministische Perspektiven auf Geschlecht und Gewalt,* Hrsg. Regina-Maria Dackweiler und Reinhild Schäfer, 29-52. Frankfurt a.M./New York: Campus.

Hagemann-White, Carol. 2002b. Gender-Perspektiven auf Gewalt in vergleichender Sicht. In *Internationales Handbuch der Gewaltforschung,* Hrsg. Wilhelm Heitmeyer, und John Hagan, 124-149. Wiesbaden: Westdeutscher Verlag.

Hagemann-White, Carol. 2005. Brückenschläge zwischen den Geschlechtern und den Generationen in einer gespaltenen Gewaltdiskussion. *Zeitschrift für Frauenforschung & Geschlechterstudien* 23, 1+2: 3-8.

Hagemann-White, Carol. 2006. Gemeinsamkeiten und Unterschiede der Gewalt gegen Frauen und Männer. In *Gewalt. Beschreibungen, Analysen, Prävention,* Hrsg. Wilhelm Heitmeyer und Monika Schröttle, 117-123. Bonn: Bundeszentrale für politische Bildung.

Hagemann-White, Carol, Heidi Lang, Jutta Lübbert und Birgitta Rennefeld. 1997. Strategien gegen Gewalt im Geschlechterverhältnis. Bestandsanalyse und Perspektiven. In *Parteilichkeit und Solidarität. Praxiserfahrungen und Streitfragen zur Gewalt im Geschlechterverhältnis,* Hrsg. Carol Hagemann-White, Barbara Kavemann und Dagmar Ohl, 15-116. Bielefeld: Kleine Verlag.

Hagemann-White, Carol und Hans-Joachim Lenz. 2002. Gewalterfahrungen von Männern und Frauen. In *Geschlecht, Gesundheit und Krankheit. Männer und Frauen im Vergleich,* Hrsg. Klaus Hurrelmann und Petra Kolip, 460-487. Bern: Huber Verlag.

Haltern, Ulrich. 2009. *Obamas politischer Körper.* Berlin: Berlin University Press.

Han, Petrus. 2005. *Soziologie der Migration.* Stuttgart: Lucius & Lucius

Harding, Sandra. 1986. *The Science Question in Feminism.* Milton Keynes: Cornell University Press.

Harding, Sandra. 1994. *Das Geschlecht des Wissens. Frauen denken die Wissenschaft neu.* Frankfurt a.M., New York: Campus.

Harding, Sandra. 2007. Feminist Standpoints. In *Handbook of Feminist Research. Theory and Praxis,* Hrsg. Sharlene Nagy Hesse-Biber, 45-69. Thousand Oaks: Sage.

Hardmeier, Sibylle, und Dagmar Vinz. 2007. Diversity und Intersectionality, Eine kritische Würdigung der Ansätze für die Politikwissenschaft. *Femina Politica* 16, 1: 23-33.

Hark, Sabine. 2001a. *Dis/Kontinuitäten: Feministische Theorie*. Opladen: Leske & Budrich.

Hark, Sabine. 2001b. Feministische Theorie – Diskurs – Dekonstruktion. Produktive Verknüpfungen. In *Handbuch Sozialwissenschaftliche Diskursanalyse. Bd. 1: Theorien und Methoden*, Hrsg. Reiner Keller, Andreas Hirseland, Werner Schneider und Willy Viehöver, 353-371. Opladen: Leske & Budrich.

Hark, Sabine. 2005. *Dissidente Partizipation. Eine Diskursgeschichte des Feminismus.* Frankfurt a.m.: Suhrkamp Verlag.

Hark, Sabine. 2008. Lesbenforschung und Queer Theorie: Theoretische Konzepte, Entwicklungen und Korrespondenzen. In *Handbuch Frauen- und Geschlechterforschung,* Hrsg. Ruth Becker und Beate Kortendiek, 108-115. Wiesbaden: VS-Verlag für Sozialwissenschaften.

Hark, Sabine, und Corinna Genschel. 2003. Die ambivalente Politik von Citizenship und ihre sexualpolitische Herausforderung. In *Achsen der Differenz,* Hrsg. Gudrun-Axeli Knapp. Münster: Westfälisches Dampfboot.

Hartung, Beth, Jane C. Ollenburger, Helen A. Moore, und Mary Jo Deegan. 1988. Empowering a Feminist Ethic for Social Science Research: Nebraska Sociological Feminist Collective. In *A Feminist Ethic for Social Science Research,* Hrsg. Nebraska Sociological Feminist Collective, 1-22. Lewiston: The Edwin Mellen Press.

Hausen, Karin. 1976. Die Polarisierung der „Geschlechtercharaktere" – eine Spiegelung der Dissoziation von Erwerbs- und Familienleben. In *Sozialgeschichte der Familie in der Neuzeit Europas,* Hrsg. Werner Conze, 363-393. Stuttgart: Klett Verlag.

Hausen, Karin. 1986. Patriarchat - Vom Nutzen und Nachteil eines Konzeptes für Frauenpolitik und Frauengeschichte. Journal für Geschichte 1986/5: 12-21.

Hausen, Karin, und Helga Nowotny. 1986. Vorwort. In *Wie männlich ist die Wissenschaft?* Hrsg. Karin Hausen und Helga Nowotny, 9-14. Frankfurt a.M.: Suhrkamp Verlag.

Hearn, Jeff. 1987. *The Gender of Oppression. Men, Masculinity, and the Critique of Marxism.* Brighton: Wheatsheaf Books.

Hearn, Jeff. 1992. *Men in the Public Eye. The Construction and Deconstruction of Public Men and Public Patriarchies.* London, New York: Routledge.

Hearn, Jeff. 2009. Von gendered organizations zu transnationalen Patriarchien – Theorien und Fragmente. In *Erkenntnis und Methode. Geschlechterforschung in Zeiten des Umbruchs.* Hrsg. Brigitte Aulenbacher und Birgit Riegraf, 267-290. Wiesbaden: VS-Verlag für Sozialwissenschaften.

Hearn, Jeff, und Wendy Parkin. 1987: *„Sex" at „Work": The Power and Paradox of Organization Sexuality.* Brighton: Wheatsheaf Books.

Hegenbarth, Rainer. 1980. Von der legislatorischen Programmierung zur Selbststeuerung der Verwaltung. In *Organisation und Recht. Organisatorische Bedingungen des Gesetzesvollzugs,* Hrsg. Erhard Blankenburg und Klaus Lenk, 130-152. Opladen: Leske & Budrich.

Heiliger, Anita, und Constance Engelfried. 1995. *Sexuelle Gewalt. Männliche Sozialisation und potentielle Täterschaft.* Frankfurt a.M./New York: Campus Verlag.

Heiliger, Anita, und Hanna Permien. 1995. Männliche Gewalt und Prävention. *Diskurs* 5, 1: 33-41.

Heintz, Bettina. 2007. Ohne Ansehen der Person? De-Institutionalisierungsprozesse und geschlechtliche Differenzierung. In *Geschlechterdifferenzen – Geschlechterdifferenzierungen. Ein Überblick über gesellschaftliche Entwicklungen und theoretische Positionen,* Hrsg. Sylvia M. Wilz, 231-251. Wiesbaden: VS-Verlag für Sozialwissenschaften.

Heintz, Bettina, und Eva Nadai. 1998. Geschlecht und Kontext. De-Institutionalisierungsprozesse und geschlechtliche Differenzierung. *Zeitschrift für Soziologie* 27: 75-93.

Heintz, Bettina, Eva Nadai, Regula Fischer und Hannes Ummel. 1997. *Ungleich unter Gleichen. Studien zur geschlechtsspezifischen Segregation des Arbeitsmarktes.* Frankfurt a.M./New York: Campus.

Hekman, Susan. 2007. Feminist Methodology. In *The Sage Handbook of Social Science Methodology,* Hrsg. William Outhwaite und Stephen P. Turner, 534-546. London: Sage.

Hellmann, Kai-Uwe. 2004. 1988 – und was nun? Eine Zwischenbilanz zum Verhältnis von Systemtheorie und Gender Studies. In *Gender Studies und Systemtheorie, Studien zu einem Theorientransfer,* Hrsg. Sabine Kampmann, Alexandra Karentzos, und Thomas Küpper, 17-46. Bielefeld: Transcript-Verlag.

Henley, Nancy M.. 1988. *Körperstrategien. Geschlecht, Macht und nonverbale Kommunikation.* Frankfurt a.M.: Fischer Verlag.

Henninger, Annette, Christine Wimbauer und Anke Supra. 2007. Zeit ist mehr als Geld – Vereinbarkeit von Kind und Karriere bei Doppelkarriere-Paaren. *Zeitschrift für Frauenforschung und Geschlechterstudien* 25, 3+4: 69-84.

Hess, Sabine. 2005. *Globalisierung der Hausarbeit. Au-pair als Migrationsstrategie für Frauen aus Osteuropa.* Wiesbaden: VS Verlag für Sozialwissenschaften.

Hesse-Biber, Sharlene Nagy (Hrsg.). 2007a. *Handbook of Feminist Research. Theory and Praxis.* Thousand Oaks: Sage.

Hesse-Biber, Sharlene Nagy. 2007b. The Practice of Feminist in-Depth Interviewing. In *Feminist Research Practice,* Hrsg. Sharlene Nagy Hesse-Biber und Patricia Lina Leavy, 53-82. Thousand Oaks, CA: Sage.

Hesse-Biber, Sharlene Nagy, Patricia Leavy und Michelle L. Yaiser. 2004. Feminist Approaches to Research as a *Process*: Reconceptualiziing Epistemology, Methodology and Method. In *Feminist Perspectives on Social Research,* Hrsg. Sharlene Nagy Hesse-Biber und Michelle L. Yaiser, 3-26. New York: Oxford University Press.

Hesse-Biber, Sharlene Nagy, und Michelle L. Yaiser. 2004. *Feminist Perspectives on Social Research.* New York: Oxford University Press.

Hillebrandt, Frank. 2009. Praxistheorie. In *Handbuch soziologische Theorien,* Hrsg. Georg Kneer und Schroer, 294-369. Wiesbaden: VS-Verlag für Sozialwissenschaften.

Hirschauer, Stefan. 1989. Die interaktive Konstruktion von Geschlechtszugehörigkeit. *Zeitschrift für Soziologie* 18: 100-118.

Hirschauer, Stefan. 1993. Die soziale Konstruktion der Transsexualität. Über die Medizin und den Geschlechtswechsel, Frankfurt a.m.: Suhrkamp Verlag.

Hirschauer, Stefan. 1994. Die soziale Fortpflanzung der Zweigeschlechtlichkeit. *Kölner Zeitschrift für Soziologie und Sozialpsychologie* 46: 668-692.

Hirschauer, Stefan. 1996. Wie sind Frauen, wie sind Männer? Zweigeschlechtlichkeit als Wissenssystem. In *Was sind Frauen? Was sind Männer? Geschlechterkonstruktion im historischen Wandel.* Hrsg. Christiane Eifert, Angelika Epple u.a., 240-256. Frankfurt a.m.: Suhrkamp Verlag.

Hirschauer, Stefan. 2001. Das Vergessen des Geschlechts. Zur Praxeologie einer Kategorisierung sozialer Ordnung. In *Geschlechtersoziologie,* Hrsg. B. Heintz, 208-235. Opladen: Westdeutscher Verlag.

Hirschauer, Stefan. 2003. Konstruktivismus. In *Hauptbegriffe Qualitativer Sozialforschung. Ein Wörterbuch,* Hrsg. Ralf Bohnsack, Winfried Marotzki und Michael Meuser, 102-104. Opladen: Leske & Budrich.

Hirschauer, Stefan. 2005. Geschlechterdifferenzierungen in wissenschaftlichem Wissen. In *Gender@Wissen. Ein Handbuch der Gender-Theorien.* Hrsg. Christina von Braun und Inge Stephan. Köln/Weimar/Wien: Böhlau (UTB).

Hirschauer, Stefan, und Klaus Amann (Hrsg.). 1997. *Die Befremdung der eigenen Kultur. Zur ethnographischen Herausforderung soziologischer Empirie.* Frankfurt a.m.: Suhrkamp Verlag.

Hitzler, Ronald. 1986. Die Attitüde der künstlichen Dummheit. *Sozialwissenschaftliche Informationen (SOWI)* 15: 230-254.

Hochschild, Arlie. 1990. *Das gekaufte Herz.* Frankfurt a.m./New York: Campus Verlag.

Hochschild, Arlie, und Anne Machung. 1993. *Der 48-Stunden-Tag. Wege aus dem Dilemma berufstätiger Eltern.* München: Knaur.

Hofbauer, Johanna, und Ursula Holtgrewe. 2009. Geschlechter organisieren – Organisationen gendern. Zur Entwicklung feministischer und geschlechtersoziologischer Reflexion über Organisationen. In *Arbeit. Perspektiven und Diagnosen der Geschlechterforschung,* Hrsg. Brigitte Aulenbacher und Angelika Wetterer, 64-81. Münster: Westfälisches Dampfboot.

Hofstadler, Beate, und Birgit Buchinger. 2001. *KörperNormen – KörperFormen. Männer über Körper, Geschlecht und Sexualität.* Wien: Turia + Kant.

Holland-Cunz, Barbara. 1996. Komplexe Netze, konfliktreiche Prozesse. Gleichstellungspolitik aus policy-analytischer Sicht. In *Der halbierte Staat. Grundlagen feministischer Politikwissenschaft,* Hrsg. Teresa Kulawik, Teresa, und Birgit Sauer, 158-174. Frankfurt a.m./New York: Campus Verlag.

Holland-Cunz, Barbara. 2003a. *Die alte neue Frauenfrage.* Frankfurt a.m.: Suhrkamp Verlag.

Holland-Cunz, Barbara. 2003b. Die Vision einer feministischen Wissenschaft und der Betrieb der normal science. In *Feministische ErkenntnisProzesse. Zwischen Wissen-*

schaftstheorie und politischer Praxis, Hrsg. Renate Niekant und Uta Schuchmann, 27-49. Opladen: Leske & Budrich.

Holland-Cunz, Barbara. 2005. *Die Regierung des Wissens. Wissenschaft, Politik und Geschlecht in der Wissensgesellschaft.* Opladen: Verlag Barbara Budrich.

Honegger, Claudia. 1991. *Die Ordnung der Geschlechter: Die Wissenschaften vom Menschen und das Weib.* Frankfurt a.M./New York: Campus.

Honig, Michael-Sebastian. 1992. *Verhäuslichte Gewalt. Sozialer Konflikt, wissenschaftliche Konstrukte, Alltagswissen, Handlungssituationen.* Frankfurt a.M.: Suhrkamp Verlag.

Höyng, Stefan. 2002. Gleichstellungspolitik als Klientelpolitik greift zu kurz. Die Möglichkeiten von Gender Mainstreaming aus dem Blickwinkel von Männern. In *Gender Mainstreaming – eine Innovation in der Gleichstellungspolitik. Zwischenberichte aus der politischen Praxis,* Hrsg. Silke Bothfeld, Sigrid Gronbach, und Barbara Riedmüller, 199-228. Frankfurt a.M./New York: Campus-Verlag.

Human Rights Watch. 2001. *No Escape. Male Rape in U.S. Prisons.* New York. www.hrw.org/reports/2001/prison/index.htm.

Huyssen, Andreas. 1986. Postmoderne – eine amerikanische Internationale? In *Postmoderne. Zeichen eines kulturellen Wandels,* Hrsg. Andreas Huyssen und Klaus R. Scherpe, 13-44. Reinbek: Rowohlt.

Inhetveen, Katharina. 1997. Ritual, Spiel und Vergemeinschaftung bei Hardcorekonzerten. In *Soziologie der Gewalt,* Hrsg. Trutz von Trotha, 235-259. Opladen/Wiesbaden: Westdeutscher Verlag.

Jäger, Margarte. 2008. Diskursanalyse: Ein Verfahren zur kritischen Rekonstruktion von Machtbeziehungen. In *Handbuch Frauen- und Geschlechterforschung. Theorien, Methoden, Empirie,* Hrsg. Ruth Becker und Beate Kortendiek, 378-383 (2. Aufl.). Wiesbaden: VS Verlag für Sozialwissenschaften.

Jagose, Annamarie. 2001. *Queer Theory. Eine Einführung.* Berlin: Querverlag.

Jahoda, Marie, Paul F. Lazarsfeld, und Hans Zeisel. 1975. *Die Arbeitslosen von Marienthal. Ein soziographischer Versuch über die Wirkungen langandauernder Arbeitslosigkeit.* Frankfurt a.M.: Suhrkamp Verlag.

Jessop, Bob. 1997. Nationalstaat, Globalisierung, Gender. In *Geschlechterverhältnisse im Kontext politischer Transformation. Politische Vierteljahresschrift, Sonderheft 28,* Hrsg. Eva Kreisky und Birgit Sauer, 262-292: Opladen: Westdeutscher Verlag.

Joas, Hans. 1992. *Die Kreativität des Handelns.* Frankfurt a.M.: Suhrkamp Verlag.

Jung, Dörthe. 2004. Neue Führungskultur, Kundenorientierung, Flexibilisierung: Die private Wirtschaft braucht Gender Mainstreaming. In *Gender Mainstreaming. Konzepte, Handlungsfelder, Instrumente,* Hrsg. Michael Meuser und Claudia Neusüß, 206-217. Bonn: Bundeszentrale für politische Bildung.

Junge, Matthias. 2007. Ambivalenz: Eine Schlüsselkategorie der Soziologie von Zygmunt Baumann. In: *Zygmunt Baumann. Soziologie zwischen Postmoderne, Ethik und Gegenwartsdiagnose,* Hrsg. Matthias Junge und Thomas Kron, 77-94 (2. Aufl.). Wiesbaden: VS Verlag für Sozialwissenschaften.

Jungnitz, Ludger, Ralf Puchert, Henry Puhe und Willi Walter. 2007. *Gewalt gegen Männer. Personale Gewaltwiderfahrnisse von Männern in Deutschland.* Opladen: Verlag Barbara Budrich.

Jurczyk, Karin, und Maria S. Rerrich. 1993. *Die Arbeit des Alltags. Beiträge zu einer Soziologie der alltäglichen Lebensführung.* Freiburg: Lambertus Verlag.

Jurczyk, Karin, und Maria S. Rerrich. 2009. Erkenntnis und Politik: Alltägliche Lebensführung und Differenzen zwischen Frauen revisited. In *Erkenntnis und Methode, Geschlechterforschung in Zeiten des Umbruchs, Reihe Geschlecht & Gesellschaft,* Hrsg. Brigitte Aulenbacher und Birgit Riegraf, 103-116. Wiesbaden: VS Verlag für Sozialwissenschaften.

Jurczyk, Karin, und G. Günter Voß. 1995. Zur gesellschaftsdiagnostischen Relevanz der Untersuchung von alltäglicher Lebensführung. In *Alltägliche Lebensführung, Arrangements zwischen Traditionalität und Modernisierung,* Hrsg. Projektgruppe „Alltägliche Lebensführung", 371-407. Opladen: Leske & Budrich.

Jürgens, Kerstin. 2006. *Arbeits- und Lebenskraft. Reproduktion als eigensinnige Grenzziehung.* Wiesbaden: VS-Verlag für Sozialwissenschaften.

Kahlert, Heike. 2004. Differenz, Genealogie, Affidamento. Das italienische ‚pensiero della differenza sessuale' in der internationalen Rezeption. In *Handbuch Frauen und Geschlechterforschung. Theorie – Methoden – Empirie,* Hrsg. Ruth Becker und Beate Kortendiek, 91-98. Wiesbaden: VS Verlag für Sozialwissenschaften.

Kahlert, Heike. 2005. Beratung zur Emanzipation? Gender Mainstreaming unter dem Vorzeichen von New Public Management. In *Was bewirkt Gender Mainstreaming? Evaluierung durch Policy-Analysen,* Hrsg. Ute Behning und Birgit Sauer. Frankfurt a.M./New York: Campus Verlag.

Kamper, Dietmar und Christoph Wulf. 1982. *Die Wiederkehr des Körpers.* Frankfurt a.M.: Suhrkamp Verlag.

Kanter, Rosabeth M. 1977a. Some Effects of Proportions on Group Life: Skewed Sex Ratios and Responses to Token Women. *American Journal of Sociology* 82 No. 5: 965-990.

Kanter, Rosabeth M. 1977b. *Men and Women of the Corporation.* New York: Basic Books.

Kaufman, Michael. 1996. Die Konstruktion von Männlichkeit und die Triade männlicher Gewalt. In *Kritische Männerforschung. Neue Ansätze in der Geschlechtertheorie,* Hrsg. BauSteineMänner, 138-171. Berlin/Hamburg: Argument Verlag.

Kaufman, Michael. 2001. The White Ribbon Campaign: Involving Men ans Boys in Ending Global Violence Against Women. In *A Man's World. Chaninging Men's Practices in a Globalized World.* Hrsg. Michael Kimmel, 38-51. London/New York: Zed Books.

Kaufmann, Jean-Claude. 1996. *Frauenkörper – Männerblicke.* Konstanz: UVK.

Kavemann, Barbara und Gisela Braun. 2002. Frauen als Täterinnen. In *Handwörterbuch sexueller Missbrauch,* Hrsg. Dirk Bange und Wilhelm Körner, 121-131. Göttingen: Hogrefe.

Kavemann, Barbara. 2002. „Das bringt mein Weltbild durcheinander." Frauen als Täterinnen in der feminstischen Diskussion sexueller Gewalt. In *Frauen als Täterinnen. Sexueller Mißbrauch an Mädchen und Jungen*, Hrsg. Michelle Elliott, 13-40. Ruhnmark: Donna Vita.

Kelle, Udo. 2007. „Kundenorientierung" in der Altenpflege? Potemkinsche Dörfer sozialpolitischen Qualitätsmanagements. *Zeitschrift für kritische Sozialwissenschaft (PROKLA)* 37, Nr. 1: 113-128.

Kelly, Linda. 2003. Disabusing the Defintion of Domestic Abuse: How Women Batter Men and the Role of the Feminist State. *Florida State University Law Review* 30: 791-855.

Kessler, Suzanne J., und Wendy McKenna. 1978. *Gender. An ethnomethodological approach*. New York: Wiley & Sons.

Kirsch-Auwärter, Edit. 1996. Emanzipatorische Strategien an den Hochschulen im Spannungsverhältnis von Organisationsstrukturen und Zielvorstellungen. In *Ist Gleichstellung lehrbar? Entwicklungslinien männlicher und weiblicher Sozialisation. Bd. 2: Symposium 1995 in Heidelberg. Vorträge und Statements. VBWW Rundbrief 12 (Januar 1996)*, Hrsg. Verband Baden-Württembergischer Wissenschaftlerinnen, 49-54.

Kirsch-Auwärter, Edit. 2002. Gender Mainstreaming als neues Steuerungsinstrument? Versuch einer Standortbestimmung. *Zeitschrift für Frauenforschung und Geschlechterstudien* 20. No. 3. 2002: 101-110.

Kleemann, Frank, Ingo Matuschek und G. Günter Voß. 2002. Subjektivierung von Arbeit, Ein Überblick zum Stand der soziologischen Diskussion. In *Subjektivierung von Arbeit*, Hrsg. Manfred Moldaschl und G. Günter Voß, 53-100. München und Mering: Rainer Hampp Verlag.

Klein, Uta. 2006. *Geschlechterverhältnisse und Gleichstellungspolitik in der Europäischen Union*. Wiesbaden: VS-Verlag für Sozialwissenschaften.

Klenner, Christina. 2009. Wer ernährt die Familie? Erwerbs- und Einkommenskonstellationen in Ostdeutschland. *WSI-Mitteilungen 11/2009:* 619-626.

Klinger, Cornelia. 2003. Ungleichheit in den Verhältnissen von Klasse, Rasse und Geschlecht. In *Achsen der Differenz, Gesellschaftstheorie und feministische Kritik II*, Hrsg. Gudrun-Axeli Knapp und Angelika Wetterer, 14-48. Münster: Westfälisches Dampfboot.

Klinger, Cornelia. 2008. Überkreuzende Identitäten – Ineinandergreifende Strukturen, Plädoyer für einen Kurswechsel in der Intersektionalitätsdebatte. In *ÜberKreuzungen, Fremdheit, Ungleichheit, Differenz*, Hrsg. Cornelia Klinger und Gudrun-Axeli Knapp, 38-67. Münster: Westfälisches Dampfboot.

Klinger, Cornelia, und Gudrun-Axeli Knapp. 2007. Achsen der Ungleichheit – Achsen der Differenz: Verhältnisbestimmungen von Klasse, Geschlecht, „Rasse"/Ethnizität. In *Achsen der Ungleichheit – Achsen der Differenz, Verhältnisbestimmungen von Klasse, Geschlecht, Rasse/Ethnizität*, Hrsg. Cornelia Klinger, Gudrun-Axeli Knapp, und Birgit Sauer, 19-41. Frankfurt a.M./New York: Campus Verlag.

Klinger, Cornelia, und Gudrun-Axeli Knapp (Hrsg.). 2008a. *ÜberKreuzungen, Fremdheit, Ungleichheit, Differenz*. Münster: Westfälisches Dampfboot.

Klinger, Cornelia, und Gudrun-Axeli Knapp. 2008b. Einleitung. In *ÜberKreuzungen, Fremdheit, Ungleichheit, Differenz*, Hrsg. Cornelia Klinger und Gudrun-Axeli Knapp, 7-18. Münster: Westfälisches Dampfboot.

Knapp, Gudrun-Axeli. 1987. Arbeitsteilung und Sozialisation. Konstellationen von Arbeitsvermögen und Arbeitskraft im Lebenszusammenhang von Frauen. In *Klasse Geschlecht. Feministische Gesellschaftsanalyse und Wissenschaftskritik*. Hrsg. Ursula Beer, 236-273. Bielefeld: AJZ.

Knapp, Gudrun-Axeli. 1990. Zur widersprüchlichen Vergesellschaftung von Frauen. In *Die doppelte Sozialisation Erwachsener. Zum Verhältnis von beruflichem und privatem Lebensstrang*, Hrsg. Ernst-H. Hoff, 17-52. München: DJI-Verlag-Deutsches Jugendinstitut.

Knapp, Gudrun-Axeli. 1992. Macht und Geschlecht, Neuere Entwicklungen in der feministischen Macht- und Herrschaftsdiskussion. In *Traditionen Brüche, Entwicklungen feministischer Theorie*, Hrsg. Gudrun-Axeli Knapp und Angelika Wetterer, 287-325. Freiburg i.Br.: Kore Verlag.

Knapp, Gudrun-Axeli. 1995. Unterschiede machen: Zur Sozialpsychologie der Hierarchisierung im Geschlechterverhältnis. In *Das Geschlechterverhältnis als Gegenstand der Sozialwissenschaften*, Hrsg. Regina Becker-Schmidt und Gudrun-Axeli Knapp. Frankfurt a.M./New York: Campus Verlag.

Knapp, Gudrun-Axeli. 1996. Traditionen – Brüche: Kritische Theorie in der feministischen Rezeption. In *Vermittelte Weiblichkeit, Feministische Wissenschafts- und Gesellschaftstheorie*, Hrsg. Elvira Scheich, 113-150. Hamburg: Hamburger Edition.

Knapp, Gudrun-Axeli. 1998. Gleichheit, Differenz, Dekonstruktion: Vom Nutzen theoretischer Ansätze der Frauen- und Geschlechterforschung für die Praxis. In *Gleichheit durch Personalpolitik*, Hrsg. Gertraude Krell, 73-81. Wiesbaden: Gabler Verlag.

Knapp, Gudrun-Axeli. 2000. Konstruktion und Dekonstruktion von Geschlecht. In *Feministische Theorie zur Einführung, Hamburg*, Hrsg. Regina Becker-Schmidt und Gudrun-Axeli Knapp. Hamburg: Junius Verlag.

Knapp, Gudrun-Axeli. 2001. Dezentriert und viel riskiert: Anmerkungen zur These vom Bedeutungsverlust der Kategorie Geschlecht. In *Soziale Verortung der Geschlechter, Gesellschaftstheorie und feministische Kritik*, Hrsg. Gudrun-Axeli Knapp und Angelika Wetterer, 15-62. Münster: Westfälisches Dampfboot.

Knapp, Gudrun-Axeli. 2003. Aporie als Grundlage. Zum Produktionscharakter der feministischen Diskurskonstellation. In *Achsen der Differenz. Gesellschaftstheorie und feministische Kritik II*, Hrsg. Gudrun-Axeli Knapp und Angelika Wetterer, 240-266. Münster: Westfälisches Dampfboot.

Knapp, Gudrun-Axeli. 2005. „Intersectionaliy" – ein neues Paradigma feministischer Theorie? Zur transatlantischen Reise von „Race, Class, Gender". *Feministische Studien* 23, 1: 68-81.

Knapp, Gudrun-Axeli. 2008. Verhältnisbestimmungen: Geschlecht, Klasse, Ethnizität in gesellschaftstheoretischer Perspektive. In *ÜberKreuzungen, Fremdheit, Ungleichheit, Differenz*, Hrsg. Cornelia Klinger und Gudrun-Axeli Knapp, 138-170. Münster: Westfälisches Dampfboot.

Knapp, Gudrun-Axeli, und Angelika Wetterer (Hrsg.). 1995. *TraditionenBrüche. Entwicklungen feministischer Theorie.* 2. Aufl. Freiburg: Kore Verlag.

Kohlberg, Lawrence. 1974. *Zur kognitiven Entwicklung des Kindes.* Frankfurt a.M.: Suhrkamp Verlag.

Kohlmorgen, Lars. 2004. *Regulation, Klasse, Geschlecht, Die Konstituierung der Sozialstruktur im Fordismus und Postfordismus,* 28-158. Münster: Westfälisches Dampfboot.

Kohlmorgen, Lars. 2007. Klasse, Geschlecht, Regulation – Ein integraler Ansatz der Sozialstrukturanalyse. In *Achsen der Ungleichheit – Achsen der Differenz, Verhältnisbestimmungen von Klasse, Geschlecht, Rasse/Ethnizität,* Hrsg. Cornelia Klinger, Gudrun-Axeli Knapp und Birgit Sauer, 163-177. Frankfurt a.M./New York: Campus Verlag.

Kolip, Petra. 1997. *Geschlecht und Gesundheit im Jugendalter. Die Konstruktion von Geschlechtlichkeit über somatische Kulturen.* Opladen: Leske+Budrich.

Koppetsch, Cornelia, und Günter Burkart. 1999. *Die Illusion der Emanzipation. Zur Wirksamkeit latenter Geschlechtsnormen im Milieuvergleich.* Konstanz: UVK.

Kotthoff, Helga. 1993. Kommunikative Stile, Asymmetrie und „Doing Gender". Fallstudien zur Inszenierung von Expert(inn)entum in Gesprächen. *Feministische Studien* 11: 79-95.

Kotthoff, Helga. 2003. Was heißt eigentlich doing gender? Differenzierungen im Feld von Interaktion und Geschlecht. *Freiburger Frauen Studien. Zeitschrift für interdisziplinäre Frauenforschung* 12: 125-156.

Kratzer, Nick, und Dieter Sauer. 2003. Entgrenzung von Arbeit – Konzept, Thesen, Befunde. In *Entgrenzung von Arbeit und Leben, Zum Wandel der Beziehungen von Erwerbstätigkeit und Privatsphäre im Alltag,* Hrsg. Karin Gottschall und G. Günter Voß, 87-123. München und Mering: Rainer Hampp Verlag.

Kratzer, Nick, und Dieter Sauer. 2007. Entgrenzte Arbeit – gefährdete Reproduktion. Genderfragen in der Arbeitsforschung. In *Arbeit und Geschlecht im Umbruch der modernen Gesellschaft, Forschung im Dialog,* Hrsg. Brigitte Aulenbacher, Maria Funder, Heike Jacobsen und Susanne Völker, 235-249. Wiesbaden: VS-Verlag für Sozialwissenschaften.

Krautkrämer-Wagner, Uta. 1983. *Frauenpolitische Einrichtungen in den Bundesländern. Arbeitspapiere des Forschungsschwerpunktes Soziale Probleme: Kontrolle und Kompensation, Nr. 9.* Bremen: Universität Bremen.

Kreckel, Reinhard. 1991. Geschlechtssensibilisierte Soziologie. Können askriptive Merkmale eine vernünftige Gesellschaftstheorie begründen? In *Die Modernisierung moderner Gesellschaften, Verhandlungen des 25. Deutschen Soziologentages in Frankfurt am Main 1990,* Hrsg. Wolfgang Zapf, 370-382. Frankfurt a.M./New York: Campus Verlag.

Kreckel, Reinhard. 1992. *Politische Soziologie der sozialen Ungleichheit.* Frankfurt a.M./New York: Campus Verlag.

Kreimer, Margareta. 1998. Frauenarbeit und Flexibilisierung. In *Flexibilisierung – Problem oder Lösung?*, Hrsg. Hans G. Zilian und Jörg Flecker, 137-162. Berlin: Edition sigma.

Kreisky, Eva. 1994. Das ewig Männerbündische? Zur Standardform von Staat und Politik. In *Wozu Politikwissenschaft? Über das Neue in der Politik,* Hrsg. Claus Leggewie. Darmstadt: Wissenschaftliche Buchverlagsgesellschaft.

Kreisky, Eva. 1995. Der Staat ohne Geschlecht? Ansätze feministischer Staatskritik und feministischer Staatserklärung. In *Feministische Standpunkte in der Politikwissenschaft. Eine Einführung,* Hrsg. Eva Kreisky und Birgit Sauer. Frankfurt a.m./New York: Campus Verlag.

Krell, Gertraude. 2008. Diversity Management: Chancengleichheit für alle und auch als Wettbewerbsfaktor. In *Chancengleichheit durch Personalpolitik. Gleichstellung von Frauen und Männern in Unternehmen und Verwaltungen,* Hrsg. Gertraude Krell, 63-80 (5. Aufl.). Wiesbaden: Gabler Verlag.

Krell, Gertraude. 2009. Gender und Diversity: Eine ‚Vernunftehe' – Plädoyer für vielfältige Verbindungen. In *Gender und Diversity: Albtraum oder Traumpaar? Interdisziplinärer Dialog zur „Modernisierung" von Geschlechter- und Gleichstellungspolitik,* Hrsg. Sünne Andresen, Mechthild Koreuber und Dorothea Lüdke, 133-153. Wiesbaden: VS-Verlag für Sozialwissenschaften.

Krüger, Helga. 1995. Dominanzen im Geschlechterverhältnis: Zur Institutionalisierung von Lebensläufen. In *Das Geschlechterverhältnis als Gegenstand der Sozialwissenschaften,* Hrsg. Regina Becker-Schmidt und Gudrun-Axeli Knapp, 195-219. Frankfurt a.M./New York: Campus Verlag.

Krüger, Helga. 2001. Gesellschaftsanalyse: der Institutionenansatz in der Geschlechterforschung. In *Soziale Verortung der Geschlechter, Gesellschaftstheorie und feministische Kritik,* Hrsg. Gudrun-Axeli Knapp und Angelika Wetterer, 63-90. Münster: Westfälisches Dampfboot.

Kudera, Werner, und G. Günter Voß (Hrsg.). 2000. *Lebensführung und Gesellschaft, Beiträge zu Konzept und Empirie alltäglicher Lebensführung.* Opladen: Leske & Budrich.

Kuhlmann, Ellen. 1999. *Profession und Geschlechterdifferenz.* Opladen: Leske & Budrich.

Kulawik, Teresa. 1997. Jenseits des – androzentrischen – Wohlfahrtsstaates? Theorien und Entwicklungen im internationalen Vergleich. In *Geschlechterverhältnisse im Kontext politischer Transformation, Politische Vierteljahresschrift, Sonderheft 28,* Hrsg. Eva Kreisky und Birgit Sauer. Opladen: Leske & Budrich.

Kutzner, Edelgard. 2003. *Die Un-Ordnung der Geschlechter, Industrielle Produktion, Gruppenarbeit und Geschlechterpolitik in partizipativen Arbeitsformen.* München und Mering: Rainer Hampp Verlag.

Landweer, Hilge, und Mechthild Rumpf. 1993. Kritik der Kategorie ‚Geschlecht'. Streit um Begriffe, Streit um Orientierungen, Streit der Generationen? Einleitung. *Feministische Studien* 2: 3-9

Langan, Mary, und Ilona Ostner. 1992. Geschlechterpolitik im Wohlfahrtsstaat: Aspekte im internationalen Vergleich. *Kritische Justiz* 25, 3:302-317.

Lange, Andreas, Peggy Szymenderski und Nicole Klinkhammer. 2005. Forcierte Ambivalenzen? Herausforderungen an erwerbstätige Frauen in Zeiten der Entgrenzung und Subjektivierung. In *Subjektivierung von Arbeit – Riskante Chancen?* Hrsg. Karin Lohr und Hildegard Nickel, 115-148. Münster: Westfälisches Dampfboot.

Laqueur, Thomas. 1992. *Auf den Leib geschrieben. Die Inszenierung der Geschlechter von der Antike bis Freud.* Frankfurt a.m./New York: Campus Verlag.

Lautmann, Rüdiger. 2002. *Soziologie der Sexualität. Erotischer Körper, intimes Handeln und Sexualkultur.* Weinheim/München: Juventa.

Leidner, Robin. 1991. Serving Hamburgers and Selling Insurances. Gender, Work and Identity in Interactice Service Jobs (2006). In *Gender & Society* 5: 154-177.

Leitner, Sigrid. 2006. Von der indirekten zur direkten Förderung von Familienarbeit. In *Die Neuverhandlung sozialer Gerechtigkeit. Feministische Analysen und Perspektiven,* Hrsg. Ursula Degner und Beate Rosenzweig, 321-339. Wiesbaden: VS-Verlag für Sozialwissenschaften.

Leitner, Sigrid, Ilona Ostner und Margit Schratzenstaller. 2004. *Wohlfahrtsstaat und Geschlechterverhältnis im Umbruch. Was kommt nach dem Ernährermodell?* Wiesbaden: VS-Verlag für Sozialwissenschaften.

Lengersdorf, Diana, und Michael Meuser. 2010. Wandel von Arbeit – Wandel von Männlichkeiten. In *Österreichische Zeitschrift für Soziologie* 35, 2: 89-103.

Lenz, Hans-Joachim. 2000. „... und wo bleibt die solidarische Kraft für die gedemütigten Geschlechtsgenossen?" Männer als Opfer von Gewalt – Hinführung zu einer (noch) verborgenen Problemstellung. In *Männliche Opfererfahrungen. Problemlagen und Hilfeansätze in der Männerberatung,* Hrsg. Hans-Joachim Lenz, 19-69. Weinheim/München: Juventa.

Lenz, Ilse. 1995. Geschlecht, Herrschaft und internationale Ungleichheit. In *Das Geschlechterverhältnis als Gegenstand der Sozialwissenschaften,* Hrsg. Regina Becker-Schmidt und Gudrun-Axeli Knapp, 19-46. Frankfurt a.M./New York: Campus Verlag.

Lenz, Ilse. 1997. Klassen-Ethnien-Geschlechter? Zur sozialen Ungleichheit in Zeiten der Globalisierung. In *Klasse, Geschlecht, Kultur, Berichte des ISO,* Hrsg. Petra Frerichs und Margareta Steinrücke, 63-79. Köln: ISO.

Lenz, Ilse. 2000a. Globalisierung, Geschlecht, Gestaltung?. In *Geschlecht – Arbeit – Zukunft,* Hrsg. Ilse Lenz, Hildegard Maria Nickel und Birgit Riegraf, 16-48. Münster: Westfälisches Dampfboot.

Lenz, Ilse. 2000b. Gender und Globalisierung: Neue Horizonte? In *Das undisziplinierte Geschlecht, Frauen- und Geschlechterforschung – Ein und Ausblick,* Hrsg. Angelika Cottmann, Beate Kortendiek und Ulrike Schildmann, 220-245. Opladen: Leske & Budrich.

Lenz, Ilse. 2002. Neue Frauenbewegung, Feminismus und Geschlechterforschung. In *Geschlechterverhältnis im sozialen Wandel. Interdisziplinäre Analysen zu Geschlecht und Modernisierung,* Hrsg. Eva Schäfer, Bettina Fritzsche und Claudia Nagode. Opladen: Leske & Budrich.

Lenz, Ilse. 2007. Inklusionen und Exklusionen in der Globalisierung der Arbeit. Einige Überlegungen. In *Arbeit und Geschlecht im Umbruch der modernen Gesellschaft. Forschung im Dialog*, Hrsg. B. Aulenbacher, M. Funder, H. Jacobsen und S. Völker, 185-200. Wiesbaden: VS-Verlag für Sozialwissenschaften.

Lenz, Ilse (Hrsg.). 2009. *Die neue Frauenbewegung in Deutschland, Abschied vom kleinen Unterschied. Eine Quellensammlung.* Wiesbaden: VS-Verlag für Sozialwissenschaften.

Lettow, Sabine. 2006. Grenzverschiebungen des Politischen: Zur Artikulation von Staat, Ökonomie und Gesellschaft in der sozialphilosophischen Gerechtigkeitsdebatte. In *Die Neuverhandlung sozialer Gerechtigkeit,* Hrsg. Ursula Degener und Beate Rosenzweig, 65-78. Wiesbaden: VS-Verlag für Sozialwissenschaften.

Lewalter, Sandra, Jochen Geppert und Susanne Baer. 2009. Leitprinzip Gleichstellung? – 10 Jahre Gender Mainstreaming in der deutschen Bundesverwaltung. *Gender* 1, 1: 125-141.

Lewis, Jane, und Ilona Ostner. 1994. Gender and the Evolution of European Social Policy, Zentrum für Europäische Sozialforschung. *ZES-Arbeitspapiere* 4.

Lindemann, Gesa. 1993. *Das paradoxe Geschlecht. Transsexualität im Spannungsfeld von Körper, Leib und Gefühl.* Frankfurt a.m.: Fischer Verlag.

Lindemann, Gesa. 1994. Die Konstruktion der Wirklichkeit und die Wirklichkeit der Konstruktion. In *Denkachsen. Zur theoretischen und institutionellen Rede vom Geschlecht,* Hrsg. Theresa Wobbe und Gesa Lindemann, 115-146. Frankfurt a.M.: Suhrkamp Verlag.

Lindner, Rolf. 1990. *Die Entdeckung der Stadtkultur. Soziologie aus der Erfahrung der Reportage.* Frankfurt a.M./New York: Campus Verlag.

List, Elisabeth. 1993. *Die Präsenz des Anderen. Theorie und Geschlechterpolitik.* Frankfurt a.M.: Suhrkamp Verlag.

Lorber, Judith. 1999. *Gender-Paradoxien.* Übersetzung von Hella Beister, Herausgegeben und mit einer Einleitung versehen von Ulrike Teubner und Angelika Wetterer. Opladen: Leske & Budrich.

Löw, Martina. 1997. Die Konstituierung sozialer Räume im Geschlechterverhältnis. In *Differenz und Integration. Die Zukunft moderner Gesellschaften,* Hrsg. St. Hradil, 451-463. Frankurt a.M./New York: Campus Verlag.

Löw, Martina, und Bettina Mathes. (Hrsg.). 2005. *Schlüsselwerke der Geschlechterforschung.* Wiesbaden: VS Verlag für Sozialwissenschaften.

Ludwig, Alice. 2003. Kritische Interventionen des Black Feminism in Theorie und Praxis. In *Feministische ErkenntnisProzesse, Zwischen Wissenschaftstheorie und politischer Praxis,* Hrsg. Renate Niekant und Uta Schuchmann. Opladen: Leske & Budrich.

Luhmann, Niklas. 1971. Politische Planung. In *Politische Planung,* Hrsg. Niklas Luhmann, 66-89. Opladen: Westdeutscher Verlag.

Luhmann, Niklas. 1988. Frauen, Männer und George Spencer Brown. *Zeitschrift für Soziologie* 17: 47-71.

Luhmann, Niklas. 1997. *Die Gesellschaft der Gesellschaft. Zweiter Teilband*. Frankfurt a.m.: Suhrkamp Verlag.

Lutz, Helma. 2007. „Die 24-Stunden-Polin" – Eine intersektionelle Analyse transnationaler Dienstleistungen. In *Achsen der Ungleichheit – Achsen der Differenz, Verhältnisbestimmungen von Klasse, Geschlecht, Rasse/Ethnizität*, Hrsg. Cornelia Klinger, Gudrun-Axeli Knapp und Birgit Sauer, 210-234. Frankfurt a.M./New York: Campus Verlag.

Lutz, Helma. 2010. Unsichtbar und unproduktiv? Haushaltsarbeit und Care Work – die Rückseite der Arbeitsgesellschaft. *Österreichische Zeitschrift für Soziologie* 35, 2: 23-37.

Lutz, Helma, und Kathy Davis. 2005. Geschlechterforschung und Biographieforschung: Intersektionalität als biographische Ressource am Beispiel einer außergewöhnlichen Frau. In *Biographieforschung im Diskurs*, Hrsg. Bettina Völter, Bettina Dausien, Helma Lutz und Gabriele Rosenthal, 228-247. Wiesbaden: VS Verlag für Sozialwissenschaften.

MacKinnon, Catharine A.. 1989. Feminismus, Marxismus, Methode und der Staat: Ein Theorieprogramm. In *Denkverhältnisse. Feminismus und Kritik*, Hrsg. Elisabeth List und Herlinde Studer, 86-132. Frankfurt a.m.: Suhrkamp Verlag.

Maihofer, Andrea. 1995. *Geschlecht als Existenzweise. Macht, Moral, Recht und Geschlechterdifferenz*. Frankfurt a.m.: Ulrike Helmer Verlag.

Maihofer, Andrea. 2002. Geschlecht und Sozialisation. Eine Problemskizze. *Erwägen, Wissen, Ethik* 13, 1: 12-26.

Mamo, Laura, und Jennifer R. Fishman. 2001. Potency in All the Right Places: Viagra as a Technology of the Gendered Body. *Body & Society* 7, 4: 13-35.

Mannheim, Karl. 1959. Wissenssoziologie. In *Handwörterbuch der Soziologie*. Unveränderter Neudruck, Hrsg. Alfred Vierkandt, 659-680. Stuttgart: Ferdinand Enke Verlag.

Marshall, Barbara L., und Stephen Katz. 2002. Forever Functional: Sexual Fitness and the Ageing Male Body. *Body & Society* 8, 4: 43-70.

Marx, Karl. 1971. Zur Kritik der politischen Ökonomie. In: *Marx Engels Werke*, 3-160 (7. Aufl.). Berlin: Dietz.

Maschewsky-Schneider, Ulrike. 1994. Frauen leben länger als Männer – Sind sie auch gesünder? *Zeitschrift für Frauenforschung* 12, 4: 28-38.

Matthesius, Beate. 1992. *Anti-Sozial-Front. Vom Fußballfan zum Hooligan*. Opladen: Leske & Budrich.

McCall, Leslie. 2005. The Complexity of Intersectionality. *Signs, Journal of Women in Culture and Society*, 30, 3: 1772-1800.

Mead, Margaret. 1974. Mann und Weib. Das Verhältnis der Geschlechter in einer sich wandelnden Welt. Reinbek: Rowohlt Verlag (Erstausgabe 1949).

Messerschmidt, James W. 1993. *Masculinities and Crime. Critique and Reconceptualization of Theory*. Lanham: Rowman & Littlefield.

Messerschmidt, James. 1997. Von der Analyse der Männerherrschaft zur Forschung über Geschlechterverhältnisse: Unterschiede und Vielfalt bei der Bewerkstelligung von

Geschlecht. Am Beispiel der „Mädchen in der Gang". In *Starke Typen. Iron Mike, Dirty Harry, Crocodile Dundee und der Alltag von Männlichkeit*. Jahrbuch für Rechts- und Kriminalsoziologie '96, Hrsg. Joachim Kersten und Heinz Steinert, 13-36. Baden-Baden: Nomos Verlag.

Metz-Göckel, Sigrid. 1993. Permanenter Vorgriff auf die Gleichheit – Frauenforschung in Westdeutschland. In *Frauen in Deutschland 1945-1992*, Hrsg. Hildegard-Maria Nickel und Gisela Helwig, 410. Berlin: Akademie-Verlag.

Metz-Göckel, Sigrid, Christine Roloff, Christine und Sanaz Sattari. 2003. Gendertrainings zur Entwicklung von Genderkompetenz: Eine Herausforderung für die Leitungspersonen. *Journal Hochschuldidaktik* 14, 1: 6-11.

Meulenbelt, Anja. 1988. *Scheidelinien. Über Sexismus, Rassismus und Klassismus*. Reinbek bei Hamburg: Rowohlt Verlag.

Meuser, Michael. 1989. *Gleichstellung auf dem Prüfstand. Frauenförderung in der Verwaltungspraxis*. Pfaffenweiler: Centaurus Verlag.

Meuser, Michael. 1992. „Das kann doch nicht wahr sein". Positive Diskriminierung und Gerechtigkeit. In *Analyse sozialer Deutungsmuster. Beiträge zur empirischen Wissenssoziologie*. Hrsg. Michael Meuser, R. Sackmann, 89-102. Pfaffenweiler: Centaurus Verlag.

Meuser, Michael. 1998. *Geschlecht und Männlichkeit. Soziologische Theorie und kulturelle Deutungsmuster*. Wiesbaden: VS-Verlag für Sozialwissenschaften.

Meuser, Michael. 2000. Perspektiven einer Soziologie der Männlichkeit. In *Blickwechsel. Der neue Dialog zwischen Frauen- und Männerforschung*, Hrsg. Doris Jansen, 47-78. Frankfurt a.M./New York: Campus Verlag.

Meuser, Michael. 2001. „Ganze Kerle", „Anti-Helden" und andere Typen. Zum Männlichkeitsdiskurs in neuen Männerzeitschriften. In *Männlichkeit und soziale Ordnung. Neuere Beiträge zur Geschlechterforschung*, Hrsg. Peter Döge und Michael Meuser, 219-234. Opladen: Leske & Budrich.

Meuser, Michael. 2002. „Doing Masculinity" – Zur Geschlechtslogik männlichen Gewalthandelns. In *Gewaltverhältnisse. Feministischen Perspektiven auf Geschlecht und Gewalt*, Hrsg. Regina-Maria Dackweiler und Reinhild Schäfer, 53-78. Frankfurt a.M./New York: Campus Verlag.

Meuser, Michael. 2003a. Rekonstruktive Sozialforschung. In *Hauptbegriffe Qualitativer Sozialforschung. Ein Wörterbuch*, Hrsg. Ralf Bohnsack, Winfried Marotzki und Michael Meuser, 140-142. Opladen: Leske & Budrich.

Meuser, Michael. 2003b. Ethnomethodologie. In *Hauptbegriffe Qualitativer Sozialforschung. Ein Wörterbuch*, Hrsg. Ralf Bohnsack, Winfried Marotzki und Michael Meuser, 53-55. Opladen: Leske & Budrich.

Meuser, Michael. 2004a. Von der Frauengleichstellungspolitik zu Gender Mainstreaming: Organisationsveränderung durch Geschlechterpolitik? In *Organisationen und Netzwerke: Der Fall Gender*, Hrsg. Ursula Pasero und Birger P. Priddat. Wiesbaden: VS-Verlag für Sozialwissenschaften.

Meuser, Michael. 2004b. Zwischen „Leibvergessenheit" und „Körperboom". Die Soziologie und der Körper. *Sport und Gesellschaft 1*: 197-218.

Meuser, Michael. 2005a. Männlichkeitskonstruktionen ohne Hegemonieansprüche? Gemeinsamkeiten und Differenzen ost- und westdeutscher Männlichkeiten. In *Irritation Ostdeutschland, Geschlechterverhältnisse seit der Wende*, Hrsg. Eva Schäfer u.a., 147-152. Münster: Westfälisches Dampfboot.

Meuser, Michael. 2005b. „Gender matters" – Zur Entdeckung von Geschlecht als Organisationsressource. *Zeitschrift für Frauenforschung und Geschlechterstudien* 23. No. 3. 2005: 61-73.

Meuser, Michael. 2005c. Frauenkörper – Männerkörper. Somatische Kulturen der Geschlechterdifferenz. In *Soziologie des Körpers*, Hrsg. Markus Schroer, 271-294. Frankfurt a.M.: Suhrkamp Verlag.

Meuser, Michael. 2006a. *Geschlecht und Männlichkeit. Soziologische Theorie und kulturelle Deutungsmuster*. 2. überarb. u. akt. Aufl. Wiesbaden: VS-Verlag für Sozialwissenschaften.

Meuser, Michael. 2006b. Hegemoniale Männlichkeit – Überlegungen zur Leitkategorie der Men's Studies. In *FrauenMännerGeschlechterforschung, State of the Art*, Hrsg. Brigitte Aulenbacher u.a., 160-174. Münster: Westfälisches Dampfboot (2. Aufl. 2009).

Meuser, Michael. 2006c. Körper-Handeln. Überlegungen zu einer praxeologischen Soziologie des Körpers. In *body turn. Perspektiven der Soziologie des Körpers und des Sports*, Hrsg. Robert Gugutzer, 95-116. Bielefeld: transcript Verlag.

Meuser, Michael. 2007a. Repräsentation sozialer Strukturen im Wissen. Dokumentarische Methode und Habitusrekonstruktion. In *Die dokumentarische Methode und ihre Forschungspraxis. Grundlagen qualitativer Sozialforschung*, Hrsg. Ralf Bohnsack, Iris Nentwig-Gesemann und Arnd-Michael Nohl, 209-224. 2., erweiterte und aktualisierte Aufl. Wiesbaden: VS Verlag für Sozialwissenschaften.

Meuser, Michael. 2007b. Männerkörper. Diskursive Aneignungen und habitualisierte Praxis. In *Dimensionen der Kategorie Geschlecht: Der Fall Männlichkeit*, Hrsg. Mechthild Bereswill, Michael Meuser und Sylka Scholz, 152-168. Münster: Westfälisches Dampfboot.

Meuser, Michael. 2007c. *Herausforderungen. Männlichkeit im Wandel der Geschlechterverhältnisse*. Köln: Rüdiger Köppe Verlag.

Meuser, Michael. 2008. Gewalt, Macht, Geschlecht. Zur Geschlechtslogik reziproken männlichen Gewalthandelns. In *Kriminalität der Mächtigen*. Hrsg. Cornelius Prittwitz u.a., 160-173. Baden-Baden: Nomos Verlag.

Meuser, Michael. 2009a. Männlichkeiten in Bewegung – Zur Aktualität des Konzepts der hegemonialen Männlichkeit angesichts des Wandels von Erwerbsarbeit. In *Erkenntnis und Methode, Geschlechterforschung in Zeiten des Umbruchs*, Hrsg. Brigitte Aulenbacher und Birgit Riegraf, 249-265. Wiesbaden: VS-Verlag für Sozialwissenschaften.

Meuser, Michael. 2009b. Geschlecht und Gewalt: Zur geschlechtlichen Konstruktion von Verletzungsmacht und Verletzungsoffenheit. In *Begegnungen und Auseinandersetzungen. Festschrift für Trutz von Trotha*, Hrsg. Katharina Inhetveen und Georg Klute, 304-323. Köln: Rüdiger Köppe Verlag.

Meuser, Michael. 2009c. Humankapital Gender. Geschlechterpolitik zwischen Ungleich-
heitssemantik und ökonomischer Logik. In *Gender und Diversity: Albtraum oder
Traumpaar? Interdisziplinärer Dialog zur „Modernisierung" von Geschlechter-
und Gleichstellungspolitik,* Hrsg. Sünne Andresen, Mechthild Koreuber und Dorothea Lüdke, 95-109. Wiesbaden: VS-Verlag für Sozialwissenschaften.

Meuser, Michael, und Claudia Neusüß (Hrsg.). 2004a. *Gender Mainstreaming. Konzepte, Handlungsfelder, Instrumente.* Bonn: Bundeszentrale für politische Bildung.

Meuser, Michael, und Claudia Neusüß. 2004b. Gender Mainstreaming – Eine Einfüh-
rung. In *Gender Mainstreaming. Konzepte, Handlungsfelder, Instrumente,* Hrsg.
Michael Meuser und Claudia Neusüß, 9-22. Bonn: Bundeszentrale für politische
Bildung.

Meuser, Michael, und Sylka Scholz. 2005. Hegemoniale Männlichkeit. Versuch einer
Begriffsklärung aus soziologischer Perspektive. In *Männer – Macht – Körper. He-
gemoniale Männlichkeiten vom Mittelalter bis heute,* Hrsg. Martin Dinges, 211-228.
Frankurt a. M./New York: Campus Verlag.

Meyer, John W., und Brian Rowan. 1992. Institutionalized organizations: Formal structures as myth and ceremony. In *Organizational Environments: Ritual and Rational-
ity,* Hrsg. John W. Meyer und W. Richard Scott, 21-44. Newbury Park: Sage.

Meyer, Traute. 1994. The German and the British Welfare State as Employer: Patriarchal
or Emancipatory. In *Gendering Welfare States,* Hrsg. Diane Sainsbury. London: Sage.

Mies, Maria. 1978. Methodische Postulate zur Frauenforschung – dargestellt am Beispiel
der Gewalt gegen Frauen. *Beiträge zur feministischen Theorie und Praxis* 1, 1: 41-
63.

Mies, Maria. 1994. Frauenbewegung und 15 Jahre „Methodische Postulate zur Frauenforschung". In *Erfahrung mit Methode. Wege sozialwissenschaftlicher Frauenforschung,* Hrsg. Angelika Diezinger, Hedwig Kitzer und Ingrid Anker, 105-128. Freiburg: Kore.

Mies, Maria. 2001. Hausfrauisierung, Globalisierung, Subsistenzperspektive. In *Soziale
Verortung der Geschlechter, Gesellschaftstheorie und feministische Kritik,* Hrsg. Gudrun-Axeli Knapp und Angelika Wetterer, 157-187. Münster: Westfälisches Dampfboot.

Mies, Maria. 2007: A Global Feminist Perspective on Research. In *Handbook of Feminist Research,* Hrsg. Sharlene Nagy Hesse-Biber, 663-668. Thousand Oaks, Ca.:
Sage.

Millett, Kate. 1982. *Sexus und Herrschaft.* Köln: Kiepenheuer & Witsch.

Miner-Rubino, Kathi, Toby Epstein Jayaratne und Julie Konik. 2007. Using Survey Research as a Quantitative Method for Feminist Social Change. In *Handbook of Feminist Research. Theory and Praxis,* Hrsg. Sharlene Nagy Hesse-Biber, 199-222.
Thousand Oaks: Sage.

Mischau, Anina, und Mechtild Oechsle. 2003. Wechselwirkungen, Risiken und Neben-
wirkungen. Frauen –und Geschlechterforschung am Interdisziplinären Frauenfor-
schungs-Zentrum (IFF) der Universität Bielefeld. *Zeitschrift für Frauenforschung
und Geschlechterstudien* 21, 2+3: 3-9.

Mishkind, Marc, E. Rodin, Judith Silberstein, Lisa R. Striegel-Moore, Ruth H u.a.. 1987. The Embodiment of Masculinity: Cultural, Psychological, and Behavioral Dimensions. In *Changing Men. New Directions in Research on Men and Masculinity,* Hrsg. Michael S. Kimmel, 37-52. Newbury Park: Sage.

Molidor, Christian E.. 1996. Female Gang Members: A Profile of Aggression and Victimization. *Social Work* 41: 251-257.

Morokvasic-Muller, Mirjana. 2003. Gender-Dimensionen der postkommunistischen Migrationen in Europa. In *Migration, Biographie und Geschlechterverhältnisse,* Hrsg. Ursula Apitzsch und Mechtild Jansen, 143-171. Münster: Westfälisches Dampfboot.

Müller, Marion. 2003. *Geschlecht und Ethnie, Historischer Bedeutungswandel, interaktive Konstruktion und Interferenzen,* 10-97. Wiesbaden: VS-Verlag für Sozialwissenschaften.

Müller, Ursula. 1984a. Arbeits- und industriesoziologische Perspektiven von Frauenarbeit – Frauen als „defizitäre" Männer? In *Frauenforschung. Beiträge zum 22. Deutschen Soziologentag. Dortmund 1984,* Hrsg. Sektion Frauenforschung in den Sozialwissenschaften in der DGS, 76-86. Frankfurt a.M./New York: Campus Verlag.

Müller, Ursula. 1984b. Gibt es eine „spezielle" Methode in der Frauenforschung? In *Methoden in der Frauenforschung,* Hrsg. Zentraleinrichtung zur Förderung von Frauenstudien und Frauenforschung an der FU Berlin, 29-50. Frankfurt a.M.: Fischer.

Müller, Ursula. 1987. Lebensweisen von Frauen und Männern in der Bundesrepublik Deutschland. In *Ohne Seil und Haken,* Hrsg. Deutsche Unesco-Kommission, 338-351. Bonn: Deutsche Unesco-Kommission.

Müller, Ursula. 1993. Sexualität, Organisation und Kontrolle. In *Transformationen im Geschlechterverhältnis, Beiträge zur industriellen und gesellschaftlichen Entwicklung,* Hrsg. Brigitte Aulenbacher und Monika Goldmann, 97-114. Frankfurt a.M./New York: Campus Verlag.

Müller, Ursula. 1994. Feminismus in der empirischen Forschung: Eine methodologische Bestandsaufnahme. In *Erfahrung mit Methode. Wege sozialwissenschaftlicher Frauenforschung,* Hrsg. Angelika Diezinger, Hedwig Kitzer und Ingrid Anker, 31-68. Freiburg: Kore.

Müller, Ursula. 1998. Asymmetrische Geschlechterkultur in Organisationen und Frauenförderung als Prozess – mit Beispielen aus Betrieben und der Universität. In *Geschlechterdifferenzen und Personalmanagement, Sonderheft der Zeitschrift für Personalforschung,* Hrsg. Oswald Neuberger und Daniela Rastetter, 123-142. München/Mering: Rainer Hampp Verlag.

Müller, Ursula. 2003. „Gender" kommt – die Geschlechter gehen? Selbst- und Fremdpositionierungen in den Sozialwissenschaften. *Zeitschrift für Frauenforschung & Geschlechterstudien* 21, 2+3: 48-66.

Müller, Ursula. 2008. Gewalt: Von der Enttabuisierung zur Einfluss nehmenden Forschung. In *Handbuch Frauen- und Geschlechterforschung,* Hrsg. Ruth Becker, Ruth und Beate Kortendiek, 660-668 (2. Aufl.). Wiesbaden: VS-Verlag für Sozialwissenschaften.

Müller, Ursula. 2009. Differente Logiken, Professionalisierung und Anerkennung. Eine Nachlese. In *Gefühlte Nähe - Faktische Distanz: Geschlecht zwischen Wissenschaft und Politik. Perspektiven der Frauen- und Geschlechterforschung auf die „Wissensgesellschaft"*, Hrsg. Birgit Riegraf und Lydia Plöger, 195-205. Opladen: Leske & Budrich.

Müller, Ursula. 2010. Organisation und Geschlecht aus neoinstitutionalistischer Sicht, Betrachtungen am Beispiel von Entwicklungen in der Polizei. *Feministische Studien* 28, 1: 40-55.

Müller, Ursula, Waltraud Müller-Franke, Patricia Pfeil und Sylvia Wilz. 2007. Zwischen De-Thematisierung und Vergewisserung: Geschlechterkonstruktionen im Organisationswandel am Beispiel Polizei. In: *Erosion oder Reproduktion geschlechtlicher Differenzierung?* Hrsg. Regine Gildemeister und Angelika Wetterer, 32-55. Münster: Westfälisches Dampfboot.

Müller, Ursula, Birgit Riegraf und Sylvia Wilz. 2010. *Geschlecht und Organisation.* Wiesbaden: VS-Verlag für Sozialwissenschaften.

Müller, Ursula, und Monika Schröttle. 2004. *Lebenssituation, Sicherheit und Gesundheit von Frauen in Deutschland.* Eine repräsentative Untersuchung zur Gewalt gegen Frauen in Deutschland. Berlin: Bundesministerium für Familie, Senioren, Frauen und Jugend.

Müller, Ursula, und Monika Schröttle. 2006. Gewalt gegen Frauen in Deutschland – Ausmaß, Ursachen und Folgen. In *Gewalt. Beschreibungen, Analysen, Prävention,* Hrsg. Wilhelm Heitmeyer und Monika Schröttle, 77-97. Bonn: Bundeszentrale für politische Bildung.

Nagl-Docekal, Herta. 2001. *Feministische Philosophie. Ergebnisse, Probleme, Perspektiven.* Frankfurt a.M.: Fischer Verlag.

Negt, Oskar. 2001. *Arbeit und menschliche Würde.* Göttingen: Steidl.

Neuber, Anke. 2008. Gewalt und Männlichkeit bei inhaftierten Jugendlichen. In *Die soziale Konstruktion von Männlichkeit. Hegemoniale und marginalisierte Männlichkeiten in Deutschland,* Hrsg. Nina Baur und Jens Luedtke, 201-221. Opladen: Verlag Barbara Budrich.

Nickel, Hildegard Maria. 1995. Frauen im Umbruch der Gesellschaft. Die zweifache Transformation in Deutschland und ihre ambivalenten Folgen. In *Aus Politik und Zeitgeschichte, Beilage zur Wochenzeitung Das Parlament, B 36-37/95, 23-33:* Bonn: Bundeszentrale für politische Bildung.

Nickel, Hildegard Maria. 2000. Ist Zukunft feministisch gestaltbar? Geschlechterdifferenz(en) in der Transformation und der geschlechtsblinde Diskurs um Arbeit. In *Geschlecht – Arbeit – Zukunft,* Hrsg. Ilse Lenz, Hildegard Maria Nickel, und Birgit Riegraf, 243-268: Münster: Westfälisches Dampfboot.

Nickel, Hildegard Maria. 2004. Zukunft der Arbeit aus feministischer Perspektive. In *Hauptsache Arbeit? Feministische Perspektiven auf den Wandel von Arbeit,* Hrsg. Dagmar Baatz, Clarissa Rudolph und Ayla Satilmis, 242-254. Münster: Westfälisches Dampfboot.

Nickel, Hildegard Maria. 2007. Tertiarisierung, (Markt-)Individualisierung, soziale Polarisierung – neue Konfliktlagen im Geschlechterverhältnis? In *Arbeit und Geschlecht im Umbruch der modernen Gesellschaft. Forschung im Dialog*, Hrsg. Brigitte Aulenbacher, Maria Funder, Heike Jacobsen und Susanne Völker, 27-44. Wiesbaden: VS-Verlag für Sozialwissenschaften.

Nickel, Hildegard Maria. 2009. Arbeit und Genderregime in der Transformation. In *Arbeit, Perspektiven und Diagnosen der Geschlechterforschung*, Hrsg. Brigitte Aulenbacher und Angelika Wetterer, 249-267. Münster: Westfälisches Dampfboot.

Nickel, Hildegard Maria, Hasko Hüning und Michael Frey. 2008. *Subjektivierung, Verunsicherung, Eigensinn. Auf der Suche nach Gestaltungspotenzialen für eine neue Arbeits- und Geschlechterpolitik.* Berlin: edition sigma.

Notz, Gisela. 2004. Arbeit: Hausarbeit, Ehrenamt, Erwerbsarbeit. In *Handbuch Frauen- und Geschlechterforschung, Theorie, Methoden, Empirie*, Hrsg. Ruth Becker und Beate Kortendiek, 420-428. Wiesbaden: VS-Verlag für Sozialwissenschaften.

Nunner-Winkler, Gertrud. 2004. Weibliche Moral: Geschlechterdifferenzen im Moralverständnis. In *Handbuch Frauen- und Geschlechterforschung. Theorie – Methoden – Empirie*, Hrsg. Ruth Becker und Beate Kortendiek, 78-90. Wiesbaden: VS Verlag für Sozialwissenschaften.

O`Connor, Julia. 1996. From Women in the Welfare State to Gendering Welfare State Regimes. *Current Sociology* 44, 2: 1-124.

Oakley, Ann. 1981. Interviewing Women: A Contradiction in Terms. In *Doing Feminist Research*, Hrsg. Helen Roberts, 30-61. London: Routledge.

Olesen, Virginia. 2005. Early millennial feminist qualitative research. Challenges and Contours. In *The Sage Handbook of Qualitative Research*, Hrsg. Norman K. Denzin und Yvonna S. Lincoln, 235-278 (3. Aufl.). Thousand Oakes: Sage.

Oorschot, Wim van, Michael Opielka und Birgit Pfau-Effinger (Hrsg.). 2007. *Culture and Welfare State.* Values and Social Policy in a Comparative Perspective. Cheltenham/UK; Northampton/MA, USA: Edward Elgar.

Opitz-Belakhal, Claudia. 2008. Nach der Gender-Forschung ist vor der Gender-Forschung. Plädoyer für die historische Perspektive in der Geschlechterforschung. In *Was kommt nach der Genderforschung? Zur Zukunft der feministischen Theoriebildung*, Hrsg. Rita Casale und Barbara Rendtorff, Barbara, 13-28. Bielefeld: Transcript-Verlag.

Oppen, Maria, und Dagmar Simon (Hrsg.). 2004. *Verharrender Wandel, Institutionen und Geschlechterverhältnisse.* Berlin: edition sigma.

Ortmann, Günther u.a.. 1990. *Computer und Macht in Organisationen, Mikropolitische Analysen.* Opladen: Leske & Budrich.

Osterloh, Margit, und Elena Follini. 2002. Die Verschwendung weiblichen Wissens: Ein Versuch zur Erklärung des Glass Ceiling Phänomens. In *Femina oeconomica: Frauen in der Ökonomie*, Hrsg. Oliver Fabel und Reingard Nischik, 125-141. München und Mering: Rainer Hampp Verlag.

Ostner, Ilona. 1978. *Beruf und Hausarbeit. Die Arbeit der Frau in unserer Gesellschaft.* Frankfurt a.M./New York: Campus Verlag.

Ostner, Ilona. 1986. Die Entdeckung der Mädchen. Neue Perspektiven für die Jugendso-
    ziologie. *Kölner Zeitschrift für Soziologie und Sozialpsychologie* 38: 352-371.
Ostner, Ilona. 1987. Scheu vor der Zahl? Die qualitative Erforschung von Lebenslauf
    und Biographie als Element einer feministischen Wissenschaft. In *Methoden der
    Biographie- und Lebenslaufforschung,* Hrsg. Wolfgang Voges, 103-124. Opladen:
    Leske & Budrich.
Ostner, Ilona. 1990. Das Konzept des weiblichen Arbeitsvermögens. In *Erklärungsan-
    sätze zur geschlechtsspezifischen Strukturierung des Arbeitsmarktes,* Hrsg. Autorin-
    nengemeinschaft des SAMF, 22-39. Paderborn.
Oudshoorn, Nelly. 2004. Die natürliche Ordnung der Dinge? Reproduktionswissenschaf-
    ten und die Politik des ‚Othering'. In *Reflexive Körper? Zur Modernisierung von
    Sexualität und Reproduktion,* Hrsg. Ilse Lenz, Lisa Mense, und Charlotte Ullrich,
    241-254. Opladen: Leske & Budrich.
Pasero, Ursula. 1994. Geschlechterforschung revisited: konstruktivistische und system-
    theoretische Perspektiven. In *Denkachsen. Zur theoretischen und institutionellen
    Rede vom Geschlecht,* Hrsg. Theresa Wobbe und Gesa Lindemann, 264-296. Frank-
    furt a.M.: Suhrkamp Verlag.
Pasero, Ursula. 1995. Dethematisierung von Geschlecht. In *Konstruktion von Geschlecht,*
    Hrsg. Ursula Pasero und Friederike Braun, 50-66. Pfaffenweiler: Centaurus Verlag.
Pasero, Ursula. 2003. Gender, Individualität, Diversity. In *Frauen, Männer, Gender
    Trouble, Systemtheoretische Essays,* Hrsg. Ursula Pasero und Christine Weinbach,
    105-124. Frankfurt a.M.: Suhrkamp Verlag.
Pasero, Ursula, und Christine Weinbach. 2003. Vorwort. In *Frauen, Männer, Gender
    Trouble, Systemtheoretische Essays,* Hrsg. Ursula Pasero und Christine Weinbach,
    7-14. Frankfurt a.M.: Suhrkamp Verlag.
Pateman, Carole. 1988. *The Sexual Contract.* Cambridge/Oxford: University Press.
Pateman, Carole. 1992. Gleichheit, Differenz, Unterordnung. Die Mutterschaftspolitik
    und die Frauen in ihrer Rolle als Staatsbürgerinnen. *Feministische Studien* 1: 64-69.
Pateman, Carole. 1994. Der Geschlechtervertrag. In *Feministische Politikwissenschaft,*
    Hrsg. Erna Appelt und Gerda Neyer. Wien: Verlag für Gesellschaftskritik.
Pateman, Carole. 1996. Feminismus und Ehevertrag. In *Politische Theorie. Differenz und
    Lebensqualität,* Hrsg. Herta Nagl-Docekal und Herline Pauer-Studer, 469-498.
    Frankfurt a.M.: Suhrkamp Verlag.
Pauer-Studer, Herlinde. 1996. *Das Andere der Gerechtigkeit. Moraltheorie im Kontext
    der Geschlechterdifferenz.* Berlin: Akademie-Verlag.
Pauer-Studer, Herlinde. 2000. *Autonom leben.* Frankfurt a.M.: Suhrkamp Verlag.
Pfarr, Heide. 1985. Quotierung und Rechtswissenschaft. In *„Mehr als nur gleicher
    Lohn!".* Handbuch zur beruflichen Förderung von Frauen, Hrsg. Herta Däubler-
    Gmelin, Heide Pfarr und Marianne Weg, 86-97. Hamburg: VSA.
Pfau-Effinger, Birgit. 2000. Wohlfahrtsstaatliche Politik und Frauenerwerbstätigkeit im
    europäischen Vergleich. In *Geschlecht – Arbeit – Zukunft,* Hrsg. Ilse Lenz, Hilde-
    gard Maria Nickel und Birgit Riegraf. Münster: Westfälisches Dampfboot.

Pilz, Gunter A.. 2006. Fußball ist unser Leben!? Zur Soziologie und Sozialgeschichte der Fußballfankultur. In *Hauptsache Fußball. Sozialwissenschaftliche Entwürfe*, Hrsg. Holger Brandes, Harald Christa und Ralf Evers, 49-69. Gießen: Psychosozial-Verlag.

Pinl, Claudia. 2002. Gender Mainstreaming – ein unterschätztes Konzept. *Aus Politik und Zeitgeschichte* 33-34/2002: 3-5.

Pongratz, Hans J., und G. Günter Voß. 2003. *Arbeitskraftunternehmer. Erwerbsorientierungen in entgrenzten Arbeitsformen*. Berlin: Edition sigma.

Popitz, Heinrich. 1992. *Phänomene der Macht*. 2. Aufl. Tübingen: J.C.B. Mohr.

Popp, Ulrike. 2003. Das Ignorieren „weiblicher" Gewalt als „Strategie" zur Aufrechterhaltung der sozialen Konstruktion von männlichen Tätern. In *Geschlecht – Gewalt – Gesellschaft*, Hrsg. Siegfried Lamnek und Manuela Boatcă, 195-211. Opladen: Leske & Budrich.

Pringle, Rosemary. 1989. *Secretaries talk. Sexuality, power, and work*. London/New York: Routledge Verlag.

Projektgruppe „Alltägliche Lebensführung" (Hrsg.). 1995. *Alltägliche Lebensführung, Arrangements zwischen Traditionalität und Modernisierung*. Opladen: Leske & Budrich.

Prokop, Ulrike. 1976. *Weiblicher Lebenszusammenhang. Von der Beschränktheit der Strategien und der Unangemessenheit der Wünsche*. Frankfurt a.M.: Suhrkamp Verlag.

Pross, Helge. 1984. „Gibt es politische Ziele für Frauenforschung beziehungsweise feministische Forschung? Ist es möglich, mit herkömmlichen Methoden der Sozialforschung diese Forschung zu betreiben?" In *Methoden in der Frauenforschung*, Hrsg. Zentraleinrichtung zur Förderung von Frauenstudien und Frauenforschung an der FU Berlin, 198-205. Frankfurt a.M.: Fischer.

Przyborski, Aglaja, und Monika Wohlrab-Sahr. 2008. *Qualitative Sozialforschung. Ein Arbeitsbuch*. München: Oldenbourg Verlag.

Puchert, Ralf, u.a.. 2004. *Gewalt gegen Männer in Deutschland. Personale Gewaltwiderfahrnisse von Männern in Deutschland*. Berlin: Bundesministerium für Familie, Senioren, Frauen und Jugend.

Purtschert, Patricia, und Katrin Meyer. 2010. Die Macht der Kategorien. Kritische Überlegungen zur Intersektionalität. *Feministischen Studien*, Schwerpunktheft 28, 1: 130-142.

Rai, Shirin M.. 1996. Women and the State in the third World. In *Women and the State. International Perspectives*, Hrsg. Shirin Rai und Geraldine Lievesley, 5-22. London: Taylor & Francis.

Rastetter, Daniela. 1994. *Sexualität und Herrschaft in Organisationen*. Eine geschlechtervergleichende Analyse. Opladen: Westdeutscher Verlag.

Rastetter, Daniela. 2008. *Zum Lächeln verpflichtet. Emotionsarbeit im Dienstleistungsbereich*. Frankfurt a.M./New York: Campus Verlag.

Rawls, John. 1975. *Eine Theorie der Gerechtigkeit*. Frankfurt a.M.: Suhrkamp Verlag.

Rawls, John. 1997. Gerechtigkeit als Fairness: politisch und nicht metaphysisch. In *Die Idee des politischen Liberalismus*, Hrsg. Wilfried Hinsch, 196-262. Frankfurt a.M.: Suhrkamp Verlag.

Rendtorff, Barbara. 2009. Geschlechterforschung. In *Handbuch der Erziehungswissenschaft, Bd. III: Familie – Kindheit – Jugend – Gender*, Hrsg. Gerhard Mertens, Ursula Frost und Winfried Böhm, 89-102. Paderborn: Schöningh Verlag.

Rerrich, Maria S.. 2006. *Die ganze Welt zu Hause.* Cosmobile Putzfrauen in privaten Haushalten. Hamburg: Hamburger Edition.

Rich, Adrienne. 1980. Compulsory Heterosexuality and Lesbian Existence. *Signs* 5: 631-660.

Riedmüller, Barbara. 1984. Frauen haben keine Rechte. Zur Stellung der Frau im System sozialer Sicherheit. In *Die armen Frauen. Frauen und Sozialpolitik,* Hrsg. Ilona Kickbusch und Barbara Riedmüller, 46-72. Frankfurt a.M.: Suhrkamp Verlag.

Riegraf, Birgit. 1995. Frauenförderung als Resultat mikropolitischer Aushandlungs- und Entscheidungsprozesse in Unternehmen: Ein Problemaufriss. In *Geschlechterpolitik in Organisationen.* Reihe des Arbeitskreis Sozialwissenschaftliche Arbeitsmarktforschung (SAMF), Hrsg. Eva Brumlop und Friederike Maier, 39-60. Paderborn: SAMF.

Riegraf, Birgit. 1996. *Geschlecht und Mikropolitik. Das Beispiel betrieblicher Gleichstellung.* Opladen: Leske & Budrich.

Riegraf, Birgit. 2000. Organisationswandel, Organisationslernen und das Geschlechterverhältnis. In *Geschlecht, Arbeit, Zukunft. Eine Diskussion aus Sicht der Frauenforschung,* Hrsg. Ilse Lenz, Hildegard Maria Nickel und Birgit Riegraf, 150-177. Münster: Westfälisches Dampfboot.

Riegraf, Birgit. 2005a. „Frauenbereiche" und „Männerbereiche": Die Konstruktion von Geschlechterdifferenz in der Berufs- und Arbeitswelt. In *Frauen im Militär. Empirische Befunde und Perspektiven zur Integration von Frauen in die Streitkräfte,* Hrsg. Jens-Rainer Ahrens, Maja Apelt und Christiane Bender, 134-155. Opladen: Leske & Budrich.

Riegraf, Birgit. 2005b. Staat, Geschlecht und Gerechtigkeit. Theoretische Annäherungen an ein Spannungsverhältnis im Umbruch. *Femina Politica* 14, 2: 21-31.

Riegraf, Birgit. 2007. Der Staat auf dem Weg zum kundenorientierten Dienstleistungsunternehmen? New Public Management geschlechtsspezifisch analysiert. In *Arbeit und Geschlecht im Umbruch der modernen Gesellschaft. Forschung im Dialog,* Hrsg. Brigitte Aulenbacher, Maria Funder, Heike Jacobsen und Susanne Völker, 78-94. Wiesbaden: VS-Verlag für Sozialwissenschaften.

Riegraf, Birgit. 2008. Anwendungsorientierte Forschung und der Wandel der Wissensordnung zu Geschlecht: Konzeptionelle Annäherungen. *Österreichische Zeitschrift für Soziologie* 33, 4: 62-78.

Riegraf, Birgit. 2009. Die Organisation von Wissen. Gender Wissen und Gender Kompetenz in Wissenschaft und Politik. In *Gefühlte Nähe - Faktische Distanz: Geschlecht zwischen Wissenschaft und Politik.* Perspektiven der Frauen- und Geschlechterforschung auf die „Wissensgesellschaft", Hrsg. Birgit Riegraf und Lydia Plöger, 67-80. Opladen: Leske & Budrich.

Riegraf, Birgit. 2010. Organisation, Geschlecht, Kontingenz. Die Bedeutung des Post-strukturalismus für die geschlechtersoziologische Organisationsforschung. *Feminis-tische Studien* 28, 1: 99-108.

Riegraf, Birgit, Brigitte Aulenbacher, Edit Kirsch-Auwärter und Ursula Müller (Hrsg.). 2010. *GenderChange in Academia: Re-Mapping the Fields of Work, Knowledge, and Politics from a Gender Perspective.* Wiesbaden: VS Verlag für Sozialwissen-schaften.

Riegraf, Birgit, Ellen Kuhlmann und Hildegard Theobald (Hrsg.). 2009. Public Sector Governance in internationaler Perspektive. Schwerpunktheft der *Zeitschrift für Sozi-alreform* 55, Heft 4.

Riegraf, Birgit, und Lydia Plöger (Hrsg.). 2009. *Gefühlte Nähe - Faktische Distanz: Ge-schlecht zwischen Wissenschaft und Politik.* Perspektiven der Frauen- und Ge-schlechterforschung auf die „Wissensgesellschaft", 240. Opladen, Farmington-Hills: Verlag Barbara Budrich.

Riegraf, Birgit, und Hilde Theobald. 2010. Welfare mix und Geschlechterverhältnis im Wandel. Das Beispiel Altenpflege. In *Transformationen von Wohlfahrtsstaatlichkeit und Geschlechterverhältnissen aus feministischer Perspektive,* Hrsg. Regina-Maria Dackweiler und Reinhild Schäfer. Münster: Westfälisches Dampfboot. (i.E.)

Riegraf, Birgit, und Karin Zimmermann. 2005. Der Wandel der Wissensordnung in der Wissensgesellschaft und die Kategorie Geschlecht. Annäherungen an ein For-schungsdesiderat. In *Jenseits der Geschlechterdifferenz? Geschlechterverhältnisse in der Informations- und Wissensgesellschaft,* Hrsg. Maria Funder, Steffen Dörhöfer und Christian Rauch, 21-37. München und Mering: Rainer Hampp Verlag.

Ritsert, Jürgen. 1998. *Soziale Klassen.* Münster: Westfälisches Dampfboot.

Rosenberger, Sieglinde Katharina. 1998. Privatheit und Politik. *Politische Vierteljahres-schrift.* Sonderheft 28.

Rosowski, Martin. 2003. Männer haben ein Geschlecht! In *Geschlechterdemokratie wa-gen,* Hrsg. Heinrich-Böll-Stiftung. Königstein/Ts.: Helmer Verlag.

Rössler, Beate (Hrsg.). 1993a. *Quotierung und Gerechtigkeit. Eine moralphilosophische Kontroverse.* Frankfurt a.M./New York: Campus Verlag.

Rössler, Beate. 1993b. Quotierung und Gerechtigkeit: Ein Überblick über die Debatte. In *Quotierung und Gerechtigkeit: Eine moralphilosophische Kontroverse,* Hrsg. Beate Rössler, 7-28. Frankfurt a.M./New York: Campus Verlag.

Roth, Silke. 2004. Gender Mainstreaming – eine neue Phase der Frauenbewegung in Deutschland. In *Gender Mainstreaming. Konzepte, Handlungsfelder, Instrumente,* Hrsg. Michael Meuser und Claudia Neusüß, 40-51. Bonn: Bundeszentrale für poli-tische Bildung.

Rubin, Gayle. 1975. The Traffic in Women: Notes on the „Political Economy" of Sex. In *Toward an Anthropology of Women,* Hrsg. Rayna R. Reiter, 157-210. New York/Lon-don: Monthly Review Press.

Rudolph, Clarissa, und Uta Schirmer. 2004. Gestalten oder verwalten? *Kommunale Frau-enpolitik zwischen Verrechtlichung, Modernisierung und Frauenbewegung.* Wiesba-den: VS-Verlag für Sozialwissenschaften.

Sabo, Don, Terry A. Kupers und Willie London (Hrsg.). 2001. *Prison Masculinities.* Philadelphia: Temple University Press.

Sassen, Saskia. 1996. *Migranten, Siedler, Flüchtlinge.* Von der Massenauswanderung zur Festung Europa. Frankfurt a.m.: Fischer Verlag.

Sauer, Birgit. 2001a. Das „bewundernswert Männliche" des Staates. *Femina Politica. Zeitschrift für feministische Politik-Wissenschaft* 10, 2: 50-62.

Sauer, Birgit. 2001b. Die Asche des Souveräns. Staat und Demokratie in der Geschlechterdebatte. Frankfurt a.m./New York: Campus Verlag.

Sauer, Birgit. 2003. „Veilchen im Moose". Die (Geschlechter)Politik der (Politik)Wissenschaft. *Zeitschrift für Frauen- und Geschlechterforschung* 21, 2: 27-39.

Sauer, Dieter, und Volker Döhl. 1997. Die Auflösung des Unternehmens? – Entwicklungstendenzen der Unternehmensreorganisation in den 90er Jahren. In *Jahrbuch Sozialwissenschaftliche Technikberichterstattung, 96 – Schwerpunkt: Reorganisation,* Hrsg. IfS, INIFES, ISF und SOFI, 19-76. Berlin: Edition sigma.

Schiersmann, Christiane. 1987. *Computerkultur und weiblicher Lebenszusammenhang:* Zugangsweisen von Frauen und Mädchen zu neuen Technologien. Hrsg. Bundesministerium für Bildung und Wissenschaft, Schriftenreihe zur Bildung und Wissenschaft 49, Bad Honnef.

Schmerl, Christiane, 2006. *Und sie bewegen sich doch ...* Aus der Begegnung von Frauenbewegung und Wissenschaft. Tübingen: Francke Verlag.

Schmidt, Verena. 2005. *Gender Mainstreaming – an Innovation in Europe?* The Institutionalisation of Gender Mainstreaming in the European Commission. Opladen: Barbara Budrich.

Scholz, Sylka. 2005. „Der Mann, der große Ernährer der Familie, das ist in den Köpfen nicht so drin" – Identitätskonstruktionen ostdeutscher Männer. In *Irritation Ostdeutschland, Geschlechterverhältnisse seit der Wende,* Hrsg. Eva Schäfer u.a., 135-146. Münster: Westfälisches Dampfboot.

Scholz, Sylka. 2009. Männer und Männlichkeiten im Spannungsfeld zwischen Erwerbs- und Familienarbeit. In *Arbeit, Perspektiven und Diagnosen der Geschlechterforschung,* Hrsg. Brigitte Aulenbacher und Angelika Wetterer, 82-99. Münster: Westfälisches Dampfboot.

Schraps, Ulrike, und Ernst-H. Hoff. 2005. Arbeitszentrierte und entgrenzte Lebensgestaltung – ein Geschlechtervergleich in IT-Start-ups. In *Jenseits der Geschlechterdifferenz? Geschlechterverhältnisse in der Informations- und Wissensgesellschaft,* Hrsg. Maria Funder, Steffen Dörhöfer und Christian Rauch, 305-323. München/Mering: Rainer Hampp Verlag.

Schroeter, Klaus R., 2008. Korporales Kapital und korporale Performanzen im Alter: Der alternde Körper im Fokus von „consumer culture" und Biopolitik. In *Die Natur der Gesellschaft, Bd. 2.,* Hrsg. Karl-Siegbert Rehberg, 961-973. Frankfurt a.m./New York: Campus Verlag.

Schwab-Trapp, Michael. 2003. Diskursanalyse. In *Hauptbegriffe Qualitativer Sozialforschung.* Ein Wörterbuch, Hrsg. Ralf Bohnsack, Winfried Marotzki und Michael Meuser, 35-39. Opladen: Leske & Budrich.

Scott, Joan W.. 1986. Gender: Eine nützliche Kategorie der historischen Analyse (1994). In *Selbst bewusst. Frauen in den USA*, Hrsg. Nancy Kaiser. Leipzig: Reclam Verlag.

Scott, Joan W.. 2001. Die Zukunft von gender. Phantasien zur Jahrtausendwende. In *Gender – die Tücken einer Kategorie*, Hrsg. Claudia Honegger und Caroline Arni. Zürich: Chronos Verlag.

Smaus, Gerlinda. 1994. Physische Gewalt und die Macht des Patriarchats. *Kriminologisches Journal* 26, 2: 82-104.

Smaus, Gerlinda. 1999. Geschlechtsidentität als kontextabhängige Variable – dargestellt am Beispiel der ‚eingeschlechtlichen' Institution des Gefängnisses. In *Das Patriarchat und die Kriminologie. 7. Beiheft des Kriminologischen Journals*, Hrsg. Gabi Löschper und Gerlinda Smaus, 29-48. Weinheim: Juventa.

Sobiech, Gabriele. 1994. *Grenzüberschreitungen. Körperstrategien von Frauen in modernen Gesellschaften*. Opladen: Westdeutscher Verlag.

Soiland, Tove. 2009. Gender als Selbstmanagement. Zur Reprivatisierung des Geschlechts in der gegenwärtigen Gleichstellungspolitik. In *Gender und Diversity: Albtraum oder Traumpaar? Interdisziplinärer Dialog zur „Modernisierung" von Geschlechter- und Gleichstellungspolitik*, Hrsg. Sünne Andresen, Mechthild Koreuber und Dorothea Lüdke, 35-51. Wiesbaden: VS-Verlag für Sozialwissenschaften.

Spindler, Susanne. 2007. Rassismus, Männlichkeit und „andere" Körper. In *Was heißt hier Parallelgesellschaft? Zum Umgang mit Differenzen*, Hrsg. Wolf-Dietrich Bukow, Claudia Nikodem, Erika Schulze und Erol Yildiz, 257-267. Wiesbaden: VS-Verlag für Sozialwissenschaften.

Stäheli, Urs. 2000. *Poststrukturalistische Soziologien*. Bielefeld: Transcript-Verlag.

Stanley, Liz, und Sue Wise. 1983. *Breaking Out: Feminist Consciouisness and Feminist Research*. London: Routledge.

Stanley, Liz, und Sue Wise. 1993. *Breaking Out Again: Feminist Ontology and Epistemology*. London/New York: Routledge.

Steinmetz, Suzanne. 1978. The battered husband syndrome. *Victimology* 2: 499-509.

Stiegler, Barbara, 2004. *Geschlechter in Verhältnissen*. Denkanstöße für die Arbeit in Gender Mainstreaming Prozessen. Bonn: Friedrich-Ebert-Stiftung.

Stokoe, Elisabeth H., und Ann Weatherhall. 2002. Gender, Language, Conversation Analysis and Feminism. *Discourse and Society* 13: 707-713.

Straus, Murray A., und Richard J. Gelles. 1990. *Physical Violence in American Families*. New Brunswick: Transaction Publishers.

Stuber, Michael. 2004. *Diversity. Das Potential von Vielfalt nutzen – Den Erfolg durch Offenheit steigern*. Neuwied: Luchterhand Verlag.

Sturm, Gabriele. 1994. Wie forschen Frauen? Überlegungen zur Entscheidung für qualitatives oder quantifizierendes Vorgehen. In *Erfahrung mit Methode. Wege sozialwissenschaftlicher Frauenforschung*, Hrsg. Angelika Diezinger, Hedwig Kitzer und Ingrid Anker, 85-104. Freiburg: Kore.

Swain, Jon. 2003. How Young Schollboys Become Somebody: The Role of the Body in the Construction of Masculinity. *British Journal of Sociology of Education* 24: 299-314.

Swan, Suzanne C., und Daid L. Snow. 2002. A Typology of Women's Use of Violence in Intimate Relationships. *Violence against Women* 8: 286-319.

Tacke, Veronika. 2007. Neutralisierung, Aktualisierung, Invisibilisierung. Zur Relevanz von Geschlecht in Systemen und Netzwerken. In *Geschlechterdifferenzen – Geschlechterdifferenzierungen*. Ein Überblick über gesellschaftliche Entwicklungen und theoretische Positionen, Hrsg. Sylvia M. Wilz, 254-289. Wiesbaden: VS-Verlag für Sozialwissenschaften.

Tepe, Markus, Karin Gottschall und Bernhard Kittel. 2008. Marktwirtschaftsmodell und öffentliche Beschäftigungsregimes in der OECD. *dms – der moderne staat – Zeitschrift für Public Policy, Recht und Management* 1, 2: 377-397.

Tertilt, Hermann. 1996. *Turkish Power Boys.* Ethnographie einer Jugendbande. Frankfurt a.M.: Suhrkamp Verlag.

Teubner, Ulrike. 1988. Männerleid und Männerfreud. Zu einigen Aporien von Macht und Individuum. In *FrauenMännerBilder. Männer und Männlichkeit in der feministischen Diskussion,* Hrsg. Carol Hagemann-White und Maria S. Rerrich, 26-40. Bielefeld: AJZ-Verlag.

The Combahee River Collective. 1982. A Black Feminist Statement. In *All the Women are white, all Blacks are Men but some of us are brave, Black Women's Studies,* Hrsg. Gloria T. Hull u.a., 13-22. Old Westbury NY: Feminist Press.

Theobald, Hildegard. 1999. *Geschlecht, Qualifikation und Wohlfahrtsstaat.* Berlin: Edition Sigma.

Theobald, Hildegard. 2009. Restrukturierung informeller, familiärer Versorgung und Ungleichheitsdynamiken: Ergebnisse im internationalen Vergleich. *Femina Politica - Zeitschrift für feministische Politikwissenschaft,* Themenheft: Gesundheit als Politikfeld. Ergebnisse der Genderforschung 18 (1): 59-72.

Thürmer-Rohr, Christina. 1987. *Vagabundinnen. Feministische Essays.* Berlin: Orlanda Frauenverlag.

Thürmer-Rohr, Christina. 2002. Die unheilbare Pluralität der Welt – Von der Patriarchatskritik zur Totalitarismusforschung, http://web.fu-berlin.de/postmoderne-psych/berichte2/thuermer_rohr.htm.

Thürmer-Rohr, Christina. 2004. Mittäterschaft von Frauen: Die Komplizenschaft mit der Unterdrückung. In *Handbuch Frauen- und Geschlechterforschung,* Hrsg. Ruth Becker und Beate Kortendiek, 85-90. Wiesbaden: VS-Verlag für Sozialwissenschaften.

Toch, Hans. 1998. Hypermasculinity and Prison Violence. In *Masculinities and Violenc,* Hrsg. Lee Bowker, 168-178. Thousand Oaks/London/New Delhi: Sage.

Tondorf, Karin. 2001. Gender Mainstreaming – verbindliches Leitprinzip für Politik und Verwaltung. *WSI Mitteilungen* 54: 271-277.

Tönnies, Ferdinand. 1979. *Gemeinschaft und Gesellschaft. Grundbegriffe der reinen Soziologie.,* Darmstadt: Wissenschaftliche Buchgesellschaft.

Treibel, Annette. 2006. *Einführung in soziologische Theorien der Gegenwart.* 7, aktualisierte Aufl. Wiesbaden: Verlag für Sozialwissenschaften.

Trotha, Trutz von. 1997. Zur Soziologie der Gewalt. In *Soziologie der Gewalt.* Hrsg. Trutz von Trotha, 9-56. Opladen, Wiesbaden: Westdeutscher Verlag.

Turner, Bryan S.. 1996. *The Body and Society*. 2. Aufl. London: Sage.

Tyrell, Hartmann. 1986. Geschlechtliche Differenzierungen und Geschlechterklassifikation. *Zeitschrift für Soziologie und Sozialpsychologie* 38: 450-489.

Verloo, Mieke. 2001. *Another Velvet Revolution? Gender Mainstreaming and the Politics of Implementation*. IWM Working Paper no. 5/2001. Vienna.

Verloo, Mieke. 2006. Multiple Inequalities, Intersectionality and the European Union. *European Journal of Women's Studies* 13, 3: 211-228.

Villa, Paula-Irene. 2000. *Sexy Bodies*. Eine soziologische Reise durch den Körper. Opladen: Leske & Budrich.

Villa, Paula-Irene. 2003. *Judith Butler*. Frankfurt a.M.: Campus Verlag.

Villa, Paula-Irene. 2008a. „Endlich normal!". Soziologische Überlegungen zur medialen Inszenierung der plastischen Chirurgie. In *Medien – Diversität – Ungleichheit*, Hrsg. Ulla Wischermann und Tanja Thomas, 87-103. Wiesbaden: VS-Verlag für Sozialwissenschaften.

Villa, Paula-Irene. 2008b. Poststrukturalismus: Postmoderne + Poststrukturalismus = Postfeminismus? In *Handbuch Frauen- und Geschlechterforschung*, Hrsg. Ruth Becker und Beate Kortendiek, 262-266 (2. Aufl.). Wiesbaden: VS-Verlag für Sozialwissenschaften.

Vogel, Ulrike: Zur Reanalyse von Daten aus empirischen Untersuchungen zu Jugend und Gewalt unter geschlechtsbezogenen Aspekten. *Zeitschrift für Frauenforschung* 17, 1+2: 43-58.

Völker, Susanne. 2006. Praktiken der Instabilität, Eine empirische Untersuchung von Prekarisierungsprozessen. In *FrauenMännerGeschlechterforschung, State of the Art*, Hrsg. Brigitte Aulenbacher u.a., 140-154. Münster: Westfälisches Dampfboot (2. Aufl. 2009).

Völker, Susanne. 2009. ‚Entsicherte Verhältnisse' – Impulse des Prekarisierungsdiskurses für eine geschlechtersoziologische Zeitdiagnose. In *Arbeit, Perspektiven und Diagnosen der Geschlechterforschung*, Hrsg. Brigitte Aulenbacher und Angelika Wetterer, 268-286. Münster: Westfälisches Dampfboot.

Voß, G. Günter, und Cornelia Weiß. 2005. Ist der Arbeitskraftunternehmer weiblich? In *Subjektivierung von Arbeit – Riskante Chancen*, Hrsg. Karin Lohr und Hildegard Maria Nickel, 65-91. Münster: Westfälisches Dampfboot.

Wacquant, Loic J.D.. 1996. Auf dem Wege zu einer Sozialpraxeologie, Struktur und Logik der Soziologie Pierre Bourdieus. In *Reflexive Anthropologie*, Hrsg. Pierre Bourdieu und Loic J.D. Wacquant, 17-23. Frankfurt a.M.: Suhrkamp Verlag.

Wagner, Peter. 1995. *Soziologie der Moderne. Freiheit und Disziplin*. Frankfurt a.M./New York: Campus Verlag.

Walby, Sylvia. 1991. *Theorizing Patriarchy*. Oxford UK, Cambridge USA: Blackwell.

Walgenbach, Katharina. 2005. *Die weiße Frau als Trägerin deutscher Kultur*. Koloniale Diskurse über Geschlecht, „Rasse" und Klasse im Kaiserreich. Frankfurt a.M.: Suhrkamp Verlag.

Walter, Christel. 1999. Geschlecht und Technik – jenseits von Stereotypen. In *Vielfältige Verschiedenheiten. Geschlechterverhältnisse in Studium, Hochschule und Beruf,*

Hrsg. Aylâ Neusel und Angelika Wetterer, 87-106. Frankfurt a.M./New York: Campus.

Wardell, Laurie, Dair L. Gillespie und Ann Leffler. 1983. Science and Violence Against Wives. In *The Dark Side of Families. Current Family Violence Research,* Hrsg. David Finkelhor, Richard L. Gelles, Gerald T. Hotaling und Murray A. Strauss, 69-84. Beverly Hills: Sage.

Wedgewood, Nikki, und Raewyn Connell. 2004. Männlichkeitsforschung: Männer und Männlichkeiten im internationalen Forschungskontext. In *Handbuch Frauen- und Geschlechterforschung: Theorie, Methoden, Empirie,* Hrsg. Ruth Becker and Beate Kortendiek, 112-121. Wiesbaden: VS-Verlag für Sozialwissenschaften.

Weg, Marianne. 2005. Going Gender für die BürgerInnengesellschaft. Gender Mainstreaming in zivilgesellschaftlichen Organisationen. Bonn: Friedrich-Ebert-Stiftung.

Weinbach, Christine. 2004. *Systemtheorie und Gender. Das Geschlecht im Netz der Systeme,* Wiesbaden: VS-Verlag für Sozialwissenschaften.

Weinbach, Christine. 2006. Kein Ort für Gender? Die Geschlechterdifferenz in systemtheoretischer Perspektive. In *FrauenMännerGeschlechterforschung, State of the Art,* Hrsg. Brigitte Aulenbacher u.a., 82-94. Münster: Westfälisches Dampfboot.

Weinbach, Christine. 2008. „Intersektionalität": Ein Paradigma zur Erfassung sozialer Ungleichheitsverhältnisse? Einige systemtheoretische Zweifel. In *ÜberKreuzungen, Fremdheit, Ungleichheit, Differenz,* Hrsg. Cornelia Klinger und Gudrun-Axeli Knapp, 171-193. Münster: Westfälisches Dampfboot.

Weinbach, Christine, und Rudolf Stichweh. 2001. Die Geschlechterdifferenz in der funktional differenzierten Gesellschaft. *Kölner Zeitschrift für Soziologie und Sozialpsychologie, Sonderheft* 41: 30-52.

Weiskopf, Richard. 2003. Management, Organisation, Poststrukturalismus. In *Menschenregierungskünste. Anwendungen poststrukturalistischer Analyse auf Management und Organisation,* Hrsg. Richard Weiskopf, 9-33. Wiesbaden: VS-Verlag für Sozialwissenschaften.

Wendt, Wolf Rainer (Hgrs.). 1995. Soziale Arbeit im Wandel ihres Selbstverständnisses. Beruf und Identität. Freiburg i.Br. : Kore Verlag.

Werlhof, Claudia von. 1983a. Der Proletarier ist tot. Es lebe die Hausfrau?. In *Frauen, die letzte Kolonie, Zur Hausfrauisierung der Arbeit,* Hrsg. Claudia Werlhof, Maria Mies und Veronika Bennholdt-Thomsen, 114-136. Reinbek bei Hamburg: Rowohlt Verlag.

Werlhof, Claudia von. 1983b. Lohn ist ein „Wert", Leben nicht? Auseinandersetzung mit einer „linken" Frau. Eine Replik auf Ursula Beer. *Prokla 50,* März 83: 38-58.

West, Candace, und Sarah Fenstermaker. 1995. Doing Difference. *Gender & Society.* 9: 8-37.

West, Candace, und Don H. Zimmerman. 1987. Doing Gender. *Gender & Society* 1: 125-151.

Wetterer, Angelika. 1992a. Theoretische Konzepte zur Analyse der Marginalität von Frauen in hochqualifizierten Berufen und Professionen. In *Profession und Ge-*

schlecht. Über die Marginalität von Frauen in hochqualifizierten Berufen, Hrsg. Angelika Wetterer, 13-40. Frankfurt a.M./New York: Campus Verlag.

Wetterer, Angelika (Hrsg.). 1992b. *Profession und Geschlecht: Über die Marginalität von Frauen in hochqualifizierten Berufen.* Frankfurt a.M./New York: Campus Verlag.

Wetterer, Angelika (Hrsg.). 1995a. *Die soziale Konstruktion von Geschlecht in Professionalisierungsprozessen.* Frankfurt a.M./New York: Campus Verlag.

Wetterer, Angelika. 1995b. Dekonstruktion und Alltagshandeln. Die (möglichen) Grenzen der Vergeschlechtlichung von Berufsarbeit. In *Die soziale Konstruktion von Geschlecht in Professionalisierungsprozessen,* Hrsg. Angelika Wetterer, 223-246. Frankfurt a.M./New York: Campus-Verlag.

Wetterer, Angelika. 2002a. Strategien rhetorischer Modernisierung. Gender Mainstreaming, Managing Diversity und die Professionalisierung der Gender-Expertinnen. *Zeitschrift für Frauenforschung und Geschlechterstudien* 20: 129-148.

Wetterer, Angelika. 2002b. *Arbeitsteilung und Geschlechterkonstruktion. „Gender at Work" in theoretischer und historischer Perspektive.* Konstanz: UVK.

Wetterer, Angelika. 2003. Rhetorische Modernisierung: Das Verschwinden der Ungleichheit aus dem zeitgenössischen Differenzwissen. In *Achsen der Differenz, Gesellschaftstheorie und feministische Kritik 2,* Hrsg. Gudrun-Axeli Knapp und Angelika Wetterer, 286-319. Münster: Westfälisches Dampfboot.

Wetterer, Angelika. 2004. Konstruktion von Geschlecht: Reproduktionsweisen der Zweigeschlechtlichkeit. In *Handbuch der Frauen- und Geschlechterforschung.* Hrsg. Ruth Becker u.a., 122-131. Opladen: Leske & Budrich.

Wetterer, Angelika. 2005. *Gleichstellungspolitik und Geschlechterwissen – Facetten schwieriger Vermittlungen.* Berlin: GenderKompetenzZentrum an der Humboldt-Universität.

Wetterer, Angelika. 2007a. Ordentlich in Unordnung? Widersprüche im sozialen Wandel der Geschlechterverhältnisse. *Österreichische Zeitschrift für Soziologie* 31, 4: 5-22.

Wetterer, Angelika. 2007b. Gender-Expertise, feministische Kritik und Alltagswissen – Gleichstellungspolitik im Spannungsfeld unterschiedlicher Spielarten von Geschlechterwissen. In *Sportwissenschaftliche Geschlechterforschung im Spannungsfeld von Theorie, Politik und Praxis,* Hrsg. Ilse Hartmann-Tews und Britt Dahmen, 160-174. Hamburg: Czawalina.

Wetterer, Angelika (Hrsg.). 2008. *Geschlechterwissen und soziale Praxis.* Frankfurt a.M.: Ulrike Helmer Verlag.

Wetterer, Angelika. 2009a. Arbeitsteilung & Geschlechterkonstruktion – Eine theoriegeschichtliche Rekonstruktion. In *Arbeit. Perspektiven und Diagnosen der Geschlechterforschung,* Hrsg. B. Aulenbacher und A. Wetterer, 42-63. Münster: Westfälisches Dampfboot.

Wetterer, Angelika. 2009b. Gender-Expertise, feministische Theorie und Alltagswissen. Grundzüge einer Typologie des Alltagswissens. In *Gefühlte Nähe - Faktische Distanz: Geschlecht zwischen Wissenschaft und Politik.* Perspektiven der Frauen- und

Geschlechterforschung auf die "Wissensgesellschaft", Hrsg. Birgit Riegraf und Lydia Plöger, 81-99. Opladen: Leske & Budrich.

Whyte, William, Foote. 1943. *Street Corner Societ. The Social Structure of an Italian Slum.* Chicago: The University of Chicago Press.

Wieder, D. Lawrence, und Don H. Zimmerman. 1976. Regeln im Erkenntnisprozess. Wissenschaftliche und ethnowissenschaftliche Soziologie. In *Ethnomethodologie. Beiträge zu einer Soziologie des Alltagshandelns,* Hrsg. Elmar Weingarten, Fritz Sack und Jim Schenkein, 105-129. Frankfurt a.M.: Suhrkamp Verlag.

Wilken, Udo (Hrsg.). 2000. *Soziale Arbeit zwischen Ethik und Ökonomie.* Freiburg i.Br.: Kore Verlag.

Willems, Herbert, und Martin Jurga (Hrsg.). 1998. *Inszenierungsgesellschaft.* Ein einführendes Handbuch, 23-80. Opladen/Wiesbaden: Westdeutscher Verlag 1998.

Wilson, Elizabeth. 1977. *Women and the Welfare State.* London: Tavistock Publications.

Wilz, Sylvia M. 2002. *Organisation und Geschlecht. Strukturelle Bindungen und kontingente Kopplungen.* Opladen: Leske & Budrich.

Wilz, Sylvia M. 2004. Relevanz, Kontext und Kontingenz: Zur neuen Unübersichtlichkeit in der Gendered Organization. In *Organisationen und Netzwerke: Der Fall Gender,* Hrsg. Ursula Pasero und Birger P. Priddat, 227-258. Wiesbaden: VS-Verlag für Sozialwissenschaften.

Wingens, Matthias. 1988. *Soziologisches Wissen und politische Praxis.* Frankfurt a.M./New York: Campus Verlag.

Wittmann, Svendy, und Kirsten Bruhns. 2001. Mädchen in gewaltbereiten Jugendgruppen – kein Thema für die Jugendarbeit? *DJI Bulletin* 56/57: 8-13.

Witz, Anne. 1999. Embodiment, Organisation and Gender. In *Rationalisation, Organisation, Gender, Proceedings of the International Conference, October 1998, Beiträge aus der Forschung Bd. 111,* Hrsg. Monika Goldmann, 56-63. Dortmund: Landesinstitut Sozialforschungsstelle.

Witz, Anne, und Michael Savage. 1992. The Gender of Organizations. In *Gender and Bureaucracy,* Hrsg. Michael Savage und Anne Witz. Oxford: Blackwell.

Wobbe, Theresa. 1994a. Welten der Gewalt: Sexismus und Rassismus. In *Frauen – Rechtsextremismus, Rassismus, Gewalt. Feministische Beiträge,* Hrsg. Christiane Tillner, 27-36. Münster: agenda Verlag.

Wobbe, Theresa. 1994b. Die Grenzen der Gemeinschaft und die Grenzen des Geschlechts. In *Denkachsen. Zur theoretischen und institutionellen Rede vom Geschlecht,* Hrsg. Theresa Wobbe und Gesa Lindemann, 177-207. Frankfurt a.M.: Suhrkamp Verlag.

Wobbe, Theresa, und Gesa Lindemann (Hrsg.). 1994. *Denkachsen: Zur theoretischen und institutionellen Rede vom Geschlecht.* Frankfurt a. M.: Suhrkamp Verlag.

Wohlrab-Sahr, Monika. 1993. Empathie als methodisches Prinzip? Entdifferenzierung und Reflexionsverlust als problematisches Erbe der „methodischen Postulate der Frauenforschung". *Feministische Studien* 11: 128-139.

Wolde, Anja. 1995. Geschlechterverhältnis und gesellschaftliche Transformationsprozesse. In *Das Geschlechterverhältnis als Gegenstand der Sozialwissenschaften,* Hrsg.

Regina Becker-Schmidt und Gudrun-Axeli Knapp, 279-308. Frankfurt a.M./New York: Campus Verlag.

Woodward, Allison E. 2001. *Gender Mainstreaming in European Policy: Innovation or Deception?* Discussion Paper FS I 01-103. Wissenschaftszentrum Berlin für Sozialforschung.

Woodward, Allison. 2004. Gender Mainstreaming als Instrument zur Innovation von Institutionen. In *Gender Mainstreaming. Konzepte, Handlungsfelder, Instrumente,* Hrsg. Michael Meuser und Claudia Neusüß, 86-102. Bonn: Bundeszentrale für politische Bildung.

Yoder, Janice D.. 1991. Rethinking Tokenism: Looking Beyond Numbers. *Gender & Society* 5: 178-192.

Young, Brigitte. 1998. Genderregime und Staat in der globalen Netzwerk-Ökonomie. *Prokla* 111, Juni 98: 175-198.

Young, Brigitte. 2006. Geschlechter(un)gleichheit und Öffnung der globalen Märkte. In *Die Neuverhandlung sozialer Gerechtigkeit, Feministische Analysen und Perspektiven,* Hrsg. Ursula Degener und Beate Rosenzweig, 151-164. Wiesbaden: VS-Verlag für Sozialwissenschaften.

Young, Brigitte, und Helene Schuberth. 2010. The global financial meltdown and the impact of financial governance on gender. *Garnet Policy Brief* 10, January 2010: 1-7.

Young, Iris Marion. 1990. *Justice and the Politics of Difference.* Princeton: University Press.

Young, Iris Marion. 1993. Das politische Gemeinwesen und die Gruppendifferenz. Eine Kritik am Ideal des universalen Staatsbürgerstatus. In *Jenseits der Geschlechtermoral. Beiträge zur feministischen Ethik,* Hrsg. Herta Nagl-Docekal und Herlinde Pauer-Studer. Frankfurt a.M.: Fischer Verlag.

Young, Iris Marion. 1994. Geschlecht als serielle Kollektivität: Frauen als soziales Kollektiv. In *Geschlechterverhältnisse und Politik,* Hrsg. Institut für Sozialforschung, 221-261. Frankfurt a.M.: Suhrkamp Verlag.

Young, Iris Marion. 1995. Unparteilichkeit und bürgerliche Öffentlichkeit. In *Bürgergesellschaft, Recht und Demokratie,* Hrsg. Bert van den Brink und Willem van Reijen. Frankfurt a.M.: Suhrkamp Verlag.

Young, Iris Marion. 1996. Fünf Formen der Unterdrückung. In *Politische Theorie. Differenz und Lebensqualität,* Hrsg. Herta Nagl-Docekal und Herlinde Pauer-Studer. Frankfurt a.M.: Suhrkamp Verlag.

Yuval-Davis, Nira 2006, Intersectionality and Feminist Politics. *European Journal of Women's Studies* 13:193-209.

Yuval-Davis, Nira, Floya Anthias und Eleonore Kofma. 2005. Secure Borders and Safe Haven and the Gendered Politics of Belonging: Beyond Social Cohesion. *Ethnic and Racial Studies* 28(3): 513–35.

Zurstiege, Guido. 2001. Im Reich der großen Metapher – Männlichkeit und Werbung. In *Männlichkeit und soziale Ordnung. Neuere Beiträge zur Geschlechterforschung,* Hrsg. Peter Döge und Michael Meuser, 201-217. Opladen: Leske & Budrich.

Sachregister